U0800269

铁路新职人员岗位培训系列教材

铁路桥隧工

中国铁路上海局集团有限公司　编

中国铁道出版社有限公司

2024年·北　京

内 容 简 介

本书为铁路新职人员岗位培训系列教材之一，根据《铁路特有工种技能培训规范》和岗位作业标准编写。全书共四篇，主要包括桥隧建筑物基本技术条件、技术标准、常用建筑材料、故障应急处置，常用法定计量单位等基础知识；桥隧建筑物检查、保养、维修、大修、施工，工程测量与计算，工程力学与计算等专业知识；基本规章及相关规章，公铁立交、公铁两用桥、通航桥梁，桥隧建筑物安全监控，特种作业等相关知识；工程测量与计算，工程识图，桥隧检测工具使用与维护，桥隧建筑物检查、保养、维修、大修、施工作业，桥隧建筑物故障应急处置方案等实作技能。

本书可作为铁路桥隧工岗前资格性培训和岗位适应性培训教材，对各类职业院校相关师生也有重要的参考价值。

图书在版编目(CIP)数据

铁路桥隧工/中国铁路上海局集团有限公司编. —北京：中国铁道出版社有限公司，2023.12(2024.2重印)
铁路新职人员岗位培训系列教材
ISBN 978-7-113-30737-0

Ⅰ.①铁… Ⅱ.①中… Ⅲ.①铁路桥-桥梁工程-岗位培训-教材 ②铁路隧道-隧道工程-岗位培训-教材 Ⅳ.①U448.13②U459.1

中国国家版本馆CIP数据核字(2023)第224557号

书　　名：铁路桥隧工
作　　者：中国铁路上海局集团有限公司

责任编辑：张　婕　　**编辑部电话：**(010)51873656
编辑助理：李　昕　郝　琳
封面设计：郑春鹏
责任校对：刘　畅
责任印制：赵星辰

出版发行：中国铁道出版社有限公司(100054，北京市西城区右安门西街8号)
网　　址：http://www.tdpress.com
印　　刷：北京盛通印刷股份有限公司
版　　次：2023年12月第1版　2024年2月第2次印刷
开　　本：787 mm×1 092 mm 1/16　**印张：**26.5　**字数：**624千
书　　号：ISBN 978-7-113-30737-0
定　　价：89.00元

前言

新职人员是铁路职工队伍的新生力量，也将是中国式现代化建设的中坚力量。随着我国铁路事业快速发展，路网规模持续扩大、技术装备不断更新、职工队伍大规模新老交替，对铁路专业技能人才，尤其是新职人员的知识结构、技能结构提出了更高的要求。为提高职工岗位技能源头培训质量，提升职工队伍素质，保障运输安全生产，推动铁路高质量发展和现代化建设取得新成效，根据国铁集团《铁路特有工种技能培训规范》和岗位作业标准，中国铁路上海局集团有限公司组织编写了"铁路新职人员岗位培训系列教材"。

本套教材严格落实铁路主要行车工种岗位资格性培训准入制度，紧密结合现场各工种岗位作业实际及职工培训中的重点，充分依据现行基本规章和作业标准，内容反映各专业新技术、新设备、新工艺、新规章制度变化，重点突出非正常情况下应急处置、作业标准和流程、安全规定、关键作业项点等。

本套教材的最大特点为"理实一体"，以岗位需求为导向，以提升职业素养和岗位技能为核心，将理论知识和实作技能融会贯通，融为一体。理论知识部分，遵循铁路专业学科的知识体系，由浅入深，既包含入门必备的基础知识，也针对专业知识逐步展开，使铁路新职人员较快掌握。实作技能部分，以提升技能操作水平为目标，紧密围绕岗位技能需求，突出必知必会内容，涵盖基本技能和专业技能。为便于教学和使用，每章后面配有复习思考题。

本套教材由中国铁路上海局集团有限公司教材编审委员会组织，集团公司领导高度重视，职工培训部主牵头，运输、客运、货运、机务、车辆、工务、电务、供电等各专业部门，分别组建以首席技师、工匠、技能大师等为主体的编写团队进行编写，适用于新职人员岗前资格性培训，也可作为日常岗位适应性培训教材。本套教材在编写过程中得到了相关运输站段的大力支持，在此一并表示感谢！

本书为"铁路新职人员岗位培训系列教材"之一，共四篇，主要包括桥隧建筑物基本技术条件、技术标准、常用建筑材料、故障应急处置,常用法定计量单位等基础知识;桥隧建筑物检查、保养、维修、大修、施工,工程测量与计算,工程力学与计算等专业知识;基本规章及相关规章,公铁立交、公铁两用桥、通航桥梁,桥隧建筑物安全监控,特种作业等相关知识;工程测量与计算,工程识图,桥隧检测工具使用与维护,桥隧建筑物检查、保养、维修、大修、施工作业,桥隧建筑物故障应急处置等实作技能。

编写过程中,虽多次组织现场调研、专题分析研讨,多层面广泛收集意见建议,但难免有不足和纰漏之处,恳请广大读者提出宝贵意见,便于日后修订完善。

编委会
2023年12月

目 录

第一篇 基础知识

第三篇 相关知识

第四篇 实作技能

第一篇　基 础 知 识

第一章　桥隧建筑物基础知识

铁路桥隧建筑物是桥梁、隧道、涵洞、明渠、天桥、地道、跨线桥、调节河流建筑物等的总称。本章主要介绍铁路桥隧建筑物的组成、分类。

第一节　桥　　梁

一、桥梁的组成与分类

1. 桥梁的组成

桥梁由上部结构、下部结构、防护设备及调节河流建筑物组成(图 1-1-1)。

上部结构:包括桥面、桥跨结构(梁拱)、支座。

下部结构:包括桥墩、桥台及基础。

防护设备及调节河流建筑物:包括桥涵限高防护架、护锥、护岸、护基、护底、导流堤、丁坝、梨形堤等。

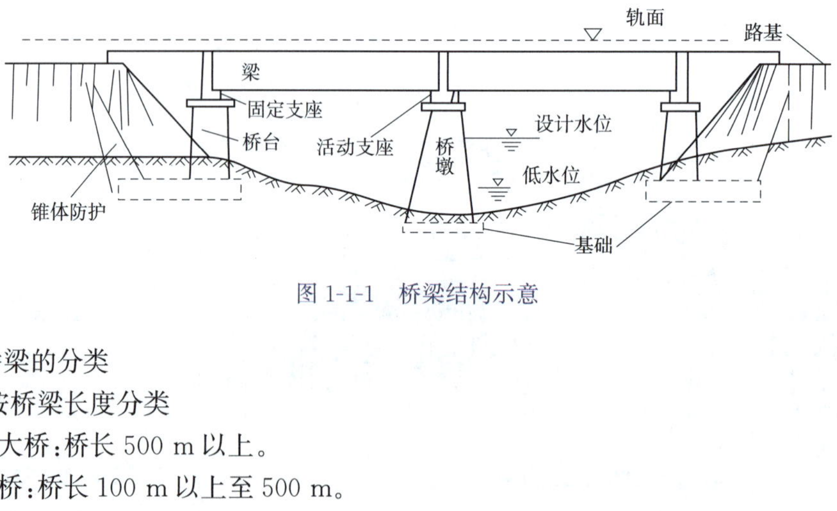

图 1-1-1　桥梁结构示意

2. 桥梁的分类

(1)按桥梁长度分类

①特大桥:桥长 500 m 以上。

②大桥:桥长 100 m 以上至 500 m。

③中桥:桥长 20 m 以上至 100 m。

④小桥:桥长 20 m 及以下。

(2)按梁拱材质分类

①钢桥:以钢材作为桥跨结构主要建筑材料的桥。

②钢筋混凝土桥:桥跨结构以包含受力钢筋的混凝土为主制造的桥。

③预应力混凝土桥:桥跨结构以用预应力钢材预先施加应力的混凝土为主制造的桥。

④石桥:桥跨结构用石料建造的桥。

⑤木桥:以木材作为桥跨结构主要建筑材料的桥。

(3)按桥面位置分类

①上承式桥:桥面位于桥跨结构上部的桥[图 1-1-2(a)]。

②中承式桥:桥面位于桥跨结构中部的桥[图 1-1-2(b)]。

③下承式桥:桥面位于桥跨结构下部的桥。

下承式又分为穿式桥和半穿式桥。桥面上方有横向联结系者称为穿式桥[图 1-1-3(a)],桥面上方无横向联结系者称为半穿式桥[图 1-1-3(b)]。

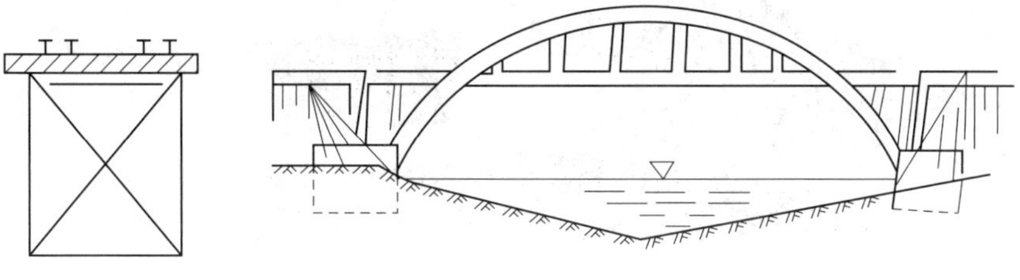

(a)上承式 (b)中承式

图 1-1-2 上承式、中承式桥梁

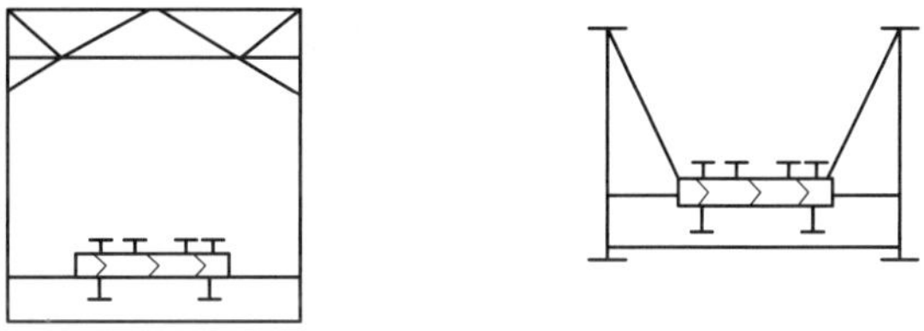

(a)穿式 (b)半穿式

图 1-1-3 下承式桥梁

(4)按桥跨结构承受荷载的特征分类

①梁桥:用梁作为桥跨结构的桥,分为简支梁桥、连续梁桥和悬臂梁桥三种。

②拱桥:用拱圈或拱肋作为桥跨结构的桥。

拱桥又可按结构形式分为无铰拱、双铰拱和三铰拱,按有无外推力分为推力拱、无推力拱。

③刚构桥:桥跨结构与桥墩或桥台刚性连接的桥。

④框架桥:桥梁为整体箱形框架的桥。

⑤悬索桥:用桥塔支撑锚于两岸(端)的缆索,借助挂于缆索上的吊杆悬吊桥面和梁形成桥跨结构的桥。

⑥斜拉桥:以斜拉索连接索塔和主梁作为桥跨结构的桥。

⑦综合体系桥:桥跨同时有几个体系特征结构,相互联系结合而成,如钢桁拱桥等。

(5)按梁的截面形式分类

①板形梁:适用于低高度梁,当桥梁高度受到限制时,一般采用此种形式。钢板梁是由钢板或型钢组成工字形截面主梁,并由纵、横联结系连接的梁。混凝土板梁是宽腹板、跨度较小的普通钢筋混凝土梁。

②T 形梁:T 形梁是既有线混凝土桥梁最常见的截面形式。混凝土 T 梁是横截面为 T 形的混凝土梁。

③箱形梁：随着列车的提速，对桥梁的刚度要求越来越高，箱形梁在线路上使用越来越多，如图 1-1-4 所示。钢箱梁是由纵、横向加劲肋加强的钢板所组成的单室或多室箱形截面梁。混凝土箱梁是横截面呈一个或几个封闭箱形的混凝土梁。

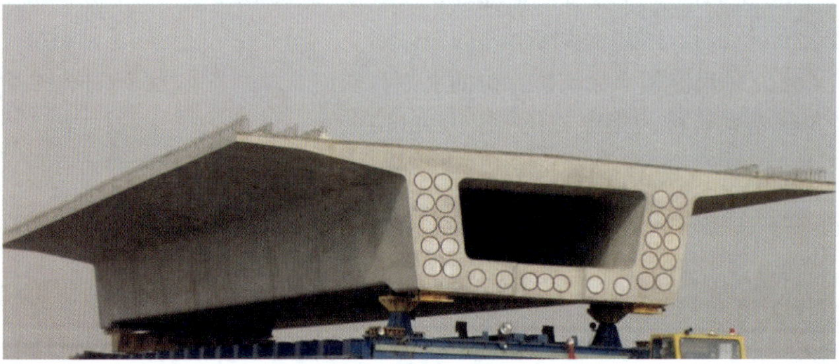

图 1-1-4 箱形梁

3. 桥梁各部尺寸的规定

桥梁各部尺寸示意如图 1-1-5 所示。

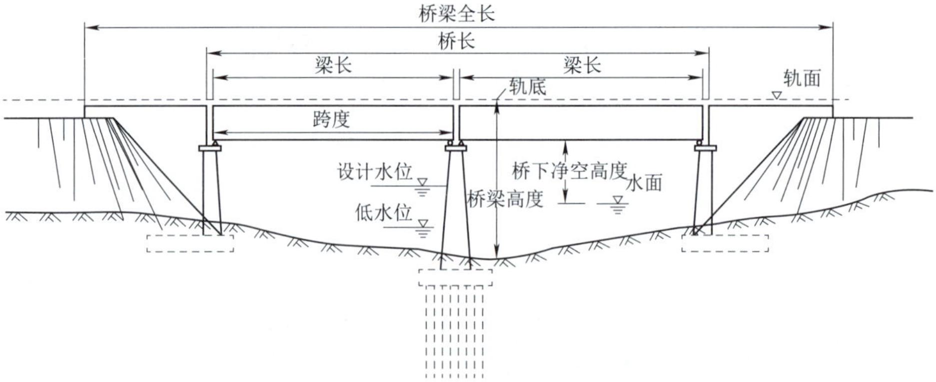

图 1-1-5 梁的尺寸示意

(1)跨度(计算跨度)

①简支梁、连续梁、悬臂梁、斜拉桥、悬索桥和双铰拱为各孔两端支座中心之间距离。

②无铰拱桥、刚构桥和箱形桥为其净孔。

(2)梁的全长

梁的全长指梁两端面之间的长度。

(3)梁的净跨度(净孔)

梁的净跨度为沿计算水位量出的相邻墩台边缘之间的距离。

(4)桥梁长度(桥长)

①梁桥指桥台挡砟前墙之间的长度。

②拱桥指拱上侧墙与桥台侧墙间两伸缩缝外端之间的长度。

③刚架桥(或框构桥)指刚架(或框构)顺跨度方向外侧间的长度。

(5)桥全长

桥全长指桥梁轴线上两桥台尾部之间的距离。

(6)桥孔总长

桥孔总长指桥梁排水宽度，即桥梁各孔净跨度的总和。斜桥为各两墩(台)间垂直距离之和；拱桥为各孔起拱线处净长之和。当锥体填土突出桥台之外时，则改沿计算水位与低水位之间的中线来量度。

(7)桥梁高度

桥梁高度指由桥面的轨底至河床最凹点的垂直距离。

(8)桥下净空高度

桥下净空高度指桥跨结构底面至水面、路面或轨面之间可用于交通的自由高度。

(9)温度跨度

温度跨度指梁跨受温度影响而伸长或缩短的区段长度，如图 1-1-6 所示。

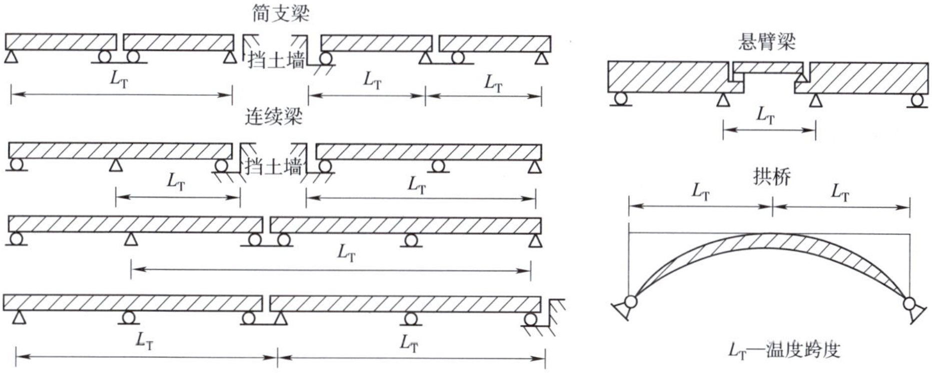

图 1-1-6　温度跨度

第二节　隧　　道

一、隧道的组成

隧道的组成包括主体建筑物和附属设备两部分。主体建筑物由洞身和洞门组成；附属设备包括避车洞和防排水设施，长大隧道还有专门的通风及照明设备。

二、隧道的分类

特长隧道：全长 10 000 m 以上；

长隧道：全长 3 000 m 以上至 10 000 m；

中隧道：全长 500 m 以上至 3 000 m；

短隧道：全长 500 m 及以下。

隧道长度指进出口洞门端墙墙面之间的距离，即以端墙面与内轨顶面的交线同线路中线的交点计算。计算时，双线隧道以下行线为准；位于车站上的隧道以正线为准。

第三节 涵 渠

涵洞、明渠、渡槽、倒虹吸管统称为涵渠。

涵洞由洞身、基础、进出口建筑物(即端墙、翼墙等)以及附属设备组成,如图 1-1-7 所示。

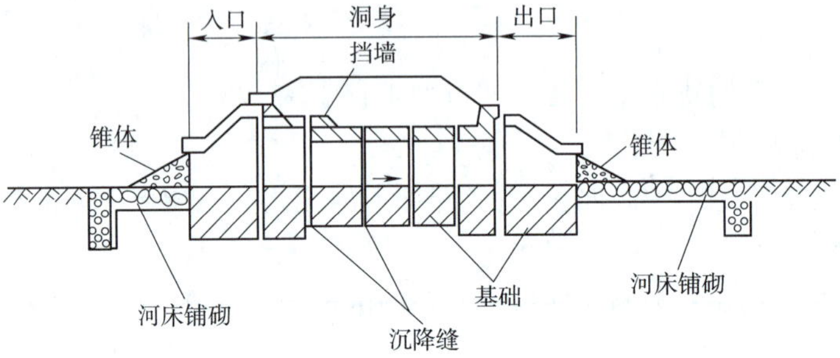

图 1-1-7 涵洞的组成部分

一、涵洞的分类

1. 按结构形式分:拱涵、圆涵、框构涵、盖板涵等。

2. 按水力特性分:有压涵、无压涵。

3. 按孔数分:单孔、双孔、多孔等。

排洪涵洞的最小孔径不应小于 1.25 m,且全长不超过 25 m。当全长超过 25 m 时,为便于养护,孔径应相应加大。无淤积的灌溉涵孔径应不小于 0.75 m。当孔径为 0.75 m,且 $h<1.0$ m 时,长度不宜超过 10 m;$h\geqslant1.0$ m 时,长度不宜超过 15 m。城市或车站范围内涵洞的孔径,需酌情加大。

现有涵洞不符合上述规定者,应结合具体情况逐步改造。

二、涵洞有关尺寸的规定

1. 涵洞的净孔

(1)拱涵为起拱线间的水平距离。

(2)框构涵为涵内水平距离。

(3)圆涵为内径(卵形或扁圆形的为水平方向最大距离)。

(4)盖板涵为墩台间净距。

2. 涵洞的全长

(1)涵洞的全长即涵洞的轴长,包括端墙在内。

(2)框构涵和盖板涵的全长为边墙间横向宽度,以长边计。

复习思考题

1. 桥梁由哪些部分组成?

2. 桥梁按长度如何分类?
3. 什么是桥梁长度?
4. 隧道的长度如何确定?
5. 涵洞的全长是如何规定的?

第二章　桥隧建筑物基本技术条件

本章包括普速铁路桥隧建筑物基本技术要求和高速铁路桥隧建筑物基本技术要求，涵盖荷载、限界、孔径及净空、刚度、基础埋置深度、基础沉降、斜交、过渡、填土厚度、隧道洞口、衬砌结构和防排水、耐久性、抗震与防灾设施等方面内容。

第一节　普速铁路桥隧建筑物基本技术要求

一、荷　　载

桥涵承受的荷载分为主要荷载（主力）、附加荷载（附加力）和特殊荷载三类。

（一）主　　力

主力是正常的、经常发生的或时常重复出现的，包括恒载和活载。

1. 恒载

恒载一般指结构自重、土压力、静水压力及浮力、预加应力等，其大小和作用点一般是固定不变的，故称恒载。

2. 活载

活载主要指列车重量以及列车运动引起的荷载，一般指列车重量、冲击力、离心力、人行道荷载等。

我国铁路部门对各种机车车辆进行了综合研究，制订了《铁路列车荷载图式》（TB/T 3466—2016）。

（1）“城际铁路标准活载”即“ZC 活载”，包括普通活载和特种活载，如图 1-2-1 所示。

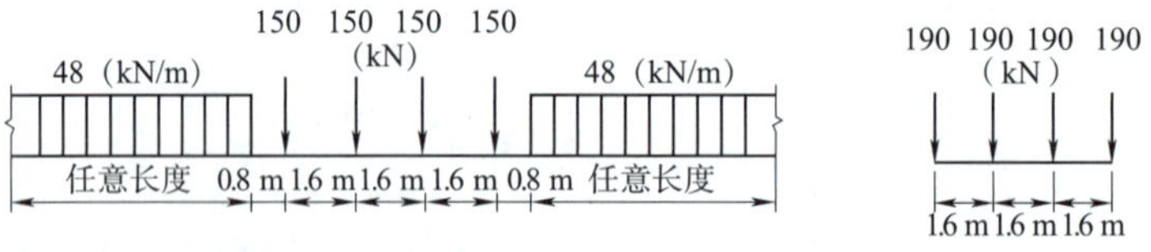

（a）普通活载　　（b）特种活载

图 1-2-1　ZC 活载

（2）“中国客运专线标准活载”即“ZK 活载”，如图 1-2-2 所示。

（3）“客货共线铁路标准活载”即“ZKH 活载”，如图 1-2-3 所示。

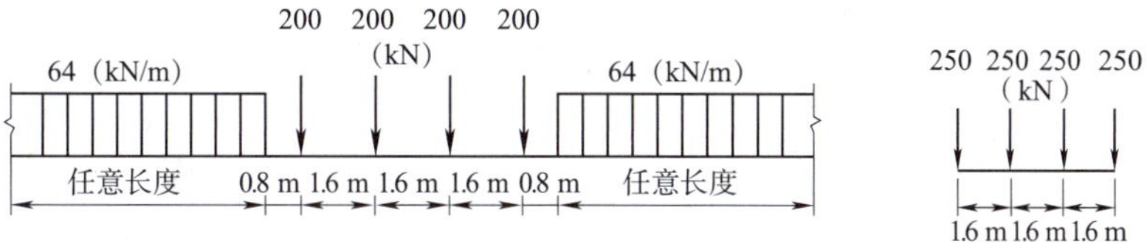

(a)普通活载 (b)特种活载

图 1-2-2 ZK 活载

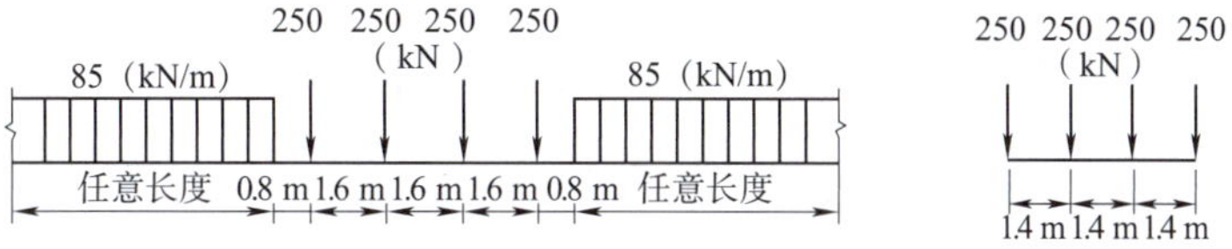

(a)普通活载 (b)特种活载

图 1-2-3 ZKH 活载

(二)附 加 力

附加力是偶然作用的荷载,其最大值并不经常出现,而各种附加力同时出现最大值的机会就更少。附加力包括列车的制动力或牵引力、横向摇摆力、风力、流水压力、冰压力、因温度变化而产生的附加力以及冻胀等。

(三)特殊荷载

特殊荷载是特殊情况下作用的荷载,往往是暂时的或灾害性的,如船只或排筏撞击力、地震力和施工荷载等。

(四)承载能力

运营桥涵的承载能力按《铁路桥梁检定规范》进行检算,以检定承载系数"K"表示。K为结构所能承受的活载相当于《铁路列车荷载图式》(TB/T 3466—2016)相应线路类型标准活载或中-活载的倍数,应符合下列要求:

(1)桥涵结构应满足 $K \geqslant 1$。

(2)按中-活载及以前荷载标准设计的桥涵,检定承载系数"K"以中-活载标准进行检算。

(3)临时性桥涵容许通过的运行活载,应满足 $Q<K$(Q 为运行活载相当于《铁路列车荷载图式》相应线路类型标准活载或中-活载的倍数)。

承载能力不足(即 $K<1$)的桥涵,应根据其技术状态确定加固、更换或改建。加固、更换或改建后的承载能力必须达到 $K \geqslant 1$ 的要求。对尚能满足 $K>Q$ 的桥涵是否暂缓加固,由铁路局根据情况确定。

新建、改建桥涵的承载能力应满足《铁路桥涵设计基本规范》(TB 100021)的规定。

二、限 界

新建、改建桥隧的限界应满足国家标准中桥梁、隧道建筑限界的要求。

1. $v \leqslant 160$ km/h 客货共线铁路桥隧限界

(1)$v \leqslant 160$ km/h 客货共线铁路桥梁建筑限界如图 1-2-4 所示。

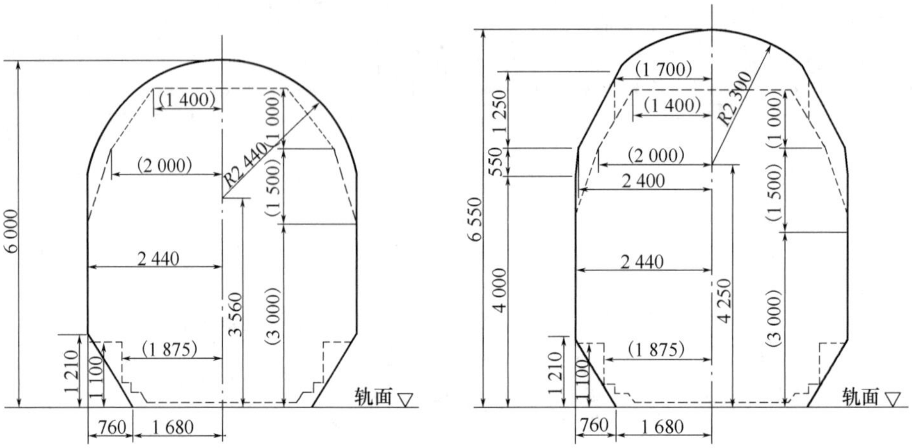

------------- 基本建筑限界。　　------------- 基本建筑限界。

(a)内燃牵引区段　　(b)电力牵引区段

图 1-2-4　$v \leqslant 160$ km/h 客货共线桥梁建筑限界(单位:mm)

(2)$v \leqslant 160$ km/h 客货共线隧道建筑限界如图 1-2-5 所示。

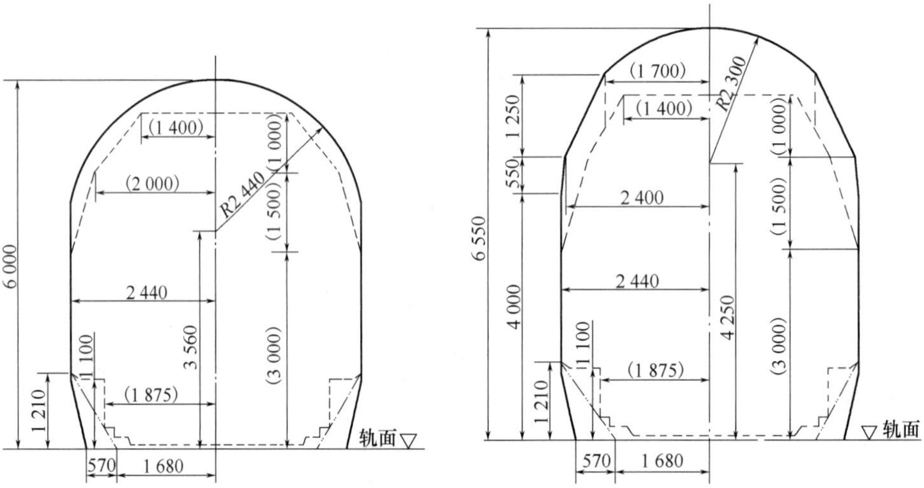

-------- 基本建筑限界;　　-------- 基本建筑限界;

-·—·—·- 适用于新建隧道。　　-·—·—·- 适用于新建隧道。

(a)内燃牵引区段　　(b)电力牵引区段

图 1-2-5　$v \leqslant 160$ km/h 客货共线隧道建筑限界(单位:mm)

2. $v > 160$ km/h 客货共线铁路桥隧限界

$v > 160$ km/h 客货共线桥隧建筑限界如图 1-2-6 所示。

3. 客货共线铁路双层集装箱运输桥隧限界

双层集装箱运输桥隧建筑限界如图 1-2-7 所示。

运营桥隧不能满足现行行业标准中桥梁、隧道建筑限界要求时,各部分及其附属设备均不得侵入基本建筑限界(图 1-2-8、图 1-2-9),曲线上按规定加宽。对不能满足桥隧建筑限界的桥隧应有计划地逐步改造。

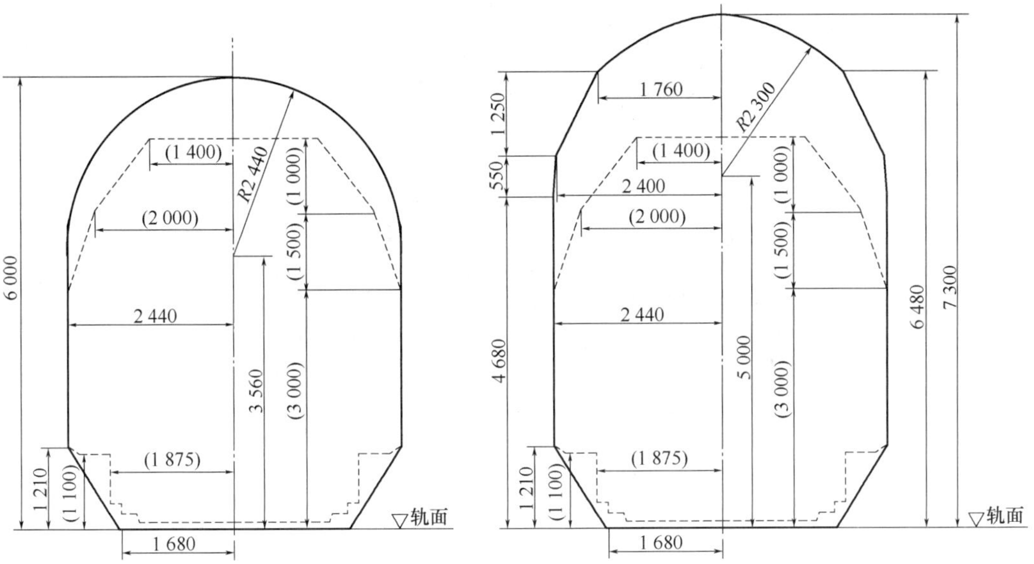

------------ 基本建筑限界。 ------------ 基本建筑限界。

(a)内燃牵引区段 (b)电力牵引区段

图 1-2-6 v>160 km/h 客货共线桥隧建筑限界(单位:mm)

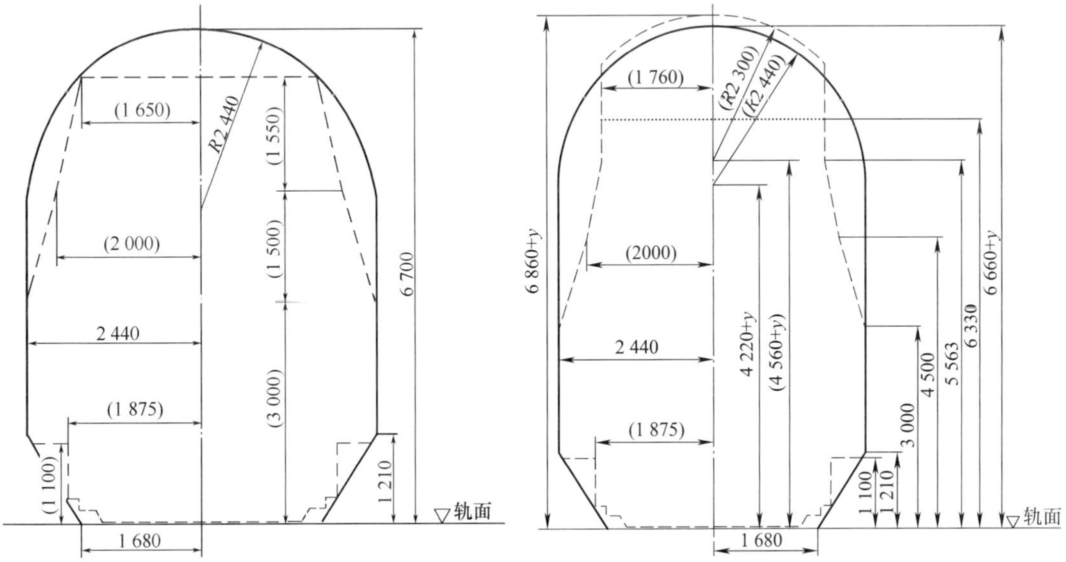

– – – – – – – 双层集装箱运输内燃牵引基本建筑限界。 – – – – – – – 双层集装箱运输电力牵引基本建筑限界;

.... 接触网导线的最低高度。

(a)内燃牵引区段 (b)电力牵引区段

图 1-2-7 双层集装箱运输桥隧建筑限界(单位:mm)

注:y 为接触网结构高度。弹性悬挂时,200 km/h 地段为 1 100 mm、160 km/h 及以下地段为 700 mm;采用刚性悬挂,结构高度另定。

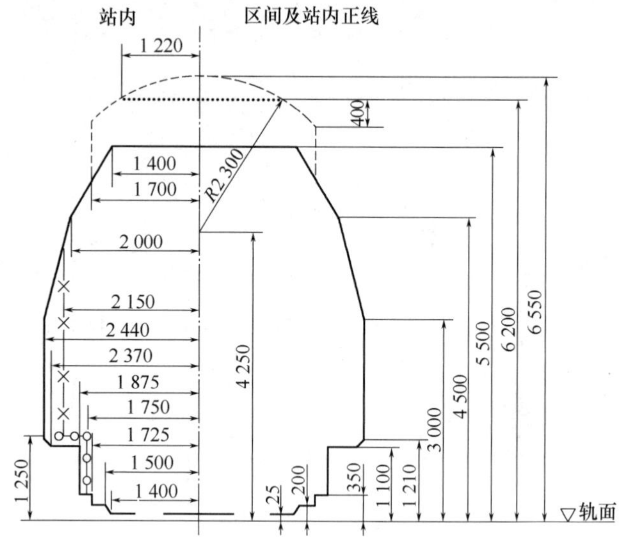

—×—×—×— 信号机、高架候车室结构柱和接触网、跨线桥、天桥、电力照明、雨棚等杆柱的建筑限界(正线不适用);

—o—o—o— 站台建筑限界(正线不适用);

———— 各种建(构)筑物的基本限界;

- - - - - - - 适用于电力牵引区段的跨线桥、天桥及雨棚等建(构)筑物;

·············· 电力牵引区段的跨线桥在困难条件下的最小高度。

(a)$v \leqslant 160$ km/h 基本建筑限界

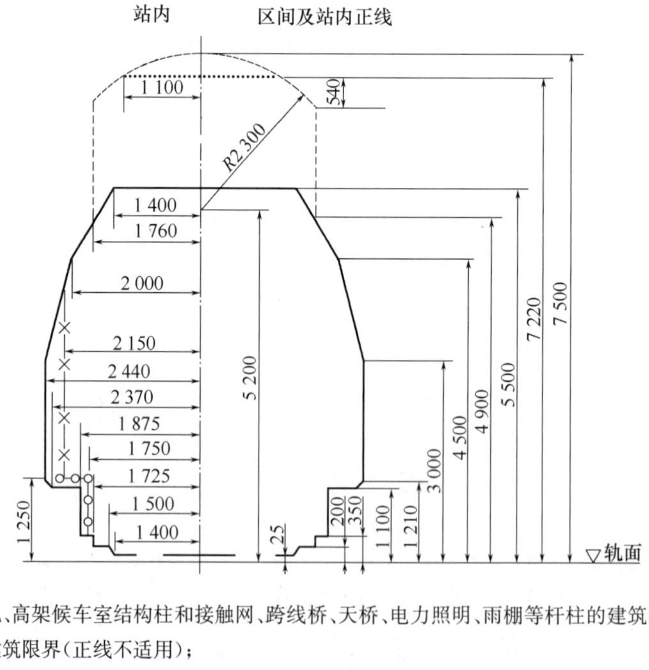

—×—×—×— 信号机、高架候车室结构柱和接触网、跨线桥、天桥、电力照明、雨棚等杆柱的建筑限界(正线不适用);

—o—o—o— 站台建筑限界(正线不适用);

———— 各种建(构)筑物的基本限界;

- - - - - - - 适用于电力牵引区段的跨线桥、天桥及雨棚等建(构)筑物;

·············· 电力牵引区段的跨线桥在困难条件下的最小高度。

(b)$v > 160$ km/h 基本建筑限界

图 1-2-8　客货共线铁路基本建筑限界(单位:mm)

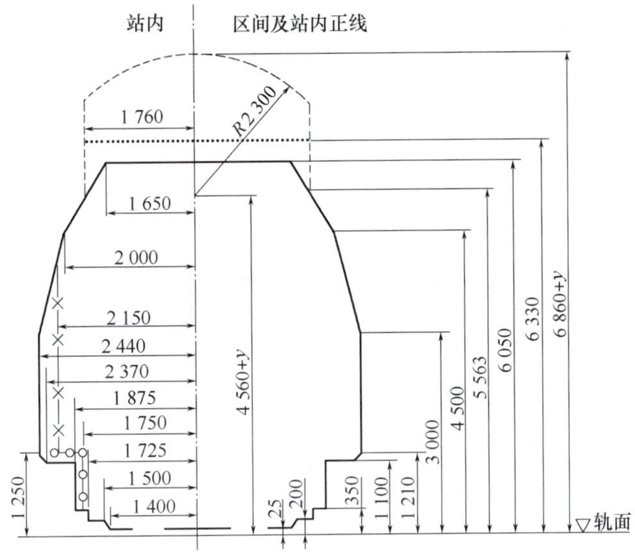

—×—×—×— 信号机、高架候车室结构柱和接触网、跨线桥、天桥、电力照明、雨棚等杆柱的建筑限界(正线不适用);
—o—o—o— 站台建筑限界(正线不适用);
———————— 适用于内燃牵引区段的双层集装箱运输基本建筑限界;
- - - - - - - 适用于电力牵引区段的双层集装箱运输基本建筑限界;
·················· 接触网导线的最低高度;
y 为接触网结构高度。

图 1-2-9　双层集装箱运输基本建筑限界(单位:mm)

三、孔径及净空

1. 运营中的行洪桥涵孔径应能正常通过 1/100 频率的检定洪水。对特大桥及大中桥,若观测洪水(包括调查洪水)频率小于 1/100,大于 1/300 时,应将观测洪水频率作为检定洪水频率。对技术复杂、修复困难或重要的特大、大桥还应能安全通过 1/300 校验频率的洪水。

2. 行洪桥下净空高度应符合下列规定:

(1)行洪桥不通航的桥孔,其桥下净空高度应符合表 1-2-1 的规定。

(2)当原不通航的桥孔需要通航时,地方相关部门应与铁路局集团公司部门商定。

表 1-2-1　桥下净空高度

序号	桥的部位		高出检定水位的最小高度(m)		高出校核水位的最小高度(m)	
			钢梁	钢筋混凝土或预应力混凝土结构	钢梁	钢筋混凝土或预应力混凝土结构
1	梁底	一般情况	0.25	0.25	0.00	—
		洪水期有大漂流物	1.5	1.25	0.75	0.50
		有泥石流	1.00	1.00	0.50	0.50

续上表

序号	桥的部位	高出检定水位的最小高度(m)		高出校核水位的最小高度(m)	
		钢梁	钢筋混凝土或预应力混凝土结构	钢梁	钢筋混凝土或预应力混凝土结构
2	支承垫石顶	0.00	—	—	—
3	拱肋和拱圈的拱脚	0.00	—	—	—

注:①实体无铰拱桥洪水期无大漂流物时,检定洪水位到拱顶净空高度不应小于拱矢高的1/4。
②严重泥石流或在洪水期有特大漂流物通过时,可视具体情况,采用大于表列的净空高度。
③表列水位及注(1)中所指水位应根据河流具体情况,计入可能产生的壅水、浪高、水拱、局部股流涌高、河流超高和河床淤积等影响的高度。

3. 行洪涵洞孔径一般按无压状态检定,即按涵洞净高的1.2倍临界状态的水位检定。无压涵洞内顶点高出洞内检定水位的净空,应满足表1-2-2的要求。

表1-2-2 涵洞净空高度

涵洞净高 H(m)	涵洞类型			
	圆涵	拱涵	盖板涵	框构涵
≤3	$\geqslant\frac{1}{4}H$	$\geqslant\frac{1}{4}H$	$\geqslant\frac{1}{6}H$	$\geqslant\frac{1}{6}H$
>3	≥0.75 m	≥0.75 m	≥0.5 m	≥0.5 m

注:拱(框构)桥与拱(框构)涵的区分,跨度>6 m且涵洞顶至轨底的填土高<1 m为拱(框构)桥,否则为拱(框构)涵。

4. 行洪桥涵孔径或桥下净空不足时,应有计划地进行扩孔、抬高或改建。扩孔、抬高或改建后均应符合《铁路桥涵设计规范》(TB 10002)的有关规定。对既有按1/50洪水频率设计的铁路桥涵,在自然条件和周边环境未发生改变且未出现明显水害时,可暂缓进行改造。

5. 在铁路线路下通行机动车辆的立交桥涵,其桥涵下净空高度不足5 m时,应按相关规定设置限高防护架。跨越铁路的立交桥上应按有关规定设置安全防护设施。

6. 隧道内轨顶面以上净空面积应满足:时速160 km单线隧道应不小于42 m^2,双线隧道应不小于76 m^2;时速200 km单线隧道应不小于50 m^2,双线隧道应不小于80 m^2;时速250 km单线隧道应不小于58 m^2,双线隧道应不小于90 m^2。净空面积不满足要求的应采取限速措施或改建。

四、刚　度

1. 在中-活载静力作用下,桥梁改造时梁体竖向挠度限值应满足下列规定:

(1)v≤160 km/h客货共线桥梁竖向刚度应满足《铁路桥涵设计规范》(TB 10002)的规定见表1-2-3。

表1-2-3 梁体竖向挠度限值

桥跨结构		挠度限值
简支钢桁梁		$L/900$
连续钢桁梁	边跨	$L/900$
	中跨	$L/750$

续上表

桥跨结构		挠度限值
简支钢板梁		L/900
简支钢筋混凝土及预应力混凝土梁		L/800
连续钢筋混凝土及预应力混凝土梁	边跨	L/800
	中跨	L/700

注：L 为简支梁或连续梁检算跨的跨度。

(2)$160<v\leqslant 200$ km/h 客货共线桥梁梁体竖向挠度不应大于表 1-2-4 限值。

表 1-2-4 梁体竖向挠度限值

跨度 L(m)		$L\leqslant 24$	$24<L\leqslant 40$	$40<L\leqslant 96$
挠度限值	单跨	L/1 000	L/900	L/900
	多跨	L/1400	L/1 200	L/900

(3)钢梁桥面系纵梁位置处横梁的挠度：

160 km/h 客货共线铁路，端横梁应不大于 3 mm，中间横梁应不大于 4 mm。

120 km/h 及以下重载铁路，端横梁应不大于 4 mm，中间横梁应不大于 5 mm。

2. 桥梁自振频率。

(1)简支梁竖向自振频率应不小于 n_0。

$$n_0=\begin{cases}\dfrac{80}{L} & (L\leqslant 20\ \text{m})\\ 23.58L^{-0.592} & (20\ \text{m}<L\leqslant 128\ \text{m})\end{cases}$$

式中 n_0——简支梁竖向自振频率限值(Hz)；

L——简支梁跨度(m)。

(2)简支梁横向自振频率应不小于 n_h：

$$n_h=60/L^{0.8}\quad (\text{Hz})$$

式中 n_h——简支梁横向自振频率限值(Hz)。

适用于桥梁梁跨 $L\leqslant 64$ m 的混凝土梁、下承式钢桁梁、下承式钢板梁、半穿式钢桁梁。

3. 梁体的横向刚度。

改造钢梁不应采用上承式钢桁梁、上承式钢板梁，不宜采用半穿式钢桁梁，宽跨比应符合《铁路桥涵设计规范》(TB 10002)的有关规定。下承式简支和连续桁梁边跨不应小于 1/20；连续桁梁除边跨外其余各跨不应小于 1/25。简支钢板梁其宽跨比不应小于 1/15，主梁中心距不应小于 2.2 m。

4. 列车活载作用下，支承垫石与梁底之间的横向相对变位不得大于 1 mm。

5. 对时速 160 km 以上线路，跨度大于 64 m 的钢桁梁桥、单线中高墩桥梁和轻型墩桥梁，需要进行车桥耦合动力检算，并满足下列条件：

(1)既有桥梁的车桥耦合动力检算，按实际运营列车(包括客车和货车)进行。实际运营列车作用下桥梁的动力响应应小于考虑动力系数的设计活载效应。

(2)桥面强振频率不大于 20 Hz 的竖向振动加速度，有砟桥面不大于 3.5 m/s^2，无砟桥面和明桥面不大于 5.0 m/s^2(半峰值)。

(3)实际运营列车的安全性和舒适性指标应符合表 1-2-5 的规定。

表 1-2-5 车桥耦合动力计算列车运行安全性和舒适性指标

安全性评判标准			乘坐舒适性标准	
脱轨系数	轮重减载率	轮对横向水平力	车体竖向振动加速度	车体横向振动加速度
$Q/P \leqslant 0.8$	$\Delta P/P \leqslant 0.6$	$Q \leqslant 80$ kN	$a_z \leqslant 0.13g$(单峰值)	$a_y \leqslant 0.10g$(单峰值)

6. 运营桥梁梁跨实测竖向变形(换算到相应线路类型标准活载,中-活载及以前荷载标准设计的桥涵换算到中-活载)、竖向和横向自振频率、桥面竖向振动加速度应满足有关限值的规定,横向振幅应满足《铁路桥梁检定规范》的要求。如超过限值,则应检查分析桥梁的技术状态,采取限速或加固、改造措施。

7. 运营桥梁的混凝土、钢筋混凝土和石砌实体墩台在动活载作用下应具有足够的刚度,实测墩顶横向最大振幅和最低频率应满足相关规定。如超过通常值规定,应查明桥墩的技术状态,必要时进行加固或采取保证行车安全的措施。

五、基础埋置深度

1. 运营桥梁墩台明挖基础和沉(挖)井基础的基底埋置深度应符合下列条件:

(1)无冲刷处或设有铺砌防护时,在地面下不小于 2.0 m。

(2)有冲刷处,在墩台附近最大冲刷线以下应不小于下列安全值:

对一般桥梁,在检定洪水频率流量下,安全值为 1.5 m 加冲刷总深度(自河床面算起的一般冲刷深度与局部冲刷深度之和)的 10%。

对技术复杂、修复困难或重要的特大桥、大桥,在检定洪水频率流量下,安全值为 2.5 m 加冲刷总深度的 10%;在校验洪水频率流量下,安全值为 1.3 m 加冲刷总深度的 5%。

(3)冻胀、强冻胀和特强冻胀土,在冻结线以下不小于 0.25 m;弱冻胀土,不小于冻结深度;基底埋置深度不满足要求,但无基础冻害出现,可暂缓处理。

(4)对于不易冲刷磨损的岩石,墩台基础应嵌入基本岩层不小于 0.25~0.5 m(视岩层抗冲性能而定)。嵌入风化、破碎、易冲刷磨损岩层按未嵌入岩层计。

2. 运营桥梁墩台桩基础的埋置深度应符合下列条件:

(1)冻胀土地区,当承台底设置在土中时,承台底面高程应位于冻结线以下不小于 0.25 m,当承台底设置在不冻胀土层中时,承台埋深可不受冻深的限制。桩入土中深度不明时,承台底在最大冲刷线下不小于 2 m。桩在最大冲刷线下的入土深度必须保证墩台稳定。

(2)有流冰的河流,承台底面高程应在最低冰层底面(冻结线)以下不小于 0.25 m;或桩在最大冲刷线下的埋置深度必须保证墩台稳定。

(3)木桩顶面应位于最低地下水位或最低水位以下不小于 0.5 m。

(4)嵌入新鲜岩面以下的钻(挖)孔灌注桩,其嵌入深度不小于 0.5 m。

3. 运营桥梁墩台基础埋置深度不明时,应予以查明。基础埋置深度不符合上述 1、2 规定条件之一的墩台即为浅基墩台,应进行防护、加固或改建。

4. 运营涵洞基础除设置在不冻胀地基土上者外,出入口和自两端洞口向内各 2 m 范围内的涵身基底埋深:对于冻胀、强冻胀土应在冻结线以下 0.25 m;对于弱冻胀土,应不小于冻结深度。涵洞中间部分的基底埋深可根据地区经验确定。严寒地区,当涵洞中间部分的埋深与洞口埋深相差较大时，其连接处应设置过渡段。冻结较深的地区，可将基底至冻结线下 0.25 m 处的地基土换填为粗颗粒土（包括碎石类土、砾砂、粗砂、中砂，但其中粉黏粒含量应小于 15%，或粒径小于 0.1 mm 的颗粒应小于或等于 25%）。对出现基础冻胀病害的涵洞，应有计划进行整治。

六、抗　　震

1. 设防烈度为 7、8、9 度的桥梁、位于 6 度区的 B 类桥梁、Ⅲ、Ⅳ类场地的 C 类桥梁，以及 C 类和 D 类隧道均应按照《铁路工程抗震设计规范》(GB 50111)要求进行抗震设防。对抗震能力不足者应逐步采取抗震加固措施。

2. 跨越铁路的跨线桥、天桥、立交明洞、渡槽等构筑物，按不低于该处铁路工程的抗震设防要求设防，进行抗震设计。对抗震能力不足者应采取抗震加固措施。

3. 位于地震区的桥梁，其上部结构应采取防止落梁、设置挡块等抗震措施；有条件时可采用减隔震装置，以减小地震作用效应。

4. 地震区棚式明洞，应采取防止落梁的措施。设防烈度 8 度和 9 度时，不应采用悬臂式棚洞。

第二节　高速铁路桥隧建筑物基本技术要求

一、荷　　载

1. 列车竖向活载采用 ZK 活载，桥涵结构的检算荷载应按《高速铁路设计规范》第 7.2 节办理。对开行少量货车的线路，桥涵结构的检算荷载还应按《铁路桥涵设计基本规范》第 4 章办理。

2. 桥梁承载能力按《铁路桥梁检定规范》进行检算，以检定承载系数“K”表示。K 为结构所能承受的活载相当于 ZK 活载的倍数。桥涵结构应满足 $K \geqslant 1$。

3. 桥涵承载能力不足($K<1$)的桥梁，应根据其技术状态确定采取加固、更换或改建措施。加固、更换或改建桥梁，承载能力应满足 $K \geqslant 1$。

二、限　　界

1. 客运专线铁路桥隧建筑限界应满足《铁路技术管理规程(高速铁路部分)》的规定，建筑限界的基本尺寸及轮廓线如图 1-2-10 所示。

2. 曲线地段建筑限界应考虑因超高产生车体倾斜对曲线内侧的限界加宽。其加宽量 W_1(mm)为

$$W_1=\frac{H}{1\,500}h$$

式中　W_1——曲线内侧加宽量(mm)；

H——轨顶面至计算点的高度(mm)；

h——外轨超高(mm)。

加宽范围包括全部圆曲线、缓和曲线和部分直线，采用阶梯加宽方法，即缓和曲线中点外 13 m 之间的曲线加宽 W_1，缓和曲线中点外 13 m 至直缓点外 22 m 加宽 $0.5W_1$，如图 1-2-11 所示。

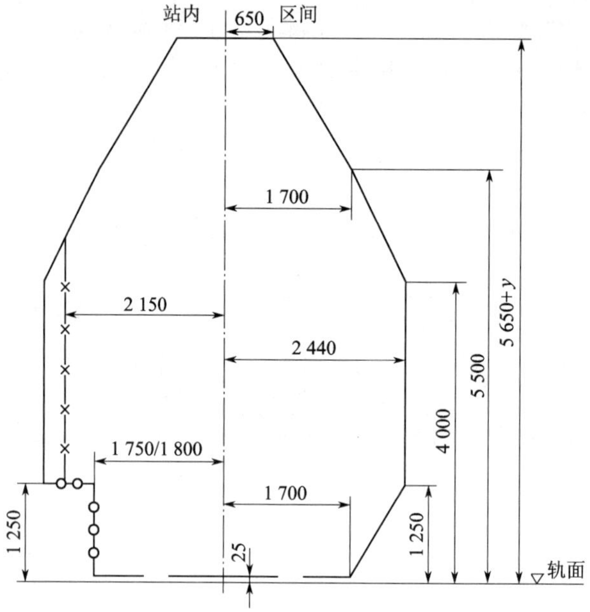

—×—×—×— 信号机、高架候车室结构柱和接触网、跨线桥、天桥、电力照明、雨棚等杆柱的建筑限界(正线不适用);

—○—○—○— ①站台建筑限界(侧线站台为 1 750 mm;正线站台,无列车通过或列车通过速度不大于 80 km/h 时为 1 750 mm,列车通过速度大于 80 km/h 时为 1 800 mm);

②站内反方向运行矮型出站信号机的限界为 1 800 mm;

———— 各种建(构)筑物的基本限界,也适用于桥梁和隧道;

y 为接触网结构高度。

图 1-2-10　高速铁路桥隧建筑限界(单位:mm)

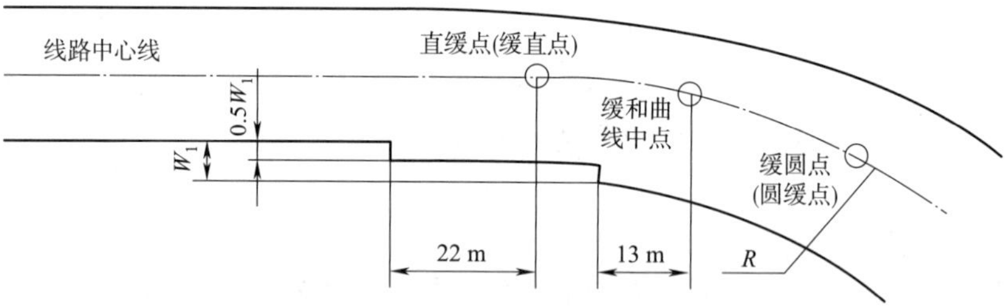

图 1-2-11　曲线地段建筑限界的加宽方法

三、孔径及净空

1. 行洪桥涵孔径和桥下净空高度及行洪涵洞孔径同普速铁路基本技术要求。

2. 行洪桥涵孔径或桥下净空不足时,应有计划地进行扩孔、抬高或改建。扩孔、抬高或改建后均应符合《高速铁路桥隧建筑物修理规则》的有关规定。

3. 桥涵排水应与自然水系、地方排灌系统、市政排水系统等衔接完善。

4. 隧道内轨顶面以上最小净空面积应满足表 1-2-6 要求。

表 1-2-6　隧道内轨顶面以上最小净空面积

速度(km/h)	最小净空面积(m^2)	
	单　线	双　线
200	52	80
250	58	90
300	70	100
350		

四、刚　　度

1. 桥涵设备应具有足够的刚度、良好的动力性能及耐久性，满足轨道稳定性、平顺性要求，满足高速列车安全运行和旅客乘坐舒适度的要求。

2. 梁体竖向挠度的限值应符合下列规定：

(1)梁部结构在 ZK 竖向静活载作用下，梁体的竖向挠度不应大于表 1-2-7 所列数值。

表 1-2-7　梁体的竖向挠度限值

速度(km/h)	跨度(m)		
	$L\leqslant 40$ m	40 m$<L\leqslant 80$ m	80 m$<L\leqslant 96$ m
200	$L/1\ 300$	$L/1\ 200$	$L/1\ 000$
250	$L/1\ 400$	$L/1\ 400$	$L/1\ 000$
300	$L/1\ 500$	$L/1\ 600$	$L/1\ 100$
350	$L/1\ 600$	$L/1\ 900$	$L/1\ 500$

注：①表中限值适用于 3 跨及以上的双线简支梁，对 3 跨及以上一联的连续梁，梁体竖向挠度限值按表中数值的 1.1 倍取用；对 2 跨一联的连续梁、2 跨及以下的双线简支梁，梁体竖向挠度限值按表中数值的 1.4 倍取用。

②对单线简支或连续梁，梁体竖向挠度限值按相应双线桥限值的 0.6 倍取用。

③表中限值仅适用于跨度不大于 96 m 的混凝土结构。

(2)拱桥、刚架及连续梁桥的竖向挠度，除考虑列车竖向静活载作用外，尚应计及温度的影响。梁体竖向挠度按下列情况之不利者取值：

①列车竖向静活载作用下产生的挠度值与 0.5 倍温度引起的挠度之和。

②0.63 倍列车竖向静活载作用下产生的挠度值与全部温度引起的挠度之和。

(3)轨道铺设完成后，预应力混凝土梁的竖向残余徐变变形应满足下列限值：

①对有砟轨道桥面，梁体的竖向变形不应大于 20 mm。

②对无砟轨道桥面，跨度不大于 50 m 时，梁体的竖向变形不应大于 10 mm；跨度大于 50 m 时，梁体的竖向变形不应大于跨度的 1/5 000，且不大于 20 mm。

(4)对于设有纵向坡度的无砟轨道桥梁，应考虑梁体伸缩引起的梁缝两侧钢轨支承点竖向相对位移对轨道结构的影响。

3. 梁体横向变形限值应符合下列规定：

(1)在列车横向摇摆力、离心力、风力和温度的作用下，梁体的水平挠度不应大于梁体跨度的 1/4 000。

(2)无砟轨道桥梁相邻梁端之间、梁端与桥台之间钢轨支点处的横向相对位移不应大于 1 mm。

4. ZK 静活载作用下梁体扭转引起的轨面不平顺限值，以一段 3 m 长的线路为基准，一线两根钢轨的竖向相对变形量 t 不应大于 1.5 mm，如图 1-2-12 所示。

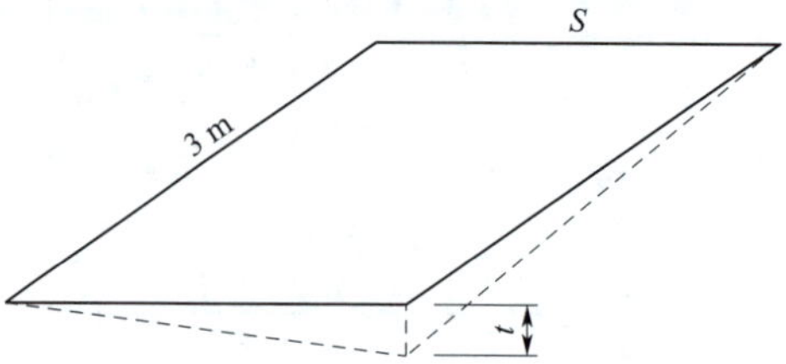

S—钢轨中心距。

图 1-2-12 桥面扭转变形示意

5. 跨度不大于 96 m 的简支梁竖向自振频率应满足以下规定：

(1)简支梁竖向自振频率不应低于下列限值：

$L \leqslant 20$ m 时 $n_0 = 80/L$

20 m$< L \leqslant 96$ m 时 $n_0 = 23.58L^{-0.592}$

式中 n_0——简支梁竖向自振频率限值(Hz)；

L——简支梁跨度(m)。

(2)跨度不大于 32 m 的混凝土及预应力混凝土双线简支箱梁，其竖向自振频率不低于表 1-2-8 限值时，可不进行车桥耦合动力响应检算。

表 1-2-8 常用跨度双线简支箱梁梁体的竖向挠度限值

<table>
<tr><th rowspan="2">跨度(m)</th><th colspan="3">速度(km/h)</th></tr>
<tr><th>250</th><th>300</th><th>350</th></tr>
<tr><td>12</td><td rowspan="4">100/L</td><td rowspan="3">100/L</td><td rowspan="3">120/L</td></tr>
<tr><td>16</td></tr>
<tr><td>20</td></tr>
<tr><td>24</td><td>120/L</td><td>140/L</td></tr>
<tr><td>32</td><td>120/L</td><td>130/L</td><td>150/L</td></tr>
</table>

6. 在 ZK 竖向静活载作用下，有砟轨道和无砟轨道桥梁梁端竖向转角限值应符合表 1-2-9。

表 1-2-9 梁端竖向转角限值

<table>
<tr><th>桥上轨道类型</th><th>位　置</th><th>限值(rad)</th><th>备　注</th></tr>
<tr><td rowspan="2">有砟轨道</td><td>桥台与梁跨间</td><td>$\theta \leqslant 2‰$</td><td>—</td></tr>
<tr><td>相邻梁跨间</td><td>$\theta_1+\theta_2 \leqslant 4‰$</td><td>—</td></tr>
<tr><td rowspan="4">无砟轨道</td><td rowspan="2">桥台与梁跨间</td><td>$\theta \leqslant 1.5‰$</td><td>梁端悬出长度≤0.55 m</td></tr>
<tr><td>$\theta \leqslant 1.0‰$</td><td>0.55 m<梁端悬出长度≤0.75 m</td></tr>
<tr><td rowspan="2">相邻梁跨间</td><td>$\theta_1+\theta_2 \leqslant 3‰$</td><td>梁端悬出长度≤0.55 m</td></tr>
<tr><td>$\theta_1+\theta_2 \leqslant 2‰$</td><td>0.55 m<梁端悬出长度≤0.75 m</td></tr>
</table>

注：θ 为梁体的梁端竖向转角，θ_1、θ_2 分别为相邻梁跨梁体各自的梁端竖向转角如图 1-2-13 所示。

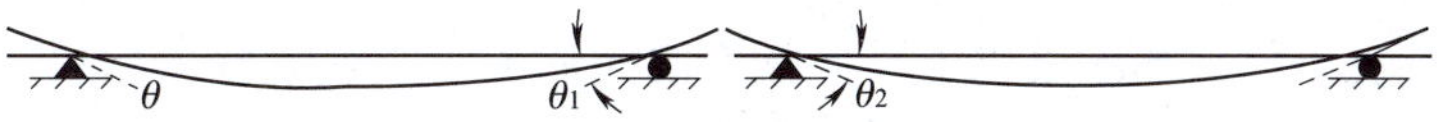

图 1-2-13　梁端转角示意

7. 在 ZK 活载、横向摇摆力、离心力、风力和温度力的作用下，墩顶横向水平位移引起的桥面处梁端水平折角应不大于 1.0‰。梁端水平折角如图 1-2-14 所示。

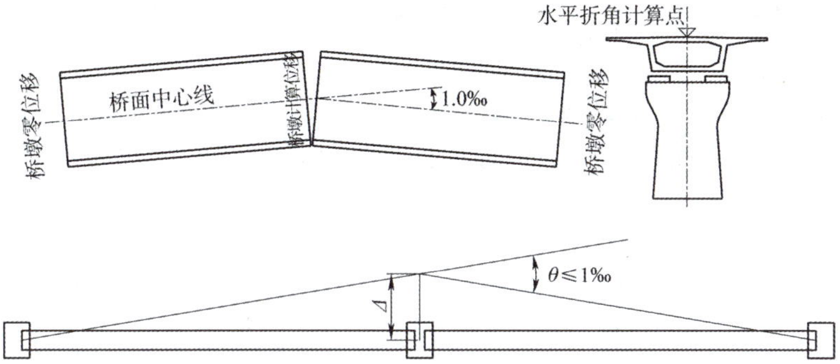

Δ—墩台横向水平位移差；θ—水平折角。

图 1-2-14　水平折角示意

8. 位于有砟轨道无缝线路固定区的混凝土简支梁，墩台顶纵向水平线刚度应符合表 1-2-10 的限值要求，非纵联型无砟轨道可采用表 1-2-10 的限值。

表 1-2-10　墩台顶纵向水平线刚度限值

墩台顶	跨度(m)	纵向水平线刚度(kN/cm)	
		双线墩台	单线墩台
桥墩	≤12	100	60
	16	160	100
	20	190	120
	24	270	170
	32	350	220
	40	550	340
	48	720	450
桥台	3 000		1 500

注：高架车站到发线有效长度范围内双线墩台的纵向水平线刚度限值按表内单线墩台的 2.0 倍取值。

9. 桥梁结构按实际运营列车和速度，(最大检算速度按 1.2 倍运行速度)进行车桥耦合动力响应分析时，应符合下列规定。

(1)脱轨系数、轮重减载率、轮对横向水平力、车体竖向和横向振动加速度指标

脱轨系数：$Q/P \leqslant 0.8$

轮重减载率：$\Delta P/P \leqslant 0.6$

轮对横向水平力：$Q \leqslant 10 + P_0/3$(P_0为静轴重，单位：kN)

(2)桥面板竖向振动加速度指标

桥面板强振频率在 20 Hz 及以下强振频率的竖向振动加速度限值：

有砟桥面：≤0.35g

无砟桥面：≤0.50g

(3)旅客乘坐舒适度指标

车体竖向振动加速度：a_z≤ 0.13g(半峰值)(g 为重力加速度)

车体横向振动加速度：a_y≤ 0.10g(半峰值)

斯佩林舒适度指标：W≤2.50　　优

2.50<W≤2.75　　良

2.75<W≤3.00　　合格

10. 道岔区桥梁结构应符合道岔对结构变形和变位的要求。

五、基础沉降

1. 墩台基础的沉降量应按恒载计算。墩台基础工后均匀沉降量和相邻墩台沉降量差应满足表 1-2-11 限值要求；对超静定结构除满足表 1-2-11 限值要求外，且还应根据沉降差对结构产生的附加应力的影响确定。

表 1-2-11　墩台基础工后沉降量限值

沉 降 类 型	桥上轨道类型	工后沉降量限值(mm)
墩台基础均匀沉降	有砟轨道	30
	无砟轨道	20
相邻墩台基础沉降量差	有砟轨道	15
	无砟轨道	5

2. 涵洞基础工后沉降量限值应与相邻路基工后沉降相一致。

3. 隧道基础工后沉降量限值不应大于 15 mm。

4. 无砟轨道区段桥台、涵洞边墙、隧道洞口与路基交界处的工后沉降差不应大于 5 mm，工后沉降差造成的折角不应大于 1/1 000。

5. 对工后沉降量超过规定值，应有计划进行整治、加固。

六、基础埋深

1. 墩台明挖基础和沉井基础基底埋置深度应符合下列条件：

(1)位于河道非岩石地基上的桥跨不应采用明挖基础。

(2)冻胀、强冻胀土，在冻结线以下不小于 0.25 m，同时满足冻胀力计算的要求；弱冻胀土，不小于冻结深度。

(3)无冲刷处，在地面下不小于 2.0 m。

(4)有冲刷处，在墩台附近最大冲刷线以下应不小于下列安全值：

对一般桥梁，在检算洪水频率流量下，安全值为 2 m 加冲刷总深度(自河床面算起的一般冲刷深度与局部冲刷深度之和)的 10%；在校验洪水频率流量下，安全值为 1.0 m 加冲刷总深度的5%。

对技术复杂、修复困难或重要的特大桥、大桥，在检算洪水频率流量下，安全值为3 m加冲刷总深度的10%；在校验洪水频率流量下，安全值为1.5 m加冲刷总深度的5%。

(5)对于不易冲刷磨损的岩石，墩台基础应嵌入基本岩层深度不小于0.5 m。嵌入风化、破碎、易冲刷磨损岩层，按未嵌入岩层考虑。

2. 墩台桩基础和承台的埋置深度应符合下列条件：

(1)承台底面在土中时，承台底面应在冻结线以下不小于0.25 m；或在最大冲刷线下不小于2 m(桩入土中深度不明时)。

(2)承台底面在水中时，承台底面应在最低冰层底面以下不小于0.25 m。

(3)钻(挖)孔灌注桩为柱桩时，桩底嵌入基本岩层深度不应小于0.5 m。

(4)桩基在最大冲刷线下的埋置深度必须保证墩台稳定，满足承载力、刚度和沉降控制要求。

3. 墩台基础埋置深度不明时，应予以查明。基础埋置深度不符合上述1、2规定条件之一的墩台即为浅基墩台，应进行防护、加固。

4. 涵洞基础除设置在非冻胀地基土上者外，出入口和自两端洞口向内各2 m范围内的涵身基底埋深：对于冻胀、强冻胀土应在冻结线以下0.25 m；对于弱冻胀土，应不小于冻结深度。严寒地区，当涵洞中间部分的埋深与洞口埋深相差较大时，其连接处应设有过渡段。对出现基础冻胀病害的涵洞，应有计划进行整治。

七、斜交、过渡、填土厚度

1. 桥梁结构斜交时，桥梁轴线与支承线夹角不宜小于60°，斜交桥台的台尾边线应与线路中线垂直，否则应有特殊措施与路基过渡。斜交涵洞的斜交角不宜大于45°。

2. 两桥相邻台尾边线之间的路基过渡长度不应小于150 m；两框构涵相邻边墙之间、桥梁台尾线与相邻框构涵边墙之间的路基过渡长度不应小于30 m。

3. 涵洞顶至轨底的填土厚度不宜小于1.5 m，沉降缝不应设在轨道下方，可设在两线中间，轨下涵节长度不宜小于5 m。

八、隧道洞口、衬砌结构和防排水

1. 隧道洞口崩塌落石防护宜采用明洞。两隧道洞口距离小于30 m时，宜采用明洞形式连接两隧道。

2. 暗挖隧道应采用复合式衬砌，明挖隧道应采用整体式衬砌；衬砌灌注密实，背后无空洞。

3. 隧道内结构应达到国家《地下工程防水技术规范》(GB 50108)中规定的一级防水标准。

4. 地下水环境保护要求高、埋深浅的隧道应采用全断面封闭防水。

5. 隧道排水应通畅，洞内排水系统应与洞外排水系统可靠顺接。洞外排水应引排到自然稳定的沟谷中，经路堑、涵洞排放时应无缝顺接，保证过水能力和防止壅水。

6. 隧道洞口地表径流应采用封闭、引排、截流等工程措施；洞口边、仰坡冲沟宜采用排导槽等工程措施。

7. 水下隧道应设置单独的排水通道和完备的排水管路、备用抽水设备和电源。

8. 隧道排水应避免采用机械排水；当无法避免时，隧道应设置完备的机械排水设备和监控设备，并备用水泵、管路、电源等设施，设置单独的排水检修通道。

九、耐 久 性

1. 桥隧涵主体结构和构件应具有足够的耐久性。桥隧结构、栏杆、盖板等混凝土构件应达到设计使用年限的要求。

2. 对处于严重腐蚀环境(D4、L3、H4 环境)中的混凝土结构，还应有可靠的防腐蚀强化措施。

3. 钢梁、钢拱肋、吊杆、钢栏杆、钢支架、支座钢件等应按规定进行保护涂装，防止锈蚀。

4. 混凝土墩身、托盘应设有护面钢筋。

5. 桥隧建筑物应有完善的防、排水系统，埋于混凝土中的隧道中心排水管、环向和纵向盲管等排水设施应具有可维护性，能进行水管清理。

十、抗震与防灾设施

1. 位于抗震设防烈度 6 度及以上地区的桥梁、隧道和明洞，均需按《铁路工程抗震设计规范》进行检算。在多遇地震、设计地震、罕遇地震下应分别满足抗震性能Ⅰ、Ⅱ、Ⅲ的设防目标。对抗震能力不足者应采取抗震措施。

2. 抗震设防烈度 6 度及以上地区的桥梁，均应设置防落梁设施。

3. 抗震设防烈度 7 度及以上地区的隧道、明洞等应按《铁路工程抗震设计规范》抗震设防要求进行抗震设计。隧道洞口设防段长度不应小于隧道开挖宽度的 2.5 倍；棚洞式明洞应设置防落梁设施；8 度以上地区不应采用悬臂式棚洞。

4. 跨越铁路的跨线桥、天桥、渡槽等，应按该处桥梁的抗震设防要求设防。

5. 桥长超过 3 km 时，应结合地面道路情况，在桥梁两侧每隔 3 km(单侧 6 km)左右交错设置可上下桥的救援疏散通道。救援疏散通道结构应满足抗震设防要求。

6. 隧道内设置贯通的救援通道，单线隧道单侧设置，双线和多线隧道双侧设置。救援通道距相邻线路中心不应小于 2.3 m，宽度不宜小于 1.5 m，高度不应小于 2.2 m。长度大于 10 km 的隧道宜为两个单线隧道。

7. 长度在 3～10 km 的隧道应结合辅助坑道设置紧急出口；长度在 10～20 km 的隧道应设置避难所；长度超过 20 km 的隧道应设置紧急救援站。

8. 隧道内紧急救援站长度一般应在 450～500 m；紧急救援站内站台宽度宜为 2.3 m，疏散横通道间距不宜大于 60 m，横通道内应设有两道防护密闭门、通行宽度不应小于 3.4 m。避难所设置在紧急出口的通道内。紧急出口通道宽度不应小于 3.0 m，高度不应小于 2.2 m，纵坡不宜大于 12%。

9. 隧道内紧急救援站应设置防灾通风和消防设施，避难所和有紧急出口的隧道应设置应急通风设施。

10. 隧道内紧急救援站、避难所应设置应急照明、应急通信、疏散引导标识；救援通道、紧急出口、横通道也应设置应急照明和疏散引导标识。

复习思考题

1. 普速铁路运营桥梁墩台明挖基础和沉(挖)井基础的基底埋置深度应符合哪些条件?
2. 普速铁路运营桥梁墩台桩基础的埋置深度应符合哪些条件?
3. 高速铁路梁体横向变形限值应符合哪些规定?
4. 高速铁路两桥相邻台尾边线之间的路基过渡长度不应小于多少?
5. 隧道内轨顶面以上最小净空面积应满足什么要求?

第三章　桥隧建筑物技术标准

本章主要介绍桥隧建筑物的结构组成及桥上线路的有关规定。

第一节　普速铁路桥隧建筑物桥面

一、普速铁路桥面的种类

普速铁路桥梁的桥面主要分为有砟桥面、明桥面和无砟桥面三种。

（一）有砟桥面

有砟桥面由道床、轨枕、钢轨及联结零件组成。为了承托桥面上的道砟和桥枕，桥面设置道砟槽。两片梁间留 60 mm 缝隙，铺以纵向钢筋混凝土盖板以防落砟，每两片盖板之间留 10～20 mm 缝隙以利排水。改建桥梁道砟桥面挡砟墙内侧至线路中心最小距离不得小于 2.2 m，桥面防水层应采用耐久性好的新型防水层，保护层采用等级不低于 C40 的纤维混凝土，厚度不小于 4 cm。

（二）明 桥 面

明桥面的桥枕置于纵梁上，桥枕上铺设钢轨，一般用于钢桥。但行车速度大于 160 km/h 线路及坡度大于 4‰的坡道上不宜采用明桥面。明桥面上线路不应设置竖曲线和缓和曲线。

（三）无砟桥面

无砟桥面有无砟无枕桥面、无砟短枕桥面和长枕埋入式等形式。无砟无枕桥面是在桥面上设承轨台，用来放置钢轨。无砟有枕桥面的钢轨铺设在嵌入钢筋混凝土梁上的楔形短枕上，楔形短枕牢固地固定在桥枕槽内。无砟桥面一般用于预应力钢筋混凝土梁上。

二、普速铁路桥面设备

（一）护　　轨

钢桥明桥面上护轨一般应采用与基本轨同类型的钢轨；混合桥上明桥面护轨也可采用比基本轨低一级的钢轨。

护轨轨面一般不低于基本轨轨面 25 mm，不高于基本轨轨面 5 mm，护轨接头用 4 个螺栓联结（每侧安装两个），螺母安装在道心一侧。在伸缩调节器处应采用一端带长圆孔的夹板。

自动闭塞区间，护轨应安装绝缘装置。当桥上线路中心设有应答器时，护轨应在应答器处断开。

1. 护轨的作用

防止列车脱轨后过度偏离桥梁中线，确保机车车辆的车轮在护轨和基本轨组成的轮缘槽内滚动，同时便于掉道后的起复。

2. 护轨与基本轨头部间净距

在钢梁明桥面上其净距为 220 mm，允许误差为±10 mm，当桥上设有伸缩调节器时，其最大净距可为 320～350 mm，允许误差为±10 mm；在混合桥上，当明桥面长度等于或小于 50 m 时，其净距在明桥面与有砟桥面上均为 500 mm；当明桥面长度大于 50 m 时，在明桥面和有砟桥面上各自采用自身的净距和允许误差，并在明桥面上采用不大于 1.5%的斜率完成间距变化的过渡。图 1-3-1 为明桥面护轨间距变化。

图 1-3-1 护轨间距变化

3. 护轨长度

护轨应伸出桥台挡砟墙以外，直轨部分长度不应小于 5 m，然后弯曲交会于线路中心。弯轨部分沿线路中心线的长度不小于 1.9 m，梭头尖端超出台尾的长度不小于 2.0 m，其顶部应切成不陡于 1∶1 的斜面并联结密贴，梭头尖端悬出轨枕的长度不得大于 5 mm，如图 1-3-2 所示。

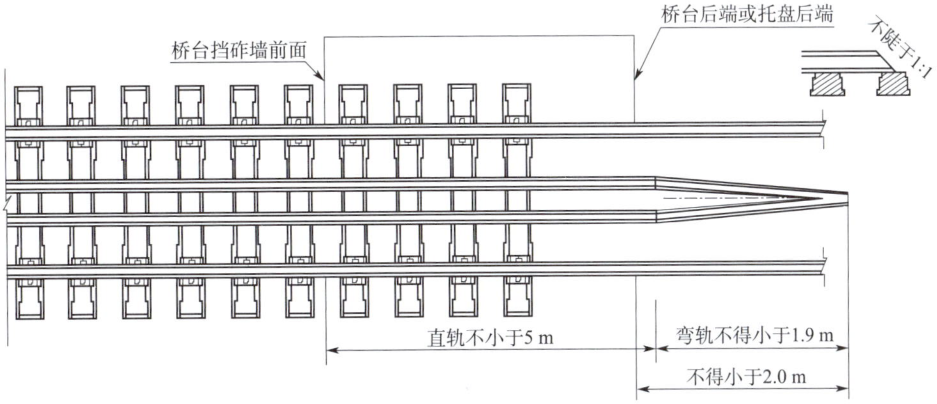

图 1-3-2 护轨端部布置

4. 护轨与轨枕的联结

对既有明桥面,护轨下可加垫总厚度不大于 30 mm 的垫板。当护轨与基本轨头部间净距为 350～500 mm 时,护轨下应设普通铁垫板,扣压每股护轨的道钉应在每根木桥枕上靠基本轨一侧钉两个,另一侧钉一个。当净距为 220 mm 或 350 mm 时,护轨下可不加垫铁垫板;垫板厚度在 20 mm 及以下时,应在每隔一根木桥枕上钉两个道钉扣压每股护轨的两侧;垫板厚度超过 20 mm 时,应在每根木桥枕上钉两个道钉扣压每股护轨的两侧。

5. 铺设护轨桥梁条件

(1)桥长大于 20 m 的明桥面桥梁。

(2)跨越铁路、重要公路、城市交通要道的明桥面钢梁桥。

(3)多线桥上的各线按上述第(1)、(2)项办理,多线框构桥可只在两外侧线路上铺设。

(二)木 桥 枕

1. 木桥枕规格

明桥面枕木应采用优质防腐桥枕,推广使用复合材料桥枕。其长度应符合表 1-3-1 的要求,断面尺寸应符合表 1-3-2 规定的标准。

表 1-3-1　木桥枕尺寸

主梁或纵梁中距(m)	桥枕标准断面		长度(mm)	附　注
	宽度(mm)	高度(mm)		
1.5～2.0	200	240	3 000	双腹板或多腹板的主梁中心矩以内侧腹板间距为准
2.0 以上～2.2	220	260	3 000	
2.2 以上～2.3	220	280	3 000	
2.3 以上～2.5	240	300	3 200 或 3 400	

表 1-3-2　木桥枕尺寸公差与断面形状

项　目	公差限度(cm)	断面形状与尺寸(cm)
长度	±6	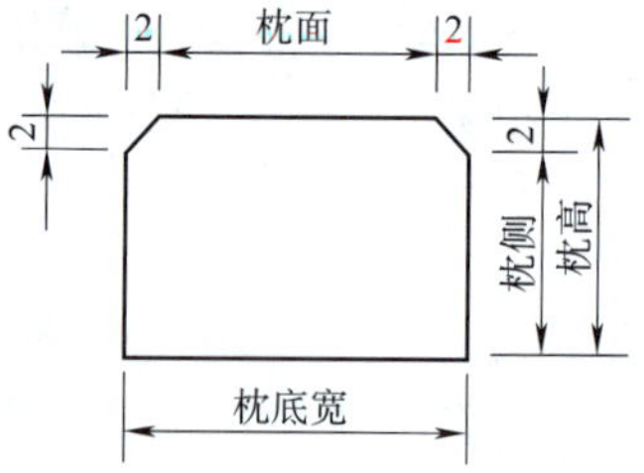
宽度	±1	
高度	±0.5	

2. 木桥枕铺设要求

(1)木桥枕间净距为 100～180 mm(横梁处除外),根据运营情况,专用线可放宽到 210 mm。

(2)木桥枕不能铺设在横梁上,与横梁翼缘边应留出 15 mm 及以上缝隙。

(3)横梁两侧木桥枕间净距在 300 mm 以上,且木桥枕顶面高出横梁顶面 50 mm 以上时,应在横梁上垫短枕承托,短枕与护轨应联结牢固,且与基本轨底留出 5～10 mm 空隙,如图 1-3-3 所示。

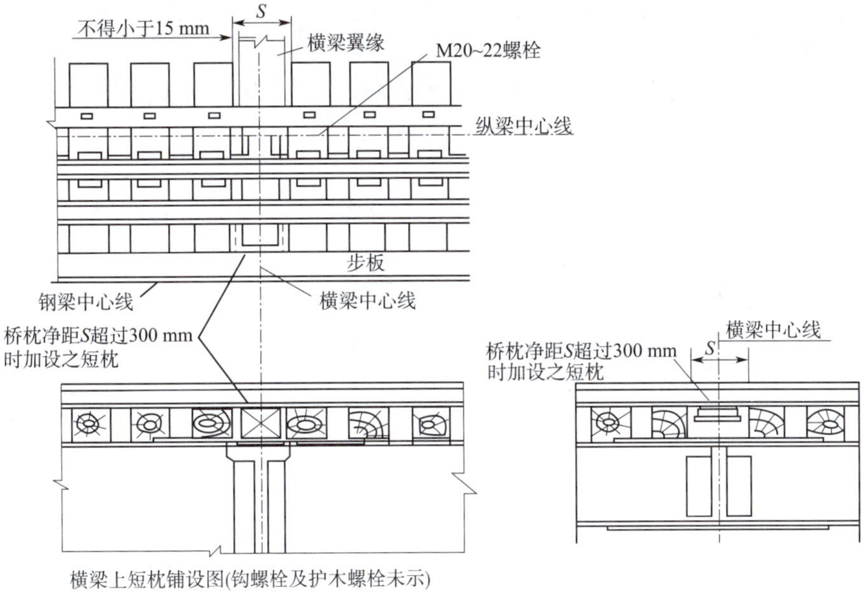

图 1-3-3 横梁短枕

(4)有桥面系的上承钢梁,木桥枕只能铺在纵梁上(设计容许铺设在主梁翼缘上的除外),在行车情况下不容许压着钢梁联结系。

(5)为调整桥面钢轨上拱度,木桥枕容许挖深 30 mm 以内的槽口,或使用比标准断面稍厚的木桥枕,也可在木桥枕下加垫木垫板,用螺钉(栓)或胶合联结牢固。

(6)木桥枕与螺栓头(铆钉头)接触处可挖钉窝或纵槽。

(7)行车速度大于 160 km/h 区段,钢桥明桥面的木桥枕必须采用优质木材,断面尺寸应不小于 220 mm×260 mm(宽度×高度)。

(三)桥枕与钢梁的连接

为阻止桥枕的上下跳动纵横移动,每根桥枕都应用两根经过防锈处理(如渗锌处理)的直径为 22 mm 的标准型钩螺栓与钢梁钩紧。钩螺栓(图 1-3-4)有Ⅰ式和Ⅱ式(仅联结桥枕与钢梁)两种。钩螺栓应垂直安装,尽量贴紧钢梁翼缘,间隙不超过 4 mm ,并保证有 2/3 钩头面积与钢梁密贴,遇到铆钉时,不准钩在铆钉上,可将钩头偏斜一些。钩螺栓配 110 mm×110 mm×8 mm 的铁垫圈及 6~10 mm 厚的胶垫圈。为防止轨道电路断电,在自动闭塞区间,钩螺栓铁垫圈与钢轨扣件间应留不小于 15 mm 的间隙。行车速度大于 120 km/h 区段钢梁明桥面的钩螺栓不允许有缺少和连二失效。

图 1-3-4 钩螺栓

(四)护　　木

1. 护木的作用

护木的主要作用是固定桥枕间的相互位置,同时列车脱轨跳过或挤倒护轨时起第二道护轨的作用。

2. 护木的铺设要求

(1)断面尺寸为 150 mm×150 mm,材质为一级松(杉)木或复合材料。

(2)护木接头采用半木搭接,设在木桥枕上。护木与木桥枕联结处应将护木挖深 20～30 mm 的槽口,紧扣在木桥枕上。

(3)护木与木桥枕的联结采用Ⅰ式或Ⅱ式,如图 1-3-5 所示。

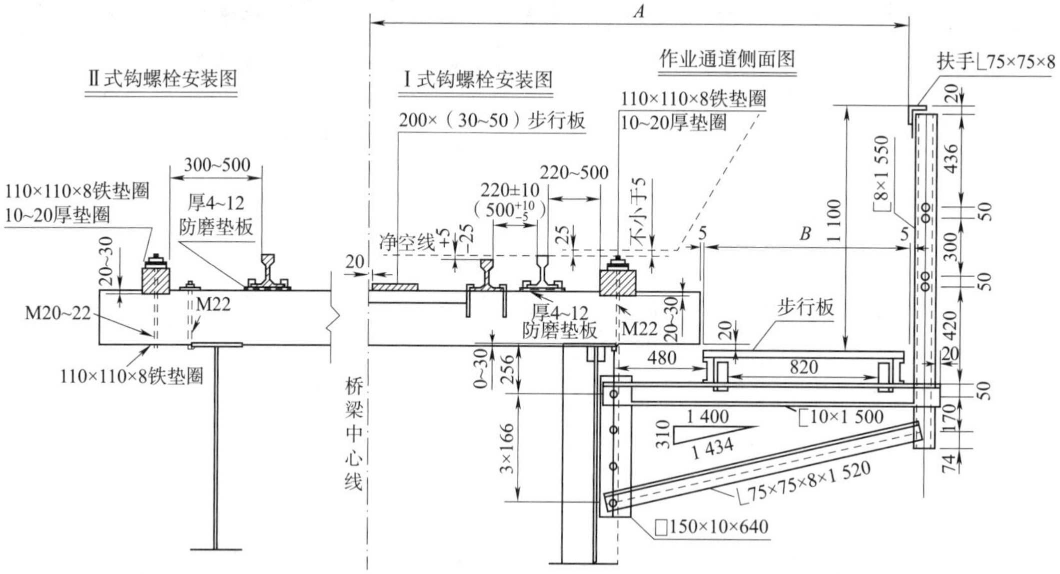

图 1-3-5　护木与桥枕的联结形式(单位:mm)

Ⅰ式为护木与木桥枕、钢梁上翼缘用经过防锈处理(如渗锌处理)的直径 22 mm 标准型钩螺栓联结。

Ⅱ式为护木与每隔一根木桥枕用直径 20 mm 或 22 mm 螺栓联结;每孔钢梁两端第一根桥枕与护木必须联结,每根木桥枕与钢梁上翼缘用两根经过防锈处理(如渗锌处理)的直径 22 mm 标准型钩螺栓联结。

螺栓顶端不应超过基本轨顶面 20 mm。行车速度大于 120 km/h 区段钢梁明桥面的护木螺栓不允许有缺少和连二失效。

(4)护木内侧与基本轨头部外侧的距离,Ⅰ式为 220～500 mm,Ⅱ式为 300～500 mm。在钢梁活动端处,护木须断开,并留出空隙,使护木能与钢梁共同移动;

(5)护木应尽可能位于一条直线上。如相邻两孔不能顺直对,应在护木内侧加楔木衔接,在曲线桥上可呈折线,如图 1-3-6 所示。

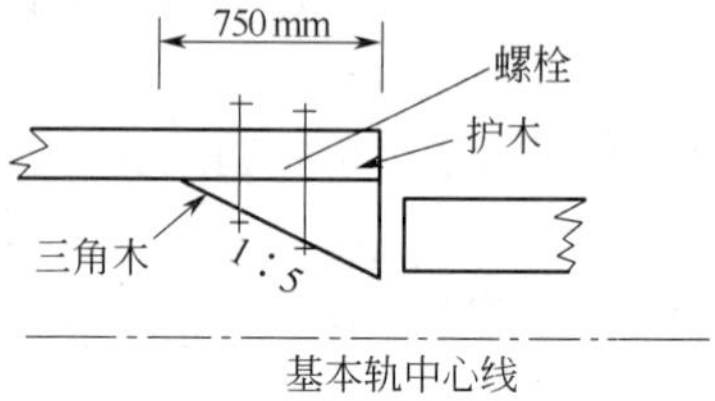

图 1-3-6　护木错开联结

(五)防爬角钢

铺设木桥枕的钢梁顶面应按以下要求安装防爬角钢：

1. 防爬角钢的最小尺寸为 125 mm×80 mm×12 mm。

2. 每孔钢梁两端至少各安装一对防爬角钢，必要时在梁的中部每隔 5～10 m 再安装一对。有桥面系的钢梁，每个节间纵梁两端各安装一对。若节间长度小于 4 m 时，可在每两个节间纵梁两端各安装一对。行车速度大于 160 km/h 区段的钢梁明桥面，其桥枕与纵梁之间应采用螺栓、加密防爬角钢等可靠连接。

3. 钢梁两端防爬角钢的水平肢应安装成相反方向，防爬角钢的长肢与木桥枕应用直径 20～22 mm 螺栓串联牢固，此处木桥枕可不安装钩螺栓。

三、普速铁路桥面其他规定

(一)桥梁中线与线路中线的偏差

桥上线路中线与梁跨设计中线的偏差，钢梁不得大于 50 m，圬工梁不得大于 70 mm，行车速度大于 120 km/h 区段，钢梁、圬工梁均不得大于 50 mm。超过偏差限值时应进行检算，如影响承载能力(即 $K<1$)或侵入限界时，须进行调整。

(二)钢轨接头设置要求

桥面在下列位置不能有钢轨接头，否则应将其冻结、焊接或铺设长钢轨。

1. 桥长在 20 m 及以下的明桥面上。

2. 允许速度大于 120 km/h 区段的钢梁明桥面上。

3. 钢梁端、无砟无枕梁端、拱桥温度伸缩缝和拱顶处前后各 2 m 范围内，纵横梁连接处距横梁边缘 0.6 m 范围内。

4. 设有钢轨伸缩调节器的钢梁，在温度跨度(由一孔钢梁的固定支座至相邻钢梁固定支座或桥台挡砟墙的距离)的范围内。

(三)作业通道规定

明桥面应在轨道中心铺设步行板，并设置单侧或双侧作业通道；道砟桥面应设置双侧作业通道，不符合要求的应逐步改造。作业通道板应安全、稳固、防滑。

直线桥梁自线路中心至作业通道栏杆内侧的净距：钢梁明桥面应不小于 2.45 m，混凝土梁桥面应不小于 3.0 m，线路允许速度 160 km/h 以上桥梁桥面应不小于 3.25 m。作业通道宽度应不小于 0.8 m。线路中心至作业通道栏杆内侧净距小于 3.25 m 时，单线桥应在作业通道上按照间隔 30 m 左右交错设置避车台，双线及多线桥应在每一侧各相距 30 m 左右设避车台。曲线桥梁线路中心线至作业通道栏杆内侧的净距应考虑曲线加宽的影响。既有桥改造困难时，可维持现状，但必须采取其他保证作业人员安全的措施。

作业通道支架及与梁的连接应符合设计要求。支架改造时，应检算联结支架用的预埋件的强度。作业通道静活载不得超过 4 kPa(即每平方米不得超过 400 kg)，集中荷载不得超过 1.5 kN。立柱与扶手承受的水平推力不得超过 0.75 kN/m，集中荷载不得超过 1.0 kN。

既有桥梁人行道不满足规定需要加宽时，应检算联结支架用的预埋件的强度。

人行道、栏杆在梁的活动端处均应断开，不得影响梁的伸缩。

(四)上拱度设置规定

为了使列车过桥时桥上轨道转折角尽可能小,列车能比较平顺地通过。跨度 30 m 及以上钢梁,桥上线路应设置上拱度。上拱度的值一般采用:

1. 现行最大活载(包括冲击)作用下实测竖向挠度的 1/2;开行动车组区段,按动车组和普通客车实测平均挠度之和的 1/2。

2. ZKH 或 ZH 活载作用下计算静挠度的 1/2。

3. 悬臂梁端部的上拱度可采用按 2 倍悬臂梁长度的简支梁计算挠度的 1/2,自由梁(挂孔)的上拱度值按简支梁设置。

4. 连续梁的边跨按简支梁设置。

5. 实测或计算挠度小于梁跨度 1/1 600 或≤15 mm 时及连续梁的中孔,可不设上拱度。

(五)明桥面外轨超高规定

曲线上明桥面的线路外轨超高,可采用以下方法设置:

1. 在桥枕挖槽限度内调整。

2. 在墩台顶面作成超高,但应检算钢梁斜放后的应力和稳定性,并注意钢梁排水。

3. 用楔形枕木。

4. 在曲线外侧的桥枕下加垫木垫板,用木螺钉(或螺栓)联结牢固,木垫板净厚不小于 30 mm,每边伸出钢梁上翼缘不小于 200 mm,如图 1-3-7 所示。

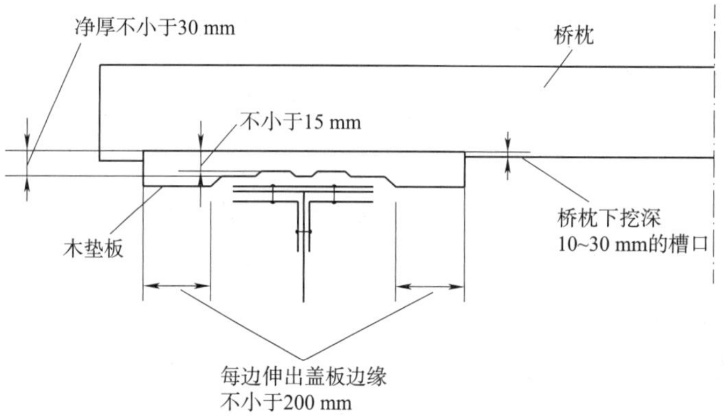

图 1-3-7 曲线桥梁桥枕加垫木垫板

(六)铺设无缝线路桥梁的作业条件

1. 明桥面单根更换及移动桥枕时,在实际锁定轨温加 20 ℃以下。

2. 进行上盖板涂装、更换铆钉、成段更换或方正桥枕及其他原因须起道时,在实际锁定轨温加 5 ℃减 15 ℃以内。

3. 进行起梁、移梁及拨移支座、捣垫砂浆等整治支座作业时,在实际锁定轨温加减 5 ℃以内。

4. 架空线路施工,必要时需采取钢轨应力放散或其他措施进行。

5. 在单独设计铺设无缝线路的桥梁上,应在设计允许的轨温范围内进行桥面作业。

(七)排水要求

桥面及梁端应加强防排水设施。桥面排水坡应不小于2%，泄水管内径不宜小于15 cm，泄水管向下设置，出水端须伸出梁体不少于15 cm。泄水管顶端应采取可靠的防渗漏措施。道砟槽板内、外侧下缘宜设置通长滴水檐(槽)。框构桥涵顶面应沿轴向设置人字形排水坡，雨水不应排向路基内。

第二节 高速铁路桥隧建筑物桥面

高速铁路桥面分为无砟桥面和有砟桥面。桥面由轨道、作业通道、遮板、防护墙、梁缝伸缩装置、桥面防水层和泄水管组成。有砟桥面还设有梁缝挡砟板和伸缩缝钢盖板等。

一、防护墙

高速铁路桥面设防护墙(图1-3-8)，不设护轮轨，有砟轨道防护墙兼作挡砟墙。线路中心至防护墙内侧净距，有砟轨道不应小于2.2 m，无砟轨道不应小于1.9 m。防护墙顶宽不应小于0.2 m，顶面高程不低于相邻轨面，且不侵入限界。

图1-3-8 高速铁路无砟桥面防护墙

二、电缆槽

电缆槽位于防护墙外侧。电缆槽盖板顶面平整，铺设稳固。钢筋混凝土电缆槽盖板厚度不小于60 mm(可通行桥梁检查小车的钢筋混凝土电缆槽盖板厚度不小于90 mm)，混凝土强度等级不低于C40；活性粉末混凝土(RPC)电缆槽盖板厚度不小于25 mm，抗压强度不小于120 MPa；宜在沿线路每10 m铺设带凹口的活动盖板。在梁缝处应设纵横向限位装置防止电缆槽盖板在梁缝处窜动，影响人身安全。

三、遮板

主梁翼缘悬臂板端部应设钢筋混凝土遮板，作为作业通道栏杆、声屏障的基础。遮板、栏杆等在梁的活动端处均应断开或在梁缝处设伸缩缝，间隙满足伸缩要求。

四、有砟桥面伸缩缝钢盖板

伸缩缝钢盖板异型钢应采用不低于Q345B的耐候钢或异型铝合金型材，厚度不小于16 mm，活动端应加工成约1∶4的斜坡，斜坡尖厚度约4 mm；钢盖板长度与防护墙内侧净距一致，宽度应能保证与梁顶面的接触宽度不小于10 cm，顶面与防水层的保护层顶面齐平，并应固定在梁体伸缩量小的一侧(简支梁应固定在固定支座一侧，桥头应固定在桥台胸墙一侧)。

五、作业通道

作业通道栏杆高度不应小于1.0 m，立柱和扶手的水平推力应能承受0.75 kN/m均布荷载和1.0 kN集中荷载的要求，栏杆与遮板连接锚固螺栓直径不应小于16 mm。立柱垂直度不大于立柱高度的3‰；扶手高度应保持一致，10 m长矢度不大于10 mm。遮板顶部预埋钢板和U形螺栓外露部分应采用多元合金共渗加封闭层的防腐处理。

线路中心距作业通道栏杆内侧之间的距离宜为4.1 m，对250 km/h区段无砟桥面不应小于3.45 m，有砟桥面不应小于3.75 m。通道宽度不应小于0.8 m。

六、桥面排水

1. 桥面排水设置

桥面根据轨道结构形式，桥面横向排水构造为六面坡三列排水、或四面坡两侧排水、或两面坡中间排水；排水坡度不小于2%，泄水管处应设有汇水坡，泄水管纵向间距宜在4.0 m左右。

防护墙过水孔高度和宽度均不小于15 cm，与防护墙过水孔对应位置的电缆槽中间竖墙应设置高度和宽度均不小于10 cm的过水孔。

框构桥顶面应做成向线路两侧的排水坡，不得将框构桥顶面的水排向路基以内。

2. 桥面排水设施

桥面排水管系统由泄水管、管盖、纵向排水管、横向排水管、竖向落水管、顺T形接头、三向接头、弯管接头和排水管支架等组成，如图1-3-9所示。泄水管直径应根据实际排水量要求确定，内径不应小于15 cm，泄水管出口外露长度要保证排水不污染梁体、支座、墩台检查设施等，最小长度不小于15 cm。管盖厚度不小于38 mm，开孔最大尺寸宜为20 mm。严寒地区泄水管壁厚不宜小于8 mm。

图1-3-9　桥梁排水

七、桥面防水

(一)有砟轨道混凝土桥面防水

1. 卷材类防水层

防护墙间宜铺设卷材类防水层，防护墙根部加铺卷材附加层，附加层沿防护墙弯起高度5 cm，水平向宽度15 cm。

2. 保护层

防水层上设厚度不小于6 cm的纤维混凝土保护层，保护层与防护墙接缝应采用聚氨酯防水涂料封边，封边高度不小于8 cm。防水层保护层纵向每隔4 m设置宽10 mm、深20 mm的横向预裂缝，并用聚氨酯防水涂料填实。

3. 电缆槽防水

电缆槽应采用聚氨酯防水涂料防水层，防水层上设厚度4～6 cm的纤维混凝土保护层。保护层与防护墙、电缆槽竖墙接缝应采用聚氨酯防水涂料封边，封边高度不小于8 cm。

(二)无砟轨道混凝土桥面防水

轨道底座板直接与混凝土桥面板相连的无砟轨道结构，在轨道底座板范围外的防护墙之间应铺设卷材类防水层，防护墙和底座板跟部加铺卷材附加层，附加层沿防护墙弯起高度 5 cm，水平向宽度 15 cm。

轨道底座板与混凝土桥面板之间设有隔离层（滑动层）的无砟轨道结构，可采用底涂、喷涂聚脲防水涂料、脂肪族聚氨酯面层组成的喷涂聚脲防水层。底涂宜采用常温、低温、高温型环氧树脂或聚氨酯材料；聚脲防水涂料涂膜的厚度应在 1.6～2.0 mm 之间；脂肪族聚氨酯面层涂膜总厚度不应小于 200 μm。聚脲防水涂料涂膜宜采用深灰色，脂肪族聚氨酯面层宜采用中灰色。喷涂聚脲防水层上不设保护层。

防护墙、侧向挡块跟部应进行封边处理，封边高度不小于 8 cm；泄水管内壁涂刷聚脲防水涂料，深度不小于 10 cm。分次喷涂时，搭接长度不小于 10 cm。

防护墙外侧电缆槽防水层铺设要求、防水层上保护层与有砟轨道桥面防水相同。

第三节　桥跨结构

桥跨结构是桥梁承力结构，根据材料主要分为钢梁和圬工梁。

一、钢　　梁

钢梁主要有钢板梁和钢桁梁两种，钢箱梁也有使用。

（一）钢板梁构造

钢板梁桥构造简单，一般用于 40 m 以内的跨度，从结构形式上可分为上承式（图 1-3-10）和下承式（图 1-3-11）两种，其中上承式较常用。

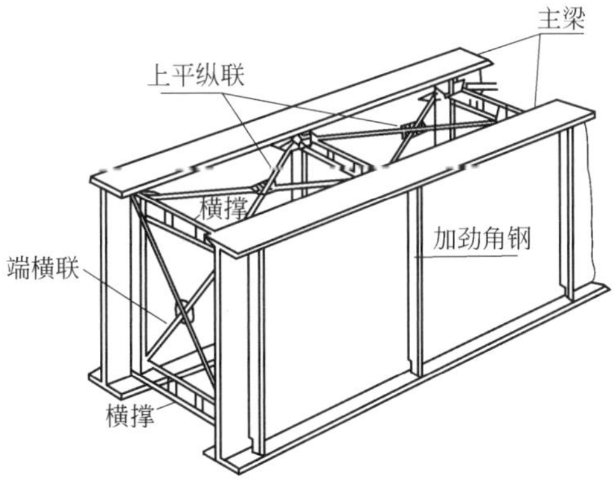

图 1-3-10　上承式钢板梁

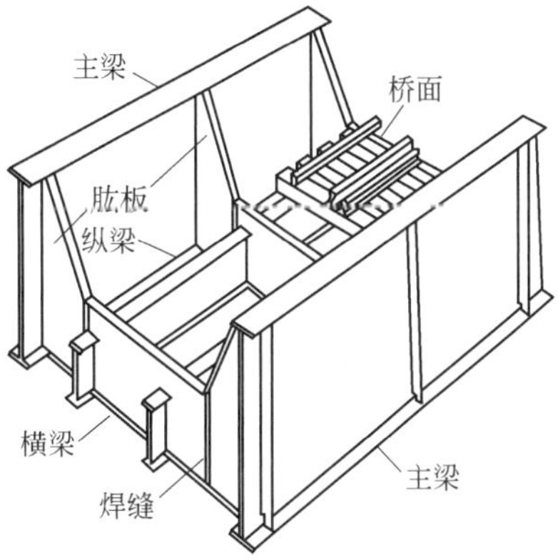

图 1-3-11　下承式钢板梁

1. 上承式板梁：由主梁和联结系组成。

（1）主梁：一般有两片主梁对称布置，为腹板及上下翼缘构成的工字形截面，在腹板侧面还设置加劲肋。

（2）联结系：由上下平纵联及横联组成，它和主梁共同形成一空间结构。

2. 下承式板梁：由桥面系（纵梁与横梁）、主梁和联结系组成。由于限界的要求，不设上平纵联、横联，只设下平纵联。其横撑杆即为横梁。横梁与主梁联结处设三角形肱板，形成开口刚架以利稳定。

(二)钢桁梁构造

当跨度增大时，梁的高度也要增大，板梁尺寸巨大而笨重。若采用腹杆代替腹板组成桁梁，则重量大为减轻。由于桁梁构造比较复杂，所以一般适用于 48 m 以上的跨度。

钢桁梁也分上承式与下承式。一般大跨度钢桁梁采用下承式。

钢桁梁主要由桥面、桥面系、主桁架、联结系等部分组成。

1. 主桁架

主桁架是桥跨结构中的主要承力结构。主桁架一般由上弦杆、下弦杆、斜杆及竖杆等组成，斜杆及竖杆统称为腹杆，如图 1-3-12 所示。

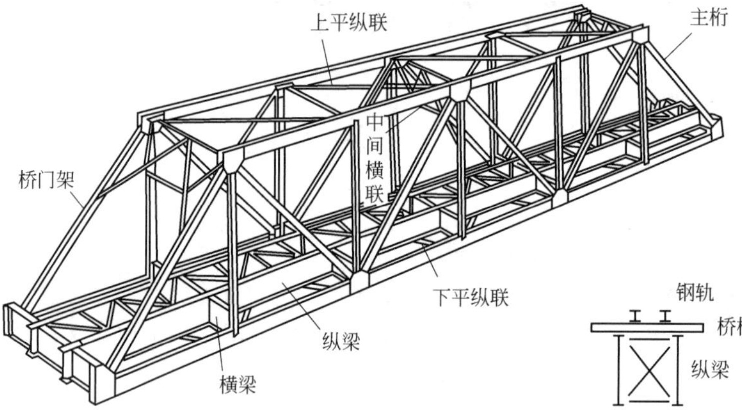

图 1-3-12　下承式钢桁梁

主桁架各杆件在节点处交会，用节点板通过铆钉或高强度螺栓连接起来，联结系杆件和横梁也均在节点板处与主桁架连接。

2. 桥面系

桥面系包括纵梁、横梁以及纵梁之间的联结构件。每段纵梁长度等于主桁架节间长度，它的两端用连接角钢和横梁相连。

3. 联结系

为了能形成空间稳定结构以承受横向力，减少受压弦杆的自由长度而设置的各种形式的联结构件。联结系包括上、下平纵联，中间横联和端部横联。端部横联又称桥门架，它可设置在端斜杆平面内或第一根吊杆平面内(图 1-3-13)。图 1-3-14 为现场使用的钢桁梁桥。

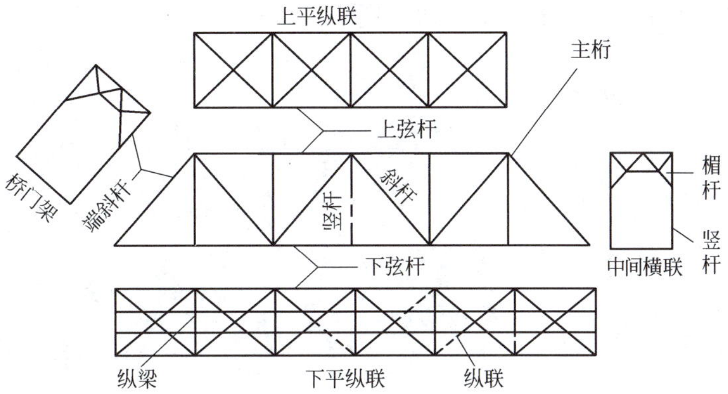

图 1-3-13　联结系

图 1-3-14　下承式钢桁梁桥

二、圬工桥梁

圬工结构有普通钢筋混凝土结构和预应力钢筋混凝土结构。预应力混凝土结构按钢筋张拉的顺序分先张法及后张法两种。铁路桥梁中圬工梁拱的结构形式，可分为以下几种。

1. 钢筋混凝土简支梁及预应力钢筋混凝土简支梁

简支梁在铁路上应用广泛，一般由工厂或现场预制运至工地安装。简支梁由主梁(包括梁身及道砟槽板)、挡砟墙、横隔板及防水层等组成。图 1-3-15 为钢筋混凝土简支梁桥。

图 1-3-15　钢筋混凝土简支梁

常用的混凝土简支梁的横断面有 T 形和箱形(图 1-3-16)等。

图 1-3-16 T 梁与箱梁

2. 钢筋混凝土连续梁

可将 2～3 个跨度(一般不超过 4 个)的钢筋混凝土梁相连成连续梁,它比简支梁经济,但连续梁墩台不能有不均匀下沉,否则将导致梁身开裂而损坏。连续梁由于中间支承处梁的弯曲力矩较大,所以往往在该处梁身做成折线形或曲线形以增加截面高度来进行加强,如图 1-3-17 所示。

图 1-3-17 钢筋混凝土连续梁

3. 钢筋混凝土悬臂梁

悬臂梁受基础不均匀下沉的影响较小。悬臂跨由悬臂梁及自由梁组成,悬臂长度一般为梁跨的 20%～30%,悬臂梁最困难的地方是自由梁与悬臂端的联结处,该处自由梁及悬臂梁的高度各减一半互相搭接,该处截面中需要大量钢筋。

4. 刚构桥及框构桥

钢筋混凝土刚构桥是由钢筋混凝土梁跨及与支柱刚性连接的肋形桥跨结构所组成,这些构件合成为一个负荷载重的整体结构,如图 1-3-18 所示。刚构桥的支柱与基础的结合可用铰支承或固定支承。

也有一种钢筋混凝土梁跨结构与支柱(或整板)及基础(为整板)形成一个刚性连接的闭合的框架结构,则称框架桥(即俗称框构桥)。地道桥常采用此结构形式。

5. 钢筋混凝土拱桥

钢筋混凝土拱桥(图 1-3-19)按不同形式分系杆拱或无系杆拱;实腹拱或空腹腔拱;上承式、中承式和下承式;有铰拱或无铰拱(有铰拱桥分两铰拱或三铰拱)。实腹式的钢筋混凝土拱桥适用于小跨度,大跨度拱桥均采用空腹式的拱上结构。上承式空腹式拱桥由拱肋、支柱、横梁和板式或肋式的道砟槽板所组成。下承式拱桥可做成有系杆拱或无系杆拱。

图 1-3-18　钢筋混凝土连续刚构梁

图 1-3-19　钢筋混凝土拱桥

拱桥跨度大于 10 m 的混凝土边墙或跨度大于 15 m 的石砌边墙应在拱脚附近做成温度伸缩缝(有铰拱应在铰的上方),缝宽 1～2 cm,缝内用防水性能较好的弹性嵌缝膏填塞。

墩台上相邻钢筋混凝土梁或预应力混凝土梁间和梁端与桥台挡砟墙间应留有梁能自由伸缩的空隙($L\leqslant16$ m 时为 6 cm,$L\geqslant20$ m 时为 10 cm)。

三、特殊桥跨

(一)斜 拉 桥

斜拉桥由主梁、斜拉索及索塔三部分组成,主梁除支承于墩台外,还支承于索塔引出的斜拉索上。斜拉桥轻巧柔细的外形也使结构抗震性能较差,刚度较小和挠度变形较大;同时斜拉索两端锚固处抗疲劳性能较差。随着材料技术的发展,上述缺点得到改善,使得斜拉桥成为最具竞争力的桥型。

组成斜拉桥的主梁、斜拉索和索塔有各种不同的结构形式,它们之间的组合方式亦有多种。

1. 主梁

预应力混凝土斜拉桥常用的主梁有连续梁带挂孔或设铰的悬臂梁和悬臂刚架,铁路桥一般采用整体性强的连续梁。

主梁截面通常采用抗弯和抗扭刚度大的箱形截面。

2. 斜拉索

斜拉索宜采用抗拉强度高、疲劳性能好、弹性模量大的钢丝制成,形式如图 1-3-20 所示。

(1)斜拉索在横桥方向布置

单面索:拉索面设于行车道中央,近来也出现拉索面呈斜面布置的形式。

双面索:双面索是最常用的形式,常用竖直双面拉索体系,也有索面倾斜的双面索。

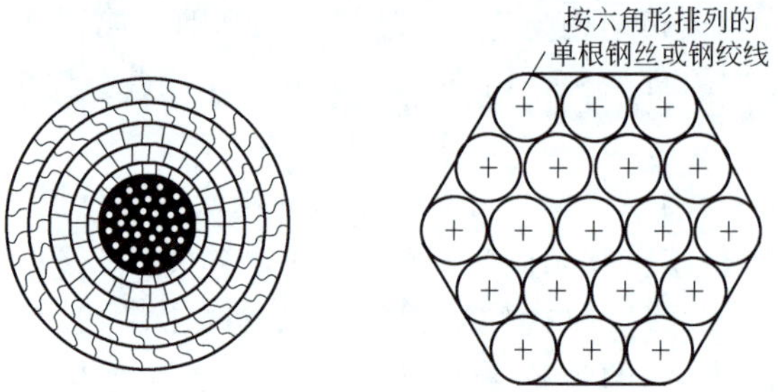

图 1-3-20　斜拉索截面形式

(2)斜拉索在顺桥方向布置

常用的有辐射形、竖琴形、扇形、星形四种,如图 1-3-21 所示。图 1-3-22 为扇形布置的斜拉索。

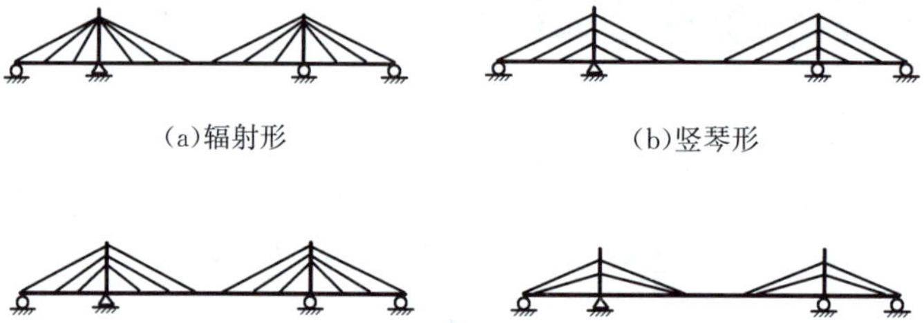

图 1-3-21　斜拉索立面布置形式

3. 索塔

索塔一般是钢筋混凝土,也可根据需要做成预应力混凝土结构。索塔结构形式应根据拉索布置、主梁跨度及桥面宽度等因素决定,主要有柱形、门形或斜门形、倒 V 形或倒 Y 形等形式。图 1-3-23 为门形塔柱。

图 1-3-22　扇形斜拉索

图 1-3-23　门形塔柱

(二)钢 拱 桥

钢拱桥在我国铁路桥梁中较少采用,一般只在跨越基础地质良好,而谷中桥墩工程数量巨大或施工困难时采用,有时也在考虑美观条件时采用。

1. 钢拱桥类型

钢拱桥按桥面位置分类可分为上承式、中承式及下承式；按铰的数目可分为三铰拱、双铰拱及无铰拱；按结构分为板拱与桁拱。

2. 钢拱桥构造

钢拱桥(图 1-3-24)的拱肋为实腹时采用板拱，空腹时采用桁拱。桁拱弦杆的中间设置腹杆，腹杆有竖杆和斜杆。为了防止拱圈向平面外翘曲，增加稳定性，在桁拱的上下弦面内以及桥面系水平平面内各设平纵联一道，将横向力传到桥的两端。

(三)悬 索 桥

悬索桥(图 1-3-25)由塔柱、悬索、吊杆和梁组成，由于悬索桥刚度较小，单独的悬索桥梁在铁道工程方面应用很少，一般与其他结构进行组合。

图 1-3-24 钢拱桥

图 1-3-25 悬索桥

(四)组合体系桥梁

高速铁路桥梁除了满足承受荷载的要求，还应考虑轨面的高平顺性的要求，在高速铁路桥梁中出现了许多组合体系桥梁。不同结构的组合，可以提高结构的刚度，满足轨面高平顺性的要求。图 1-3-26 为刚构与钢拱组合形成的高铁桥梁。

图 1-3-26 V 形刚构与钢拱组合桥梁

第四节 支 座

桥梁支座是设在桥梁上部与下部结构之间的传力装置，其应能使上部结构具有必要的活动性。

固定支座是仅允许梁端绕横桥方向水平轴转动的桥梁支座，活动支座是允许梁端绕横桥方向的水平轴转动且在顺桥方向作水平移动的桥梁支座，多向活动支座是允许梁端绕横桥方向的水平轴转动且在横桥和顺桥方向作水平移动的桥梁支座。

一、支座类型

铁路桥梁桥跨结构的支座类型一般应符合表 1-3-3 的规定。

表 1-3-3 桥跨结构支座类型

梁跨分类	支座类型						
	钢支座					橡胶支座	
	平板	弧形	圆柱面、双曲面、球形和铰轴滑板	摇轴	辊轴	板式	盆式
钢梁	$L<10$	$10\leqslant L\leqslant 24$	$L>20$	$24<L\leqslant 48$	$L\geqslant 56$	—	—
混凝土梁	$L\leqslant 8$	$8<L<20$	$L>20$	$20\leqslant L\leqslant 48$	$L\geqslant 56$	$L\leqslant 20$	$L>20$

注：①L 为梁的跨度(m)；

②跨度小于或等于 6 m 的简支梁可不设支座，采用高强石棉板等弹性垫板代替，并在两侧设支撑，防止横向移动。

二、支座安装要求

(一)普速铁路支座位置安装规定

1. 固定支座应设在纵向水平作用力的前端。在坡道上，设在较低一端；在车站附近，设在靠车站一端；在区间平道上，设在重车方向的前端。

2. 整体多片简支 T 梁、箱梁支座设置横向位移支座时应符合以下规定：

(1)双线整孔简支箱梁，每孔梁一端应安装一个固定支座(GD)和一个横向活动支座(HX)，另一端安装一个纵向活动支座(ZX)和一个多向活动支座(DX)。固定支座和纵向活动支座应在梁的同一侧，横向活动支座与多向活动支座应在梁的另一侧。

(2)双线并置简支箱梁，每孔梁一端应安装两个固定支座和两个横向活动支座，另一端安装两个纵向活动支座和两个多向活动支座。固定支座、纵向活动支座应安装在内侧，横向活动支座和多向活动支座应安装在外侧。

(3)整体多片简支 T 梁，中梁一端应安装固定支座，另一端安装纵向活动支座，边梁在中梁固定支座端应全部安装横向活动支座，另一端应全部安装多向活动支座。

(4)单线简支箱梁和简支 T 梁，每孔梁一端应安装两个固定支座，另一端应安装两个纵向活动支座。

3. 双线连续梁，每联梁应在一个墩顶(一般为中间墩)安装固定支座和横向活动支座，其余墩顶安装纵向活动支座和多向活动支座。固定支座和纵向活动支座在梁的同一侧，横向活动支座与多向活动支座在梁的另一侧。

4. 单线连续梁应在一个墩顶(一般为中间墩)安装固定支座,其余墩顶全部安装纵向活动支座。

5. 对斜交梁,支座纵向位移方向应与梁轴线或切线一致。

6. 除特殊设计外,不应将顺桥方向相邻两孔的固定支座安设在同一桥墩上。

7. 同一座桥梁中,当各桥跨固定支座安装条件相互抵触时,应首先满足线路一侧的支座横向位移约束条件相同的要求,即同桥同侧的要求。其次再按水平力作用有利情况设置。

(二)高速铁路支座位置安装规定

1. 同一座桥上固定支座的设置,应避免梁缝处相邻梁端横向反方向温度位移。

2. 在坡道上,固定支座宜设在较低一端;在车站附近,宜设在靠车站一端。

3. 对斜交梁,支座纵向位移方向应与梁轴线或切线一致。

4. 双线整孔简支箱梁,每孔梁一端应安装一个固定支座(GD)和一个横向活动支座(HX),另一端安装一个纵向活动支座(ZX)和一个多向活动支座(DX)。固定支座和纵向活动支座应在梁的同一侧,横向活动支座与多向活动支座应在梁的另一侧。

5. 双线并置简支箱梁,每孔梁一端应安装两个固定支座和两个横向活动支座,另一端安装两个纵向活动支座和两个多向活动支座。固定支座、纵向活动支座应安装在内侧,横向活动支座和多向活动支座应安装在外侧。

6. 单线简支箱梁(支座中心距<4.0 m)和简支T梁,每孔梁一端应安装两个固定支座,另一端应安装两个纵向活动支座。

7. 多片简支T梁,中梁一端应安装固定支座,另一端安装纵向活动支座,边梁在中梁固定支座端应全部安装横向活动支座,另一端应全部安装多向活动支座。

8. 双线连续梁,每联梁应在一个墩顶(一般为中间墩)安装固定支座和横向活动支座,其余墩顶安装纵向活动支座和多向活动支座。固定支座和纵向活动支座在梁的同一侧,横向活动支座与多向活动支座在梁的另一侧。

9. 单线连续梁,每联梁应在一个墩顶(一般为中间墩)安装两个固定支座,其余墩顶全部安装纵向活动支座。

10. 同一座桥梁中,当各桥跨固定支座安装条件相互抵触时,应首先满足线路一侧的支座横向位移约束条件相同的要求,即同桥同侧的要求,其次再按水平力作用有利情况设置。

三、支座锚栓尺寸要求

普速铁路支座锚栓直径不应小于25 mm,锚栓埋入墩台的深度不得小于300 mm,支座预留锚栓孔必须填满捣实,螺栓标准件应采用多元合金共渗加钝化处理,渗层厚度不小于50 μm。

高速铁路支座锚栓直径不小于24 mm,支承垫石顶的套筒孔应采用无收缩灌浆料重力灌浆填实,螺栓标准件应采用多元合金共渗加封闭层防腐处理。

支座钢质外露部分防腐涂装采用中国国家铁路集团有限公司(以下简称国铁集团)规定涂装体系。

支承垫石的高度应满足维修养护的需要,普速铁路高度不宜小于30 cm,高速铁路高度不宜小于35 cm。

四、常用支座的结构构造

1. 铸钢平板支座

由钢制的上座板和下座板组成的桥梁支座。

由底板、垫板、上下座板和锚栓组成。固定支座的上下座板间用销钉固定，活动支座的上座板设长圆形销孔，使梁能纵向伸缩，但梁端不能完全自由转动。

2. 铸钢弧形支座

由钢制的上支座板和带有弧形面的下座板组成的支座。

由上下座板、垫板和锚栓组成。与平板支座相仿，只是下座板的顶面为一弧面，因而梁端可有一定程度的转动。

3. 铸钢摇轴支座

由钢制的上摆、摇轴和下座板组成的支座。

由上下摆、底板和两者间摇轴组成，若上摆与底板间设一个由圆形的辊轴两侧削去为扇形的摇轴即为活动支座。

4. 铸钢辊轴支座

由钢制的上摆、下摆、辊轴和座板组成的支座。

若将摇轴的固定支座放在一组辊轴上，组成辊轴支座的活动支座。

5. 板式橡胶支座

由薄钢板加劲的橡胶平板所组成的桥梁支座。

由上下座板及多层薄橡胶片与薄钢板粘结而成的橡胶垫组成，一般不分固定及活动支座。有受力均匀、变形良好、吸震性能好，更换方便的优点，现多使用于跨度 20 m 及以下的圬工梁上。

6. 盆式橡胶支座

由钢盆和密封于钢盆内的橡胶板以及滑板组成的桥梁支座，如图 1-3-27 所示。

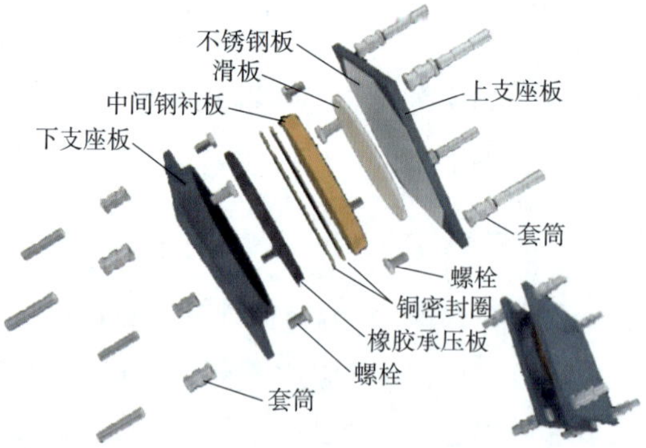

图 1-3-27　盆式橡胶支座

由上座板(含不锈钢滑板)、聚四氟乙烯滑板、钢紧箍圈、中间钢衬板、橡胶密封圈、下座板、防尘罩和地脚螺栓组成。目前我国铁路使用的 1 000 t 级盆式橡胶支座，适用于支承力为 1 500～15 000 kN，支座最大转角为 5/1 000，支座最大位移±150 mm(或更大)的桥梁。

7. 球型支座

由上摆、球冠、下摆组成的钢支座。

球型支座由下支座凹板、球冠衬板、上支座滑板、聚四氟乙烯滑板、橡胶密封圈和防尘罩等部件组成。

球型支座设计转角远大于盆式橡胶支座，一般为 0.01～0.02 rad，必要时也可达到 0.05 rad；球型支座各向转动性能一致，适用于曲线桥和宽桥；球型支座不再使用橡胶承压，不存在橡胶硬化或老化影响支座转动问题，特别适用于低温地区。

8. 圆柱面钢支座（柱面钢支座）

由上摆、圆柱状衬板、下摆（与圆柱衬板接触面为弧面）组成的钢支座。

9. 双曲面钢支座

由上摆、双曲面钢衬板、下摆组成的钢支座。

10. 铰轴滑板钢支座

由钢制上摆、下摆、铰轴、支座板组成的支座。

铰轴滑板支座是在辊轴支座基础上改进而成的一种支座形式，如图 1-3-28 所示。铰轴滑板支座保留了原辊轴支座的上面部分（即铰轴部分），而将原辊轴支座的辊轴部分取消，改换成聚四氟乙烯滑板与不锈钢板之间的平面滑动，由此来满足支座的位移需要。

图 1-3-28　铰轴滑板支座

第五节　墩台及基础的构造

一、桥墩的构造

桥墩主要由墩帽、墩身、基础三部分组成。目前采用的一般桥墩按墩身截面可分矩形、尖端形、圆形、圆端形等几种。桥墩墩身绝大多数是实体的，用钢筋混凝土筑成，对于高桥墩（墩身高超过 30 m 者）采用薄壁空心钢筋混凝土桥墩。近年来发展轻型墩台，除薄壁空心钢筋混凝土桥墩及双柱式桥墩外，还采用预应力拼装式空心薄壁桥墩以及柔性墩等，如图 1-3-29 所示。

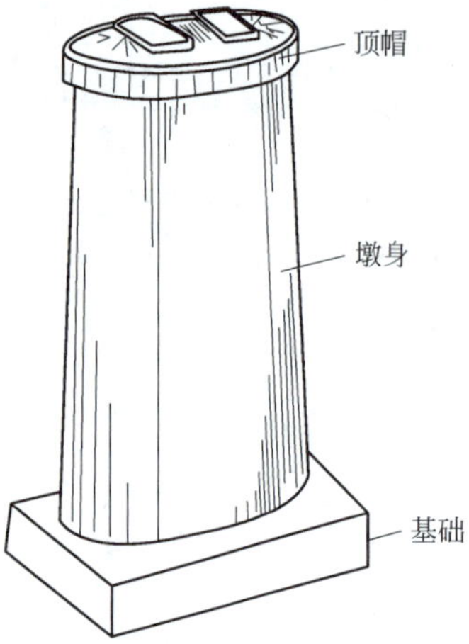

图 1-3-29 桥墩

高速铁路桥梁墩顶中央设置检查槽，槽宽双线墩不宜小于 1.5 m、单线墩不宜小于 0.8 m，槽深不宜小于 0.5 m，纵向贯通。

二、桥台的构造

桥台形式主要取决于填土高度、梁跨形式和跨度。目前主要有 U 形、T 形、十字形及埋式等几种重力式桥台，还有耳墙式桥台及桩柱式、锚定板等轻型桥台。T 形桥台如图 1-3-30 所示。

图 1-3-30 T 形桥台

三、基 础

常见的桥梁基础类型有扩大基础、桩基础、沉井基础、管桩基础等。

1. 扩大基础

扩大基础(图 1-3-31)常为台阶式，一般每台阶高为 1 m，各台阶坡度线与竖直线所成夹角，对石砌圬工应不大于 35°，对混凝土圬工应不大于 45°，襟边宽度应不小于 20 cm。

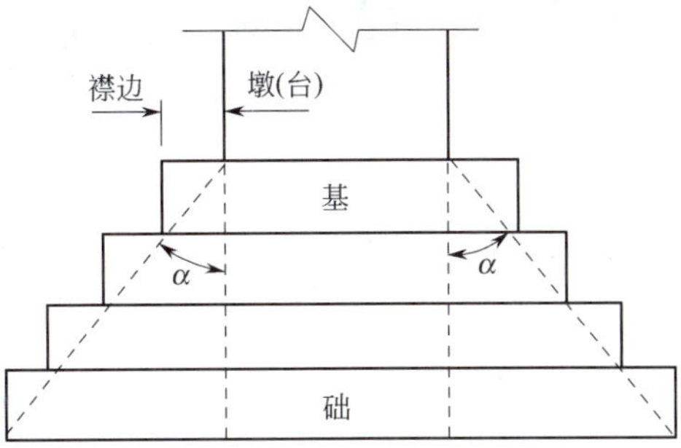

图 1-3-31　扩大基础

2. 桩基础

桩基础(图 1-3-32)根据传力方法的不同可分为摩擦桩与承重桩两种。摩擦桩桩底不接触持力层,完全靠桩与土层之间的摩阻力支撑荷载。承重桩也称端承桩,桩底进入持力层,荷载由桩底反力和桩与土层之间的摩阻力共同承担。

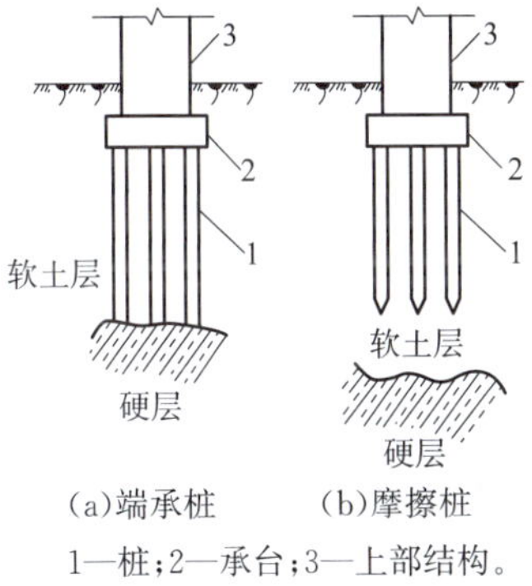

图 1-3-32　桩基础

3. 沉井基础

沉井基础由钢筋混凝土护壁和封底、填芯钢筋混凝土组成,多用于深水河流。图 1-3-33 为沉井基础建造过程,图 1-3-34 为正在建造的沉井基础。

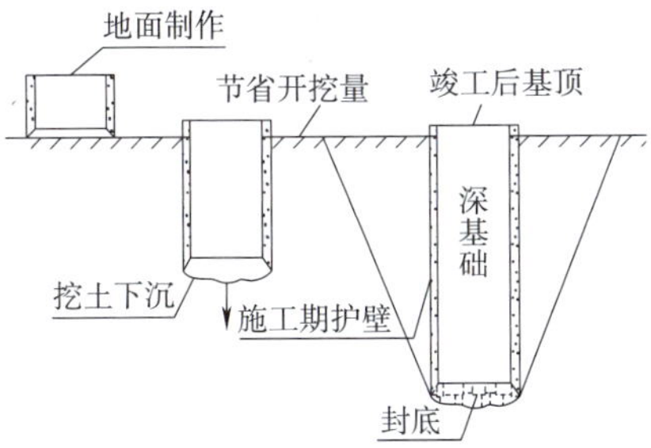

图 1-3-33　沉井基础建造示意

图 1-3-34　沉井基础建造

第六节　桥梁附属设备

一、安全检查设备

为经常检查桥梁建筑物各部位的情况和保证桥梁养护维修人员的正常工作及操作安全，需要在桥梁的不同部位配备与其相应的安全检查设备。

当梁的跨度大于 10 m，墩台顶帽面至地面的高度大于 4 m 或经常有水的河流，墩台顶应设置围栏、固定吊篮(图 1-3-35)、检查梯及踏步台阶等。

1. 围栏

围栏是保证养护人员在墩台面作业时的操作安全设备，由插入墩台顶帽上的立柱和栏杆扶手组成。

2. 吊篮

吊篮是供检查或维修养护桥梁支座和梁端时用的设备，由支架、步行板、栏杆及扶手，支架可由钢材或钢筋混凝土制成，步行板可为钢筋混凝土板或钢质板。通常桥台设单侧，桥墩设双侧或周圈设置。

3. 检查梯

检查梯是便于从桥面下到墩台顶和进行检查作业用的设备。上端连人行道或梁部，下端支于墩台顶，垂直线路方向，倾斜放置。

检查墩台侧面可设移动的梯子或利用小船。

图 1-3-35　吊篮

图 1-3-36　检查梯

4. 检查踏步

当桥头路堤高度(路肩至坡脚)大于 3 m，应根据需要在路堤边坡上设置简易台阶。大中桥两端桥头一般在上下游交错各设置一个，小桥则在上游设置一个。

5. 限高防护架

“铁跨公”立交桥涵限高架是确保铁路行车安全的重要附属设施。铁路立交桥(涵)其净空不足 5 m 且通行机动车辆的均应设置限高防护架(图 1-3-37)。限高架的日常管理由各桥梁车间按各自管辖范围划分到相关桥梁工区管理,应纳入日常检查、保养、维护范围。

图 1-3-37 限高防护架

工务人员一旦发现限高防护架被撞、被盗应立即通知设备管理单位组织抢修。当限高架被损坏影响公路车辆正常行驶时,要设置防护措施,防止发生交通事故。

6. 防落梁装置

地震设防地段梁端或墩台顶设置防落梁挡块,防落梁挡块采用 Q235 焊接工型钢,高度不小于 50 cm,防落梁装置如图 1-3-38 所示。工型钢底板与预埋件用螺栓联结。挡块中心与支座中心一致。防落梁挡块、预埋钢板和螺栓均应进行防腐处理。挡块与支承垫石之间应有 20～40 mm 间隙。

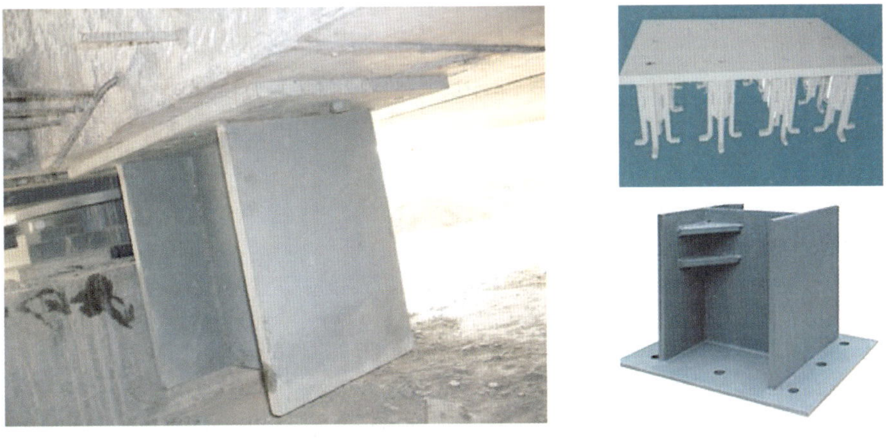

图 1-3-38 防落梁装置

7. 高速铁路救援疏散通道

当桥长超过 3 km 时，桥梁两侧每隔 3 km(单侧 6 km)交错设置可上下桥的救援疏散通道。桥梁救援疏散通道由基础、立柱、梯梁、梯板、平台、栏杆、扶手、安全防护罩(围墙)、安全门、桥上疏散指示标识等组成，分顺坡式、折向式和旋转式三种。

桥梁救援疏散通道(图 1-3-39)宽度不应小于 1.5 m，踏步长度不应小于 1.25 m，宽度 0.30 m，高度 0.15～0.17 m。踏步面层应采取防滑措施。

图 1-3-39　救援疏散通道

桥梁救援疏散通道与桥墩之间的净宽不小于 3.0 m。疏散通道与梁部独立，顶部平台宜在桥墩位置，其与桥面作业通道顶面相对高差不应大于 8 cm。平台顶面与桥面遮板之间的缝隙不应大于 10 cm，也不应小于 5 cm。

二、锥体填土及其护坡

锥体填土的作用是加强桥台和路堤的连接，台尾上部伸入路肩最小 0.75 m ，实体桥台锥体坡面(图 1-3-40)距支承垫石顶面后缘不小于 0.3 m，埋式桥台锥体坡面与台身前缘相交处应高出设计水位不小于 0.25 m，锥体坡面与桥台侧面相交的坡度，一般应为：在路肩下 0～6 m 高度内不陡于 1∶1；6～12 m 高度内不陡于 1∶1.25；大于 12 m 时，不陡于 1∶1.5。锥体填土的护坡通常在设计频率水位加 0.25 m 以上部分是采用单层干砌片石(厚 0.25 m)铺砌并加设碎石反滤层，以下部分按实际水流速度来确定，如流速 v 大于等于 3.0 m/s 时采用浆砌片石(厚 0.35 m)，如流速 v 小于 3.0 m/s 可采用干砌片石。锥体护坡坡脚要用砂浆砌片石作基础，并将其置于一般冲刷线以下。

图 1-3-40　锥体填土坡面

三、防护设备及调节河流建筑物

桥涵的防护设备及调节河流建筑物对桥涵的防护非常重要，包括导流堤、丁坝、护岸以及河床防护等。

1. 导流堤

在河滩较宽而桥孔较短的桥梁中，为了使桥梁上游的水流能平顺地引向桥孔排泄，可在桥头修建不漫水的导流堤，如图 1-3-41 所示。

桥梁上游的导流堤可采用椭圆形曲线（半个马蹄式），长度应根据河滩宽度而定。下游导流堤可采用直线或圆曲线的短堤。堤顶的标高应高出设计水位加波浪高加壅水高再加 0.25 m，堤顶坡度与水流自然坡度相适应。

如果主流在洪水时与线路中心线成斜交而冲刷桥头路基或桥台时，须从水流方向顺着路堤修成梨形导流堤，以便渐渐地迎抵水流和避免桥头处发生旋涡。

2. 丁坝

当河岸受到冲刷而使河道逐渐弯曲时，可在受冲刷的一岸设置丁坝，将主流挑开，使该岸不再遭受冲刷而逐渐淤积，一般情况下，不宜在桥涵进口附近修筑丁坝，以免产生斜流集中冲刷某个墩台。

丁坝多采用成群布置，丁坝的标高取决于漫流式还是非漫流式，漫流式效果较好，经济适用，如图 1-3-42 所示。丁坝的顶面一般高于常水位，稍低于历年平均洪水位，丁坝的坡度一般由坝头按 5%～10%的坡向坝根顺延。坝根必须深入河岸。

图 1-3-41 导流堤

图 1-3-42 丁坝

3. 护岸

护岸防护加固的迎水面边坡，当不经常浸水时用 1∶1.5，经常浸水时用 1∶2.0，防护高度至少要高出设计水位加波浪最大高度，再加 0.25 m，防护的下端应伸入河床内，并筑有基础。

4. 河床铺砌

对降坡大、水流急、冲刷严重的河床用浆砌片石对河床进行铺砌，防止冲刷。铺砌的起止点应设置垂裙。

第七节 隧　　道

隧道由洞门、洞身和辅助设备三部分组成。

一、普速铁路隧道

(一)洞　　门

隧道洞门由端墙(正面挡土墙)、两翼挡土墙、排水系统和衬砌的第一个环节等组成。

洞门的作用是用来维持山体的稳定,主要是支挡洞口正面仰坡和路堑边坡,拦截仰坡落石与掉块,并将仰坡、洞顶汇集的水排出洞口以外,以稳定洞口,保证隧道正常使用和行车安全。

1. 一般隧道洞门

隧道洞门有环框式洞门、端墙式、翼墙式、台阶式、柱式、耳墙式等。图 1-3-43 为端墙式洞门。

图 1-3-43　翼墙式隧道洞门

2. 明洞洞门

有拱形明洞洞门和棚洞洞门,一般分为路堑式与半堑式两类。

(1)拱形明洞洞门

路堑式明洞洞门有端墙式和翼墙式两种。半路堑式明洞门,多用于傍山线路,其靠山一侧与原地层相接,靠山侧边坡破碎时,可设置翼墙或挡墙,另一侧设置翼墙,以防回填土的锥体侵入路基。

(2)棚洞洞门

当山坡路堑外侧低下,不能适当地安置拱形明洞的庞大外墙时可以修建棚洞。棚洞是一种框架式结构,如图 1-3-44 所示。

(二)衬　　砌

隧道的洞身结构即为衬砌。衬砌可为模筑整体式、砌体拼装式、复合式或喷锚式。既有隧道无衬砌地段,应有计划地地补做衬砌或加固。新建或改建隧道单线Ⅲ级以上、双线Ⅲ级及以上围岩地段应设置仰拱;单线Ⅲ级、双线Ⅱ级及以下围岩地段是否应设置仰拱,应根据岩性、地下水情况确定。仰拱及以上回填混凝土强度等级与拱部相同。无仰拱地段应设混凝土铺底,其厚度不小于 25 cm,并设置钢筋,且混凝土保护层厚度不小于 30 mm。

(三)避 车 洞

隧道避车洞(图 1-3-45)应交错设置在隧道两侧边墙上,大避车洞之间设置小避车洞,其间距和尺寸应符合表 1-3-4 要求,并应符合下列规定:

图 1-3-44 棚洞洞门

图 1-3-45 避车洞

表 1-3-4 避车洞尺寸(m)

名称	一侧间距		尺寸		
			宽度	深度	高度(中心高)
大避车洞	有砟道床	300	4.0	2.5	2.8
	无砟道床	420			
小避车洞	有砟道床	60	2.0	1.0	2.2
	无砟道床				

注:①双线隧道小避车洞每侧间距按 30 m 设置。
②避车洞洞门涂成白色、侧壁划有白色指示箭头。

1. 隧道长度为 300～400 m 时,可在隧道中部设一个大避车洞,长度小于 300 m 时,可不设大避车洞。

2. 洞口紧接桥或路堑,当桥上无避车台、路堑侧沟无平台时,应与隧道一并考虑布置避车洞。

3. 避车洞不应设于衬砌断面变化处或变形缝处。

4. 旅客列车行车速度为 160 km/h 及以上的隧道内,避车洞内应沿洞壁设置高 1.2 m 的钢制扶手。

(四)辅助设备

1. 隧道通风

通风不良隧道根据设计配置通风设备。通风设备运转后列车通过隧道后 15 min 以内,空气中一氧化碳浓度应在 30 mg/m^3 以下,氮氧化物(换算成 NO_2)浓度应在 10 mg/m^3 及以下。

电气化铁路隧道湿度应小于 80%,温度应低于 28 ℃,臭氧浓度小于 0.3 mg/m^3,含有 10%以下游离 SiO_2 的粉尘浓度应小于 10 mg/m^3。

瓦斯隧道在运营期间,必须进行瓦斯检测,隧道内在任何时间、任何地点瓦斯浓度不得大于 0.5%。

2. 排水设备

隧道内外应设置完善的排水系统。洞内根据需要设置一侧或两侧侧沟排水,也可设置中心排水沟排水,沟底应在铺底或仰拱底面 0.5 m 以下。中心排水沟间隔一定长度设置检查井,沟顶设置盖板。

二、高速铁路隧道

(一)洞　门

高速铁路隧道洞门宜采用斜切式或帽檐式结构,当洞口附近有建筑物或特殊环境要求时,宜设置洞口缓冲结构,如图 1-3-46 所示。

图 1-3-46　高速铁路隧道洞门

洞门、缓冲结构基础置于稳固的地基上,土质地基时埋入深度不应小于 1.0 m,并应在冻结线以下 0.25 m。

洞口顶露出仰坡坡脚的水平长度不应小于 3.0 m,洞门前端墙或上翘高度应高出坡脚不小于 1.5 m。洞口仰坡周围设置排水、截水设施。

(二)洞身衬砌

Ⅰ、Ⅱ级围岩地段应采用曲墙带钢筋混凝土底板的二次衬砌;地下水发育的Ⅱ级围岩和Ⅲ、Ⅳ、Ⅴ、Ⅵ级围岩应采用曲墙带仰拱二次衬砌,Ⅳ、Ⅴ、Ⅵ级围岩拱墙和仰拱采用钢筋混凝土。

软、硬地层分界处及对衬砌受力有不良影响处设置变形缝,变形缝宽度为 20～30 mm。变形缝、施工缝应有可靠防水措施。

拱墙、仰拱钢筋混凝土保护层厚度不小于 50 mm,底板钢筋混凝土保护层厚度不小于 40 mm,沟槽钢筋混凝土保护层厚度不小于 35 mm。

(三)辅助设备

1. 排水设备

隧道全长范围内设置纵向盲沟、环向盲沟、侧沟、泄水槽、横向导水管、中心水沟或中心水管(干燥无水隧道除外)和检查井等排水设备。排水设备在分坡平段范围内沟底坡度不应小于 1‰,横向排水坡度不应小于 2%。

(1)侧沟

侧沟位于线路两侧,侧沟宽度不应小于 30 cm,深度不小于 75 cm,靠近道床一侧的侧沟、沟槽边墙厚度不小于 20 cm。

沟槽的混凝土盖板厚度不小于 6 cm,混凝土等级不低于 C35。

沟槽上方作业通道宽度不小于 1.6 m,作业通道顶面高出轨面 30 cm。

(2)中心水沟

中心水沟宽度不小于 60 cm,深度不小于 80 cm(无砟轨道)或 100 cm(有砟轨道)。钢筋混凝土侧壁和底板厚度分别不应小于 20 cm 和 25 cm。当采用钢筋混凝土底板时,轨顶至中心水沟底面高差不应小于 1.5 m。

(3)中心水管

中心水管内径不小于 40 cm,排水量较大时内径不应小于 60 cm,管壁厚度不应小于内径的 1/10。水管中心上方顶面设置顶宽不小于 16 cm,深度不小于 8 cm 的弧形排水凹槽。轨顶与中心水管管底高差不应小于 1.35 m,排水量较大时不应小于 1.5 m。

当采用钢筋混凝土底板时,管座以上(不低于管中心高度)中心水管布置梅花形泄水孔,泄水孔间距不大于 40 cm,管外回填粒径 20~30 mm 的碎石滤层,且应回填密实。

(4)检查井

设置中心水管时必须设置检查井。检查井纵横向宽度不小于 1.0 m,间距不大于 50 m。检查井顶面不应高出衬砌底板或仰拱填充混凝土顶面。轨顶与检查井底高差不小于 1.55 m,检查井底部沉砂池高度不小于 20 cm。

检查井应采用钢筋混凝土结构,井壁设置爬梯。无砟轨道检查井采用 30 mm 及以上的铸钢镂空盖板,有砟轨道检查井采用钢筋混凝土盖板,厚度不小于 10 cm,采用活性粉末混凝土时,厚度不小于 5 cm。检查井两侧设置直径不小于 10 cm 的横向引水管。

(5)侧沟与中心水沟(管)连接

侧沟与中心水沟(管)之间设置横向导水管,直径不小于 10 cm,间距不应小于 10 m。

(6)盲沟

排水型隧道环、纵向排水盲管设置在初期支护与防水板之间;防水型隧道环、纵向盲管设置在防水板与二次衬砌之间。环向盲管直径 5 cm,间距 5~10 m;在仰拱与拱墙施工缝高度、无仰拱衬砌的边墙基础距离侧沟沟底 30 cm 左右高度,两侧对称设置直径不小于 8 cm 的纵向盲管。盲管上部设置高度 30 cm、厚度 10~15 cm、碎石粒径 10~30 mm 的无砂混凝土反滤层。环向盲管通过泄水孔与侧沟相连,泄水管直径不小于 10 cm。排水型、防水型隧道纵向盲管分段长度分别不应大于 15 m 和 30 m,直接与侧沟相连。

洞外设置排水沟、洞口截水横沟(单面坡隧道)、洞顶截水天沟、仰坡排水沟等。

寒冷及严寒地区排水设施应符合防寒要求。

2. 通风设施、照明设备、救援疏散设备

通风、照明、救援疏散设备应符合相关规定并符合消防要求。

第八节 涵 洞

涵洞按用途分为排洪涵洞和交通涵洞;按截面形状分为圆涵和框架涵。高速铁路宜采用钢筋混凝土框架箱涵。排洪涵洞的最小孔径不应小于1.25 m,且全长不宜大于25 m,当全长大于25 m时,孔径应相应增加。

普速铁路无淤积的灌溉涵孔径不应小于0.75 m。当孔径为0.75 m且净高(或内径)小于1.0 m时,长度不宜大于10 m,净高(或内径)大于或等于1.0 m时,长度不宜超过15 m。

高速铁路无淤积的灌溉涵洞孔径不应小于1.0 m,长度不宜超过15 m;当全长大于15 m时,孔径相应加大。

一、钢筋混凝土圆涵

圆涵管节长度一般为1 m,小孔径管节亦可长于1 m。涵洞由进口节、涵身节和出口节组成,如图1-3-47所示。圆涵进口节和出口节的构造尺寸相同。进(出)口节有端墙、翼墙、雉墙和小锥体。进出口节经常受水流冲刷影响,为避免因冲刷出现病害,基础埋置较深。通常还须在进口上方和出口下方一定范围内,用片石或大卵石铺砌沟床,以作防护。圆涵的基础分为有基础和无基础两种。

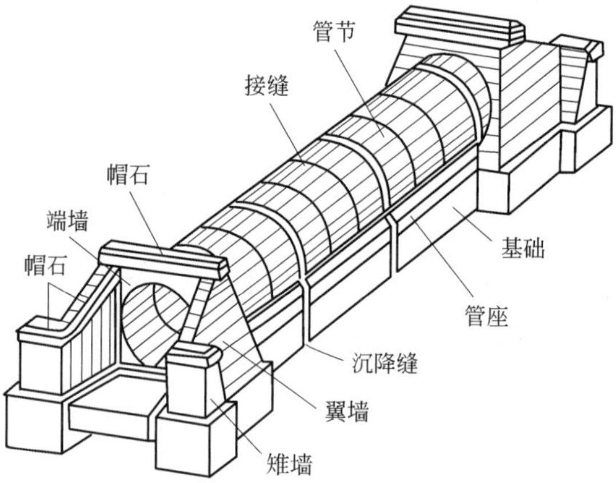

图1-3-47　混凝土圆涵构造

为避免下沉不匀引起涵洞开裂,特设置沉降缝。每隔2～5 m应设沉降缝一处;新旧接头处,两种地基土交界处亦应设置沉降缝。沉降缝的构造:缝宽约3 cm,缝中以弹性防水橡胶条或其他有弹性不透水的材料填塞,在沉降缝处涵洞外围做一层防水层,最后在整个涵洞外围敷设一层塑性黏土。

涵洞底面需要设置如图1-3-48中所示预留上拱度Δ,预期在全部沉降量出现以后,涵洞底面能达到设计纵坡i或微呈上拱,避免出现反坡。

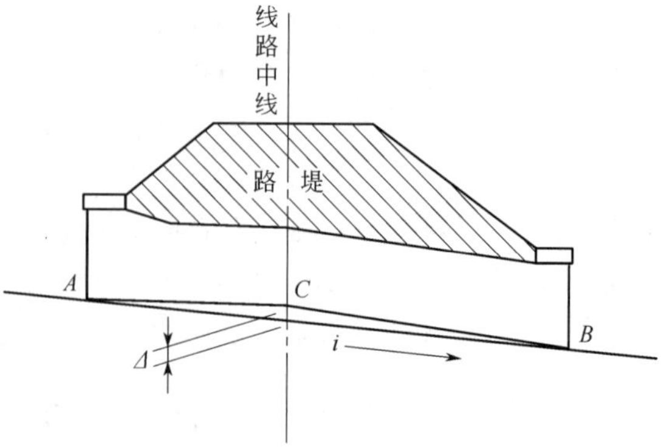

图1-3-48　涵洞预留上拱度

二、框构涵

框构涵俗名箱形涵,广泛地应用

于铁路穿越小河流等各类工程。特别是跨越既有铁路时，由于铁路限界、轨顶高程的限制，梁式桥的施工无法进行，采用框构桥顶进是常用的选择。

1. 涵身

涵身也称箱身，由钢筋混凝土组成。混凝土等级不小于C40，抗渗等级不小于P8级。图1-3-49为一孔径4 m框构涵结构图。

图1-3-49　框构涵

2. 基础

框架涵基础分为有基础和无基础两种。一般地基承载力较高，基底应力大于0.16 MPa时，采用无基础类型；若地基承载力不足，则采用C15混凝土作基础，施工只能采用现场浇注。

3. 附属设备

附属设备包括出入口铺砌、雉墙、翼墙和出入口排水系统。

三、其他相关要求

(一)普速铁路涵洞

1. 涵身、管节接缝、沉降缝、伸缩缝应不漏水。有压涵洞、倒虹吸管的管节接缝应密不透水。

2. 涵洞有满流情况时，可采用在入口处抬高关节以及增砌漏斗形进口的办法处理，必要时进行改建或扩孔。

3. 涵洞改造时，涵洞顶不宜高于基床表层地面，涵洞顶控制路肩高程时，涵洞顶可与路肩平齐。涵洞顶填土厚度不宜小于0.8 m，站线涵洞顶填土厚度不宜小于0.6 m。

(二)高速铁路涵洞

1. 交通涵不应积水。排洪涵应与路基排水沟、外部的自然水系及地方排灌系统顺接。

2. 涵身应铺设新型防水层，节间接缝、沉降缝、伸缩缝不漏水。

3. 涵洞有满流情况时，可采用在入口处抬高管节以及增砌漏斗形进口的办法处理。

4. 倒虹吸为钢筋混凝土结构，孔径不小于1.25 m，出入口与渠道连接的渐变段应进行铺砌加固，末端设置垂裙。竖井口设置钢筋混凝土活动盖板，进口处设置拦污栅，进口前设置闸门式溢洪道，当渠道水流夹带大颗粒物质时，进口设置沉淀池。

复习思考题

1. 桥面护轨长度规定是什么？
2. 如何设置高速铁路桥梁防水层的保护层？
3. 钢桁梁联结系的作用是什么？
4. 铁路桥梁支座锚栓尺寸有哪些规定？
5. 普速铁路隧道避车洞尺寸如何规定？

第四章　桥隧建筑物常用建筑材料

本章主要介绍建筑材料的物理、力学和化学性质及耐久性等基本性质；以及木材、石料、水泥、砂浆、混凝土等常用桥隧建筑材料的种类、性能及有关标准、应用和要求等。

第一节　建筑材料基本性质

建筑材料的性质可归纳为物理性质、力学性质、化学性质和耐久性等。

一、材料的组成与结构

1. 材料的组成

材料的组成是决定材料性质的内在因素之一，主要包括化学组成和矿物组成。

2. 材料的结构

材料的性质与材料内部的结构有密切的关系。材料的结构主要分为宏观结构、显微结构和微观结构。

二、材料的物理性质

1. 亲水性

当水与材料接触时，材料分子与水分子之间的作用力(吸附力)大于水分子之间的作用力(内聚力)，材料表面吸附水分，即被水润湿，表现出亲水性，这种材料称为亲水材料。

2. 憎水性

当水与材料接触时，材料分子与水分子之间的作用力(吸附力)小于水分子之间的作用力(内聚力)，材料表面不吸附水分，即不被水润湿，表现出憎水性，这种材料称为憎水材料。

3. 吸水性

材料吸收水分的能力称为吸水性，用吸水率表示。吸水率有两种表示方法：质量吸水率和体积吸水率。

(1)质量吸水率是材料在浸水饱和状态下所吸收的水分的质量与材料在绝对干燥状态下的质量之比。

(2)体积吸水率是材料在浸水饱和状态下所吸收的水分的体积与材料在自然状态下的体积之比。

4. 吸湿性

材料在潮湿空气中吸收水分的性质，称为吸湿性。

5. 耐水性

材料耐水性指材料长期在水的作用下不破坏、强度不明显下降的性质。

6. 含水率

材料在自然状态下所含的水的质量与材料干重之比。

三、材料的力学性质

(一)材料在外力作用下的变形性质

1. 弹性变形

材料在外力作用下产生变形,当外力消除后,能够完全恢复原来形状的性质称为弹性,这种变形称为弹性变形。

2. 塑性变形

材料在外力作用下产生变形而不出现裂缝,当外力消除后,不能够自动恢复原来形状的性质称为塑性,这种变形称为塑性变形。

(二)强　　度

材料抵抗在应力作用下破坏的性能称为强度。强度通常以强度极限表示,强度极限即单位受力面积所能承受的最大荷载。

根据外力作用方式的不同,材料的强度有抗压强度、抗拉强度、抗弯强度(或抗折强度)及抗剪强度等形式。

对于以力学性质为主要性能指标的材料,通常按其强度值的大小划分成若干强度等级。脆性材料(混凝土、水泥等)主要以抗压强度来划分强度等级,塑性材料(钢材等)以抗拉强度来划分强度等级。强度值表示材料力学性质的指标,强度等级是根据强度值划分的级别,两者是不同的概念。

第二节　木　　材

一、木材的分类

1. 原木

指树木伐倒后经修枝并截成一定长度和直径的木材。

2. 原条

指只经修枝剥皮去根的原材,长度大于等于 5 m,梢径大于等于 6 cm。

3. 板材、方木

指经加工锯解的木料,分为板材和方木。板材宽厚比大于 3,方木宽厚比小于 3。

二、木材的常见缺陷

常见缺陷主要有木节(活节、死节、隐节)、腐朽、虫害、裂缝(径裂、纵裂、轮裂、干裂)、夹皮(内、外)、弯曲等。

三、木材的物理性质

(一)含 水 率

1. 木材含水率计算

木材含水率计算公式为

$$W=(Q_w-Q)/Q$$

式中　W——木材含水率(%)；

Q——干材重；

Q_w——原材重。

潮湿木材：$W>25\%$；半干木材：$W=18\%\sim25\%$；干燥木材：$W<18\%$。

2. 桥隧承重结构所用木材含水率的要求

原木和方木结构：$W\leqslant25\%$；板材结构及受拉构件：$W\leqslant18\%$；胶合杆件：$W\leqslant18\%$；在最低水位以下的各构件不受限制。

(二)干缩与湿胀

湿材在空气中水分逐渐蒸发会引起体积缩小，这种现象称为干缩；干材在潮湿空气中会吸附水分引起尺寸、体积的胀大，这种现象称为湿胀。

木材在干燥时，由于各个方向的干缩不同会引起木材的裂缝或翘曲等变形。

(三)容　　重

木材单位体积的质量称为容重。通常以含水率为15%时的容重为标准。铁路桥梁采用的不注油木材的容重一般为750 kg/m^3。

四、木材的力学性能

木材的力学性能是指木材抵抗外力作用的能力。外力主要有拉力、压力、剪切及弯矩等，木材相应具有抗拉强度、抗压强度、抗剪强度、抗弯强度等。一般来说木材顺纹强度较大。

除与树种、产地、生长条件、木材部位有关外，总的来说影响木材强度的主要因素有含水率、容重、木材缺陷。

第三节　石　　料

一、石料的分类、规格

石料的分类、规格见表1-4-1。

表1-4-1　石料的分类和规格

序号	类　别	形　状	规格和要求
1	片石	形状不规则的石块	石块中部厚度不小于15 cm
2	镶面片石	形状不规则的石块	有两个大致平行面，厚度不小于15 cm，其他尺寸大于厚度
3	漂石	形状不规则的石块	尺寸同片石要求，圆蛋形及薄片者不得使用

续上表

序号	类　别	形　状	规格和要求
4	块石	形状规则，大致方正	仅稍加修整，厚度不小于 20 cm，长度、宽度不小于厚度
5	镶面块石	形状规则的六面体	外露面稍加修凿，凹入深度不大于 2 cm，尺寸同块石，丁石长度不小于顺石宽度的 1.5 倍
6	粗料石	形状规则的六面体	经粗加工，表面不允许凸出，凹入深度不大于 1.5 cm，厚度不小于 20 cm，宽度不小于厚度，长度不小于宽度的 1.5 倍
7	半细料石	形状规则的六面体或按设计要求	经细加工，表面不允许凸出，凹入深度不大于 1 cm，尺寸同粗料石
8	细料石	形状规则的六面体或按设计要求	经细加工，表面不允许凸出，凹入深度不大于 0.2 cm，尺寸同粗料石

二、质量标准

1. 石料质地要均匀、坚硬、不易风化、无裂纹。如有山皮、水锈等杂质，应尽量清除，石料表面的污渍亦应予清除。

2. 石料的强度等级应符合工程设计要求。当设计未提出要求时，应符合表 1-4-2 的规定。

表 1-4-2　石料抗压强度

序　号	石料用途	最低强度等级	干、湿压
1	片石、块石(主体工程)	不小于 MU45	湿压
2	片石(附属工程)	不小于 MU30	湿压
3	粗料石、细料石	不小于 MU60	湿压
4	破冰体镶面石	不小于 MU60	湿压

3. 石料耐冻要求见表 1-4-3。

表 1-4-3　石料冻融循环次数

气温地区	最寒冷月的平均气温	冻融循环次数
温暖地区	−5 ℃以上	不做抗冻检查
寒冷地区	−15～−5 ℃	15
严寒地区	−15 ℃以下	25

注：石料试件经抗冻试验后，不应在表面上有任何破坏迹象，如裂缝、斑点、破棱和缺角等情况。

第四节　水　　泥

一、常用水泥品种

水泥是一种水硬性胶凝材料，目前在铁道工程中大量使用的水泥为硅酸盐水泥、普通硅酸盐水泥、矿渣硅酸盐水泥、火山灰质硅酸盐水泥、粉煤灰硅酸盐水泥、复合硅酸盐水泥等。有特殊需要时，使用特种水泥，如快硬硅酸盐水泥和早强硫铝酸盐水泥等，适用于紧急抢修工程等。

二、水泥的主要技术特性

(一)强度与强度等级

水泥的强度取决于其矿物的组成和细度，但其强度测定值的大小还受拌和水量、成型条件、养护条件及龄期等因素的影响。水泥强度的测定，要按国家规定的标准方法进行。按新标准规定的方法，将水泥、ISO 标准砂和水按规定的比例(1∶3∶0.5)配制成水泥胶砂，制成 160 mm×40 mm×40 mm 的试件(每组 3 块，2～3 组)，经过标准养护(温度 20 ℃±1 ℃，相对湿度大于 90%)后，测定 3 d 和 28 d 的抗折强度和抗压强度，就是水泥胶砂的强度(ISO 强度)。水泥的强度等级是按照水泥胶砂的 ISO 强度值划分的，有 32.5、32.5R、42.5、42.5R、52.5、52.5R、62.5 和 62.5R 等强度等级，其中“R”表示 3 d 强度较高的“早强型”水泥。如：32.5 级水泥 28 d 抗压强度不小于 42.5 MPa，此值称为水泥强度的“强度值”。

(二)细　　度

水泥粉末的细度，对水泥的性质有很大影响。一般来说，水泥颗粒越细，早期强度和强度等级越高。但是，水泥颗粒越细，越容易吸收空气中的水分而预先水化，在储存时活性下降，在大气中水化变质也越快，在运输、储存过程中容易受潮降低强度，甚至失效。

(三)凝结时间

水泥的凝结时间是指水泥浆体从加水开始到失去塑性所需时间，即从可塑状态发展到固体状态所需的时间，分为初凝时间和终凝时间两个指标。

国家标准规定，六种通用的硅酸盐系水泥的初凝时间均不得早于 45 min；而对终凝时间规定各不同：硅酸盐水泥的终凝时间不得迟于 6.5 h；普通硅酸盐水泥、矿渣水泥、火山灰水泥、粉煤灰水泥和复合水泥的终凝时间不得迟于 10 h。

(四)水 化 热

在水泥凝结硬化过程中放出大量的热，叫作水化热。放热过程延续很长时间，但大部分热量是在早期，特别是在最初 3 d 释放出的。

(五)体积安定性

水泥在硬化过程中，体积变化是否均匀的性质称为体积安定性。引起安定性不良的主要原因是水泥中含有过量的游离氧化钙或氧化镁，或掺入石膏过多，在水泥硬化后，继续熟化或水化，体积膨胀，造成硬化水泥体产生翘曲和开裂。如体积变化不均匀即体积安定性不良，会降低工程质量甚至出现事故。

三、水泥的性质与应用

(一)硅酸盐水泥

1. 早期及后期强度均较高：适用于预制和现浇的混凝土工程、冬季施工的混凝土工程、预应力混凝土工程等。

2. 抗冻性好：适用于严寒地区和抗冻性要求高的混凝土工程。

3. 耐腐蚀性差：不宜用于受流动软水和压力水作用的工程，也不宜用于受海水和其他腐蚀性介质作用的工程。

4. 水化热高:不宜用于大体积混凝土工程。

5. 抗炭化性好:适用于二氧化碳浓度较高的环境,如翻砂、铸造车间等。

6. 耐热性差:不得用于耐热混凝土工程。

7. 干缩小:可用于干燥环境。

8. 耐磨性好:可用于道路与地面工程。

(二)普通硅酸盐水泥

1. 凡由硅酸盐水泥熟料、6%~15%的混合材料及适量石膏磨细制成的水硬性胶凝材料,称为普通硅酸盐水泥,简称普通水泥。

2. 普通硅酸盐水泥由于混合材料掺量较少,其性质与硅酸盐水泥基本相同,但略有差异,主要表现为:(1)早期强度略低;(2)耐腐蚀性稍好;(3)水化热略低;(4)抗冻性和抗渗性好;(5)抗碳化性略差;(6)耐磨性略差。

(三)矿渣硅酸盐水泥、火山灰质硅酸盐水泥与粉煤灰硅酸盐水泥

1. 三种水泥的共性

(1)早期强度低、后期强度发展高。这三种水泥不适合用于早期强度要求高的混凝土工程,如冬季施工、现浇工程等。

(2)对温度敏感,适合高温养护。

(3)耐腐蚀性好。适合用于有硫酸盐、镁盐、软水等腐蚀作用的环境,如水工、海港、码头等混凝土工程。

(4)水化热少。适合用于大体积混凝土。

(5)抗冻性差。

(6)抗炭化性较差。不适用于二氧化碳含量高的工业厂房,如铸造、翻砂车间。

2. 三种水泥的应用

(1)矿渣硅酸盐水泥适用于有耐热要求的混凝土工程,不适用于有抗冻性要求的混凝土工程。

(2)火山灰质硅酸盐水泥适用于有抗渗性要求的混凝土工程,不适用于干燥环境中的地上混凝土工程,也不宜用于有耐磨性要求的混凝土工程。

(3)粉煤灰硅酸盐水泥适用于承载较晚的混凝土工程,不宜用于有抗渗要求的混凝土工程,也不宜用于干燥环境中的混凝土工程及有耐磨性要求的混凝土工程。

(四)复合硅酸盐水泥

凡有硅酸盐水泥熟料、两种或两种以上规定的混合材料、适量石膏磨细而成的水硬性胶凝材料,称为复合硅酸盐水泥。复合硅酸盐水泥由于掺入了两种以上的混合材料,起到了互相取长补短的作用,其效果大大优于只掺一种混合材料,其早期强度提高,且水化热低,耐腐蚀性、抗渗性及抗冻性较好,因而其用途更为广泛。

四、水泥的运输、储存及逾期处理

1. 水泥在运输、储存过程中,须妥善保管,不得受潮。装运水泥的车船,应有棚盖。

2. 运到工地(厂)的水泥,应有供应单位提供的出厂试验报告单,并按水泥品种、强度等级和出厂编号进行检查验收。

3. 储存水泥的仓库，应设在地势较高处，周围应设排水沟，并有可靠的防水、防潮设施。水泥应按品种、等级、批号等合理分堆存放，其堆垛高度，不宜超过 1.5～2 m。堆垛应架离地面 20 cm 以上，距离墙壁亦应保持 20～30 cm，或留一过道。

水泥不得露天堆放。如临时隔夜堆放，必须上盖下垫。

袋装水泥在装卸、搬移过程中，严禁抛掷。

4. 使用水泥应做到先到先用，防止长期积压。

5. 根据试验，一般硅酸盐水泥，在正常干燥环境中存放三个月，强度降低 10%～20%；存放 6 个月，强度降低 15%～30%；存放一年强度降低 40%左右。对出厂逾三个月的水泥或受潮结块者，均应经过鉴定，按鉴定结果降低等级使用或完全报废。

第五节 砂 浆

一、砂浆的组成

砂浆是由胶凝材料、细骨料、掺合料及水按一定的比例拌和而成，按其用途分为砌筑砂浆、抹面砂浆和防水砂浆等；按所用胶结材料不同，分为水泥砂浆、石灰砂浆、石膏砂浆和水泥石灰砂浆等。合理使用砂浆对节约胶凝材料、方便施工、提高工程质量有着重要的作用。

二、砂浆的性能

砂浆的基本性能主要取决于配合成分、拌和和养护等条件。

(一)和 易 性

砂浆必须具有良好的和易性，使之在砌筑时能填满砌石块间的缝隙或抹成均匀、连续的薄层，且与基层紧密黏结，以保证砌体粘结牢固，连成整体。砂浆的和易性取决于其流动性和保水性。

1. 流动性

砂浆的流动性又叫稠度或沉入度，即用标准圆锥体在垂直方向沉入砂浆的深度来表示(干硬性砂浆用工作度表示)，可用砂浆稠度测定仪(图 1-4-1)测定。

对维修中的零小工程的砂浆稠度一般可由经验掌握：砌筑砂浆，用手捏成团，松手后不散开；抹面砂浆，放在灰刀上，不自动流下来，即认为合适可用。

2. 保水性

砂浆的保水性是指砂浆保持水分而不易析出的性能。保水性不好的砂浆，在运送过程中易分层离析，在施工时不易涂抹铺开，而且铺开后，由于水分很快被基面吸收，不能保持足够的水分使水泥硬化，因而影响了砂浆强度，干硬后易开裂，所以保水性是砂浆的重要性能。

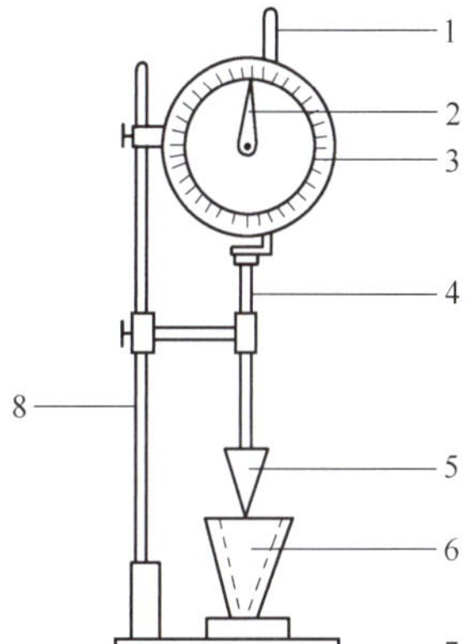

1—齿条测杆；2—指针；3—刻度盘；4—滑杆；5—试锥；6—圆锥筒；7—底座；8—支架。

图 1-4-1 砂浆稠度测定仪

3. 影响砂浆和易性的因素

(1)影响砂浆流动性的因素,主要有胶凝材料的种类和用量,用水量以及细骨料的种类、颗粒形状、粗细程度与级配,除此之外也与掺入的混合材料及外加剂的品种、用量有关。

(2)影响砂浆保水性的主要因素是胶凝材料种类和用量,砂的品种、细度和用水量。在砂浆中掺入石灰膏、粉煤灰等粉状混合材料,可提高砂浆的保水性。

(二)强　　度

在砌体中,砂浆起着粘结与传力的作用。砂浆的强度主要决定于水泥强度和水灰比的大小,此外还与龄期、养护条件等因素有关。

常用水泥砂浆强度等级分为 M5、M7.5、M10、M15 和 M20 等。

(三)粘 结 力

砌体中,砌块与砂浆之所以能产生粘结力,主要是砌块表面粗糙和砂浆硬化后形成嵌固作用,另外砌块表面毛细管作用,使水泥渗入砌块中,凝固后把砌块粘结在一起,形成整体。

三、砌筑砂浆的配制

(一)砂浆选用

铁路桥隧工程中砌石圬工大都是采用水泥砂浆,只有个别处所采用水泥石灰砂浆。砂浆选用的一般规定是:砂浆强度等级应不低于砌体 28 d 的抗压极限强度。

砌体工程所用砂浆强度等级应符合相关规定,如设计未做规定时,可按下列规定选用:

1. 桥涵、隧道的承重结构如桥梁墩台身及基础、涵洞的拱圈、边墙、端墙及基础,隧道的端墙、顶帽、翼墙、侧沟、截水沟、洞口护坡及挡土墙等所用砂浆,一般不得低于 M15。

2. 特别重要的结构,如大跨度拱圈等,应根据设计要求,一般采用 M15～M20 的砂浆。

3. 桥涵的挡墙、堤坝及其他防护河流调节建筑物,在浸水地段或强烈地震区,不得低于 M10。

4. 桥涵的防护铺砌工程、拱桥填腹、沉井填心和涵洞的帽石、翼墙及基础等,一般不低于 M10。

5. 严寒及寒冷地区的任何砌体,不低于 M15。

(二)砂浆配合比的选择方法与步骤

用试验的方法选择不同等级砂浆配合比时,一般是经计算或根据经验资料,确定初步配合比,然后按此进行试验调整,直至选择出合适的配合比。步骤如下:

1. 确定水灰比(W/C)

一般可由经验资料查得,即根据砂浆强度等级及水泥等级初步确定水灰比。

2. 选择用水量(W)

根据砂的粒径及稠度要求查相应表格。

3. 计算水泥用量(C)

根据水灰比(W/C)和每立方米砂浆的用水量,直接计算出每立方米砂浆的水泥用量。

4. 计算砂子用量(S)

根据每立方米砂浆的用水量和水泥用量,直接计算每立方米砂浆的用砂量:

$$S=(1\,000-W-C/\gamma_c)\times\gamma_s$$

式中 γ_c——水泥容重，为 1 600 kg/m³；

γ_s——砂子容重，为 1 700 kg/m³。

5. 计算灰砂比

根据计算求得的每立方米砂浆的水泥用量和砂子用量，直接计算灰砂比：

$$水泥:砂=1:(S/C)$$

四、干硬性砂浆的性能及技术要求

(一)干硬性砂浆的性能

(1)水灰比小。一般为 0.23～0.25。

(2)需要强力振捣。由于水灰比特别小，基本上是松散状态，只有在非常强力振捣的条件下，才能达到密实，只有十分密实，才能有高强度。

(3)早期强度大，经强力振捣的干硬性水泥砂浆，能立即承受动荷载。试验表明，干硬性水泥砂浆的初期强度可高达 5～6 MPa，养护期完成后抗压强度可达 40～50 MPa。

(二)材料及配合比

1. 水泥

不低于 32.5 级为宜，快硬水泥较合适。

2. 砂

质坚的中砂。

3. 水

同混凝土用水的技术条件。

4. 配合比

水∶水泥∶干砂＝(0.23～0.25)∶1∶(1～2)。

(三)技术条件

适用垫捣高度为 50～100 mm。

第六节 混 凝 土

一、混凝土的性质

混凝土是将粗骨料、细骨料、胶凝材料、水和外加剂按适当比例拌和，经过灌注、振捣密实、浇筑成型、硬化形成的一种人造石材。

(一)混凝土拌和物的和易性

和易性是指混凝土是否易于施工操作和均匀密实的性能。主要表现为：是否易于搅拌和卸出；运输过程中是否分层、泌水；灌注时是否离析；振捣时是否易于填满模型。可见，和易性是一项综合性能，包括流动性、黏聚性和保水性。

和易性好的混凝土拌和物在运送过程中不容易发生离析现象，而且便于浇筑捣实；拌和物分布均匀，易于充满模块的各部分，较好地粘结着钢筋；稠稀适度，不易产生蜂窝、麻面等不良现象。因此,和易性是混凝土工程施工的重要指标之一。测定混凝土和易性的方法有两种,对塑性混凝土的和易性用坍落度测定,如图 1-4-2 所示;对于半干硬性或干硬性混凝土拌和物,和易性用工作度(维勃稠度)来测定。

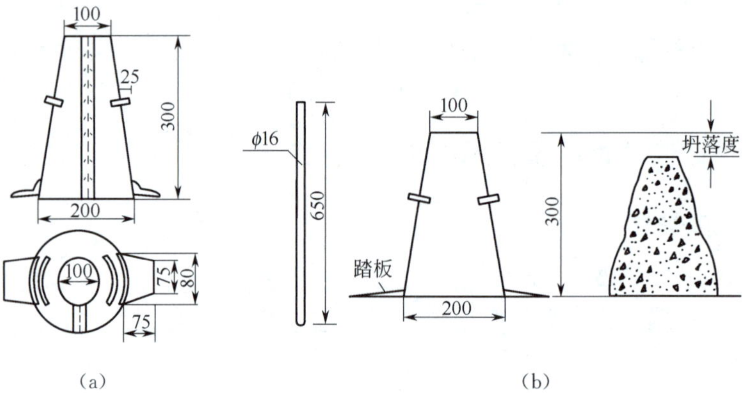

图 1-4-2　坍落度测定混凝土和易性(单位:mm)

影响混凝土和易性的主要原因是水泥浆含量及其稠度,以及与此有关的水灰比、水泥品种、细度、含砂率、粗骨料表面光滑与否等。此外,在拌和物中,掺入某些外加剂能显著改善混凝土的和易性。

(二)混凝土的强度等级

混凝土强度包括抗压、抗拉和抗剪强度,其中以抗压强度为最高,所以混凝土主要用来抗压。混凝土的抗压强度是一项最重要的性能指标。抗压强度是将混凝土拌和物制成边长为 15 cm 的立方体试件,在标准条件下(温度 20 ℃±3 ℃,相对湿度大于 90%)养护 28 d,进行抗压试验测定的。

混凝土的强度等级采用符号 C,用立方体抗压强度标准值表示,划分为 C7.5、C10、C15、C20、C25、C30、C35、C40、C45、C50、C55、C60 共十二个等级,如 C40 即表示混凝土立方体抗压强度标准值为 40 MPa。

混凝土强度主要与水泥的强度等级、水灰比、骨料的性质(级配、砂率、骨料强度和表面粗糙度)、水泥浆与骨料的粘结强度、施工质量、养护方法(温度及湿度)和龄期等因素有关。

不同强度等级的混凝土用于不同的工程结构,一般为:C7.5～C15 的混凝土用于垫层、基础等受力不大的结构;C15～C25 的混凝土用于普通混凝土结构的梁、柱、墩台、涵洞、挡土墙等;C25～C30 的混凝土用于一般预应力混凝土结构、隧道的边墙和拱圈等;C30～C40 的混凝土用于屋架等较大跨度的预应力混凝土结构等;C40 以上的混凝土用于桥梁等大跨度的预应力混凝土结构、高层建筑结构的梁和柱等。

(三)混凝土的密实度与耐久性

混凝土的密实度是指一定体积混凝土中,固体物质填充的程度。施工中可以通过恰当的用水量、水灰比,良好的砂石级配,正确有效的施工方法,获得密实度较高的混凝土,它是混凝土质量优劣的又一衡量标准。混凝土的密实度几乎与混凝土的所有主要技术性能,如强度、抗渗性、抗冻性、耐久性、传热性都有密切关系。

混凝土的耐久性是指混凝土在周围环境长期的物理化学侵蚀下,能长期保持良好的使用性能和外观完整性，从而维持混凝土结构的安全、正常使用和保持其强度的能力。主要表现在抗渗性、抗冻性、抗侵蚀性、抗炭化性、碱-集料反应等几个方面。

(1)抗侵蚀性：指混凝土抵抗化学腐蚀的性能，主要取决于水泥石的抗蚀性能和孔隙状况，合理选择水泥品种，提高混凝土的密实度或改善孔隙构造，均可增强混凝土的耐蚀性。

(2)抗渗性：主要取决于混凝土的密实程度和孔隙构造，密实性差，且开口连通孔隙多，则混凝土的抗渗性就差，如果孔隙均为封闭，则混凝土的抗渗性较强。普通混凝土的抗渗性用抗渗等级表示，以 28 d 龄期的六个标准试件，按标准方法做单面水压试验，当有两个试件出现渗水时(还有四个试件不出现渗水)的水压力(MPa)减去 0.2 MPa 所得的压力值，分为 P4、P6、P8、P10 和 P12 五个抗渗等级，P8 表示能承受 0.8 MPa 的水压而不渗透。

(3)抗冻性：也取决于混凝土的密实程度和孔隙构造。在寒冷地区与水接触又容易受冻环境下的混凝土要求具有较强的抗冻性能。混凝土的抗冻性用抗冻等级表示，以 28 d 龄期的标准试块，按标准方法进行冻融循环试验，以同时满足强度损失不超过 25%、质量损失不超过 5%的最大循环次数，分为 F10、F15、F25、F50、F100、F150、F200、F250、和 F300 九个抗冻等级。

(4)抗碳化性：主要指空气中 CO_2 的与水泥石中 $Ca(OH)_2$ 反应生成 $CaCO_3$ 和水，使混凝土中性化，破坏了钢筋保护膜，造成钢筋锈蚀。

不利的方面：钝化膜破坏，钢筋锈蚀，产生体积膨胀破坏。

有利的方面：生成填充孔隙。生成的水有助于水泥水化，提高混凝土密实度。

(5)碱-集料反应：主要指碱与骨料中的活性二氧化硅发生化学反应。在骨料表面生成复杂的碱-硅酸凝胶，吸水后体积膨胀 3 倍以上，导致混凝土开裂破坏。

(6)提高耐久性的主要措施：

①选用适当品种的水泥。

②严格控制水灰比并保证足够的水泥用量。

③选用质量好的砂、石，严格控制骨料中的泥及有害杂质的含量；采用级配好的骨料。

④适当掺用减水剂和引气剂。

⑤在混凝土施工中，应搅拌均匀，振捣密实，加强养护等，以增强混凝土的密实性。

(四)混凝土变形

混凝土变形有两种，一种是因为温度和湿度变化而引起的变形，如湿胀干缩、热胀冷缩的体积变形；另一种是在荷载作用下的变形，如徐变、弹塑性变形等。

混凝土在恒载作用下产生随时间而增长的塑性变形称为混凝土的徐变。发生徐变的原因很复杂，它与水泥中残留水分和凝胶体在混凝土受力时缓慢地在孔隙中流动有关。

二、混凝土的组成材料与配合比

混凝土的组成材料有水泥、细骨料、粗骨料和水。

混凝土的配合比(质量比)，是指混凝土各组成材料之间用量的比例关系。一般以水泥：砂：石表示，以水泥为基数 1，同时必须注明水灰比。若掺用外加剂，其含量以水泥质量的百分率表示。常用的外加剂有减水剂、早强剂、速凝剂、防冻剂和加气剂等。

三、混凝土拌制

混凝土拌制应使用机械拌制，机械拌制分自落式和强制式两种，一般拌制塑性混凝土用自落式，拌制干硬性混凝土用强制式。小量的混凝土才可用人工拌制，干湿各拌三遍以上，必须拌和彻底均匀。

四、一般结构混凝土的灌注

1. 灌注前的检查

(1)检查施工组织，包括人力、材料、机具设备等的配备情况以及工作台、运输道路、脚手架等的安全情况。

(2)检查基底处理情况，并按照规定填写好检查记录。

(3)检查模板、钢筋、预埋铁件等是否安装准确齐全、牢固。

(4)清除模板内和钢筋上的泥污、木屑等，清除积水，嵌塞模板缝隙，对木模板做好充分湿润。

2. 灌注时的自由倾落高度

为保证混凝土不发生离析，应尽量减低灌注的自由倾落高度，一般不宜超过 2 m。超过时应采用溜槽、串筒、漏斗等器具或通过模板上预留的孔口灌注。

3. 混凝土应分层进行灌注

每层灌注厚度应根据拌制能力、运送条件、灌注速度、振捣能力等决定。

4. 灌注间歇

混凝土的灌注宜连续进行。如必须间断，间歇时间应根据环境温度、水泥品种、水灰比、外加剂类型等条件通过试验确定。当无试验资料时，对不掺外加剂的混凝土，间歇时间不宜超过 2 h；当温度为 30 ℃左右时，可减到 1.5 h；当温度为 10 ℃左右时，可延至 2.5 h。否则应按施工接缝(中断)处理。

灌注工作中断时，应在前层接面上，根据需要埋入接茬的片石、钢筋或型钢，并使其体积露出混凝土外一半左右。

5. 施工缝的处理

当混凝土灌注的间歇时间超过规定时，需待前层混凝土达到不小于 1.2 MPa 的抗压强度后，才允许继续灌注新混凝土。首先应清除前层接面上的浮浆和松动的砂石，并以压力水冲洗干净，充分湿润而不存积水。接续灌注前，宜在施工缝表面先铺一层厚约 1.5 cm 且与混凝土灰砂比相同而水灰比略小的水泥砂浆，或铺一层厚 30 cm 较新灌注混凝土少 10%粗骨料的混凝土或刷涂专用的结合剂后，再接灌注新层混凝土(竖向结合面可涂刷水灰比为 0.3 左右的纯水泥浆一层)。施工接缝处的混凝土应注意压实振捣，使新旧层紧密结合。

若在旧混凝土的面上灌注新混凝土时，也比照以上方法处理方法。

6. 竖向结构的灌注

对墙或柱、墩竖向结构灌注混凝土时，灌注速度不宜过快。在灌注与柱、墩或墙整体连接(即不设施工接缝)的梁或板时，应待柱、墩或墙的混凝土灌注完成 1～2 h(但不得超过允许间歇时间)后，再灌注梁或板。

7. 灌注中其他注意事项

(1)在混凝土灌注过程中,如表面出现析水时,应采取减少混凝土用水量、降低混凝土坍落度等措施予以消除。对已析出的浮水(清水),应在不扰动已灌注混凝土的情况下及时排除,但不得将水引向模板边缘或从模板缝隙中放出。

(2)混凝土灌注施工中应设专人检查模板、支架、钢筋、预埋件和预留孔等的状态,发现变形、移位,应及时予以修整。灌注完毕后,施工负责人应及时填写"混凝土施工灌注记录"。

五、沉降缝和伸缩缝

(一)作　用

沉降缝是为了防止圬工结构基础不均匀沉降引起结构性裂缝而设置的。伸缩缝是为了便于混凝土伸缩而设置的。

(二)设置方法与技术要求

1. 沉降缝和伸缩缝的宽度,一般为 1～2 cm,中间应填塞具有粘结强、防水好的弹性材料。

2. 沉降缝和伸缩缝的位置和构造必须符合设计要求。

3. 缝口要直,不能歪斜扭曲。否则,将起不到应有的沉降作用和伸缩作用。

4. 沉降缝和伸缩缝应具有较好的防水作用,不应有漏水或漏土现象发生。

六、加强新旧混凝土结合面联结强度

1. 传统的方法

通过改变新旧接合面断面形状,提高新灌注混凝土的等级,在灌注新混凝土前涂纯水泥浆,采用加强振捣等方式来加强新旧混凝土的联结强度。

2. 采用 ZV 型界面处理剂或环氧树脂浆液加强新旧混凝土的粘结

(1)ZV 型界面处理剂

在新旧混凝土结合面上,先涂刷用 ZV 型界面处理剂制成的增强浆,在增强浆凝结前再灌注新混凝土。用界面剂处理的新旧混凝土黏结强度,比传统凿毛处理的黏结强度增加一倍多。

(2)用环氧树脂浆液加强新旧混凝土粘结

环氧树脂浆液的配比为环氧树脂:二丁酯:乙二胺=100:(18～20):8。使用环氧树脂浆液粘结新旧混凝土时,要求旧混凝土界面必须干净、干燥,环氧树脂浆液配比准确。在旧混凝土界面上涂刷树脂浆液后,不待树脂固化即灌注新混凝土,其黏结强度也比较大,但成本较高,施工条件要求也严。

第七节　钢筋混凝土

一、基本知识

(一)普通钢筋混凝土

普通混凝土的抗压强度很高,但它的抗拉强度仅为抗压强度的 1/8～1/7。梁、板等受弯构件或结构物承受荷载时,局部区域产生中心受拉或弯曲受拉,致使混凝土断裂。为了克服上述缺陷，在混凝土构件或结构物的受拉区，配置一定数量的钢筋来承受拉力，使混凝土和钢筋共同受力，发挥其各自具有的特长，从而使构件或结构既能受压，又能受拉，这种配有钢筋的混凝土，叫作钢筋混凝土。

(二)预应力混凝土

普通钢筋混凝土结构具有很多的优越性，但仍存在着抗拉性差，出现裂纹早，不能应用高强材料等缺点。

预应力混凝土结构就是在结构承受荷载前，预先人为地造成受压状态(所谓预应力)。当结构承受荷载后，受拉区混凝土的拉伸变形首先与压缩变形相抵消，以后随着荷载的增加，才继续被拉伸。如果构件设计合理，不致出现裂纹或仅有很细的裂纹。

混凝土结构预加应力的主要方法是：张拉钢筋使之伸长，然后把钢筋两端锚固于混凝土中，造成钢筋受拉而大部混凝土受压的预应力状态。按预加应力的顺序有先张法和后张法两种。

预应力混凝土结构的优点是：提高了结构的抗裂能力，同时增加了结构的耐久性和刚度；节约材料减轻自重，为建造大跨度结构提供了条件；提高构件的抗剪性能和耐疲劳性能。

二、特种混凝土施工

某些工程由于所处环境和使用要求不同，需要具有特殊性能的混凝土才能满足技术要求，适应这类特殊工程要求制成的专用混凝土，统称为特种混凝土。特种混凝土种类很多，这里仅介绍防水混凝土施工。

1. 防水混凝土的性能

防水混凝土具有不渗水，不漏水的防水性能，用于水池、水塔、屋面和地下工程等。

防水混凝土主要通过组成材料的调整、混凝土配合比及骨料级配的合理选择以及掺用适量外加剂等措施，使混凝土密实度增强，毛细管通路减少，从而提高不透水性。

2. 防水混凝土的拌和、灌注和养护

防水混凝土拌和时的配合比必须严格掌握，砂、石必须要按重量称，水泥可按体积量，做到用量准确。外加剂的用量应严格控制，其误差不得超过用量的±5%。采用机械搅拌、机械振捣。机械搅拌普通防水混凝土时应先将砂、石、水泥一次倒入搅拌筒内，先搅拌 0.5～1 min，再加水和防水剂拌 1～3 min。搅拌加气防水混凝土时，总的搅拌时间应控制在 1.5～2 min，多拌则气泡容易消失。搅拌程序与普通防水混凝土相同，最后加入加气剂溶液。人工拌和时，先将水泥与砂干拌均匀，再与石子拌匀，然后加入水及外加剂湿拌到均匀为止。

拌和物运送时间不宜超过 30 min，运到浇筑地点后，应检查其和易性，若有离析现象或坍落度小于原坍落度的 70%时，应进行人工二次拌和。浇筑至面层应在振捣完后立即将表面抹光压实，增加混凝土的抗渗性。

防水混凝土应连续浇筑，最好不留施工缝，不得已时可在墙身高出底板 50 cm 处及以上留水平施工缝，不得留垂直缝。施工缝要做成企口缝或高低缝，或者做成平缝中间加钢板。水平缝处新旧混凝土接合面在接浇前必须进行凿毛使之露出石子，再用水冲洗，保持湿润，继续浇筑时用相同水灰比的水泥砂浆先铺垫一层，再浇筑混凝土。

防水混凝土的振捣应用插入式振捣为主，插点间距不应超过 50 cm。插入要迅速，拔出要缓慢，振捣到表面泛浆无气泡为止。只有当结构较薄不能用插入式振捣器时，可用表面振捣器来振捣。振捣完后应立即将表面压实抹光。

防水混凝土初凝后，应立即养护。前 3 d 内每隔 4～6 h 浇水一次，以后每天浇水 3～4 次，养护不少于 14 d(使用火山灰质水泥，为 21 d)。浇捣后不要拆除侧模，并保持湿润，3 d 后将侧模撬松，但不拆除，14 d 后才能拆除。

三、锚喷支护

(一)锚　　杆

锚杆可用 A3、20MnSi 或 A5 钢筋制作。常用的临时支护锚杆有楔缝式，还有胀壳式以及钢筋灌浆锚杆与树脂锚杆等。

楔缝式锚杆一般用 ϕ16～25 mm 的 A3 钢筋制作，工地可自行加工，使用简便，所以在隧道开挖中用得较多，如图 1-4-3 所示。

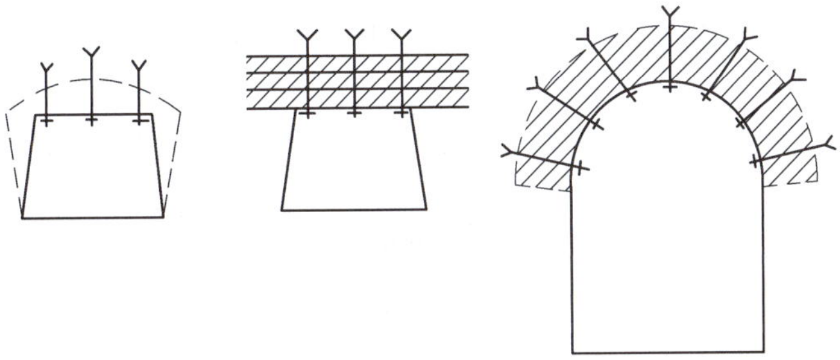

图 1-4-3　锚杆支护

楔缝式金属锚杆如图 1-4-4 所示，长度为 1.5～2.5 m，锚杆布置一般为梅花形或矩形，间距为 1～1.5 m。安装时将楔子插入杆体缝隙，用直径 1 mm 铁丝捆好，将锚杆缓缓插入孔中直达孔底，使用小锤轻击杆尾，以使其不致滑出。将打击套筒套上锚杆尾部，然后用铁锤或不旋转风钻(风镐)打击。最后安装金属垫板及螺帽，用扳手拧紧螺帽，在杆身内便形成了预张拉力。楔缝式金属锚杆的预张拉力不应超过锚固力的 3/5。为了保持原有的预张拉力，一般在锚杆安装后 24 h 再拧紧一次螺帽，一星期以后再拧一次即可。

楔缝式金属锚杆钻孔孔底直径一般比锚杆直径大 8～12 mm 为宜。孔眼不可用水冲洗，以免孔壁软化而使锚头有可能滑动。

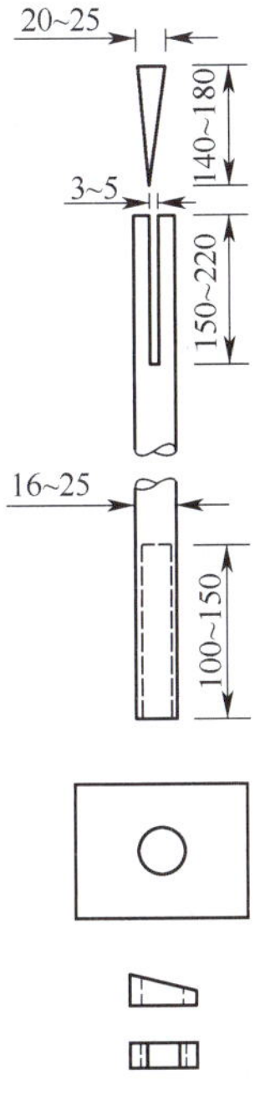

图 1-4-4　楔缝式金属锚杆(单位:mm)

(二)钢 筋 网

钢筋网的作用是防止落石掉块，所以网格不宜太大，通常为 8～10 cm 的正方形，用 6～10 mm 的钢筋作为主筋和 2～4 mm 镀锌铁线编制而成。

(三)喷射混凝土

喷射混凝土是将一定配合比的混凝土拌和物，用混凝土喷射机，借助压缩空气，经由管道输送到喷嘴处，通过喷嘴形成料束，高速喷射至围岩表面，并紧密粘结在岩面上。它是与围岩密贴的薄层柔性结构与围岩共同作用。作施工临时支护的喷层厚度以 5～10 cm 为宜，或根据设计确定。

四、混凝土冬期施工措施

(一)技术要求

1. 水泥的选用

冬期混凝土施工应采用具有早强和抗冻性能好的较高标号水泥并选用较小的水灰比，较低的坍落度。采用机械搅拌和机械振捣，亦可采用低温早强混凝土，即掺用氯化钙等氯盐外加剂以加速混凝土的硬化。

2. 对温度的要求

为保证混凝土浇筑温度不低于+5 ℃的规定，拌和混凝土时，砂石骨料及水应保持在 0 ℃以上，拌和用水应不低于+5 ℃，因此需采取加热措施。如气温不是很低时，一般只将水加热，气温过低，只加热水不能满足所要求的拌和温度时，要再将砂石加热。

3. 设备的防寒

拌和设备应适当防寒，最好在厂房或暖棚内进行拌和，环境温度一般为+10～+15 ℃。

4. 运送及装卸

混凝土拌和物的运送过程力求快装快卸，避免中途转运，运送盛器应有良好保温性能，以免混凝土受冻失效。

5. 新旧混凝土的衔接

新旧结合面衔接应在旧混凝土表面凿毛后用热水冲洗。旧基面混凝土 30 cm 深度范围应保持在+5 ℃以上温度。如系浇筑钢筋混凝土，钢筋或金属埋设部件亦需加预温至+5 ℃以上。

6. 混凝土的浇筑

混凝土应连续浇筑避免间断，相邻两层的浇筑间歇时间不得超过水泥的初凝时间，并应考虑掺入氯盐后对水泥凝结时间的影响，一般不宜超过 1.5 h。

7. 混凝土的防寒

混凝土浇筑后，要保证新浇筑混凝土在达到规定强度(即不低于设计值的 50%和不低于 70 MPa)之前，使温度保持在 0 ℃以上，切勿受冻。

8. 模板安装

冬期施工用的模板，应拼合严密，不得漏浆，并应在模板外面铺贴油纸或沥青纸类防水层，使之与保温材料隔离，以避免保温材料受水影响。新浇筑的混凝土面与保温防寒材料之间，为避免混凝土面受损或污染，应加铺防水隔离层。

9. 模板拆除

冬期施工混凝土拆模工作，除应符合一般混凝土的拆模时间规定外，并应保证混凝土遭受冻结作用之前要达到的强度。如采用人工加热养护的混凝土，其模板和保温层应在混凝土的温度降至+5 ℃以下后方可拆除。

10. 混凝土强度

在冬季条件下浇筑的混凝土结构物，其强度必须达到 100%设计强度后，方可允许承受全部设计荷载。

(二)施工养护方法

混凝土冬期施工的养护方法较多,桥隧大维修工程常用的方法有蓄热法、低温早强混凝土法及暖棚法等。

1. 蓄热法

蓄热法是以保温覆盖为主,利用水泥水化热,并根据需要适当将水和砂石预热,满足热工计算要求的方法。当建筑物体积较小,或气温较低时可采用双层模板内加保温材料的措施。

2. 低温早强混凝土法

(1)素混凝土掺普通防冻剂的防冻措施。

(2)混凝土掺入硫酸钠为主要材料的复合早强剂,可以加速凝结硬化,缩短养护时间,提高早期强度。

(3)对小体积混凝土构件可采用快硬硫铝酸盐水泥,掺入2%～4%的亚硝酸钠,即使在负温条件下,混凝土的强度仍然增长较快。

3. 暖棚法

一般采用简易暖棚,地面以下的结构,可利用基坑加盖,上铺帐篷或篾席等保温材料;地面以上的结构可采用活动暖棚,棚内生火炉加温。

第八节　钢　　材

一、铁路桥梁常用钢材

铁路钢桥构件一般用钢板和型钢制造。

1. 钢板

用钢锭纵横辊轧而成,纵横两个方向强度均较高。标记举例为:▱460×16×15 940 表示宽460 mm,厚16 mm,长15 940 mm。

2. 扁钢

只纵向辊轧,横向强度较纵向强度低。

3. 角钢

角钢有等边和不等边两类。

(1)等边角钢:∠100×100×10-1 000 表示等边角钢,每边长100 mm,边厚10 mm,长1 000 mm。

(2)不等边角钢:∠160×100×12-1 000 表示不等边角钢,长边长160 mm,短边长100 mm,边厚12 mm,长1 000 mm。

4. 工字钢

用号数表示,号数即为高度的厘米数。同一高度有几种厚度时,加注脚码a、b、c。例如I50a-5 000 表示50号工字钢,高度50 cm,厚度12 mm,长度5 000 mm。

5. 槽钢

用号数表示,号数即为高度的厘米数,同一高度有几种厚度时,加注脚码a、b、c。例如[20a-5 000 表示20号槽钢,高度20 cm,厚度7 mm,长5 000 mm。

二、桥梁主要用钢性能要求

1. 钢材的机械性能

钢材的机械性能是指在外力作用下钢材抵抗变形或破坏的能力。表示钢材的机械性能有延伸率、收缩率、冲击值、硬度和抗拉强度、屈服强度、疲劳强度等。

2. 钢材的工艺性能

钢材的工艺性能是指钢材适应各种加工要求(包括弯曲、锻压、切削、延展、冷压及焊接等)的能力。

三、桥梁钢材的锈蚀

1. 桥梁钢料锈蚀的原因

钢铁锈蚀主要是钢铁受到大气中所含的氧气、水分、盐类,二氧化碳、二氧化硫、氮的氧化物及具有化学活泼性物质的作用,发生化学的或电化学的作用的结果。分为化学腐蚀和电化学腐蚀两种。

2. 桥梁钢结构锈蚀的危害

钢结构锈蚀造成钢梁杆件断面削弱,结构松弛,降低钢结构的承载能力,缩短钢结构的使用年限,严重的锈蚀将危及行车的安全。

3. 桥梁钢结构易锈蚀部位

钢结构的缝隙及角落隐蔽处;有害气体及电解溶液反复侵袭处;易积水和污物处;钢梁的上盖板;有氧化皮或已有锈蚀处以及施工不良处。以上部位是钢结构的易锈蚀部位。

4. 防止桥梁钢材锈蚀的方法

防止钢料表面锈蚀的方法很多,如采用耐腐蚀的合金钢、用化学方法或热处理钢料表面等。但目前桥梁钢结构防止锈蚀的方法,主要采用表面保护涂装如涂料涂装、热喷锌铝等方法。

复习思考题

1. 木材的力学性能是什么?
2. 水泥有哪些常用品种?
3. 水泥强度与哪些因素有关?
4. 水泥有哪些技术特性?
5. 什么是水泥的体积安定性?
6. 砂浆有哪些技术特性?
7. 混凝土有哪些技术性质?
8. 混凝土施工缝如何处理?
9. 混凝土沉降缝和伸缩缝的作用是什么?
10. 预应力混凝土有哪些优点?

第五章　桥隧建筑物故障应急处置

本章主要介绍应急响应与应急处置预案基础知识，防洪、防胀、防寒、防凌、防火应急处置基础知识，铁路发生自然灾害应急处置基础知识。

第一节　应急响应与应急处置预案

应急响应是指在突发事件发生以后所进行的各种紧急处置和救援工作。及时响应是应急管理的又一项主要原则。

一、应急响应

(一)应急预防

在应急管理中预防有两层含义，一是事故的预防工作，即通过安全管理和安全技术等手段，尽可能地防止事故的发生，实现本质安全；二是在假定事故必然发生的前提下，通过预先采取的预防措施，达到降低或减缓事故的影响或后果的严重程度，从长远看，低成本、高效率的预防措施是减少事故损失的关键。

(二)应急准备

应急准备是指为有效应对突发事件而事先采取的各种措施的总称，包括意识、组织、机制、预案、队伍、资源、培训演练等各种准备。

(三)应急响应

及时处置，及时响应。

(四)应急恢复

恢复是指突发事件的威胁和危害得到控制或者消除后所采取的处置工作。恢复工作包括短期恢复和长期恢复。

二、应急响应等级

应急响应等级按照突发事件发生的紧急程度、发展态势和可能造成的危害程度分为Ⅰ级(特别严重)、Ⅱ级(严重)、Ⅲ级(较重)和Ⅳ级(一般)，分别用红色、橙色、黄色和蓝色标示，Ⅰ级为最高级别，如图1-5-1所示。

预警级别	预警标识
Ⅰ级（特别严重）	红色
Ⅱ级（严重）	橙色
Ⅲ级（较重）	黄色
Ⅳ级（一般）	蓝色

图1-5-1　预警级别及标识

三、应急预案

应急预案指的是指针对可能发生的事故,为迅速、有序地开展应急行动而预先制定的行动方案。要充分考虑现有物质、人员及危险源的具体条件,能及时、有效地统筹指导事故应急救援行动。应急预案应具有实用性和可操作性,即发生重大事故灾害时,有关应急组织,人员可以按照应急预案的规定的迅速、有序、有效地开展应急救援行动,降低事故损失。

第二节　防洪、防胀、防寒、防凌、防火应急处置

一、桥涵的防洪

为了使桥涵能保证洪水,流冰得正常通过,防止堵塞淤积河道或河床冲刷,应对桥涵上下游一定范围的河道进行疏浚或采取措施进行预防。

(一)疏通河道

对平时无水的河道,必须清理桥涵附近的淤泥杂物和阻碍水流的杂草,清除上下游至少各约 30 m 范围内的灌木丛,使洪水能正常通过。在春汛和每次洪水通过后,须组织人力将小桥下及涵洞内的淤积物清除。

(二)防止堵塞

对易被漂浮物、泥石等堵塞的涵洞,应在洞前设置栅栏或沉淀池并及时进行清除。

(三)防止淤积

在山区铁路,小桥多设在沟口或临近沟口处,由于泥石堵塞桥孔,形成水漫桥梁、路基,甚至冲毁桥梁和路基。整治山区小桥涵的泥石流,根据不同的情况,可采用下列措施:

1. 水土保持

在山坡上种植成长快,防御力强的树木,并顺等高线挖掘鱼鳞坑,其作用在于拦蓄泥沙并起缓流作用,也能保证幼年树木的成长。

2. 谷坊拦截

在上游沟谷适当的位置修建拦沙坝(谷坊)或拦石栅栏截砂石。即将水位分段抬高,使水流从坝顶漫过,而砂石在坝间沉积下来。

3. 排泄

对河床已沉积的泥石等淤积物,可采取加大河床坡度和流速的方法向桥孔下游排泄,防止桥涵淤积。

上述各项措施最好配合使用,可以收到较好效果。在修建谷坊或跌水坝等时,两端应伸入河床(如 0.5～1 m)并设防护(例如三角锥或圆锥形的砌石护体),坝下游设有坚固的护坦以防止被洪水冲毁。

(四)防 冲 刷

为防止小桥涵,特别是山区或山前区小桥涵上下游附近河道被冲刷,保持桥涵墩台基础有足够的埋置深度,并根据当地条件进行防护。

1. 草皮护底

一般用平铺法。在河床坡度为 7%～10%时，应分段钉竹或木橛；坡度为 10%～15%时，可加筑几道截水墙；坡度再大时可挖成阶梯形，筑砌跌水墙降低坡度后再铺草皮，如图 1-5-2 所示。

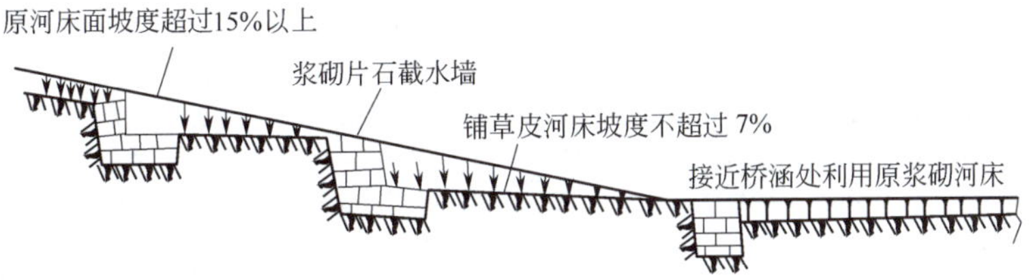

图 1-5-2　河床坡度大时铺草皮护底

2. 柴排护底

桥梁一般用方格式柴排护底，涵渠用鱼鳞式柴排护底，如图 1-5-3 所示。方格柴排有 2 层 10～13 cm 厚的树枝粗缆编成方格(约 1 m^2)，上下方格间铺设厚为 25～30 cm 的树枝层，纵横缆交叉处用铁线捆紧并在该处树枝上钉上木桩，木桩突出的端部编成高 15 cm 篱格，当柴排浮运到要沉入的地方时在方格处填充石块。柴排厚度一般为 0.5～1 m，长宽在 50 cm×15 cm 以内，石块填层厚度约为柴排厚度的三分之一。

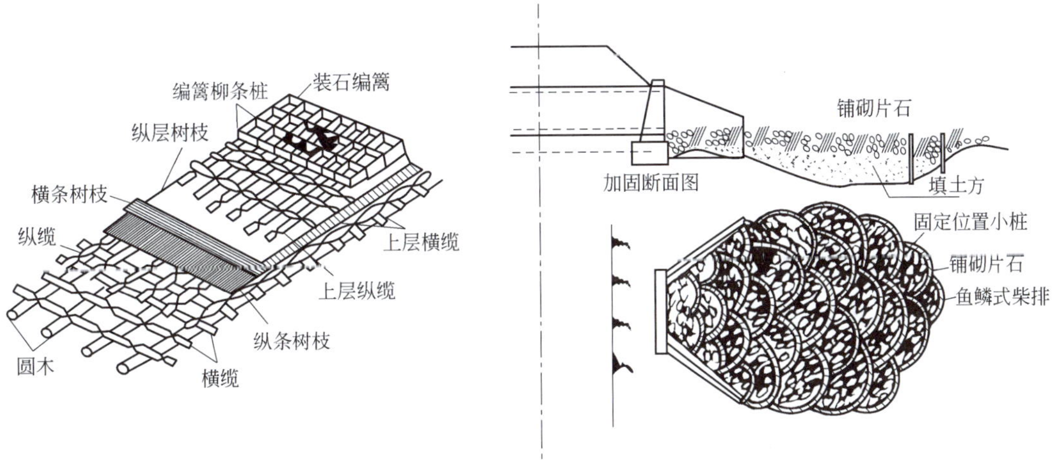

(a)方格式　(b)鱼鳞式

图 1-5-3　柴排图

3. 增设消能设备

山坡陡，冲刷较严重的小桥涵，可以在上游附近设置缓流井或者带阶梯的跌水槽等消能设备来减少桥涵下的河床冲刷。

4. 下游筑拦沙坝

桥下河道比降大、流速急，河床逐年下切，这对桥梁基础特别是浅基非常不利，当河面不宽时，为了稳定河床，一般可在桥梁下游适当位置修筑拦沙坝，坝位及顶高可根据各桥具体情况确定,但需严格注意坝下及两端冲刷或潜流危及坝身安全。

5. 浆砌片石(或混凝土)护底

浆砌片石护底是桥梁整孔防护最常用的一种,这一类防护适用于山区及山前区漂石、石及砂质河床(或平原砂质河床集中冲刷不严重的河流),当流速小于等于 4 m/s 时采用浆砌片石,当流速大于 4 m/s 时宜采用混凝土护底。浆砌片石护底尺寸如表 1-5-1 和图 1-5-4 所示。

表 1-5-1 浆砌片石护底尺寸(m)

项目	上游	下游	备注
平面尺寸	6～8	8～12	从桥墩边起算
垂裙尺寸	1.0～2.0	2.0～3.0	下游垂裙末端应设置消能防冲设施
砂浆等级	M10		混凝土等级 C15,严寒地区应酌情提高
厚度	0.5		—
防护面高程	河床最低点		应考虑上游农田淹没问题

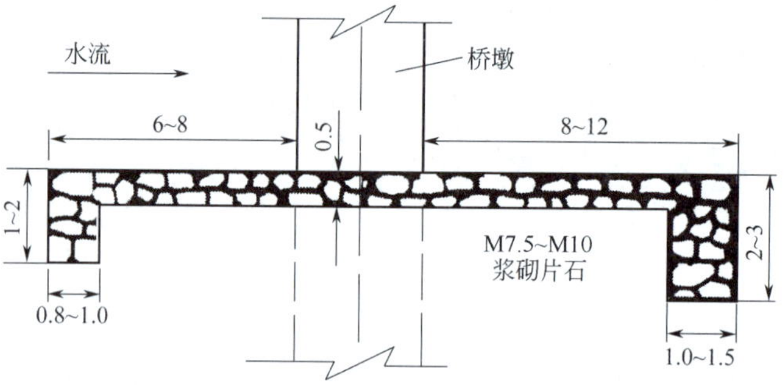

图 1-5-4 浆砌片石护底(单位:m)

另外,在天然河床下切成冲刷较大的河段上,或有潜流危害时,应加大垂裙深度及强度。在严寒地区还应考虑护底冰冻的危害。

在冲刷不剧的河床也可用干砌片石作整孔防护。

(五)河道裁弯取直

在平原地区曲折的河流上,为消除桥涵上游具有威胁性的河湾,可根据具体条件,作适当的裁弯取直,如图 1-5-5 所示。

二、桥涵的防寒、防胀

寒冷地区为防止涵洞内发生冻结,在冬季应用挡雪板挡住小孔径涵洞的洞口。对基底在冻结线以上,且翼墙后为渗水不良土壤的涵洞、墩台、翼墙等应及早进行整治,如加深基础至冻结线以下,桥台及翼墙后更换为透水性土壤并筑排水盲沟,进行基底压浆等。在未彻底整治前,视不同情况在冬季采用培土培草(图 1-5-6)、挂帘(图 1-5-7)、临时抬高水位(图 1-5-8)等措施来进行防护,防止桥涵建筑物出现冻胀破坏。

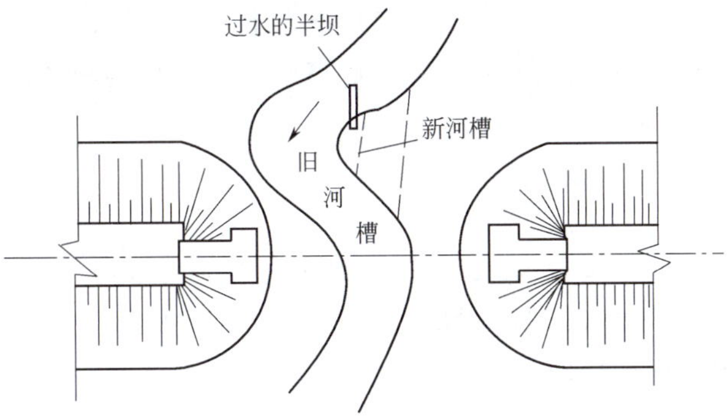

图 1-5-5　河道裁弯取直

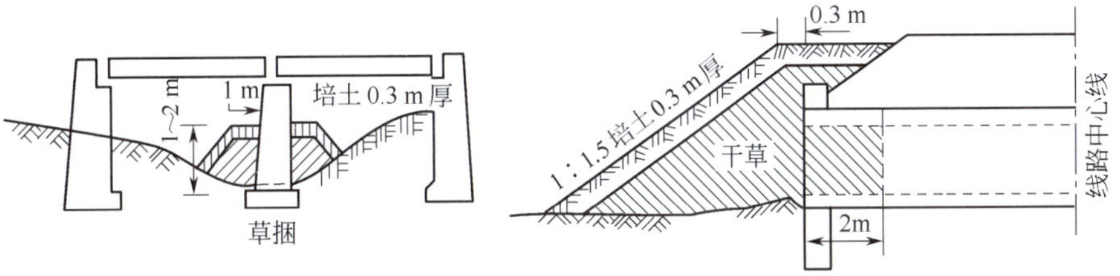

(a)冬季无水桥梁防寒　(b)涵洞防寒

图 1-5-6　采用培土培草防寒

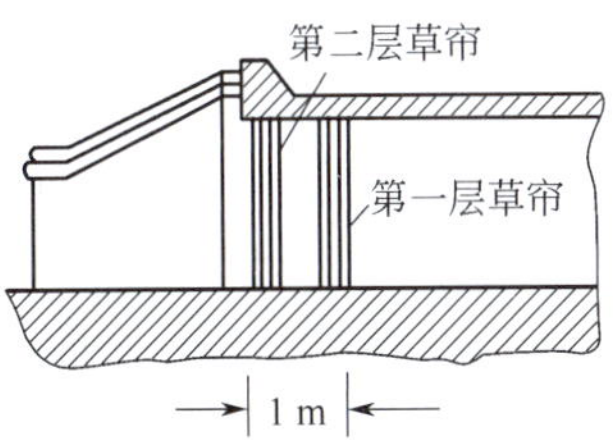

图 1-5-7　挂帘

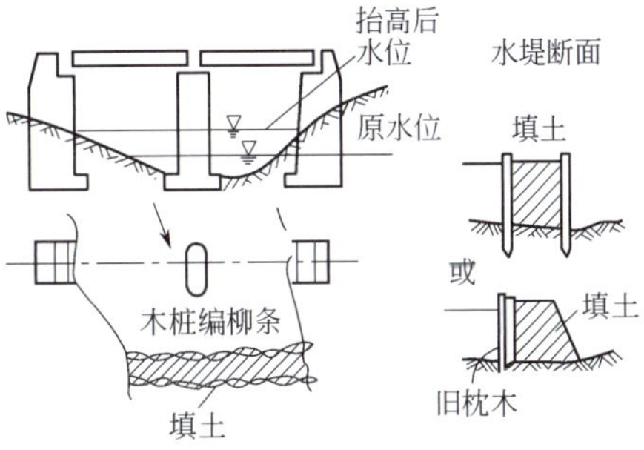

图 1-5-8　抬高水位防寒

三、防　　凌

当严寒地区春融时，水位上涨，大量流冰可能撞坏桥墩台，严重时会堵塞桥孔，甚至堆积成冰坝和冰桥以至推走整个桥梁；再有冰层在骤冷情况下会开裂，如遇大风，冰层移动，也会挤歪桥墩；还有河流在结冰后，由于水流的影响或其他原因，冰层会发生爬动；当水位涨落时，冰面随之升降，这些对墩台等都会产生破坏作用，所以在这些河流中应重视防凌工作，加强日常巡查，视防凌情况采取相应措施进行预防：

1. 在冰层开始移动前，应将实体墩台、翼墙、堤坝的周围(约宽 0.5 m)的一部分冰层破开,以免流冰撞击墩台。

2. 对有大量流冰的河流应预先在桥梁上游不小于 50 m,下游不小于 30 m 范围内开凿多道纵横冰沟;流冰特别严重,大量流冰形成冰坝或冰桥时,在其到达桥址以前将其炸碎,以保证流冰顺利通过桥梁,确保安全。

四、桥梁防火

采用木桥枕的明桥面应按表 1-5-2 所示设置防火水桶或砂箱。冬季结冰地区防火水桶应换装砂子。设有巡守的桥梁,视实际情况可配备化学灭火器、水枪、抽水机等防火用具。所有防火设备均应经常保持完好无缺。

表 1-5-2 明桥面防火设备设置数量及安设位置

桥梁全长(m)	水桶(或砂箱)数量及安装位置
30～60 以内	桥头设置 1 个
60～120 以内	桥两头各设置 1 个
120 及以上	除桥两头各设置 1 个外,中间每隔 60 m 交错设置 1 个

注:水桶容量不小于 0.15 m^3,并备提水桶;砂箱容量 0.1 m^3,并备有砂铲或将砂装袋存放。

在桥梁各个部位(包括特大桥桥头堡)、桥下和桥梁上下游建造、设立生产、加工、储存或者销售易燃、易爆等危险物品的场所、仓库,应当符合国家法律法规及《铁路工程防火设计规范》相关规定的安全防护距离。

第三节 铁路发生自然灾害时的应急处置

一、防洪抢险处置

在每年雨季和洪水来临前应检查桥涵本身及现有导流建筑物及防护设备的完好状态,根据以往资料和实地检查结果编制洪水通过危险地点一览表,以便有计划地采取防范措施和预先加固处理,一切与防洪有关的工程应在汛期前完成。

防洪材料(如片石、木材、草袋、水泥等)和工具(如钩杆、长柄斧头、船、照明设备、临时桥跨和墩台设备等)应根据以往水害情况采取集中储备和在危险地点分散储备的方法,一旦发生险情,能立即投入抢险使用。

人员组织要落实,并进行必要的防洪演练,雨季要加强检查及监视,坚持冒雨检查制度,落实分段灾害负责制,严格执行汛期安全行车措施,对可能发生洪水灾害的桥涵要明确分工,分段负责派人看守,随时做好抢险准备。

洪水来临时,要密切注意洪水通过桥涵的情况,一旦发生险情应立即采取措施进行抢险,确保行车及设备安全。

(一)漂浮物堵塞桥孔的处理

洪水期,随水冲来的漂浮物或失去控制的竹木筏会撞击墩台或堵塞桥孔,甚至当水位高时,可能推走桥跨。因此,当漂浮物到达桥梁上游附近时,应立即用钩杆、长柄斧头进行疏导、砍散,随来随清理。通过排筏的河流,洪水期应在上游适当地点设船监视,对不能控制的排筏，应视情况组织人力和船只将排筏拖引过桥或砍散使之流走。

（二）墩台基础受严重冲刷的抢护

如果探明桥梁基础遭受到过大的冲刷，或发现墩台有摇晃现象，应迅速采取有效防护。一般常用的方法如下：

1. 抛投片石或石笼

是最常用的方法。在流速较小，河水深度不大的地方，可以只抛片石。流速大、冲刷深的地方应抛投石笼，石笼间孔隙仍用片石填塞。一般当流速超过 3 m/s，应采用粒径 40 cm 以上的石块或石笼进行加固，但均不宜投得过多，以免影响排洪断面和造成其他桥墩的冲刷。

2. 干灰砂装麻袋加固冲空的基础

当发现基底下被冲空时，在冲空部位用装有干灰砂的麻袋填塞，每麻袋装约 0.02 m^3 灰砂[水泥和砂拌和，比例可用(1∶2)～(1∶3)]，由潜水工塞入，并在两麻袋间打入扒锯钉使之互相联结，当灰砂遇水结硬后就成为一坚硬的整体，因麻袋仅用来填塞基底空隙，因此基础周围还应投片石或石笼防护。此法仅用于洪峰过后的抢险，以防下次洪峰的继续冲刷。

（三）桥梁抬高

处于江河沿岸或滨湖地区的某些线路，有时遇洪水泛滥，水位超过轨顶标高，为了维持铁路车辆运行往往采取抬高线路的办法，相应的桥上线路要抬高。抬高方法一般有上抬和下抬两种。

1. 上抬

如图 1-5-9(a)所示为在原桥面上铺一层或数层桥枕，将桥面抬高。图 1-5-9(b)所示为在原桥面上设轨束梁或钢梁，在上面再另铺桥面，即称桥上架桥。这种方法施工较简单，缺点是桥上木材或轨束等纵横叠置，高低不平、养护困难，而且原桥跨泡水，又阻碍水流。但当洪水涨势较快，钢梁已经泡水，施工时间短促而抬高量又较大时，这种方法还是比较实用的办法。

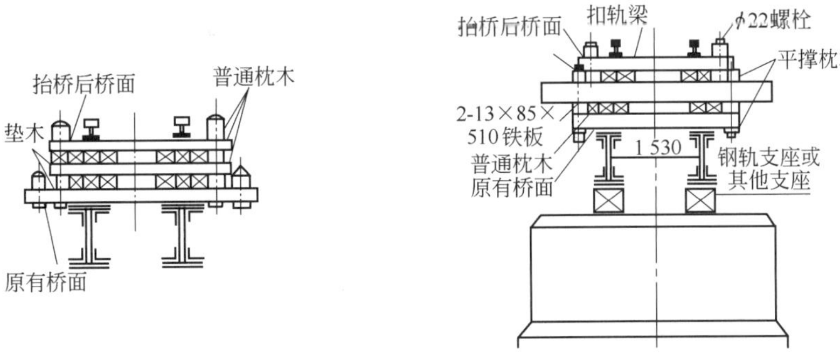

(a)上抬　　(b)下抬

图 1-5-9　桥面抬高抢修(单位：mm)

2. 下抬

在原钢梁支座板下，用临时支座把桥跨抬高，这种方法影响水流较小，抬高后桥梁较稳固，善后处理也较简单；但当洪水已淹没墩顶时，施工困难。

(四)桥梁抢修的基本要求和基本方法

桥梁抢修要以快为中心,不允许有长时间的研究考虑,故应事先设想几种可能发生破坏的情况,作好几种抢修方案。对重点桥梁还应在桥梁附近储备一定数量的抢修料具,以保证抢修的需要,缩短抢修时间。

1. 抢修的基本要求

预定抢修方案应参考以下基本要求:

(1)桥梁抢修应根据原桥附近的地形、河床地质、水流的缓急深浅和桥梁的破坏程度以及抢修施工队伍、材料、机具设备供应情况等因素决定。

(2)桥梁抢修以不改变原桥的高度和坡度,可以改变孔径布置为原则。并尽量考虑防洪和复旧的要求,如增建临时墩台时,阻水面积不应超过原过水面积的 1/3;临时墩台位置不妨碍永久修复时墩台的正常施工等。但应急抢修时也可不考虑。

(3)桥梁抢修为缩短施工时间,应尽可能利用原桥的残存部分和简便的临时性结构物。

(4)桥梁抢修按先通后固的精神,可以限制行车速度(10～15 km/h),降低载重标准(采用轻型机车)。待抢通后,边通车边加固,逐步提高行车速度,一般可达到 30 km/h 以上。

(5)仅在正桥破坏严重,或桥高水深、结构复杂不易抢修时,才考虑修便桥、便线通车。

2. 抢修的基本方法

桥梁抢修的具体施工方法是因桥而异多种多样的,以下介绍几种基本方法可供参考选择。

(1)水流很小或没有水流的小桥涵破坏时,可以用土、片石、卵石、枕土垛等填充其破坏部分。

(2)梁跨被破坏时,可采取原梁加固,或换架临时梁跨。如原梁和墩台破坏不能利用时,可加建临时墩,合理改变原梁跨度;如果水深加建临时墩有困难,可将水浅处的好梁拆移过来,而在水浅处加建临时墩,架设短跨临时梁;对双线桥,可先修复一线通车。

(3)桥台被破坏修建困难时,可在原台后建临时桥台改用长跨度梁;或同时在原台前后加建临时支墩,上架便梁先通车,然后重建新台。

(4)桥墩被破坏时,可在原墩前后修建临时桥墩,或利用原墩残存部分整平作基础,接建临时墩。如不可能修建临时桥墩,在紧急情况下,可根据检算结果,换架长跨度梁,减轻荷载的办法(如用推车过桥,顶车通过或降低行车速度)。

二、桥涵抗震加固

地震因其发生的突然性和巨大破坏力而被列为各种自然灾害之首。震区铁路桥梁的破坏意味着生命线的中断,直接阻碍救灾行动的进行,加大生命财产以及间接经济损失,并且给灾后的恢复与重建带来困难。

(一)地震时桥梁破坏形式

1. 上部结构坠毁(落梁):由于支承连接件失效或下部结构失效等引起的落梁现象,在破坏性地震中常有发生,其中绝大多数是在顺桥向(指桥梁中轴线方向)发生落梁。如图 1-5-10 所示。

2. 支承连接件破坏:桥梁支座、伸缩缝、剪力键、支承连接件等,被认为是桥梁结构体系

图 1-5-10　落梁

中抗震性能比较薄弱的环节。

支座的破坏形式主要表现为支座移位、锚固螺栓拔出、剪断、活动支座脱落、支座本身构造上的破坏。

3. 桥台、桥墩破坏：如果墩柱受到剪切破坏，会使得桥梁承受地震的能力变弱从而产生倒塌，如图 1-5-11 所示。

图 1-5-11　桥墩剪切破坏

桥台的震害在地震中是较为常见的，由于地基丧失承载力等引起的桥台滑移、台身与上部结构的碰撞破坏和桥台倾斜。

4. 基础破坏：桥梁基础震害一般是由地基失效引起。

桩基础的震害，除了地基失效这一主要原因外，还有上部结构传下来的惯性力所引起的桩基剪切、弯曲破坏，更有桩基设计不当所引起的震害。

(二)提高桥梁抗震能力措施

1. 结构形式简单，自重轻，紧凑对称，刚度均匀，重心低，各部件联结可靠，结构整体性强的梁抗震能力较好；而结构整体性差，地基软弱以及构造有薄弱环节的桥梁，抗震能力弱。震害情况后者比前者严重得多。

2. 地震区桥梁以按等跨布置为好，桥墩应避免承受斜向土压力，桥台宜用T形或U形。

3. 地震区采用的桥梁墩台的圬工材料和墩台高度应符合表1-5-3的规定。

表1-5-3 地震区采用的桥梁墩台的圬工材料和墩台高度

设计烈度(度)	7			8			9		
墩台高度 H(m)	≤15	15～30	>30	≤10	10～20	>20	≤5	5～15	>15
圬工名称	石砌体或混凝土	混凝土	混凝土加护面钢筋	石砌体或混凝土	混凝土	混凝土加护面钢筋	石砌体或混凝土	混凝土	混凝土加护面钢筋

无护面钢筋的混凝土墩台，应减少施工缝，施工缝上(特别是基顶与墩台身联结处)应设置接头钢筋。

4. 墩台最先受地震力作用，作用最大的地方不在基础部分而在地面附近处，所以墩基础埋置的越深，自由振动的振幅就越小，可以减小地面波的影响，有利于抗震。

位于可液化土及软土地基上的特大桥，大中桥墩台，应采用桩或沉井等基础，桩尖及沉井底应埋入非液化土层内至少3 m以上。必要时，桩基桥台宜设置斜桩或在桥台邻近桥台基础间采用支撑等加强措施。小桥可在墩台基础间设支撑或采用浆砌片石铺砌河床，以限制墩台滑移。并依据设计烈度和地质情况采取地基抗震稳定措施，如换填、补桩、振密等。

(三)地震区桥梁墩台的加固措施

1. 浅基墩台根据具体情况可采用钻孔桩加固，必要时可以采用旋喷桩加固。

2. 墩台身抗震能力不足，可用钢筋混凝土箍加固或用喷射钢纤维混凝土加固。

(四)防止落梁措施

1. 桥梁支座的锚栓、销钉、防震板等应有足够的抗震强度。

2. 设置纵向连接。例如钢板梁在腹板处用联结板，钢桁梁在主桁端节点设置纵向竖直或水平联结板将相邻两孔梁连接起来，联结板活动端有椭圆形孔，使梁跨能自由伸缩。端孔梁与桥台胸墙间可设联结装置与埋设在胸墙上的螺栓相联结。

混凝土梁也可在两相邻孔端横隔板处安装拉杆将梁联结起来。

3. 设置横向支挡设施。例如钢板梁、圬工梁在梁端内侧设横撑支架，用钢轨或型钢焊制，用锚螺栓固定在墩台上；橡胶支座梁则应埋设有足够强度的防震角钢、钢轨或角钢三脚架等以限制梁的横移。对双片式T形钢筋混凝土梁及预应力混凝土梁，应检查其联结是否良好，整体性不强者应予处理，以防止因横隔板联结薄弱，地震时梁片分离甩落河中。

4. 适当加宽墩台顶面沿桥轴线方向的尺寸防止纵向落梁。

复习思考题

1. 应急响应有几个等级？
2. 桥涵的防洪可以采取哪些措施进行预防？
3. 墩台基础受严重冲刷的抢护措施？
4. 防洪抢险处置时桥梁抢修的基本要求有哪些？
5. 地震时桥梁破坏形式有哪些？

第六章　常用法定计量单位

本章主要介绍计量单位的标准、分类、制定和修改，常用法定计量单位基本使用方法以及计量单位和换算等。

第一节　基本知识

计量单位是衡量物质数量和质量的标准，是科学技术和经济活动中不可或缺的基础。我国法定计量单位是指在法律上规定的计量单位，是我国计量体系的基础和核心。

计量单位是指根据约定定义和采用的标量，任何其他同类量可与其比较使两个量之比用一个数表示。

计量单位具有根据约定赋予的名称和符号。

一、计量单位的分类

我国法定计量单位分为基本单位和衍生单位两类。基本单位是指在计量体系中不可再分的单位，包括长度（米）、质量（千克）、时间（秒）、电流（安培）、热力学温度（开尔文）、物质的量（摩尔）和发光强度（坎德拉）等七个方面。衍生单位是指有进步单位经过乘除运算得到的单位，如速度、加速度、力、功等。

二、计量单位的制定和修订

我国法定计量单位的制定和修订由国务院计量行政部门负责，经国务院批准后实施，制定和修订计量单位需要考虑国际计量单位制度的统一性和科学性，以及我国国情和实际应用的需要。

三、计量单位的使用

我国法定计量单位是在法律上规定的，必须在科学技术和经济活动中使用。在计量活动中，必须使用符合国家标准的计量器具，确保计量结果的准确性和可靠性。同时，计量单位的使用也需要遵守计量法律法规和计量管理制度，保障计量活动的公正性和合法性。

四、计量单位的换算

在实际应用中，不同的计量单位之间需要进行换算。我国法定计量单位之间的换算关系已经在国家标准中规定，如长度单位米和厘米的换算关系为 1 米＝100 厘米。在计量活动中，需要根据实际情况进行换算，确保计量结果的准确性和可靠性。

我国法定计量单位是我国计量体系的基础和核心，对于科学技术和经济活动具有重要的意义。在实际应用中，需要遵守计量法律法规和计量管理制度，确保计量结果的准确性和可靠性。

第二节　法定计量单位基本使用方法

《国际单位制及其应用》(GB/T 3100—1993)和《有关量、单位和符号的一般原则》(GB/T 3101—1993)规范了国际单位制在我国的使用方法，它们与国际标准的规定基本一致。

一、法定计量单位的名称

法定单位的名称除特别说明外，一般指法定计量单位的中文名称，用于叙述性文字和口述中。

1. 名称中去掉方括号中的部分是单位的简称，简称和全称可任意选用，以表达清楚明了为原则。组合单位的中文名称原则上与其符号表示的顺序一致，单位符号中表示相除的斜线(/)称为“每”，且无论分母中有几个单位，“每”只在分母的前面出现一次，例如 J/(kg·K)的中文名称为焦耳每千克开尔文，而其简称为焦耳每千克开。

2. 单位符号中的相乘不对应任何名称，只要将单位名称连接读出即可。例如 N·m 的名称为牛顿米，其简称为牛米。如有单位带有幂，幂的名称在单位之前。二次幂，为二次方，如指面积则为平方；三次幂为三次方，如指体积则为立方。

二、法定计量单位和词头的符号

计量单位的符号采用国际通用符号，计量单位的名称及其简称。

1. 单位符号必须采用正体字体。一般为小写字母，只有来源于人名时，第一个字母大写(升的符号例外，可用 L)。当词头的因数大于 10^3 时，其符号为大写，相乘的单位符号间可用乘点也可不用，但当中文符号相乘时必须用乘点。相除的单位符号间用斜线表示或采用负指数，例如：密度单位符号可以是 kg/m^3 或 $kg·m^{-3}$，其中文符号可以是千克/米^{3}或千克·米$^{-3}$。

2. 单位中分子为 1 时，只用负数幂，例如：可用 m^{-3} 而不用 $1/m^3$。表示相除的斜线(也可用水平线)在一个单位中最多只有一条，除非采用括号能澄清其含义。词头的符号与单位符号之间不得有间隙，也不加相乘的符号。口述单位符号时应使用单位名称而非字母名称。

三、法定计量单位的词头的使用原则

单位和词头的名称用于口述，一般也用于叙述性文字之中。符号可用于一切需要简单说明了表示单位的地方，也可用于叙述性文字之中。

1. 单位的名称与符号均是一个整体，不得拆开，例如不得把摄氏度表示为“摄氏…度”。非十进制的单位不得使用词头构成倍数和分数单位。词头不得重叠使用，例如不得使用毫微米、微微法拉。词头兆的含义为 10^6，亿(10^8)、万(10^4)等是我国习惯用的数词，不是词头，只按一般数词使用。只通过相乘构成的组合单位，通常词头加在分子之前。

2. 选用词头时，一般应使量的数值处于 0.1～1 000 范围内。土地面积单位平方公里的符号为 km^2，公顷的单位符号为 hm^2，而不采用国外习用符号 ha。

第三节　常用法定计量单位及换算

一、长度单位

1. 中文名称及符号

基本单位：米(m)；

其他单位：千米(km)，分米(dm)、厘米(cm)、毫米(mm)，微米(μm)、纳米(nm)及海里(n mile)。

2. 长度单位换算

1 km=1 000 m；

1 m=10 dm=100 cm=1 000 mm；

1 mm=1 000 μm=1 000 000 nm；

1 n mile=1 852 m=1.852 km。

二、面积单位

1. 中文名称及符号

基本单位：平方米(m^2)；

其他单位：平方千米(km^2)、公顷(hm^2)、平方分米(dm^2)、平方厘米(cm^2)及平方毫米(mm^2)。

2. 面积单位换算

1 km^2=1 000 000 m^2=100 hm^2；

1 hm^2=10 000 m^2；

1 m^2=100 dm^2=10 000 cm^2=1 000 000 mm^2。

三、体积单位

1. 中文名称及符号

基本单位：立方米(m^3)；

其他单位：立方千米(km^3)、立方厘米(cm^3)及立方毫米(mm^3)。

2. 体积单位换算

1 km^3=10^9 m^3；

1 m^3=10^6 cm^3=10^9 mm^3。

四、容积单位

1. 中文名称及符号

基本单位：升(L)；

其他单位：毫升(mL)。

2. 容积单位换算、容积与体积单位换算

1 L=1 000 mL；

1 mL=1 cm^3；

1 L=1 000 cm^3=10^{-3} m^3；1 m^3=1 000 L。

五、质量单位

1. 中文名称及符号

基本单位：千克(kg)；

其他单位：吨(t)、克(g)、毫克(mg)及原子质量单位(u)。

2. 质量单位换算

1 t=1 000 kg；

1 kg=1 000 g=10^6 mg；

1 u≈1.660 540×10^{-27} kg。

六、力、扭力单位

1. 中文名称及符号

基本单位：牛(N)；

其他单位：千牛(kN)、牛米(N·m)。

2. 力单位换算

1 N=1 kg·m/m^2；

1 kN=1 000 N。

七、压力单位

1. 中文名称及符号

基本单位：帕(Pa)；

其他单位：千帕(kPa)。

2. 压力单位换算

1 Pa=1 N/m^2；

1 kPa=1 000 Pa。

八、时间单位

1. 中文名称及符号

基本单位：小时(h)、分(min)、秒(s)；

其他单位：毫秒(ms)、微秒(μs)、纳秒(ns)、皮秒(ps)。

2. 时间单位换算

1 h=60 min=3 600 s；

1 s=10^3 ms=10^6 μs=10^9 ns=10^{12} ps。

九、速度单位

1. 中文名称及符号

基本单位：米/秒(m/s)；

其他单位：千米/时(km/h)、节(kn)。

2. 速度单位换算

1 km/h=0.277 77 m/s；

1 kn=1 n mile/h=1.852 km/h=0.514 44 m/s(只用于航行)。

十、角度单位

1. 中文名称及符号

基本单位：度(°)；

其他单位：弧度（rad)、分(′)、秒（″)。

2. 角度单位换算

$1^\circ=(\pi/180)\ \mathrm{rad}=60'=3\,600''$。

复习思考题

1. 我国法定计量单位分为哪几类？
2. 基本单位是指什么？
3. 基本单位包括哪些？
4. 法定计量单位名称是指什么？
5. 法定计量单位词头的使用原则是什么？

第二篇　专业知识

第一章　桥隧建筑物检查维修

本章主要介绍铁路桥隧建筑物设备检查维修组织机构及流程，以及铁路桥隧建筑物设备检查维修的内容。

第一节　桥隧建筑物检查维修组织

一、铁路桥隧设备检查维修方式

我国铁路桥隧检查维修的方式经过多年实践，总结了桥隧设备修理管理经验，在全路实行了检查与养修分开的维修组织，突出桥梁车间在安全生产中的责任主体地位；设备维修方面实行状态修与周期修相结合，以状态修为主，在“检查、计划、作业、验收”四大环节中增加分析环节，运用信息化系统开展桥隧修理。这些改革，极大地提高了桥隧生产组织的劳效，促进了铁路桥隧质量的提升。

二、桥隧建筑物检查维修组织机构设置

随着桥隧设备检测和分析手段的提高，以及养修机械的不断发展，“天窗修”的作业环境等，都为实行检查和养修分开体制创造了条件。检查和养修分开体制是以桥隧车间为劳动组织单元，采用集中修、天窗修和检查专业化的方式，能提高检查和维修质量，大大减少作业处所，有利于安全监控，促使车间做大做强，从而提高安全生产管理水平。工务段应突出车间在组织现场安全生产活动中的主体作用，强化车间劳动组织职能。工务段应根据管辖桥隧建筑物的管辖长度、设备数量、交通条件、地形地貌等因素，设置桥隧车间，桥隧车间下设桥隧检查工区和养修工区。

1. 桥隧车间管辖桥隧换算长不宜超过 30 km；桥隧车间管理的营业长度，平原微丘区不宜超过 250 km、重丘山区不宜超过 200 km、险峻山区不宜超过 150 km。

2. 每个桥隧车间下设 1～2 个桥隧检查工区，山区铁路检查工区管辖范围可适当缩短。

3. 桥隧养修工区管辖桥隧换算长不宜超过 6 km；管辖的营业长度，平原微丘区不宜超过 60 km、重丘山区不宜超过 50 km、险峻山区不宜超过 40 km、草原沙漠戈壁地区不宜超过 100 km。

4. 段根据需要设置桥隧检测小组，桥隧检测小组业务上由段桥隧科直接管理。

5. 高速铁路根据管辖桥隧建筑物的数量，设立桥隧检查车间，在桥隧检查车间下设桥隧检查工区。桥隧检查车间的管辖营业长度一般不超过 400 km；大型桥梁、长大隧道应设置专门的检查工区。

6. 跨越大江大河的大型钢梁桥，应专门设置钢梁工区和机修工区。

三、桥隧建筑物检查维修机构职责

1. 桥隧科(路桥科)

桥隧科(路桥科)负责桥隧设备技术状态的管理。按照集团公司要求及批准下达的桥隧生产任务、指标,根据管内桥隧设备实际状态并结合维修周期,制定年度维修计划及组织、技术措施;审核批准桥隧车间维修月度生产计划,保养和检查年度、月度生产计划;组织定期检查,掌握安全生产信息;对生产过程进行指导、监督、验收和考核。

2. 桥隧车间

桥隧车间全面负责所辖设备状态检查维护,掌控作业安全、质量和进度,是车间日常生产的组织主体。负责编制维修月度生产计划和保养、检查年度、月度生产计划;根据批准计划,编制各工区月度生产计划和检查、养修作业日计划,申报天窗作业计划;按规定完成设备检查、保养质量评定和维修质量复验,并对作业安全和质量进行全过程跟踪检查和考核。定期分析设备质量状态,适时调整生产计划。

3. 桥隧检查工区

普速铁路桥隧检查工区负责桥隧设备经常检查,对桥隧车间制定的日计划提出建议,提报周检查报告;参加段组织的定期检查;参与保养质量评定、维修质量复验、维修工作量调查等工作。

高速铁路桥隧检查工区负责桥隧设备及附属安全检查设施的日常检查、观测和少量的经常保养工作。

4. 桥隧养修工区

桥隧养修工区负责桥隧设备保养、维修,部分大修工作和周边环境检查工作,除河床断面测量以外的水文观测项目,对桥隧车间制定的日计划提出建议;完成保养质量自评、维修质量自验;参与维修工作量调查;参与防洪、地震等临时检查工作。

高速铁路桥隧设备维修实行委托方式,不设路桥综合维修工区。

5. 桥隧检测小组

桥隧检测小组负责桥隧专项检测,以及水文观测中的河床断面测量,对检查结果的准确性和全面性负责。

第二节　桥隧建筑物维修原则

维修工作的原则是以状态修为主,通过综合维修与经常保养相结合,整治既有病害,及时消除危及行车安全的处所,经常保持桥隧建筑物的均衡完好,使列车以规定的速度安全平稳和不间断的运行。

桥隧建筑物的经常保养是桥隧维修管理工作的主要内容,保养工作分紧急保养和周期保养。紧急保养主要是及时消灭检查发现的超限处所;周期保养为预防性保养。根据保养周期进行,消灭临近超限处所,保持设备状态良好。其目的是通过保养掌握保养设备的状态变化,及时消除临近超限和严重超限处所,预防病害的发生和发展。“严重超限处所”是指“保养质量评定标准”中扣分为 10 分的项目;“临近超限处所”是指下一次保养前预计可能发生扣 10 分的项目。为经常保持设备状态均衡完好,保证行车安全平稳,工务段应对管辖的所有桥隧设备认真做好经常保养工作,更应高度重视维修或大修前的设备跟踪保养,切忌只修不养或重修轻养,造成设备状态失养。

桥隧建筑物的综合维修是桥隧设备修理工作中的一个修程。其作用是通过综合维修,全面恢复桥隧各部件的功能,实现设备质量的良性循环,以保持设备状态均衡完好,保证行车安全。

通过对设备的适时预防性修理和病害整治,达到延缓状态劣化速率,延长大维修周期和使用寿命的目的。其采用状态修与周期修相结合的修理方式,主要考虑钢梁的钢质、木质部分变化较快、变化呈现一定的周期规律等特点,而其他则按排定的计划遵循"全项目"状态修要求,一是需综合维修的设备,均应整座设备(混合桥可分钢梁和圬工梁,特大桥可分段或分孔)进行,桥梁的桥面、梁部、支座、墩台基础、河调防护设施和附属设备,隧道的洞顶、洞门、洞身、隧底、排水设施、边仰坡和附属设备,涵洞的进出口、涵身、河调防护设施和附属设备,均应全面整修;二是对照维修验收标准中的项目标准,凡是状态达不到标准的一定要修,而状态较好、变化不大的项目不提前修。做到"项目齐全、作业彻底、一次达标""修一项 、保一项,修一座、保一座"。

复习思考题

1. 桥隧建筑物检查维修机构有哪些?
2. 桥隧建筑物维修原则是什么?
3. 桥隧检查工区职责是什么?
4. 桥隧维修工区职责是什么?
5. 桥隧建筑物经常保养指的是什么?

第二章　桥隧建筑物检查

本章主要介绍普速铁路桥隧建筑物检查知识和高速铁路桥隧建筑物检查知识。

铁路桥隧建筑物的检查、监控是做好桥隧大修、维修工作的重要依据。对桥隧建筑物进行周密检查和经常观测的目的是详细了解桥隧建筑物在运营中所发生的变化，及时发现病害和分析病害原因，并据以采取有效防治措施，合理安排大修、维修工作；积累技术资料，系统地掌握桥隧设备状态，以便正确规定桥隧建筑物的使用条件，使设备经常保持完好状态，保证列车安全和不间断地运行。所以对桥隧建筑物的检查和观测是桥隧建筑物维修工作中极其重要的组成部分。

第一节　普速铁路桥隧建筑物检查

一、检查制度

铁路桥隧建筑物检查包括水文观测、经常检查、定期检查、临时检查、专项检查、检定试验等。

各有关单位应建立检查登记簿、病害观测记录簿，并按规定认真填写，保证数据准确可靠，为状态分析评定和修理工作计划的编制提供依据。

为保证检查的工作效率和质量，应配备必要的交通工具、检查器机具，仪器、仪表应定期标定。

二、经常检查

对桥隧设备状态变化较快和直接影响行车安全的部位应经常检查。

桥隧检查工区应根据桥隧检查计划表，每月对钢梁和工务段规定的重要桥隧设备及重点病害设备检查一遍；至少每半年对管内设备全面检查一遍；在每座桥隧综合维修时，应进行一次全面检查。仅通行货车且年运量小于 500 万 t 的线路可适当放宽检查周期。

桥隧车间主任（副主任、技术员）每半年有计划地对管内桥隧设备全面检查一遍；至少每季度对钢梁和工务段规定的其他重要桥隧设备及重点病害设备检查一遍。

对使用年久、结构特殊及有严重病害的桥隧建筑物，应按工务段规定由指定人员进行定期检查，填写“桥隧病害观测记录簿”。发现重要病害或病害发展较快时，应立即逐级上报，留存影像资料，必要时绘制病害示意图，记入桥隧登记簿或桥隧卷宗内。

桥隧车间主任（副主任、技术员）、桥隧检查工区对每次检查情况，应运用管理系统认真填写“桥隧检查记录簿”，桥隧检查工区还应填写桥隧设备检查结果汇总表，将检查结果上传到桥隧车间，桥隧车间组织分析桥隧检查结果，形成月度检查分析报告，于每月 25 日前报工务段备存。对超过保养标准处所，由桥隧车间通过管理系统及时向桥隧养修工区下达桥隧设备紧急保养通知书，并由桥隧检查工区检查其完成情况。对检查发现的其他问题，由桥隧车间根据轻重缓急，编制月度计划，经工务段批准后，组织桥隧养修工区修理。

工务段段长至少每年对工务段规定的重点病害设备检查一遍；主管副段长至少每年对工务段规定的其他重要桥隧设备及重点病害设备检查一遍；桥隧科或路桥科至少每半年对钢梁和工务段规定的其他重要桥隧设备及重点病害设备检查一遍。

工务段应对桥隧车间、桥隧检查及养修工区、桥隧检测小组填写的检查数据和状态描述进行不定期现场抽查核对，对检查质量进行考核。桥隧车间对桥隧检查及养修工区也应进行相应的考核。

三、定期检查

春融及汛前，应对桥隧设备的排水、泄洪及度汛防护设施进行一次检查。秋季应对桥隧设备进行全面检查，据以进行桥隧设备技术状态评定，拟定病害整治措施、安排设备改善计划。

检查工作由工务段根据铁路局集团公司的要求组织进行，铁路局集团公司应有重点地进行检查。

对桥隧设备各部分的技术状态，应按《铁路桥隧建筑物状态评定标准》的规定，进行全面细致的检查，必要时用仪器检测或试验，以查明各种病害情况及发生原因。

工务段根据秋检结果，对每座设备填写桥隧建筑物状态评定记录表，凡劣化桥隧建筑物应填写桥隧状态评定明细表，并汇总填写桥隧状态评定报告表，提出病害发生原因、增减情况等状态分析报告，铁路局集团公司审查汇总后于10月底上报国铁集团。

四、临时检查

当桥隧设备遭受地震、洪水、台风、火灾及车船撞击等紧急情况或发生突发性严重病害时，由工务段组织临时检查，必要时由铁路局集团公司组织。

五、专项检查

(一)桥隧限界检查

重要线路的桥隧限界每5年、其他线路的桥隧限界每10年检查一遍，并根据检查结果绘出每座桥隧综合最小限界图，填写单个桥隧综合最小建筑限界尺寸表及线路(区段)桥隧综合最小建筑限界尺寸表。铁路局集团公司应绘制管内各区段桥隧综合最小限界图，当发现桥隧建筑物有变形、修理加固、线路拨线后，应立即检查该桥隧建筑物的限界。如影响原有最小尺寸时，应及时修正限界图并上报。

(二)挠度和拱度检查

凡跨度在40 m及以上的钢梁，由工务段负责至少每3年测量一次挠度和拱度(固定测点位置)。对有病害的钢梁、钢筋混凝土梁和预应力混凝土梁挠度、拱度和跨中横向振幅的测定由铁路局集团公司确定。挠度测量时，可先测动荷载所产生的挠度，必要时再复测静荷载所产生的挠度。

(三)墩台变位测量

1. 技术复杂、重要桥梁及墩台基础病害严重的桥梁，对其墩台均应进行下沉或偏斜的观测。墩台标高测量应与附近国家水准点相联系，基准线在观测区以外应有控制系统。观测工作一般每年一次，经多年观测基本稳定时，可每隔若干年观测一次。历年观测资料应妥善保存，绘制出汇总后的图表，分析了解其变化趋势。

2. 固定观测测点一般应设在墩台顶面的两端，全桥通视；设置强制归心装置，其“标心”既是仪器固定点，又是垂直位移和平面位移的观测点。

强制归心装置如图 2-2-1 所示。在野外工作时，采用强制对中基座的观测墩不需要三脚架，直接将仪器通过开槽螺柱与归心盘中心孔的螺纹相连，与此同时旋紧基座，使其底面紧靠在归心盘的平面上，待仪器整平后，归心盘的中心即为控制点的点位中心。观测完毕后，取下仪器、卸下基座、用扳手旋下螺柱、加上保护盖，并用扳手把内五角圆柱头螺钉将保护盖旋紧，以保护归心盘不遭破坏。因而，归心盘实质上起到三脚架架头的作用，只是在作业时无须进行对中。

图 2-2-1　强制归心装置

3. 观测应尽可能使用精密仪器及相应的配套设施。大跨度桥梁观测墩台间距离的变化可采用激光测距等方法。

墩台基础类型和埋深不明时，应采用挖验、钻探、物探、声波、遥感等探测技术予以查明。

检查墩台及基础是否存在严重病害，可通过测量墩台、承台顶水平横向振动，与同类型墩台相比较，观测其波形、振幅和频率来判定。必要时挖验承台底与桩顶的连接状态。检查桥墩水下墩身和基础有无裂损、冲空时，可采用水下摄影或摸探等方法。

六、桥隧巡守

（一）桥隧巡守设置原则

1. 全封闭线路上桥隧可不设巡守。

2. 未全封闭线路，全长在 500 m 以上至 1 000 m 的钢桥，实行昼夜巡守；全长在 1 000 m 以上的钢桥，分两个巡回区，实行昼夜巡守；混合桥根据钢梁长度，按上述规定设置巡守；圬工桥一般不设巡守。

3. 未全封闭线路，全长在 3 000 m 以上的隧道，分两个巡回区，实行昼夜巡守。

(二)桥隧巡守班次安排

根据桥隧设备的长度分别设置一个或两个巡回区，巡守人数及班制可根据沿线自然条件、设备状态、列车密度和速度由铁路局集团公司自行确定。

(三)桥隧巡守人员应具备的条件

1. 熟悉有关规章制度及桥隧业务。

2. 有处理故障和应急处置能力。

3. 巡守人员(含替班人员)应经工务段培训考试合格，持证上岗。

(四)桥隧巡守工应严格执行的制度

1. 交接班制度

桥隧巡守人员交接班时，填写“桥隧巡守工交接班记录簿”。接班者未按时到位，值班巡守工不能离开工作岗位。

2. 汇报制度

(1)发现有危及行车安全的故障(钢轨折断、护锥滑移、钢梁裂纹、基础冲空、洞口塌方落石、衬砌掉块等)时，应立即采取防护措施，并按规定上报。

(2)每月定期向工长汇报行车及人身安全、桥隧设备病害变化等情况。

3. 水位、流冰观测制度

汛期或水库放水时期，要求每日上午八时观测水位一次，在主汛期水位上涨时增加观测次数，其余时间每旬首日上午观测水位一次，并按水位观测记录簿要求做好观测记录。对河道变化、墩台基础冲刷、漂浮物等通过桥孔情况进行观察，冬季每日上午观察流冰通过桥孔情况，建立台账，填写“桥隧病害观测记录簿”。

(五)其他规定

巡守工在当班巡守时，应穿戴防护服，并要掌握重点列车的运行时刻，注意瞭望，及时避车，目送本线运行列车。

设有昼夜巡守的桥梁及隧道，在桥头(隧道口)应设巡守房，并装设电话、电力照明、报警、信号等设备及必要的生活设施。

七、检查重点

(一)钢结构检查

1. 结构检查。

2. 涂膜及腐蚀检查。

3. 焊缝的检查。

4. 铆钉和高强度螺栓的检查。

(二)圬工梁、拱及墩台检查

1. 圬工梁、拱检查。

2. 特殊梁体结构的检查。

3. 圬工墩台检查。

4. 特殊结构圬工墩台检查。

(三)支座检查

1. 一般规定：

(1)支座安装是否符合标准。

(2)支座位移值测量应安装指示标(尺)。

(3)对连续梁桥及柔性墩桥上的固定支座应观测有无变形，活动支座应检查其变位方向是否与温度变化相符，倾斜度是否在容许限度内。

(4)梁端横向位移的限位装置作用是否良好。

(5)支承垫石是否裂损、不平。

(6)上下座板与梁身、支座与支承垫石间是否密贴，有无“三条腿”、翻浆冒锈等不正常现象，支座各部分是否完好。

(7)钢部件锈蚀。

2. 摇轴、辊轴和弧形支座检查。

3. 球形支座检查。

4. 圆柱面钢支座检查。

5. 双曲面钢支座检查。

6. 铰轴滑板钢支座检查。

7. 橡胶支座检查。

(四)涵洞检查

1. 涵身是否变形、裂损、露筋，接头是否错位、漏水、漏土。

2. 涵内是否淤积造成孔径不足，涵洞与水沟之间水路是否顺接。

3. 涵洞基底是否冒水、潜流造成基底淘空等。

4. 进出口铺砌、河床导流建筑物和路堤边坡防护设施是否完好。

5. 接长涵洞的沉降。

6. 行洪涵洞有无水标尺，标示是否清晰。

7. 盖板涵盖板是否发生横向断裂，边墙是否开裂外鼓。

(五)隧道检查

1. 隧道衬砌的检查可使用分格检查方法。发现衬砌腐蚀、裂缝或变形时，应安设测标，定期观测。还应对衬砌厚度、背后空洞、冷缝、防水板切割二次衬砌、仰拱、铺底等情况进行检查。

2. 隧道内漏水涌水时，应查明水源，并在每年流量最大的月份和地点，测量水的流量和水温(严寒地区冬季最冷月份应增测水温)。必要时，须取样化验水质，了解其对衬砌是否有侵蚀作用。

3. 隧道内基底沉陷、上拱，承轨台与作业通道交界处、中心水沟、伸缩缝等部位的裂缝、变形、错台等。

4. 隧道洞口边仰坡崩塌落石、滑坡；偏压隧道或明洞的山体滑动和衬砌有无变形裂缝等；明洞顶填土厚度和坡度是否符合要求。

5. 隧道内排水设施、出入口的天沟、吊沟、截水沟及隧道顶防排水、泄水洞淤积、衬砌掉块等情况的检查。

6. 运营中应按规定设置机械通风，通风不良的隧道铁路局集团公司应组织工务、卫生等有关部门，每年进行一次抽取空气试验，测定有害气体的浓度，找出最大浓度及降至容许浓度的时间，必要时应进行通风试验，同时测定自然风和活塞风的情况。

7. 由工务管理的隧道防护门连接是否牢固、锈蚀，结构是否变形失效。

(六)桥涵限高防护架、河调及附属建筑物检查

1. 桥涵限高防护架

(1)限高是否与实际相符。

(2)结构是否完整。

(3)状态是否良好。

2. 河调及附属建筑物

(1)河流冲刷、淤积影响情况。

(2)下沉变形情况。

(3)铁丝石笼、浆砌片石、干砌片石等缺失、变形、脱落等情况。

(七)周边环境检查

《铁路安全管理条例》规定范围内桥隧周边环境：

1. 桥隧设备附近是否有易燃、易爆物品。

2. 桥梁上下游采砂、围垦造田、抽取地下水、拦河筑坝、架设浮桥等情况。

3. 桥隧周边采石、开矿及隧道上方修建建筑物等。

4. 周边危及铁路桥隧设备安全的其他内容。

第二节　高速铁路桥隧建筑物检查

一、检查制度

1. 检查制度包括周期性检查、临时检查、水文观测、专项检查、检定试验等，各项检查必须建立相应责任制度，保证各项检查工作的落实。

2. 检查单位应建立检查登记簿、病害观测记录簿，并按规定认真填写，保证数据准确可靠。

3. 为保证检查的精度，检查人员应配备必要的检查工具和仪器、仪表，并定期标定，统一计量标准。

4. 根据检查工作量及技术难度可委托具有相应资质的单位承担检查任务。

5. 对跨越大江大河的大型钢梁桥、公铁两用桥梁应制定专门的检查制度。

二、周期性检查

1. 对特殊结构(钢桁梁、拱、斜拉桥等)和重要桥隧设备每季度检查一遍；对桥面及以上部位、隧道出入口、涵洞排水、桥涵限高防护架每半年检查一遍；桥面以下结构、支座、隧道、涵洞每年检查一遍；桥隧周边环境每年检查一遍。汛期应对桥隧防洪设施进行专门检查。

2. 检查车间承担桥隧建筑物的周期性检查管理责任。

3. 对每次检查情况，应填写“高速铁路桥隧建筑物检查记录簿”(高桥—2)，发现重要病害或病害发展较快时，应及时逐级上报，必要时绘制病害示意图，记入桥隧登记簿或桥隧卷宗内。

4. 设备管理单位主要领导每年应有计划地检查技术复杂有严重病害的桥隧设备。

三、临时检查

当设备遭受地震、洪水、台风、火灾及车船撞击等紧急情况或发生突发性严重病害时，应进行临时检查，及时掌握结构物状态。

四、专项检查

1. 桥梁基础沉降观测对象的选择可通过以下条件确定：

(1)调查设计、施工文件、沉降评估资料，根据设计情况和施工质量，选择有代表性的孔跨。

(2)根据桥上轨道状态的变化幅度和整修频率。

(3)根据可能影响桥梁基础沉降的周边环境变化(如抽水、堆载、开挖等)。

2. 选择沉降量大的桥涵，测量基础沉降。运营后第一年每半年一次，第二年及以后每年一次，基础沉降稳定，五年后可不再测量。对沉降速率较大的应缩短测量周期；对沉降速率较小、基本趋于稳定的，可延长观测周期。观测资料应妥善保存并积累绘制出图表，以分析了解其变化趋势。沉降观测标如图 2-2-2 所示。

图 2-2-2　沉降观测标

3. 选择有代表性的桥梁孔跨测量上拱度，开始运营后第一年每半年观测一次，第二年起每年观测一次，或根据情况确定观测周期。上拱度稳定五年后可不再测量。

4. 上拱度测量应使用桥上的预设测点，基础沉降测量应利用高程控制网水准基点和控制基桩网(CPⅢ)精密水准点。测量应在恒载、气温比较恒定的夜间或阴天条件下进行。

5. 对运营中轨道状态出现频繁变化的位置，应在基础沉降观测、上拱度测量的基础上，分析对轨道状态的影响。

6. 大跨度桥梁梁端伸缩装置应进行状态检查和位移量观测。

7. 判断桥墩水下墩身和基础有无裂损、冲空时，可使用水下摄影、摄像或人工摸探进行。判断墩台及基础是否存在严重病害,可由专业机构通过测量墩台顶水平横向振动与同类型墩台相比较,观测其波形、振幅和频率来进行。

8. 桥隧结构构造发生变化,可能影响建筑限界时,应进行限界测量。

复习思考题

1. 普速铁路桥隧建筑物检查制度有哪些?
2. 铁路桥隧建筑物何时进行临时检查?
3. 普速铁路桥隧巡守设置原则是什么?
4. 普速铁路限高防护架检查重点是什么?
5. 普速铁路周边环境的检查重点是什么?
6. 高速铁路桥隧建筑物检查制度有哪些?

第三章 桥隧建筑物经常保养

通过对桥隧建筑物的保养，及时消灭超限处所和临近超限处所，保持桥隧设备状态经常均衡完好，确保行车安全平稳。

保养工作一般以整座设备进行，长大桥隧设备也可分区段进行。保养周期应按不同设备类型的状态变化加以控制，普速铁路钢梁桥（含混合桥钢梁）木桥枕明桥面每半年一遍，其他桥隧设备保养周期1～2年一遍。高速铁路钢桥（含混合桥钢梁、钢拱桥、钢箱拱、钢管混凝土拱、钢-混凝土结合梁等）半年一遍，其他设备一年一遍。在做好适时保养的同时，还应加强预防性的周期保养，使设备质量经常控制在保养合格状态。

第一节 普速铁路桥隧建筑物经常保养

一、保养工作范围

1. 更换连二、横梁边及钢轨接头四根中的失效桥枕和桥涵其他木质部分的防腐、修理。
2. 各种联结铁件、螺栓涂油或更换。
3. 明桥面护轨整修。
4. 钢梁清扫和补充、拧紧少量高强度螺栓，局部涂层修补。
5. 支座清扫、涂油，整修排水坡。
6. 隧道除冰，清理危石及衬砌掉块，疏通排水沟、补充水沟盖板等。
7. 涵洞少量清淤，修补涵洞护坡、翼墙、管节勾缝。
8. 添补防火设备内的水、砂。
9. 各种标志的刷新和补充。
10. 补充作业通道、吊篮等步行板，整修危及人身安全的安全检查设备。
11. 修补圬工梁、墩台勾缝，清除梁端石砟及梁缝止水装置内的杂物，疏通排水管。
12. 清除桥下小量淤积，修理砌体圬工。
13. 梁端横向位移的限位装置、防落梁装置复位。
14. 桥涵限高防护架涂装及不影响结构稳定的小量整修。
15. 地道、调节河流建筑物等设备保养。
16. 及时消除可能危及行车安全的病害。

二、保养计划的编制与实施

桥隧车间应根据桥隧设备项目周期和设备状态编制桥隧建筑物养修月度计划表。根据桥隧建筑物养修月度计划表、季节性工作和桥隧检查工区的检查结果，以及养修工区提报的可支配劳动力，在管理系统上编制月度保养计划，上传到工务段，批准后在管理系统上编制日计划，下达至桥隧养修工区执行。实施情况、班前安全质量预想防控重点及措施记录在桥隧保养/维修日计划及完成表内。

三、桥隧建筑物保养质量评定考核

1. 通过工区自评、车间定期评定和工务段抽查评定的方式进行。定期评定工作，可由车间主任、副主任或主管技术人员组织检查工区，结合春检和秋检，按照保养周期进行保养质量评定。工务段派主管工程师会同车间进行抽查评定。

2. 每座设备的保养质量评定是根据该设备各部分存在的问题，按照桥隧建筑物保养质量评定标准的规定，根据扣分的情况来评定保养质量的优劣。每座设备扣分的总和，除以该设备的维修长度(取整数)即为该设备的保养质量平均分(取小数点后一位)。保养质量每米维修长度平均分在5分及以下且无单项质量扣10分者为合格，否则为失格。

3. 每次评定的情况，均应填写桥隧保养质量评定记录表，以备抽查。

4. 工务段每月应对车间、工区经常保养的质量和数量进行现场抽查核实，根据抽查结果进行考核。车间对工区也应进行相应的考核。

第二节 高速铁路桥隧建筑物周期性保养

一、保养工作范围

1. 连接铁件补充、除锈、螺栓涂油。
2. 钢梁清洁和补充、复紧少量高强度螺栓，局部涂层修补。
3. 支座清洁、涂油，整修排水坡。
4. 补充整理作业通道步行板，整修危及人身安全的检查设备。
5. 清除梁端石砟及梁缝止水带内的杂物。
6. 桥面各部位过水孔疏通。
7. 整修桥面栏杆等。
8. 防落梁挡块螺栓拧紧、复位，补充挡块。
9. 大跨度梁梁端伸缩装置连杆系统钢件整修，联动失灵调整。
10. 拱吊杆、斜拉桥拉索锚具防护；采用螺纹联结的刚性吊杆联结部位，定期添加黄油、更换密封条或密封膏等。
11. 桥梁救援疏散通道栏杆整修，围墙墙体裂缝修补，排水管堵塞疏通。
12. 隧道进出口坡面危石及隧道衬砌掉块的清理。
13. 隧道排水系统疏通，侧沟修补等。
14. 涵洞清淤，倒虹吸盖板或拦污栅修复补充。
15. 各种标志、标识的刷新和修补。

二、保养计划的编制与实施

应通过设备的周期性检查，除对发现的超限处所及时整修消除外，还应对临近超限处所进行预防性周期保养，编制季度保养计划，经上级部门批准后实施，并将实施情况、班前安全质量预想防控项点及措施记录在保养日计划及完成表内。

三、桥隧建筑物保养质量评定工作

1. 定期评定工作，应由设备管理单位组织有关人员，结合春检和秋检，每半年对钢梁桥、每年对其他设备，进行一次保养质量评定。

2. 每座设备的保养质量评定是根据该设备各部分存在的问题，按照高速铁路桥隧建筑物保养质量评定标准的规定，根据扣分情况评定保养质量。每座设备扣分总和，除以该设备的长度(取整数)即为该设备的保养质量平均分(取小数点后一位)。保养质量每米长度平均分在 5 分及以下且无单项质量扣 10 分者为合格，否则为不合格。

3. 每次评定的情况，均应填写高速铁路桥隧建筑物保养质量评定记录表。

4. 设备管理单位应对保养质量和数量进行不定期的现场抽查核实。

为开展周期性保养工作，应配备相应的交通运输工具、动力机械和专用作业机具，以利于检查保养及抢险作业，实现主要作业项目机械化。

复习思考题

1. 普速铁路钢梁桥(含混合桥钢梁)和木桥枕明桥面经常保养的周期是如何规定的?

2. 高速铁路钢桥(含混合桥钢梁、钢拱桥、钢箱拱、钢管混凝土拱、钢-混凝土结合梁等)经常保养的周期是如何规定的?

3. 普速铁路经常保养质量评定分为哪两个等级?

4. 高速铁路经常保养质量评定分为哪两个等级?

5. 普速铁路经常保养工作范围有哪些?

6. 高速铁路经常保养工作范围有哪些?

第四章　桥隧建筑物综合维修

普速铁路综合维修采用状态修与周期修相结合的方式，钢梁桥（含混合桥钢梁）钢杆件和木桥枕明桥面实行周期修，其他实行状态修。大桥、特大桥可分孔或分段进行。钢梁桥（含混合桥钢梁）和木桥枕明桥面维修2～3年一遍；采用新技术和新工艺的可适当延长维修周期。其他桥隧设备设施按状态修适时进行维修。

高速铁路桥隧建筑物综合维修应全面推行预防修，按照年度维修计划分月组织实施。按照不同设备类型确定桥隧建筑物综合维修周期：钢梁桥（含混合桥钢梁、钢拱）为3年，混凝土桥及救援疏散通道为5年，隧道、涵洞等视设备状态而定，一般为5～8年。

第一节　普速铁路桥隧建筑物综合维修

一、综合维修工作范围

1. 单根抽换木桥枕及桥涵其他木质部分的防腐、修理和个别更换、整修复合材料桥枕。

2. 桥梁各种螺栓、联结铁件的涂油、修理、补充和更换。

3. 钢结构维护性涂装（包括钢梁上盖板），少量铆钉、螺栓或联结系杆件的更换，杆件裂纹、损伤和弯曲等就地修理，结构不良的小型改善，增设防爬角钢。

4. 圬工梁、拱及墩台裂缝整治、圬工勾缝、抹面、小量喷浆和压浆，局部翻修和加固修理及局部增设防水层，排水设备的修理和部分增设。

5. 支座整平、修正、涂油和捣垫砂浆，支座更换和增设座板，更换和补充锚螺栓，钢部件维护性涂装。

6. 混凝土梁横隔板开焊脱落、裂缝整治、掉块和露筋修补。

7. 梁缝止水装置少量修理或更换。

8. 梁端横向位移的限位装置的修理。

9. 明桥面护轨、防火设备、安全检查设备、抗震设施、水标尺、支座防尘罩以及各种标志的修理、零小更换和增设。

10. 桥涵调节河流建筑物和防护设备的局部修理。

11. 桥涵上下游30 m范围内河床的小量清理，隧道内结冰和洞口危石处理。

12. 隧道漏水的小量整治，排水沟清理，衬砌小量圬工修补，隧道通风、照明设施修理。

13. 立交桥涵限高防护架的修理，框构桥涵渗漏水整治。

14. 涵洞局部改善，管节修理和个别更换。

15. 其他不属于大修范围的小量工作。

注：(1) 明桥面线路钢轨和配件的检查修理、桥隧全长范围和涵洞翼墙或护锥以外的路基护坡等检查修理，均由线路工区或路基工区负责。桥隧全长范围以外或涵洞两旁的护坡长度在10 m以内时，可一并由

桥隧工区负责维修。有混凝土整体道床的隧道，桥隧工区负责整体道床的混凝土修理，支承垫块及隧道内其他形式的道床均由线路工区负责维修。

(2)桥上或隧道内进行起、拨、改道及拉轨，圬工梁桥上换枕、清筛、捣固及稳定等影响桥梁、隧道的工作，应由桥隧工区配合；桥隧工区进行更换木桥枕和整平桥面等，需拆动钢轨影响线路的工作，应由线路工区配合。

二、综合维修计划编制与实施

1. 桥隧综合维修年度计划表由工务段编制，经铁路局集团公司批准后实施，铁路局集团公司汇总后，1 月底前报国铁集团备案。其完成情况由车间向工务段、工务段向铁路局集团公司分别按月、季统计，逐级上报桥隧大修维修完成情况报表，铁路局集团公司汇总当年综合维修计划完成情况后，次年 1 月底前报国铁集团备案。

2. 桥隧设备的月度综合维修计划，按照工务段下达的任务，桥隧车间根据综合维修的要求，以工作量调查结果为依据在管理系统上编制次月维修计划，上传到工务段，批准后在管理系统上编制日计划，下达至桥隧养修工区执行。

综合维修作业应严格按照作业标准进行，实行质量控制，保证达到规定的质量要求。

三、综合维修作业质量验收考核

1. 桥隧综合维修作业质量的验收，要严格执行工区、车间、工务段三级验收制度，分级把关，异体监督，控制综合维修质量。

2. 作业过程中，每天应在作业中及收工前进行质量自检、互检和回检，发现不符合标准的项目应及时返修达标。钢梁涂装、圬工整修等项目，车间、工务段增加抽查频次。

3. 每座设备综合维修作业全部完工后，应按桥隧修理作业验收标准的有关规定，进行质量验收评定。先由桥隧养修工长组织进行全面检查，初检合格后，报请车间复验，车间组织检查工区进行复验，如发现不合格处所，由工区继续整修，整修合格后再报请复验，复验合格，报请工务段，工务段派主管工程师会同车间、检查工区进行验收。如发现不合格处所，由车间组织继续整修，整修合格后再报请复查。

4. 每次维修验收时，桥隧养修及检查工区、车间、工务段均应根据验收记录在桥隧综合维修验收证内填写验收质量评定结果。

5. 综合维修作业质量评定分为合格、不合格两个等级。全部项目一次验收达到合格，可评为“合格”，否则为“不合格”。若出现不合格处所，经返修复验合格，评为“合格”。

6. 工务段每月应对车间、工区综合维修的质量和作业量进行现场抽查核实，根据抽查结果进行考核。车间对工区也应进行相应的考核。

第二节 高速铁路桥隧建筑物综合维修

一、综合维修工作范围

1. 钢结构局部维护性涂装、死角防锈、更换失效螺栓。

2. 混凝土梁裂缝、露筋修补、防水层局部修理、桥梁防排水设施局部整修，梁端伸缩装置整修。

3. 支座整治空吊翻浆，处理折断锚栓，整修防尘装置，钢质部分涂装，整修墩顶排水坡等。

4. 墩台裂缝缺损修补，顶面排水处理，基础防护整修等。

5. 桥面及作业通道栏杆的局部更换。

6. 涵洞裂缝整治，接缝渗漏处理、小量喷浆和压浆。

7. 涵洞排水设备的修理和部分增设。

8. 涵洞淤积清理疏通，进出口铺砌整修等。

9. 桥梁防护设备及河调建筑物整修。

10. 整治少量的隧道漏水，修补小量衬砌圬工。

11. 隧道排水沟清理。

12. 隧道洞口边、仰坡危石处理，防护设施局部整修。

13. 隧道通风设施整修。

14. 各种防护设备的砌体勾缝修补。

15. 防护墙、作业通道、救援疏散通道、安全检查设备、抗震设施、空心墩检查梯等的局部整修。

16. 各种桥隧涵标志的增设、修理和更换。

17. 小桥、涵洞上下游各 30 m 河道范围内的淤积清理；泥石流沟淤积物清理，拦导设施整修。

18. 桥涵限高防护架、桥墩防撞护栏的整治修补。

二、综合维修计划编制与实施

1. 桥隧综合维修年度计划，由设备管理单位编制高速铁路桥隧建筑物综合维修年度计划表，经铁路局集团公司批准后实施。其完成情况按月统计，逐级上报。

2. 桥隧设备的月度综合维修计划，按照设备管理单位下达的任务，根据综合维修的要求，以工作量调查结果为依据，编制高速铁路桥隧建筑物综合维修月计划及完成表，经批准后执行。

3. 承担综合维修的单位，按照批准后的综合维修计划，制订实施计划和措施，并根据计划进度要求，编制综合维修日计划，填写高速铁路桥隧建筑物维修保养日计划及完成表，并组织实施。

综合维修作业应严格按照作业标准进行，实行质量控制，保证达到规定的质量要求。

三、综合维修作业质量验收考核

1. 桥隧综合维修作业质量的验收，要严格执行逐级验收制，分级把关，异体监督，控制综合维修质量。

2. 作业过程中，每天应在作业中及收工前进行质量自检、互检和回检，发现不符合标准的项目应及时返修达标。做到每项作业勤检细修一次达标。每次检查的情况都应填写在日计划及完成表内或施工记录上。

3. 每座设备综合维修作业全部完工后，应按高速铁路桥隧建筑物修理作业验收标准的有关规定进行质量验收评定。长大桥隧或混合桥可分孔或分段进行验收。

4. 每次维修验收时，应根据验收记录在高速铁路桥隧建筑物综合维修验收证内填写验收质量评定结果。

5. 综合维修作业质量评定分为合格、不合格两个等级。全部项目一次验收达到合格，可评为“合格”，否则为“不合格”。若出现不合格处所，经返修复验合格，评为“合格”。

复习思考题

1. 普速铁路钢梁桥(含混合桥钢梁)和木桥枕明桥面综合维修的周期是如何规定的?
2. 高速铁路钢梁桥(含混合桥钢梁、钢拱)综合维修的周期是如何规定的?
3. 普速铁路综合维修作业质量评定分为哪两个等级?
4. 高速铁路综合维修作业质量评定分为哪两个等级?
5. 普速铁路综合维修工作范围有哪些?
6. 高速铁路综合维修工作范围有哪些?

第五章　桥隧建筑物大修

既有线上的桥隧建筑物修建的年代不同，技术标准不一，加之在设计、制造、施工上的某些局限性，随着社会经济的发展对铁路运输要求不断增长和提高，如机车车辆轴重的加大，列车运行速度的提高，铁路超重超限货物和公路、水路运输的发展，以及防洪、抗震等防灾的需要，对桥隧设备提出了更高的要求，致使有的桥隧建筑物已不能满足运输发展的需要，造成承载能力、动力性能、抗洪抗震能力不足，建筑限界和桥下净空偏小等。桥隧大修工作就应根据运输发展的需要，分轻重缓急，有计划地进行加固改善或改建。桥隧大修是搞好桥隧设备运营管理的一项重要措施，其作用是根据设备状态劣化程度和运输发展需要，恢复或改善设备功能，提高抗灾承载能力，最大限度地延长使用寿命。

桥隧大修工作的主要内容：一是周期性大修，二是病害整治，三是有计划地进行设备改善。

桥隧大修工作的基本任务是恢复或提高设备的运营能力，以充分发挥桥隧建筑物的使用效能，满足铁路运输的需要。

一、大修工作范围

桥隧大修按照设备状态劣化等级、工程性质、复杂程度和工程量大小，可分为周期大修、重点大修和一般大修。整孔钢梁重新涂装或罩涂面漆等大修为周期大修；桥梁墩台大修、支座更换、桥涵基础加固、钢梁加固，隧道衬砌加固、洞口边仰坡整治、严重漏水整治、整孔更换桥面、中桥以上更换梁跨、扩孔、移梁及需要便线施工的工程等为重点大修；其他病害整治的大修为一般大修。

1. 桥梁大修

(1)整孔更换桥面，包括整孔更换桥枕，换铺分开式扣件，更换护轨，钢梁上盖板、上平纵联的保护涂装，更换上盖板松动、失效铆钉等(普速铁路)。

(2)更换或增设整孔作业通道和安全检查设备，包括普速铁路避车台，防火设备(通用)。

(3)整孔钢梁或整个钢塔架的重新涂装或罩涂面漆(通用)。

(4)加固钢梁或钢塔架，包括更换、加固、修理损伤杆件，提高承载能力，扩大建筑限界，改善不良结构，更换大量铆钉和高强度螺栓(通用)。

(5)更换支座，包括跨度 80 m 以上钢梁支座的起顶整正、更换折断的支座(通用)。

(6)更换钢梁或圬工梁(普速铁路)。

(7)整孔圬工梁裂缝注浆、封闭涂装或钢筋混凝土保护层中性化裂损、钢筋锈蚀整治(通用)。

(8)更换或增设整孔圬工梁拱防水层(普速铁路)。

(9)圬工梁横隔板加固、横隔板断裂修补、梁体加固(通用)。

(10)加固圬工墩台及基础(通用)。

(11)更换墩台(普速铁路)。
(12)更换或修复支承垫石、更换折断的支座销钉(普速铁路)。
(13)修复或加固防护及河调建筑物(通用)。
(14)整治威胁桥梁安全的河道(通用)。
(15)整治梁端顶死、线间距不足的移梁施工(普速铁路)。
(16)更换整孔作业通道步行板(通用)。
(17)加固或恢复桥涵限高防护架(通用)。
(18)孔径不足的桥梁的扩孔(通用)。
(19)成段修复或加固桥梁声屏障、防抛网(普速铁路)。
(20)整桥栏杆涂装或更换(普速铁路)。
(21)更换梁缝止水带、盖板、排水管(通用)。
(22)大面积修复无砟轨道桥面防水层(高速铁路)。

2. 隧道大修
(1)整治漏水和止水带,改善和增设排水设备。
(2)整治洞口边坡、仰坡。
(3)铺底成段注浆加固。
(4)加固、更换、增设衬砌或扩大限界。
(5)隧道空洞、掉块、冷缝、防水板切割二次衬砌整治。
(6)加固洞门。
(7)加固明洞。
(8)成段翻修铺底、仰拱。
(9)修理隧道消防设施、照明、防护门及机械通风。

3. 涵洞大修
(1)加固涵洞,更换盖板。
(2)修复或加固防护及河调建筑物。
(3)整治危及涵洞安全的河道。
(4)孔径不足的涵洞的扩孔。
(5)归属工务管理的站内机车检查坑、地道大修。

二、计划编制

桥隧大修件名以每座建筑物为单位,将需要进行大修的各个工程项目,均安排在同一次大修件名内。

桥隧大修计划任务的确定,可按下列程序进行:

1. 普速铁路工务段应根据铁路局集团公司制订的桥隧大修规划和设备技术状态,每年上半年提出次年的大修申请,详细填写桥隧大修项目建议书,报送铁路局集团公司工务部审核。高速铁路设备管理单位应根据设备技术状态,每年设备检查后提出次年的高速铁路桥隧大修项目建议书,报送铁路局集团公司和铁路公司审核。铁路局集团公司会同铁路公司,根据轻重缓急和投资能力,确定次年大修任务计划。

2. 铁路局集团公司工务部对工务段报请的大修工程复查后,于10月底前提出次年桥隧大修年度建议计划件名表，铁路局集团公司根据轻重缓急和投资能力，确定次年大修任务计划。高速铁路桥隧大修由公司招标或委托有相应资质的单位实施。

对病害原因复杂的桥隧大修项目，应对病害原因、程度、发展趋势和整治方案进行专家论证。

三、设计文件

每件桥隧大修工程均应进行设计，编制设计文件。周期大修和一般大修件名可直接进行设计。重点桥隧大修工程可分两阶段进行设计，即先提出初步设计和概算，经铁路局集团公司和铁路公司审查确定后，再编制技术设计。

1. 桥隧大修设计文件内容

(1)说明书包括建筑物的技术状态和病害情况、设计依据、工程范围、技术标准、设计方案、施工方法、质量要求、安全措施及其他注意事项。重点大修工程还应有详细的施工图及说明。

(2)设计图表包括桥(隧)址地形平面图、工程总布置图、纵横断面图、各种结构细节、架空线路布置、基础地质柱状图等图纸及工程数量表、主要说明等。

(3)预算包括预算汇总表、单项工程预算表、材料数量和质量表、运输费用计算表、工程数量表和计算清单以及补充单价分析表、路工工费表等，计算费率按有关规定办理。

2. 设计注意事项

设计文件是指导施工和进行经济核算的主要依据。应做到技术先进，经济合理。

(1)广泛收集和查明该建筑物的有关资料，特别是水文地质资料和隐蔽部位状态。现场调查工作应在设备管理单位配合下进行，并听取设备管理单位关于病害情况的介绍和对整治方案的意见。

(2)对大修部位的测量工作必须全面进行，即使是同类结构的建筑物也要分别进行。

(3)大修设计工作应建立件名负责制，从勘测、设计到编制预算，以及施工期间的设计变更等，应尽可能由一人负责到底，并做好复核审查工作。

重点大修件名设计完成后，技术文件应由工务部主持进行鉴定。设计单位根据鉴定意见修改后编制正式文件。

凡列入桥隧大修计划的件名，其设计文件编制完成后，均应经过铁路局集团公司工务部审查批准。高速铁路技术文件应由铁路局集团公司和铁路公司共同主持进行鉴定。设计单位根据鉴定提出的问题做修改后编成正式文件。

全年大修的设计文件应在当年的 6 月底前完成。在一季度～三季度内施工的件名，应在开工前 60 d 提出。对个别临时变更或追加的件名，设计文件最迟应在开工前 20 d 提出。

3. 施工过程中变更原设计和预算时的规定

(1)凡改变主要施工方案或增减较大的工程项目时，应由提议单位提出变更理由，报设计单位签注意见后，由原批准单位审查同意，交原设计单位变更设计及预算。

(2)如为原设计方案基础上的零小变更或仅为工作量的增减，可不变更设计，由施工单位提出理由，连同增减工程项目及数量报原设计和批准单位审查同意后，据以施工。

(3)由于工费料价变更而影响预算价值时，可不变更原设计的预算表，仅将每件工程的材料工费差价列成汇总表，进行一次总的调整。

有关桥隧大修设计文件具体编制办法按《桥隧大修设计文件编制规定》办理。

四、施工管理

桥隧大修工程，必须有批准的设计文件才能施工。桥隧大修原则上由专业施工单位施工，零小的一般大修或周期性大修工程，亦可由工务段施工。

1. 施工单位在接到批准的设计文件后的工作

(1)详细了解设计文件内容，编制施工组织设计，以确定施工组织、施工方法、施工步骤、工程进度和安全防护措施，对施工较复杂的工程，必要时绘制施工网络图。

(2)充分做好施工前的准备工作，特别要做好施工计划，以及材料、机具和劳力等具体安排，保证大修任务按计划进行。

(3)每件大修工程开工前，应组织设计及有关人员向设备管理使用单位和施工人员进行技术交底。对重点大修工程，铁路局集团公司相关部门和单位必须严格按照施工等级规定确定现场监控人员，做好组织协调和安全监控。

大修工程的施工应视工程规模的大小、性质实施工程监理制度。工程的监理应严格按相关规定执行。

2. 桥隧大修年度分季、季度分月和日施工计划

(1)年度分季施工计划由铁路局集团公司根据批准的年度大修计划编制，并下达施工单位实施。施工单位按照计划进度要求，提出材料申请和施工封锁计划等。

(2)季度分月施工计划由施工单位根据下达的季度任务编制，报铁路局集团公司和铁路公司批准后执行，并每月向施工工班下达任务。

(3)日施工计划由工班长(或施工负责人)编制，并于每日上工前向工人宣布，使任务落实到个人。

3. 桥隧大修施工应做的工作

(1)建立施工安全质量负责制，严格按照设计文件、桥隧大维修规则和有关施工规范、规则、营业线施工安全的规定施工，保证行车安全、人身安全和工程质量。

(2)大修封锁施工，必须充分做好施工前的各项准备，特别是重大复杂工程的封锁施工，在施工前设计、施工单位应将施工方案、施工步骤、封锁时间、人员分工、安全注意事项及质量要求，详细向设备管理及施工单位人员交底，保证安全正点，质量良好地进行施工。

(3)每日施工的工作内容、安全、质量、使用材料、施工方法以及施工中发现的主要问题及处理情况等，施工负责人应详细记载在桥隧大修施工日志簿内。大修隐蔽工程应填写“隐蔽工程检查验收记录簿”或相应的专门施工记录。监理或监护人员填写记录。大修使用的主要材料应提供材质说明书和合格证，并按有关规定进行检验，检验合格并经监理或监护员审核签认后，才准领用和运往工地。使用代用材料时，应征得原设计单位同意。加强料具管理，建立和健全料具保管、领发盘点等制度，防止散失或受损；应特别注意对易燃、爆炸、有毒及受潮变质材料的保管工作，以及动力设备、施工机械、运输工具等主要生产机具的保养和管理工作。

4. 大修工程竣工后的工作

(1)由于施工影响拆除和受损部分，应全部恢复原状。

(2)及时清理工地；清除河道中遗留阻碍水流的障碍物和桥梁附近的易燃物；清理和回

收遗存的材料、工具、备品。

(3)大修施工单位应将施工记录和竣工图等资料整理齐全。技术复杂,采用新技术、新工艺的大修工程,应做好施工技术总结,交付验收。

五、检查验收

1. 施工检查工作

桥隧大修施工单位应建立严格的检查制度,做好施工检查工作。

(1)施工负责人应在每日工作中、收工前,对当日作业质量和安全情况进行全面检查。

(2)严格执行《国铁集团铁路营业线施工管理办法》的规定。施工单位应加强经常性技术指导,至少每月进行一次检查,尤其是封锁施工时,主管领导必须亲自检查。

(3)对委托或发包给其他单位施工的单项工程,施工单位应派专人负责现场施工的工程质量和施工安全的检查监督,严禁以包代管。

(4)架空线路或慢行等影响线路稳定的施工,应派专人对线路变化情况进行检查,及时对线路不良处所进行整修和保养,并做好记录。

2. 质量监督工作

为保证大修工程质量,应做好质量监督工作。

(1)铁路局集团公司和铁路公司应指派专人认真检查大修工程的安全质量情况。设备管理单位应与施工单位密切配合,指派有关人员经常检查管内大修工程的安全质量。如有必要还应签订有关协议,明确安全责任。

(2)隐蔽部分的施工、关键工序,现场应旁站监理或监护。施工单位必须派技术人员临场检验,并应事先通知设备管理单位派员会验,检验合格方可继续施工并应详细填写隐蔽工程检查验收记录表。重大工程应通知铁路局集团公司和铁路公司进行检验。

大修验收以每件为单位,工程项目工作量较大的工程,亦可分项或分孔(个)进行验收,但全部工程竣工后,须再进行一次总的质量评定。

3. 大修工程竣工验收程序

(1)工程竣工后,应先由施工单位按设计文件和桥隧建筑物大修维修作业验收标准逐级检验施工质量,并作出检验记录及质量评定。如质量不合格或有漏项等缺陷,应及时整修完好,同时备齐竣工文件,报请铁路局集团公司和铁路公司验收,并通知有关设备管理单位。

(2)铁路局集团公司和铁路公司在接到施工单位申请办理正式验收的报告后,应立即组织验收,经验收合格,提供的竣工文件齐全后,组织设备管理单位和施工单位办理验交手续。

(3)经验收人员检查认为工程内容符合设计文件,工程质量符合验收标准的要求、竣工文件齐全完整时,验收人即应签发桥隧建筑物大修竣工验收证。如检查认为不合要求时,应指出不合格处所和改正意见,由施工单位继续整修,限期完成,达到标准时,再行复验。

桥隧大修工程的施工质量,以每件工程为单位综合评定,分为“合格”“不合格”两个等级。

合格——全部工作项目的质量达到合格。

不合格——任何一项工作项目的质量未达到合格。

若不合格项目返工整修,经复验达到合格,评为“合格”。

复习思考题

1. 桥隧大修工作的主要内容有哪些?
2. 桥隧大修工作的基本任务是什么?
3. 桥隧大修工作是依据什么分类的?
4. 桥隧大修工作应做好哪些工作?
5. 桥隧大修的施工质量是如何评定的?

第六章　桥隧建筑物施工

本章介绍桥隧建筑物砌石、砂浆抹面、钢筋、模板、混凝土、搭拆脚手架施工作业的技术要求和质量标准。

第一节　砌石作业技术要求和质量标准

砌石作业常用于一般地质条件下铁路涵洞边墙和中墩、进出口端墙及基础,桥梁墩台、桥头护锥,路基护坡及挡墙和其他附属工程。常见砌石有干砌(图 2-6-1)和浆砌(图 2-6-2)两种。干砌作业无胶结材料,本节主要介绍浆砌作业。

图 2-6-1　干砌片石

图 2-6-2　浆砌片石

一、砌石作业基本程序及技术要求

作业程序:基础处理→砂浆拌制→石材砌筑→勾缝养护。

1. 基础处理

(1)混凝土工程扩大基础施工前,基坑支护和基坑开挖质量检查合格,基坑应保证稳定;基底原状土无扰动,如基坑扰动超挖,应按规定处理至不低于基底原状土状态。

(2)土质基坑采用挖掘机开挖到离设计标高差 30 cm 后用人工开挖至设计标高,开挖尺寸在设计图纸尺寸的基础上加宽 10 cm,对于有水的基础随时抽排以保证不积水,开挖按沉降缝分段,长度随挖随检随砌。

(3)土质地基应夯填 10 cm 厚的碎石、卵石或小石块,保证基底坚实、干净。基坑应保证稳定和干燥,砌筑应在基底无水情况下施工。

(4)基底在砌筑前应清理干净,无任何影响砌筑质量的杂物,其他地基承载力处理结果符合设计要求。

2. 砂浆拌制

桥梁工程砌石作业宜采用预拌砂浆(集中拌和砂浆)。

(1)砂浆配合比应用质量比,水泥计量精度在±2%以内。

(2)采用机械搅拌,投料顺序为沙子→水泥→掺合料→水。搅拌时间不少于 90 s。

(3)砂浆随拌随用,已拌好砂浆应在 3 h 内使用完毕,如气温超过 30 ℃,应在 2 h 内用完,严禁用已凝结砂浆。

3. 石材砌筑

砌石作业一般要求有:

(1)砌筑前应将石料表面污物清除干净,常温砌石前 1 d 将料石浇水湿润。

(2)在地下水位以下或处于潮湿土壤中的石砌体应用水泥砂浆砌筑。遇有侵蚀性水时,水泥种类应按设计规定选择。

(3)砌翼墙时,应按测量外边线立好线杆,按线杆挂线砌筑。砌挡土墙和桥台应两面挂线,即外露面和隐蔽面,外面线应直顺整齐,内面线可大致直顺,保证砌体符合设计结构物断面尺寸要求。砌筑中应经常校正线杆减少偏差。

(4)采用分段砌筑时,相邻段的高差不宜超过 1.2 m,工作段位置宜在伸缩缝或沉降缝处。同一砌体当天连续砌筑高度不宜超过 1.2 m。

(5)砌体应分层砌筑,各层石块应安放稳固,且石块间的砂浆饱满,粘结牢固,石块不得直接贴靠或留有空隙。砌筑过程中,不得在砌体上用大锤修凿石块。

(6)在已砌筑的砌体上继续砌筑时,应将已砌筑的砌体表面清扫干净和湿润。

(7) 砌体外露部分需要勾缝时,应将外露砌石的砂浆缝刮深 10～20 mm,以便用砂浆填充勾缝。砌体隐蔽部分可随砌随将挤出的砂浆刮平。

4. 勾缝养护

石砌体表面勾缝,其形状、深度与砂浆强度等级应符合设计规定。砌石时应留有 20 mm 深的空隙不填砂浆,砌筑完 1～2 d 内应用水泥砂浆勾缝。如规定砌体不勾缝,则应随砌随将灰缝砂浆刮平。作业结束按规定养护。

二、砌石作业的质量标准

1. 砌筑基础所用石材、混凝土砌块其规格和强度等级应符合设计要求。砂浆配合比应符合设计要求。

2. 砌筑工程所用砂浆的强度等级必须符合设计要求,砂浆砌体砌缝宽度、位置和砌筑方式应符合规定,砂浆的饱满度应达到 80%以上。

第二节 砂浆抹面作业技术要求和质量标准

砂浆抹面是涂抹在桥隧建筑物及其他圬工构件表面,兼有保护基层和满足使用要求的作用,常用于铁路桥隧及涵洞圬工修补,也可用于砌石体表面风化和局部有较浅破损之处。

一、砂浆抹面作业基本程序及技术要求

作业程序:基底处理→砂浆拌制→刷水泥浆→抹面养护。

1. 基底处理

(1)混凝土基层处理

①新建混凝土工程,拆除模板后,立即用钢丝刷将混凝土表面刷毛,并在抹面前浇水冲刷干净。

②旧混凝土工程补做防水层时,需用钻子、凿毛锤、钢钎或机械将表面凿毛,清理平整后再冲水,用毛刷刷洗干净。

③混凝土基层表面凹凸不平、蜂窝孔洞,应根据不同情况分别进行处理。

④混凝土结构的施工缝要沿缝剔成八字形凹槽,用水冲洗后,用素灰打底,水泥砂浆压实抹平。

(2)砌石砌体基层处理

砌石砌体基层的处理与混凝土基底处理基本相同。对于石灰砂浆或混合砂浆砌体,其灰缝要剔深 1 cm,缝内呈直角。对于表面凹凸不平的石砌体,清理完毕后,在基层表面要做找平层。基底处理后必须浇水湿润,这是保证防水层和基层结合牢固,不空鼓的重要条件。浇水要按次序反复浇透。砖砌体要浇到砌体表面基本饱和,抹上灰浆后没有吸水现象才为合格。

2. 砂浆拌制

按施工配合比进行配料。一般砂浆材料以质量计,其允许误差不得超过±2%;如沙子的含水率超过规定时,在用水量中扣除沙子含水量;要严格掌握砂浆的水灰比,以保证砂浆强度与和易性的要求。

①采用机械拌和砂浆时,其拌和时间应通过试验确定一般在 2 min 左右。

②人工拌和时,首先把称好的沙子置于铁盘上散开,然后将称好的水均布在沙子上,进行干拌,直到灰沙颜色完全一致(一般不少于 3 遍),再均匀洒水同时拌和,加水后拌和不应少于 3 遍,达到砂浆均匀一致为止。

3. 刷水泥浆

砂浆抹面层以前,在已湿润的基底上刷一道 1∶(0.4～0.5)(水泥∶水)厚度约为 1 mm 的素水泥浆,也可刷掺水量 10%的 108 胶水泥浆一道(水灰比为 0.4～0.5),用毛刷往返涂刷均匀。一次涂刷面积不宜过大,要随刷随抹,避免时间过长水泥浆风干导致面层空鼓。

4. 抹面养护

(1)抹底层砂浆:底层砂浆的作用是使砂浆与基底牢固粘结。刷完水泥浆后紧跟抹 1∶3 水泥砂浆,一般每遍厚度为 5～7 mm,最大厚度不超过 15 mm。应分层抹平,并用大杠刮平、找直,木抹子搓毛。平面抹面时一次最多可抹 30 mm 厚。

(2)抹灰的施工程序:从上往下打底,底层砂浆抹完后,再从上往下抹面层砂浆。应注意在抹面层灰以前,应先检查底层砂浆有无空裂现象,如有空裂,应剔凿返修后再抹面层灰;另外应注意底层砂浆上的尘土、污垢等应先清洗干净,浇水湿润后,方可进行面层抹灰。

(3)喷水养护:面层抹压完 24 h 后(有条件时可覆盖塑料薄膜养护)进行浇水养护,每天不少于 2 次,养护时间一般不少于 7 d。

二、砂浆抹面质量要求

1. 抹面的圬工表面需要凿毛洗净,彻底清除底层表面的尘土、污垢、油渍等并应洒水润湿。

2. 砂浆抹面所用材料的品种和性能应符合设计要求。水泥的凝结时间和安定性复验应合格。砂浆的配合比应符合设计要求并要拌和均匀，强度等级不低于 M10。

3. 抹面分层进行，当抹灰总厚度大于 35 mm 时，应采取加强措施。

4. 砂浆抹面层与基层之间及各抹层之间必须粘结牢固，抹面层应无脱层、空鼓、坍塌、掉块、裂缝，空响面积不超过 2%。

5. 抹面表面颜色一致、光滑、洁净、接槎平整、分格缝清晰。平面抹面应表面平顺无凹陷，流水坡符合要求。

第三节　钢筋作业技术要求和质量标准

一、钢筋作业配料及下料长度计算

1. 钢筋配料

(1)熟悉图纸。编制钢筋配料单之前必须熟悉图纸，把结构施工图中钢筋的品种、规格列成钢筋明细表，并读出钢筋设计尺寸。

(2)计算钢筋的下料长度。

2. 钢筋下料长度计算

钢筋因弯曲或弯钩会使其长度变化，配料中不能直接根据图纸尺寸下料，必须了解混凝土保护层、钢筋弯曲、弯钩等规定，再根据图 2-6-3 计算其下料长度。

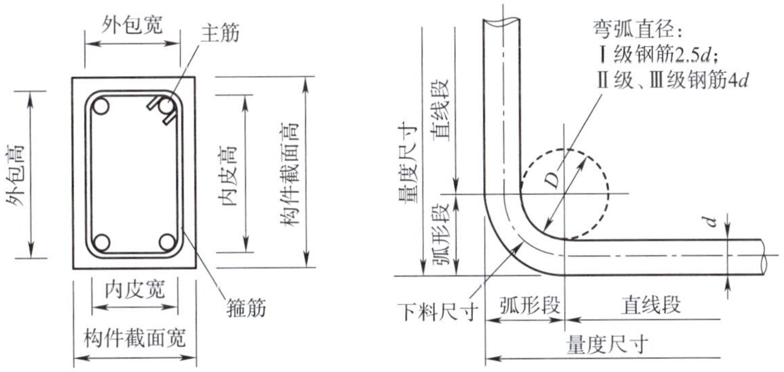

图 2-6-3　钢筋相关量度尺寸

直钢筋下料长度＝构件长度－保护层厚度＋弯钩增加长度。

弯起钢筋下料长度＝直段长度＋斜段长度＋弯钩增加长度－弯曲伸长调整值。

箍筋下料长度＝直段长度＋弯钩增加长度－弯曲伸长调整值。

上述钢筋需要搭接的话，还应增加钢筋搭接长度。

①弯曲伸长调整值

钢筋弯曲后特点：一是外壁伸长、内壁缩短，轴线长度不变；二是在弯曲处形成圆弧。钢筋的量度方法是沿直线量外包尺寸，因此弯起钢筋的量度尺寸大于下料尺寸，两者之间的差值称为弯曲调整值。该值根据理论推算并结合实践经验，不同弯曲角度的钢筋弯曲伸长调整值见表 2-6-1。

表 2-6-1 钢筋弯曲伸长调整值

钢筋弯曲角度	30°	45°	60°	90°	135°	180°
钢筋弯曲伸长调整值	0.35d	0.5d	0.85d	1.0d	1.25d	1.5d

②弯钩增加长度

钢筋弯钩有 180°、90°和 135°弯钩三种。180°弯钩常用于Ⅰ级钢筋;90°弯钩常用于柱立筋的下部、附加钢筋和无抗震要求的箍筋中;135°弯钩常用于Ⅱ级、Ⅲ级钢筋和有抗震要求的箍筋中。

弯弧内直径为 2.5d(Ⅱ级、Ⅲ级钢筋为 4d)、平直部分为 3d 时,其弯钩增加长度的计算值:半圆弯钩为 6.25d,直弯钩为 3.5d、斜弯钩为 4.9d,如图 2-6-4 所示。

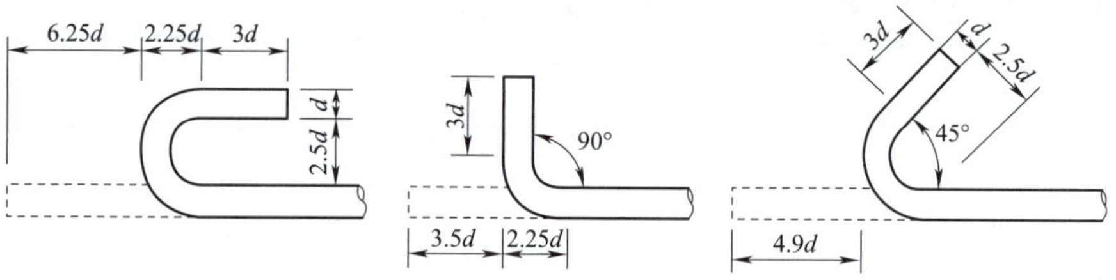

(a)180°弯钩 (b)90°弯钩 (c)135°弯钩

图 2-6-4 钢筋弯钩增加长度

二、钢筋加工作业技术要求

新建桥涵工程的钢筋加工在钢筋操作间完成,加工好的钢筋再运往工地架立安装,只有数量很小的零星工程,才在工地进行钢筋加工。

将已切断、配好的钢筋,弯曲成符合设计要求的形状、尺寸,称为钢筋弯曲成型。

弯制钢筋宜在常温状态进行,不宜加温。弯制钢筋宜从中部开始逐步弯向两端,弯钩必须一次弯成。弯曲成型后的钢筋,允许偏差不得超过表 2-6-2 的规定。

表 2-6-2 钢筋加工的允许偏差(mm)

序　　号	偏差名称	$L \leq 5\ 000$	$L > 5\ 000$
1	受力钢筋顺长度方向的全长	±10	±20
2	弯起钢筋的弯起位置	±20	

注:L 为钢筋长度。

第四节　模板作业技术要求和质量标准

一、模板作业的基本技术要求

模板是使混凝土构件按几何尺寸成型的模型板,施工中要求能保证结构和构件的形状、位置、尺寸的准确;具有足够的强度、刚度和稳定性;装拆方便能多次周转使用;接缝严密不漏浆。

1. 模板与支架制作

要按照技术交底中关于模板及支架的设计形式进行模板制作，不得随意改变模板及支架的结构形式。

2. 模板、支架的安装

(1)模板必须按施工工艺图放样，正确安装、精确就位，重要结构多设控制点，以利检查校正，保证正确形成施工图所设计的形状、线型和尺寸，并预留修正值。所有模板在垂直和水平连接处固定，并填泡沫胶带，防止水泥浆流失形成“砂线”，避免造成接缝处的混凝土外露面骨料暴露。

(2)支架的安装：支架按设计放样图进行搭设，支架的搭设要牢固可靠，具有足够的强度、刚度和稳定性。模板、支架不允许与脚手架、人行通道脚手板等相连，如有连接采取增加剪刀撑等措施确保支架和模板的稳定性。

(3)模板清理及涂刷：模板在使用之后和浇筑混凝土之前清洗干净，并涂刷脱模剂，脱模剂使用前送交监理工程师检验审批。涂刷作业不得污染钢筋和其他预埋件。一旦检查发现已浇混凝土或架设钢筋上染有涂刷污迹，及时采取措施予以清理。

(4)模板验收：当所有的模板和与模板有关的工作(包括设置的预埋件安装)完成后，工班长进行自检，自检合格后报项目工程师进行专检。

二、模板拆除技术要求

混凝土成型并养护一段时间、当强度达到一定要求时，即可拆除模板。模板的拆除日期取决于混凝土硬化的快慢、模板的用途、结构的性质及环境温度。及时拆模，可提高模板周转率、加快工程进度；过早拆模，混凝土会变形、断裂，乃至造成重大质量事故。现浇结构的模板及支架的拆除，如设计无规定时，应符合下列规定：

(1)侧模：应在混凝土强度能保证其表面及棱角不因拆模板而受损坏时，方可拆除；对后张法预应力混凝土结构构件，侧模宜在预应力张拉前拆除。

(2)底模及支架：底模及支架拆除时混凝土强度应符合设计要求，设计无要求时，应在与结构同条件养护的混凝土试块达到表 2-6-3 规定时方可拆除(由试验室提供参考强度)。

表 2-6-3 混凝土立方体抗压强度标准值

构件类型	构件跨(高)度(m)	达到设计的混凝土立方体抗压强度标准值的百分率(%)
板	≤2	≥50
	>2,≤8	≥75
	>8	≥100
边墙、墩台、梁身、支柱	≤8	≥75
	>8	≥100
悬臂构件	—	≥100

第五节　混凝土作业技术要求和质量标准

一、混凝土拌制技术要求

(1)拌制混凝土配料时,各种计量容器应保持准确。对骨料的含水率应经常进行检测,雨天施工应增加测定次数,据以调整骨料和水的用量。

(2)混凝土使用机械搅拌时,自全部材料装入搅拌筒至开始出料的最短搅拌时间应按设备出厂说明书的规定,并经试验确定,且不得低于规范的规定。

(3)混凝土搅拌完毕后,应检测混凝土拌和物的坍落度,应在搅拌地点和浇筑地点分别取样检测,每一工作班或每一单元结构物不应少于两次。评定时应以浇筑地点的测值为准。

二、混凝土浇筑技术要求

(1)浇筑混凝土前,应对支架、模板、钢筋和预埋件进行检查,并做好记录,符合设计要求后方可浇筑。模板内的杂物、积水和钢筋上的污垢应清理干净。模板如有缝隙,应填塞严密,模板内面应涂刷脱模剂。浇筑混凝土前,应检查混凝土的均匀性和坍落度。

(2)自高处向模板内倾卸混凝土时,为防止混凝土离析,其自由倾落高度不宜超过 2 m,以免发生离析过度。当倾落高度超过 2 m 时,应通过串筒或其他设施下落;在串筒出料口下面,混凝土堆积高度不宜超过 1 m。

(3)混凝土应按一定厚度、顺序和方向分层浇筑,应在下层混凝土初凝或能重塑前浇筑完成上层混凝土。上下层同时浇筑时,上层与下层前后浇筑距离应保持 1.5 m 以上。在倾斜面上浇筑混凝土时,应从低处开始逐层扩展升高,保持水平分层。

(4)浇筑混凝土时,采用振动器振实。

第六节　搭设脚手架作业技术要求和质量标准

一、脚手架搭设基本技术要求

(1)构架结构符合前述的规定和设计要求,个别部位的尺寸变化应在允许的调整范围之内。同时满足施工的需要。脚手架要有足够的作用面(比如适当的宽度、步架高度、离墙距离等),以保证工作人员操作、材料堆放和运输及安全围护的需要。

(2)构架稳定、承载可靠、使用安全。脚手架要有足够的强度、刚度和稳定性,脚手架严禁钢木、钢竹混搭,严禁不同受力性质的外架连接在一起。施工期间在规定的允许荷载的作用下及气候条件影响下,应保证脚手架稳定不变形、不倾斜、不摇晃、不失稳,确保安全。

(3)节点的连接可靠。其中扣件的拧紧程度应控制在扭矩达到 40～60 N·m;碗扣应盖扣牢固(将上碗扣拧紧);8 号钢丝十字交叉扎点应拧 1.5～2 圈后箍紧,不得有明显扭伤,且钢丝在扎点外露的长度应不小于 80 mm。

二、脚手架搭设安全质量标准

制作脚手架的材料必须坚韧耐用,应符合以下规定:

(1)脚手架必须符合国家标准。脚手架搭设应配合工程进度,不宜搭设过高。应有专人负责搭拆脚手架安全和日常检查整修工作。

(2)搭拆脚手架时,脚手架下不准人员停留或通过。靠近架空电线搭拆脚手架时,应严格按照供电安全规定留出安全距离(动力线 2 m 以上,照明线 1 m 以上);作业中严禁碰触架空电线。脚手架应搭设牢固,脚手板外伸悬臂,应有专人负责,经常检查整修,不得浮起活动。

(3)脚手架搭设完毕,必须经施工(维修)负责人全面检查验收合格后方能使用。

(4)下列情况必须组织全面检查后方可重新使用:

①连续使用达到 6 个月,施工中途停止使用超过 15 d。

②在遭受暴风、大雨、大雪、地震等强力因素作用之后。

③在使用过程中,发现有显著的变形、沉降以及存在其他安全隐患时。

复习思考题

1. 砌石作业时基础如何处理?
2. 钢筋如何配料?
3. 砂浆抹面时混凝土基层处理要求有哪些?
4. 混凝土浇筑技术要求有哪些?
5. 脚手架搭设基本技术要求有哪些?

第七章　工程测量与计算

本章主要介绍水准测量的概念，水准测量的基本原理，水准测量的仪器与工具以及水准测量的测量与计算方法。

第一节　基本概念

一、大地水准面

人们在海岸设置潮汐观察所，长年累月的记录海水面的涨落，取得海水面的平均高度，具有这一高度的海水面称为平均海水面，或叫作大地水准面。

二、高　　程

地面上一点沿铅垂线方向到大地水准面的距离，称为该点的绝对高程，通常称为标高或海拔，用 H 表示，我国以黄海平均海水面作为绝对高程的起算面。

三、高　　差

地面上两点高程之差，称为高差，用 h 表示。

四、高程测量

为确定地面点的高程所进行的测量工作，称为高程测量。高程测量按所使用的仪器和施测方法不同，可分为水准测量、三角高程测量、气压高程测量、GPS 高程测量等。其中水准测量最准确，也是普遍使用的。

第二节　水准测量的原理

一、两点距离较近且高差不大时的水准测量

如图 2-7-1 所示，当 A、B 两点距离较近且高差较小时，若已知 A 点高程为 H_A，欲求 B 点的高程 H_B，则只需测出 B 点相对 A 点的高差 h_{AB}，便可根据高差的定义，求得 B 点的高程：$H_B=H_A+h_{AB}$。

如图 2-7-1 所示，分别在 A、B 两点上竖立有分划的标尺——水准尺，并在 A、B 两点的中间安置一个能提供水平视线的仪器——水准仪，根据该水平视线在 A、B 两点水准尺上读出的数字 a、b，由图示几何关系求得 B 点相对 A 点的高差：$h_{AB}=a-b$。

由此可计算 B 点的高程 H_B。

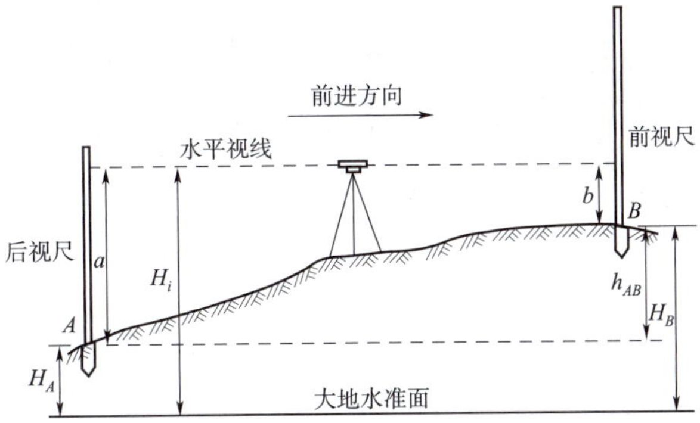

图 2-7-1 两点距离较近且高差不大时的水准测量

当 $a>b$ 时，h_{AB} 为"+"，$H_B>H_A$，说明前视点 B 高于后视点 A，如图 2-7-1 所示；反之，当 $a<b$ 时，h_{AB} 为"−"，$H_B<H_A$，说明前视点 B 低于后视点 A。

由于测量是由 A 点向 B 点进行，A 点在后，B 点在前，则 A 点叫作后视点，B 点叫作前视点，在后视点 A 水准尺上的读数称为后视读数，简称为后视，在前视点 B 水准尺上的读数称为前视读数，简称为前视。

可见，水准测量的基本原理就是利用水准仪所提供的水平视线测得高差而计算高程的。

二、两点距离较远或高差较大时的水准测量

当 A、B 两点距离较远或高差较大时，不能一次测得两点的高差，如图 2-7-2 所示，在两点间加设若干个临时点，分成若干段，依次在各段中间安置仪器，分别测出各段的高差，把各段所得高差相加，就得出 A、B 两点的高差。图 2-7-2 中各段的高差分别为

$$h_1=a_1-b_1$$
$$h_2=a_2-b_2$$
$$h_3=a_3-b_3$$
$$\vdots$$
$$h_n=a_n-b_n$$

将各段高差相加得 $h_{AB}=\sum h=(a_1-b_1)+(a_2-b_2)+(a_3-b_3)+\cdots+(a_n-b_n)=\sum a-\sum b$，即终点对于始点的高差等于各段高差的代数和，又等于后视读数总和减去前视读数总和。

从始点 A 测到终点 B 所经过的路线称为水准测量路线。Z_1、Z_2、Z_3、……、Z_{n-1} 等各个临时立尺点，在水准测量中起着传递高程的作用，这些点称为转点，用 Z 表示，转点的特点是既有前视读数又有后视读数。

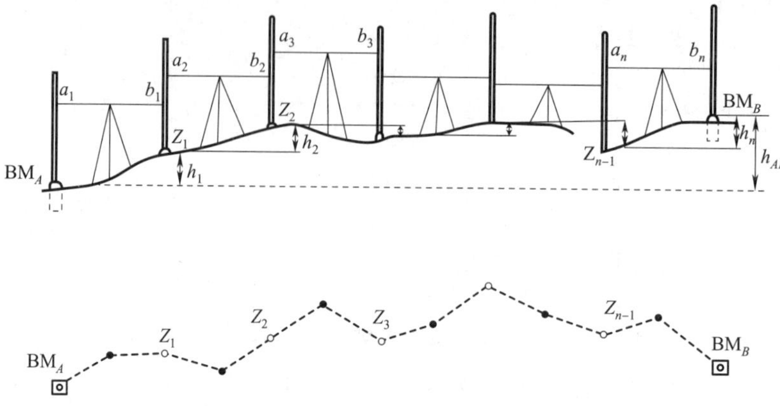

图 2-7-2　两点距离较远或高差较大时的水准测量

第三节　水准测量的仪器与工具

水准测量使用的仪器是水准仪，工具有水准尺和尺垫。

一、水 准 仪

水准仪是提供一条水平视线来测定两点间高差的仪器，由望远镜、水准器、基座和三脚架构成。水准仪的种类很多，按结构分为定镜、活镜、自平三大类，如图 2-7-3 所示。

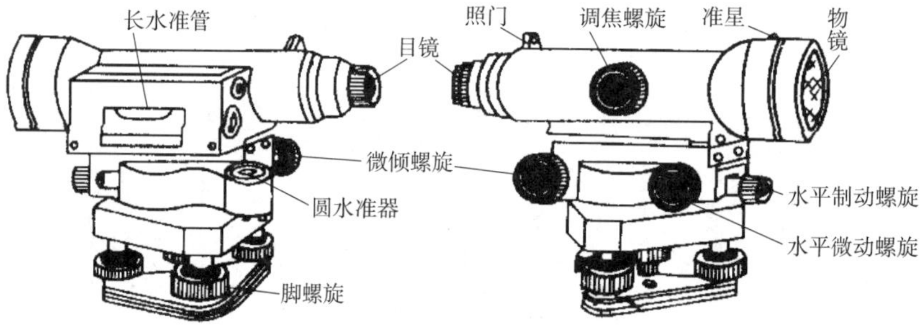

图 2-7-3　微倾式水准仪构造

二、水 准 尺

水准尺简称标尺，供仪器读数用。常见的有直尺和塔尺两种形式。直尺长 3 m；塔尺全长 5 m，由三段尺套插而成，携带方便，但接合处易损坏，造成尺长不准，而影响测量精度。

三、尺　　垫

尺垫分地钉和尺台两种形式，用铁铸成，不同等级的水准测量，规定用不同质量的尺垫。尺垫中间凸出部位为立尺点。在水准测量中，为使高程得到可靠地传递，转点在前后视中不能位移，故常用尺垫作转点。

第四节 水准测量的操作方法

用水准仪进行水准测量时，仪器的安置和使用按下列步骤进行。

一、安置三脚架

测量仪器所安置的地点称为测站，在测站上松开脚架螺旋，按需要调整脚架的长度，将脚架螺旋拧紧。放好三脚架，把三脚架的脚尖踩入土中，并使三脚架大致水平。然后把水准仪从箱中取出，放在三脚架头上，细心地将三脚架的中心螺旋旋入仪器的基座内拧紧。

二、粗 平

粗平就是使圆水准器的气泡居中，使支架大致水平即竖轴大致铅垂，从而使望远镜视线的倾斜程度在倾斜螺旋可以调节的范围内，为精平创造条件。

粗平的操作方法如图 2-7-4 所示。气泡没有居中而位于 a 处，则先按图上箭头所指的方向，相对转动两个脚螺旋使气泡移到 b 的位置，然后转动第三个脚螺旋气泡居中。在整平的过程中，气泡移动方向与左手大拇指转动脚螺旋的方向一致。

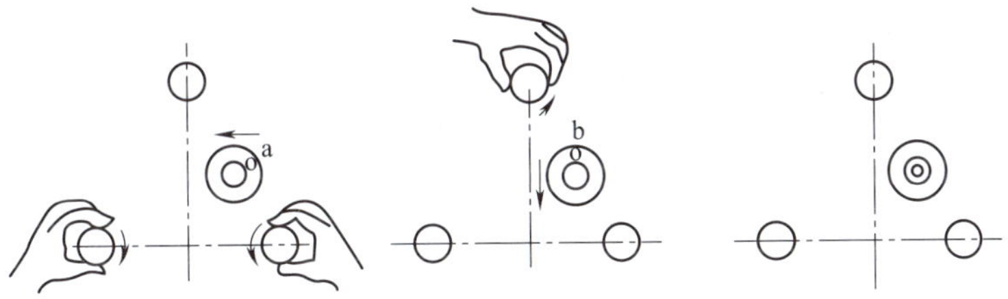

图 2-7-4 粗平的操作方法

三、瞄 准

仪器粗平之后，首先进行目镜对光，使十字丝清晰，然后松开望远镜，用镜筒上的准星照准水准尺，当水准尺的影像进入望远镜视场后，将望远镜制动，再进行物镜对光，使水准尺的影像清晰。最后用微动螺旋使十字丝的竖丝靠近水准尺的影像。在瞄准工作做完之后，还要检查是否有十字丝视差存在，如图 2-7-5(a)所示。如果有相对移动，就表明有视差存在，如图 2-7-5(b)所示。十字丝视差存在的原因是由于目标在望远镜内形成的像没有落在十字丝平面上。消除视差的方法是再进行目镜和物镜对光。十字丝视差对读数影响很大，必须注意消除。

四、精 平

精平时转动倾斜螺旋使符合水准器的两半影相符合，这时视线就成水平，便可读数了。倾斜螺旋旋转的方向如图 2-7-6 所示，气泡左侧的影像移动方向和转动倾斜螺旋的右手拇指方向一致。

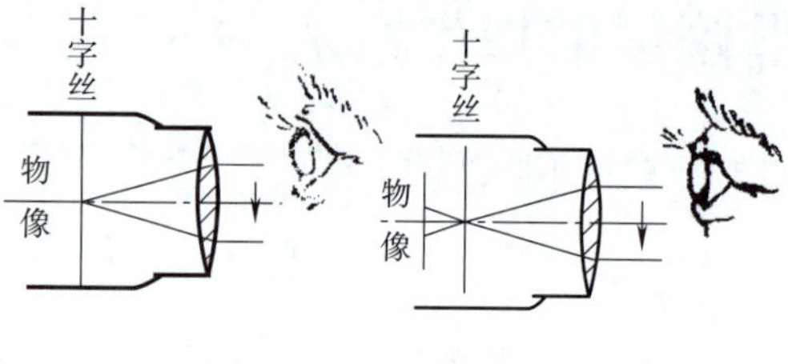

(a)没有视差现象　　(b)有视差现象

图 2-7-5　检查视差

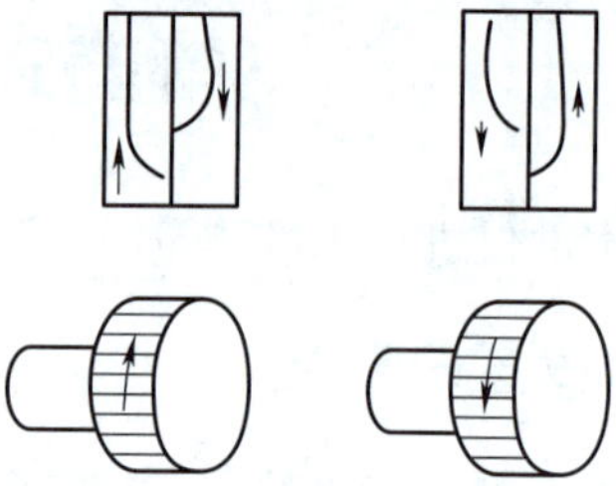

图 2-7-6　精平的操作方法

五、读　数

读数是读取十字丝横丝所截的水准尺的分划数。读数时应先读 m、dm、cm，最后估读出 mm，如图 2-7-7 所示。

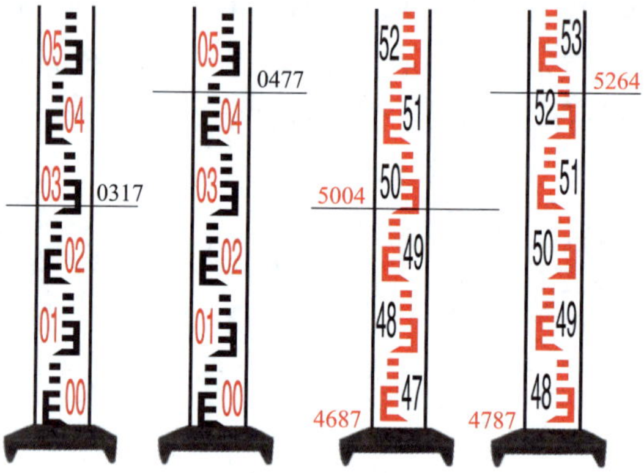

图 2-7-7　水准尺读数

综上所述，水准仪的基本操作可以简单归纳为安置—粗平—瞄准—精平—读数。

第五节　算　例

如图 2-7-8 所示，往、返水准测量的记录和高程、高差的计算见表 2-7-1。

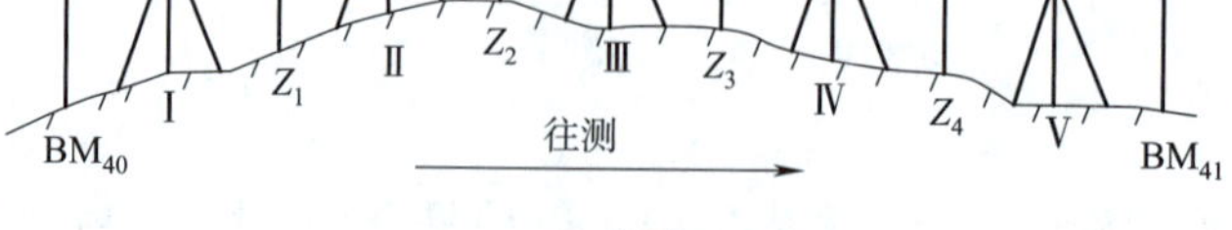

(a)往测

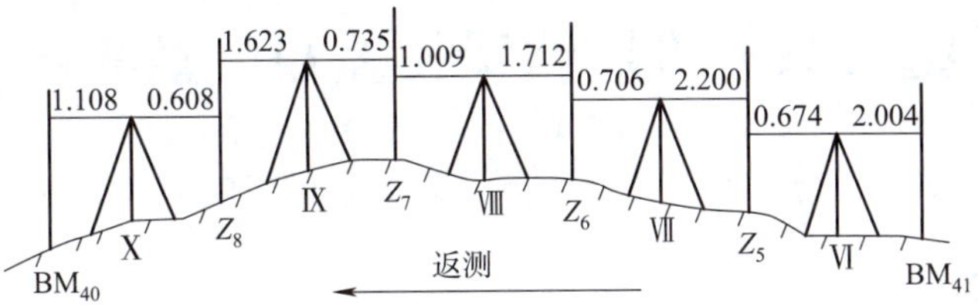

(b)返测

图 2-7-8 往返测量

表 2-7-1 水准测量记录

日期________ 天气________ 观测者________ 记录者________

测 点	后视(m)	前视(m)	高差(m)		计算高程(m)	采用高程(m)	备 注
			+	−			
BM_{40}	1.468		0.717		576.508	576.508	BM_{40}在 DK62＋935 左 25 m 柳树坪水泥桩上。
Z_1	1.701	0.751	0.863		577.225		
Z_2	1.227	0.838		0.776	578.088		
Z_3	0.680	2.003		1.832	577.312		
Z_4	0.700	2.512		1.101	575.480		
BM_{41}		1.801			574.379		
$\sum$	5.776	7.905	1.580	3.709			
$h_{往}$	$\sum a-\sum b=-2.129$ m　$\sum h=-2.129$ m $H_{41}-H_{40}=-2.129$ m(计算无误)						
BM_{41}	2.004		1.330		574.379	574.374	BM_{41}在 DK63＋830 右 15 m 刘家湾王利民房边水泥桩上。
Z_5	2.200	0.674	1.494		575.709		
Z_6	1.712	0.706	0.703		577.203		
Z_7	0.735	1.009		0.888	577.906		
Z_8	0.608	1.623		0.500	577,018		
BM_{40}		1.108			576.518		
$\sum$	7.259	5.120	3.527	1.388			
$h_{返}$	$\sum a-\sum b=+2.139$ m　$\sum h=+2.139$ m $H_{40}-H_{41}=+2.139$ m(计算无误)						
$f_h=h_{往}+h_{返}=-2.129+2.139=0.010(\mathrm{m})=10(\mathrm{mm})$ $H_{40}-H_{40知}=576.518-576.508=0.010(\mathrm{m})=10(\mathrm{mm})$ $F_h=\pm30\sqrt{L}=\pm30\sqrt{0.9}\approx\pm28(\mathrm{mm})$ $f_h<F_h$(合格) 故 $h_{平均}=\frac{h_{往}-h_{返}}{2}=\frac{-2.129-2.139}{2}=-2.134(\mathrm{m})$ 得 $H_{41}=H_{40}+h_{平均}=576.508-2.134=574.374(\mathrm{m})$($BM_{41}$采用高程)							允许误差 $F_h=\pm30\sqrt{L}$ (L 为 AB 两点间单程长度)

第六节 水准测量误差及注意事项

水准测量的误差包括仪器误差、观测误差及外界条件影响三个方面。

一、仪器误差

1. 望远镜视准轴与水准管轴不平行产生误差

水准仪在使用前，虽然经过检验校正，但实际上很难做到视准轴与水准管轴严格平行，还会留有残余的 i 角误差。i 角引起的水准尺读数误差与仪器至标尺的距离成正比，只要观测时注意使后、前视距相等，便可消除或减弱 i 角误差的影响。实际上，在水准测量每站观测中，使后、前视距完全相等是不容易做到的，因此，测量规范对每一测站的后、前视距离之差和每一测段的后、前视距离的累计差规定了一个限值，这样，就把残余 i 角对所测高差的影响限制在可忽略的范围内。

2. 水准尺误差

水准尺误差包括尺长误差、分划误差和零点误差，这些误差均会影响水准测量的精度，因此，水准尺需经过检验才能使用。至于一对水准尺的零点差，可在每个测段的观测中采用设置偶数个测站的方法予以消除。

二、观测误差

1. 精平误差

水准测量读数前必须精平，精平的程度反映视准轴水平的程度。如果精平仪器时，管水准气泡没有精确居中，将造成水准管轴偏离水平面而产生误差，由于这种误差在前视和后视读数中的影响是不相同的，所以，高差计算中不能抵消其影响。当水准管分划值 $\tau=20''/2$ mm、视线长度为 100 m、气泡居中误差为 0.15 格时，所引起的读数误差可达 1.5 mm；误差为 0.5 格时，所引起的读数误差可达 5 mm。因此，水准测量时一定要严格精平，并果断、快速读数。

2. 估读误差

普通水准测量观测中的毫米位数字，是根据十字丝横丝在水准尺厘米分划内的位置进行估读的，在望远镜内看到的横丝宽度相对于厘米分划格宽度的比例决定了估读的精度。读数误差与望远镜的放大倍率和视距长有关，视距越长，读数误差越大。有关规范对不同等级水准测量的视距长均做了规定，作业时应认真执行。

3. 水准尺倾斜误差

在水准测量读数时，若水准尺在视线方向前后倾斜，观测员很难发现，由此造成水准尺读数总是偏大，视线越靠近尺的顶端，误差就越大。所以在读数时，应特别注意将水准尺扶直。在水准尺上安装圆水准器是保证尺子竖直的主要措施。如果尺子上没有圆水准器或水准器不起作用，可应用“摇尺法”进行读数，读数时，向前、后缓慢摇动尺子，使十字丝横丝在尺上的读数缓慢改变，读取变化中的最小读数，即为尺子竖直时的读数。

三、外界条件影响

1. 仪器下沉和尺垫下沉误差

在土壤松软地区测量时，水准仪在测站上随操作时间的增加而下沉，发生在两尺读数之间的下沉，会使后读数的尺子读数比应有读数小，造成高差测量误差。采用“后—前—前—后”的观测顺序可以减少仪器下沉的影响。另外，仪器最好安置在坚实的地面，脚架踩实，快速观测。

仪器在搬到下一站尚未读后视读数的一段时间内，转点处尺垫可能下沉，使该站后视读数增大，从而引起高差误差。采用往返观测、取其成果的平均值，可以减弱该项误差影响。另外，应尽量将转点选择在坚硬的地面上，还要注意踩实尺垫，观测间隔可将水准尺从尺垫上取下，减少下沉量。

2. 大气折光的影响

视线在大气中穿过时，会受到大气折光的影响。一般视线离地面越近，光线的折射越大。观测时应尽量使视线保持一定高度，这样可以减少大气折光的影响。有关规范对不同等级水准测量的视线离地面高度规定了一个限值，作业时应认真执行。

3. 日照及风力引起的误差

日照及风力的影响是综合的，比较复杂。当日光照射水准仪时，由于仪器各构件受热不均匀而引起的不规则膨胀，将影响仪器轴线间的正常关系，使观测产生误差。风大时，会使仪器抖动，不易精平等，这些都会引起误差。为减弱日照及风力引起的误差影响，除尽量选择好天气进行外业作业外，在观测时，应注意给仪器撑伞遮阳。

复习思考题

1. 什么是绝对高程？
2. 什么是高差？
3. 水准仪由哪几部分组成？
4. 水准测量的基本原理是什么？
5. 水准测量误差包括哪三个方面？

第八章　工程制图与识图

本章主要介绍绘图工具的使用、图线、字体、图纸幅面和格式、比例、尺寸标注、正投影与三视图、轴测图、剖面图、断面图等工程制图基础知识，工程识图的方法、桥梁工程图的识读等识图基础知识。

第一节　工程制图

一、绘图工具的使用

(一)画 图 板

选择画图板时表面要求光洁、平整，板边(尤其是左边)是丁字尺的导边，必须平直。

(二)丁 字 尺

丁字尺是与画图板配合画横线的长尺，如图 2-8-1 所示，尺头紧靠画图板左边的导边，丁字尺尺头沿着画图板左边的导边上下移动，横线必须自左向右来画。

(三)三 角 板

三角板配合丁字尺可以画横线的垂直线，自下向上来画；三角板和丁字尺配合使用还可以画出 30°、45°、60°、15°、75°等角的倾斜线，如图 2-8-2 所示。

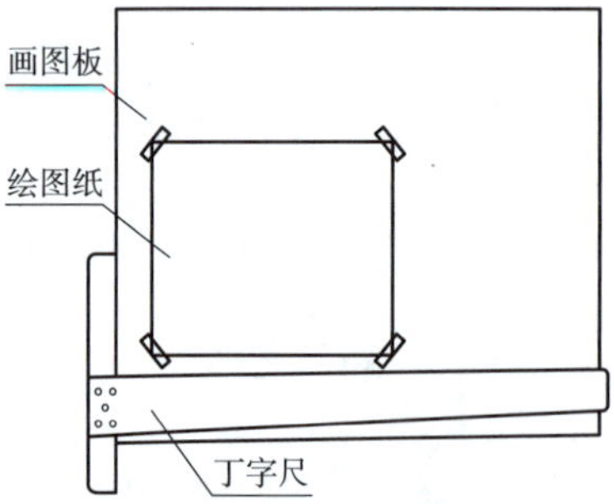

图 2-8-1　画图板、丁字尺配合使用

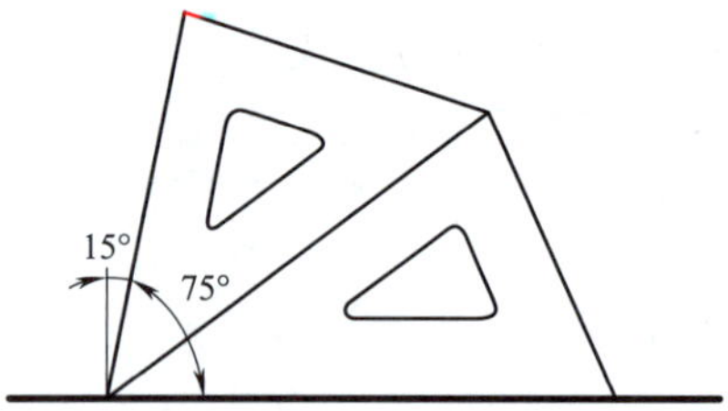

图 2-8-2　三角板配合画 15°、75°等角

(四)铅　　笔

铅笔刻有表示软硬的代号，如型号 H 表示较硬而淡，H 的数字越大表示越硬越淡，H 型铅笔一般用于画基线打底稿；B 型表示较软而浓，B 的数字越大表示越软越浓，B 型铅笔一般用于线条加粗；HB 型表示软硬适中，一般用于写工程字；常用的铅笔是 HB 型、H 型、B 型。

(五)圆　规

圆规上使用的铅笔芯应磨削成65°的斜面,使用时将针尖调整得略长于铅芯头(或墨线笔头)。圆规的针一端为锥形,另一端的针尖有“针肩”,使用时应使用有“针肩”的一端,以免图纸上的圆心针孔扎得过大过深。不用时,最好把锥形一端露在外面。

使用圆规画圆或圆弧时,一般从圆的中心线开始、顺时针方向转动圆规,同时使圆规往前进方向稍做倾斜。圆或圆弧应一次画完。

(六)比 例 尺

刻有不同比例的直尺,绘图时不必通过计算,可以直接用它在图纸上量取物体的实际尺寸,如图2-8-3所示。常用的是三个棱面上刻有六种比例的三棱尺,其比例有百分和千分两种。

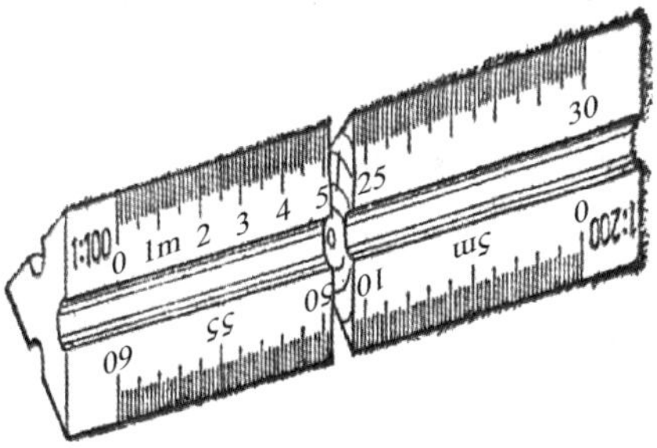

图2-8-3　比例尺

百分比例尺:1∶100、1∶200、1∶300、1∶500、1∶600。

千分比例尺:1∶1 000、1∶1 250、1∶1 500、1∶2 000、1∶2 500、1∶5 000。

尺上刻度所注数字的单位为m,如图2-8-3所示。以1∶100为例,尺上刻度1 m就是表示实际尺寸为1 m长,也就是说尺上从0到刻度1 m处的长度是实际尺寸1 m长的1/100。

(七)曲 线 板

使用曲线板绘制非圆曲线时,先按相应的作图方法定出曲线上足够数量的点,然后用曲线板凑合有关点连接而成。曲线板的使用如图2-8-4所示。

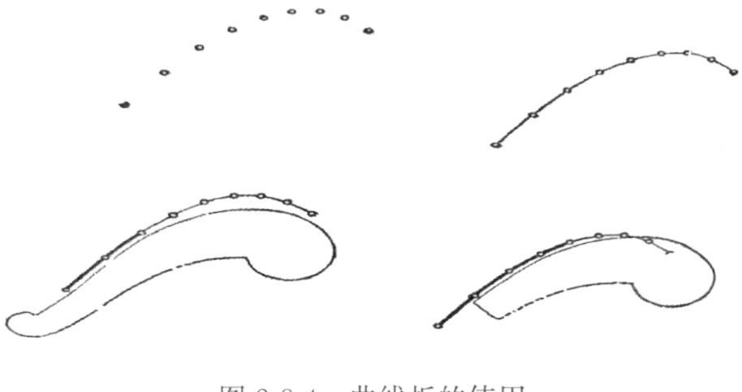

图2-8-4　曲线板的使用

二、图线、字体

制图标准中规定了15种基本线型及其变形,供工程各专业使用。所有线型的图线宽度

(*d*)应按图样的类型以及尺寸大小选择。各种图线中粗线、中粗线和细线的宽度比为 4∶2∶1，在同一图样中同种图线的宽度应一致。

汉字字体应写成长仿宋体，并采用规定的简化字。书写字体必须做到字体工整、笔画清楚、间隔均匀、排列整齐，标点符号清楚正确。习惯上将字体的高度值代表字体的号数，如字高为 5 mm 的字，称为 5 号字。字母、数字可以写成斜体或直体。斜体字字头向右倾斜，与水平角成 75°，与汉字写在一起时宜写成直体。

三、图纸幅面和格式

为了便于图纸的装订、保管以及合理地利用图纸，制图标准中对绘制工程图样的图纸幅面和格式做了规定。在图纸上必须用粗实线画出图框。表 2-8-1 为图纸基本幅面和图框的尺寸。图纸格式分为横放格式和竖放格式，横放格式不留装订边图纸的图框形式，竖放格式留有装订边图纸的图框形式。

表 2-8-1　图纸幅面及图框尺寸(mm)

幅面代号	A0	A1	A2	A3	A4
$B \times L$	841×1 189	594×841	420×594	297×420	210×297
e	20		10		
c	10			5	
a	25				

图纸标题栏的位置一般在图框的右下角，如图 2-8-5 所示。

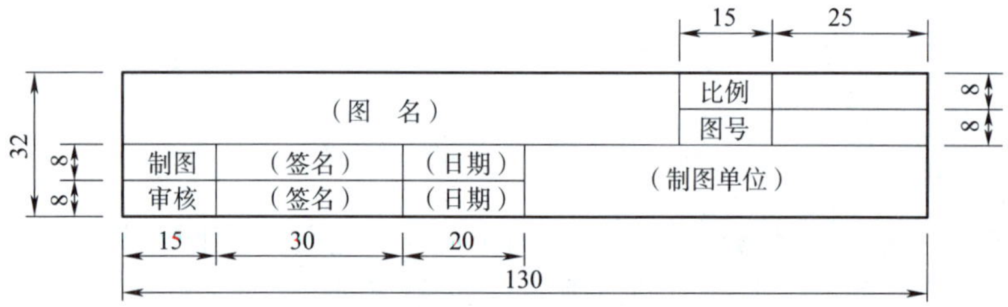

图 2-8-5　图纸标题栏格式(单位:mm)

四、比　　例

比例为图中图形与其实物相应要素的线性尺寸之比。比值为 1 的比例即 1∶1，称为原值比例；比值大于 1 的比例，如 2∶1 等，称为放大比例；比值小于 1 的比例，如 1∶2 等称为缩小比例。比例一般应标注在标题栏中的比例栏内。

五、尺寸标注

图样中，形体的形状用图表示，其大小则通过标注尺寸表达。

(一)基本规定

(1)图样中的尺寸，以 mm 为单位时，不需注明计量单位代号或名称，否则必须注明相应计量单位的代号或名称。

(2)图样中所注的尺寸数值是形体的真实大小,与绘图比例及准确度无关。

(3)每一尺寸在图样中一般只标注一次。

(二)尺寸要素

一个完整的尺寸,包含下列四个尺寸要素,即:尺寸界线、尺寸线、尺寸起止符号和尺寸数字。其用法如图 2-8-6(a)所示。

(1)尺寸界线:尺寸界线用细实线绘制,尺寸界线有时可用轮廓线、轴线或对称中心线代替。

(2)尺寸线:尺寸线用细实线绘制,尺寸线必须单独画出,不能与其他图线重合或画在其延长线上,相同方向的各尺寸线间距要均匀。

(3)尺寸起止符号:尺寸起止符号有两种形式,为中粗斜短线图和箭头,如图 2-8-6(b)所示。

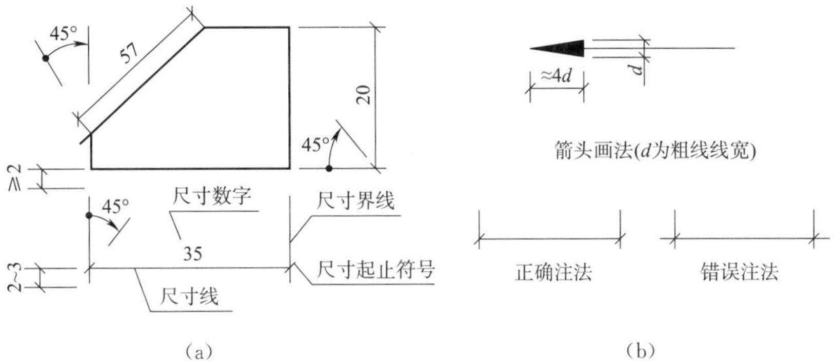

图 2-8-6　尺寸组成(单位:mm)

(4)尺寸数字:线性尺寸的数字一般注写在尺寸线上方或尺寸线中断处。尺寸数字的书写位置及字头方向应按图 2-8-7 的规定注写。

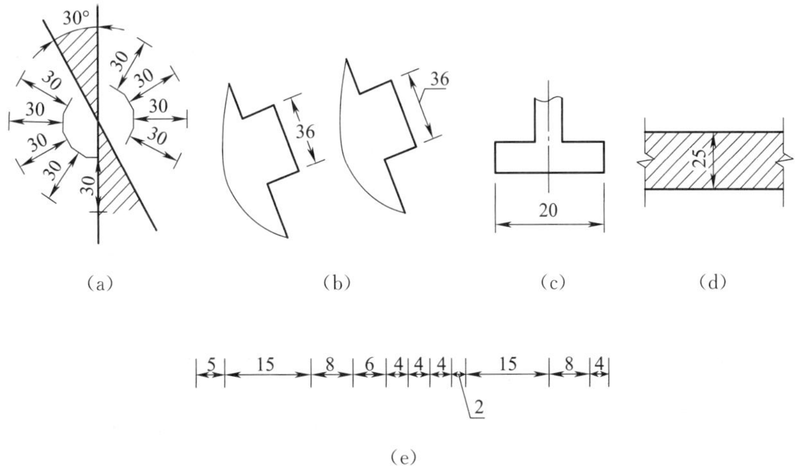

图 2-8-7　尺寸数字的注写(单位:mm)

(三)直径、半径、角度、弧长、弦长的注法

大于半圆的圆弧或圆应标注直径,半圆或小于半圆的圆弧标注其半径。标注角度时,尺寸数字一律要水平书写。标注直径、半径、角度、弧长时尺寸起止符号宜用箭头(图 2-8-8)。

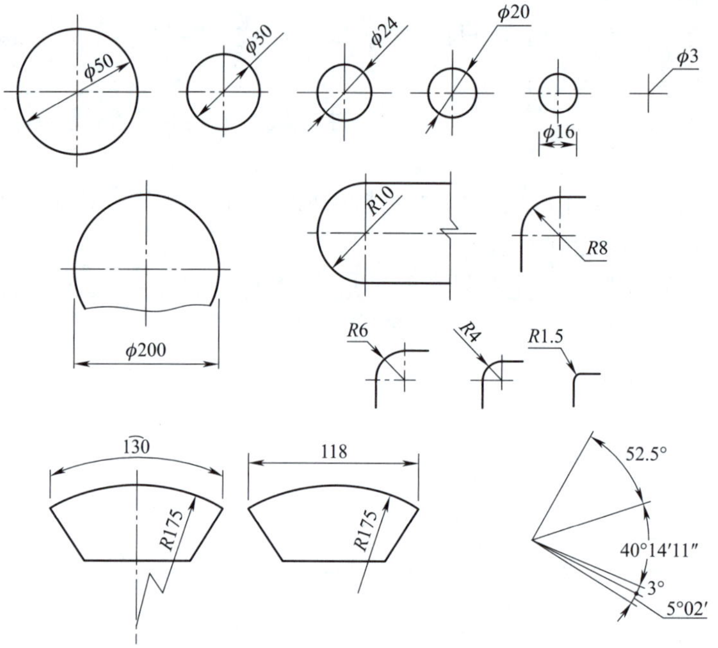

图 2-8-8 直径、半径、弧长、弦长的注法(单位:mm)

六、正投影与三视图

(一)平行投影法及投影特性

平行投影法:当投射中心与投影面的距离无限远时,所有投射线均相互平行。

平行投影法分正投影法和斜投影法。

正投影法:投射线垂直于投影面,主要用于画工程图样、正轴测图、地形图,如图 2-8-9 所示。

斜投影法:投射线倾斜于投影面,主要用于画斜轴测图,如图 2-8-10 所示。

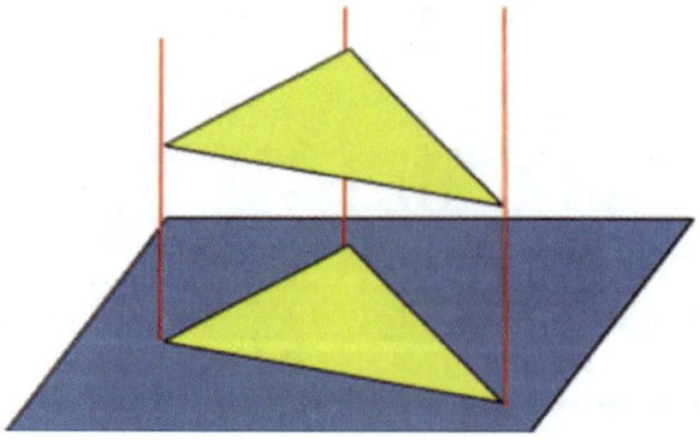

图 2-8-9 正投影法

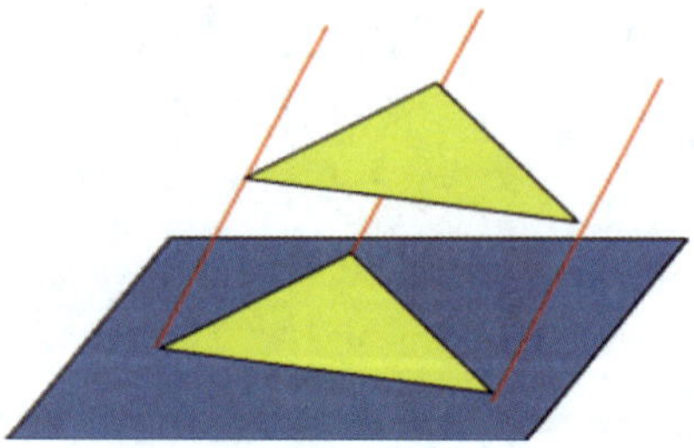

图 2-8-10 斜投影法

平行投影法的投影特性：

(1)可量性(真实性或实形性)：直线反映实际长度，平面反映实际形状，如图 2-8-11 所示。

(2)积聚性：直线积聚成一个点，平面积聚成一条直线，如图 2-8-12 所示。

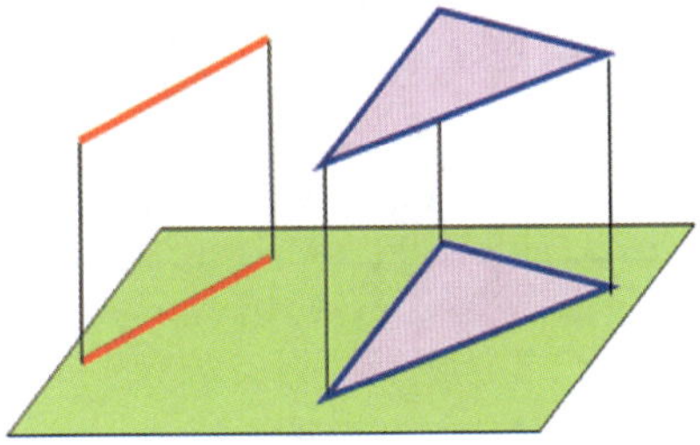

图 2-8-11　可量性

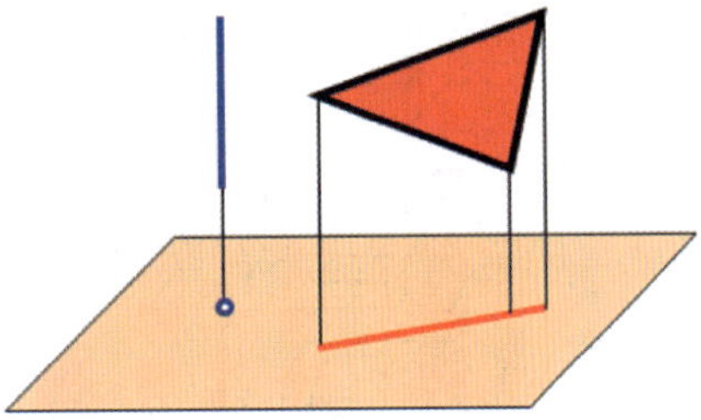

图 2-8-12　积聚性

(3)类似性：直线小于实际长度，平面不反映实际形状，如图 2-8-13 所示。

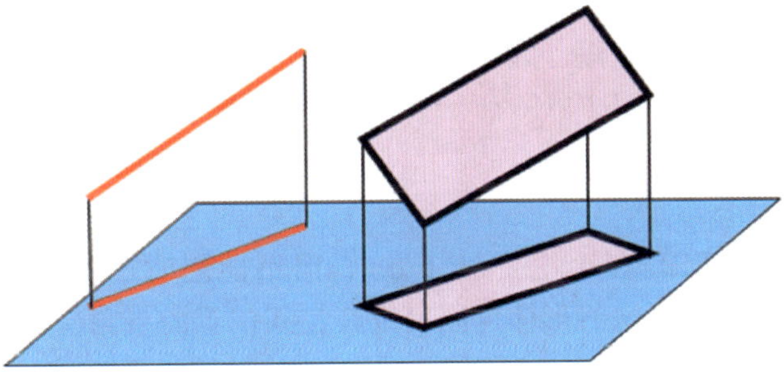

图 2-8-13　类似性

平行投影法的投影又具有平行性、定比性、从属性的特性。

(二)三视图及投影规律

1. 三视图的形成

建立一个由三个相互垂直的平面组成的三投影面体系，如图 2-8-14 所示。分别得到水平投影面呈水平位置，简称水平面或 H 面；正立投影面呈正立位置，简称正立面或 V 面；侧立投影面呈侧立位置，简称侧立面或 W 面。

三个投影面的交线 OX、OY、OZ 称为投影轴。它们相互垂直并分别表示长、宽、高三个方向。三个投影轴交于一点 O，此点称为原点。

然后把形体放在该投影体系中，并使形体的主要面分别与投影面平行，投影后将三个投影面展开，如图 2-8-15 所示。分别得到以下投影面视图：

①主视图：由前向后投影，正立面投影(V 面投影)为正立面图。

②俯视图：由上向下投影，水平投影(H 面投影)为平面图。

③左视图：由左向右投影，侧立面投影(W 面投影)为左侧立面图。

三视图是指主视图(正立面图)、俯视图(平面图)、左视图(左侧立面图)。

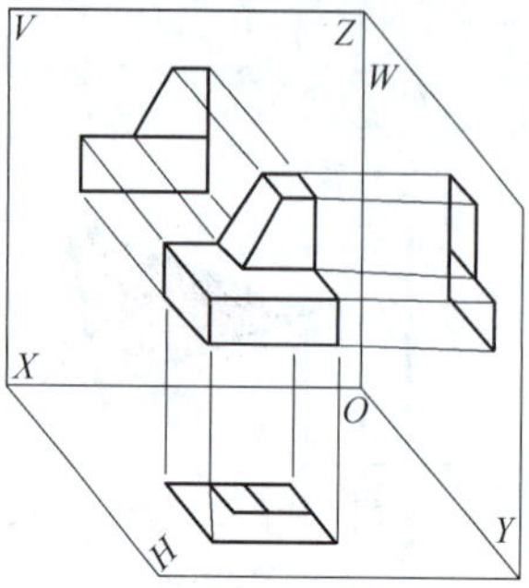

图 2-8-14 三投影面体系

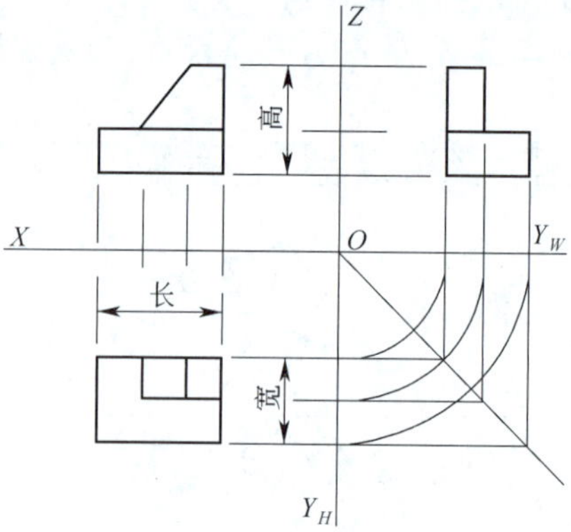

图 2-8-15 三视图

三视图的主要优点是反映形体的实际形状和大小，度量性好，画图简单，在工程上被广泛使用，缺点是直观性差，缺乏立体感。

2. 三视图的投影规律

分析三面投影图的形成过程，可以总结出三面投影图的基本规律："长对正、高平齐、宽相等"（简称"三等"关系），如图 2-8-15 所示。

七、轴 测 图

一般物体均有长、宽、高三个主要尺寸方向，但不能同时反映出三个方向的情况，如图 2-8-16 所示。用平行投影法将形体连同确定其空间位置的直角坐标系，沿不平行于任一坐标面的方向，投射到单一投影面上所得到的图形称为轴测投影图，简称轴测图。

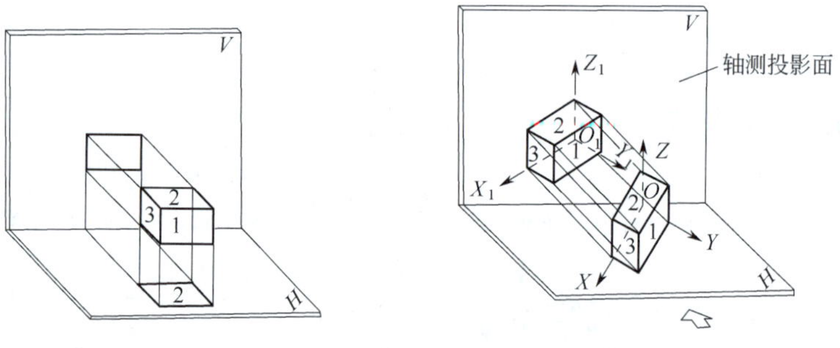

图 2-8-16 轴测图

轴测图有正轴测图和斜轴测图两种。当投射线垂直于轴测投影面时得到的图形为正轴测图。当投射线倾斜于轴测投影面时得到的图形为斜轴测图，常用斜二轴测图。

轴测图画图步骤较复杂，度量性差，且不能完全确切地反映出物体各部分的形状和大小，但它直观性好，有立体感，容易看懂，所以在工程上常采用轴测图作辅助图，用来表达某些建筑物及其构配件的整体形状和节点的搭接情况等。

八、剖 面 图

假想用剖切平面把物体剖开，移去观察者和剖切平面之间的部分，将余下部分向基本投影面投影，所画的图形称为剖面图。剖面图是工程上表示物体的一种辅助视图，有了剖面图能了解物体内部情况，更加准确地描绘出形体以及尺寸等。

工程上常用的剖面图种类：全剖面图、半剖面图。

（1）全剖面图：用剖切平面完全地剖开物体所得的剖面图，称为全剖面图，如图 2-8-17 所示。全剖面图主要用于表达内部结构形状复杂、外形比较简单的不对称物体。

（2）半剖面图：当形体具有对称平面时，在垂直于该对称平面的投影面上投射所得到的图形，可以对称中心线为界，一半画成剖面图，另一半画成外形视图，这样组合而成的图形称为半剖面图。半剖面图适用于内外结构都需要表达的对称图形，如图 2-8-18 所示。

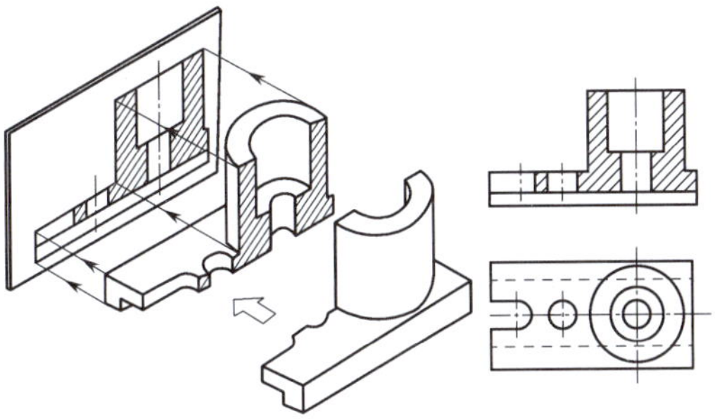

图 2-8-17　全剖面图

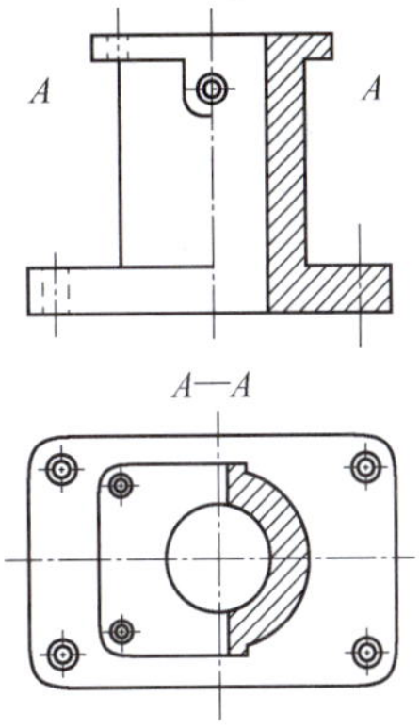

图 2-8-18　半剖面图

九、断 面 图

断面图是假想用剖切平面把物体的某处切断，仅画出断面的图形称为断面图（简称断面）。

第二节　工程识图

一、工程识图的方法

根据已知的视图，想象出物体空间形状的过程称为读图或识图。工程图样是反映工程设计思想的技术工具，因此工程技术人员不仅要能画图，而且要能读图。

读图要按照视图间对应的投影关系，把各个视图联系起来一起看，不能一个个孤立起来想。往往有这种情况：两个物体虽有一个视图相同，但它们的形状却完全不相同。如图 2-8-19 所示，两正立面图相同，但平面图不同；图 2-8-20 的两平面图相同，正立面图不同；图 2-8-21 的两左侧立面图相同，正立面图不同。上述情况只凭一个投影不能唯一地确定空间物体，因此通常不能由一个视图随便判定物体的形状。

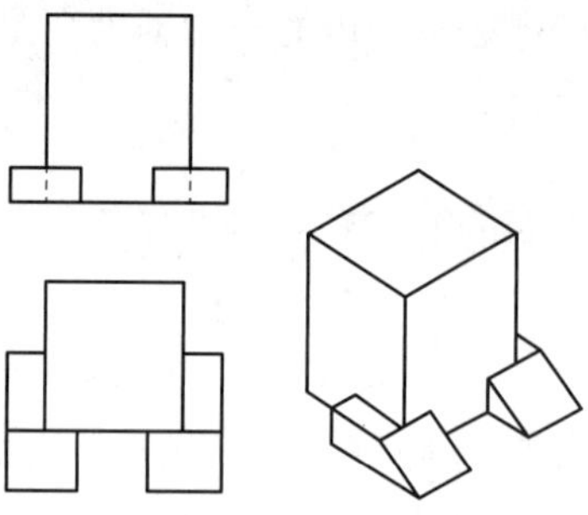

(a)物体甲　　(b)物体乙

图 2-8-19　正立面图相同的两物体

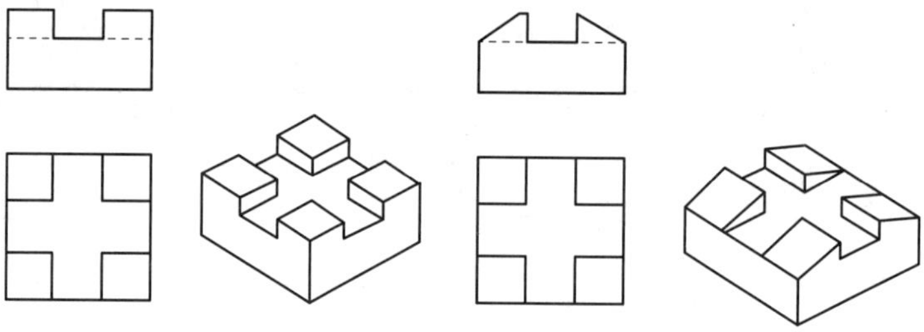

(a)物体甲　　(b)物体乙

图 2-8-20　平面图相同的两物体

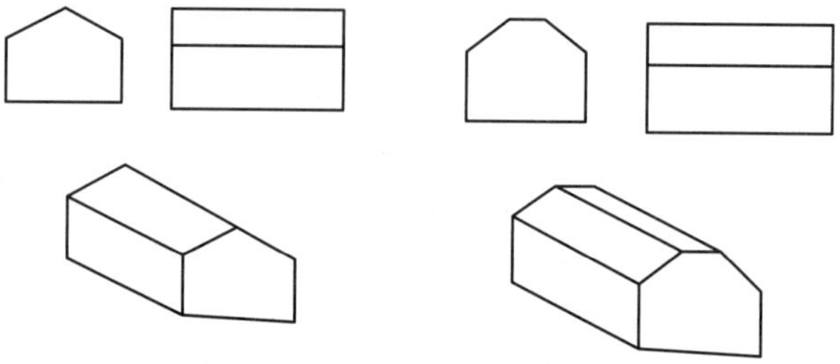

(a)物体甲　　(b)物体乙

图 2-8-21　左侧立面图相同的两物体

有时，即使两个视图都相同，也不一定是反映相同的物体，还需要看第三视图，如图 2-8-22 所示，它们的正立面图和平面图都一样，是不是表达的两物体一定相同呢？不一定，尚需对左侧立面图进行分析，因两个左侧立面图有所不同，所以反映的两个物体形状也不相同。

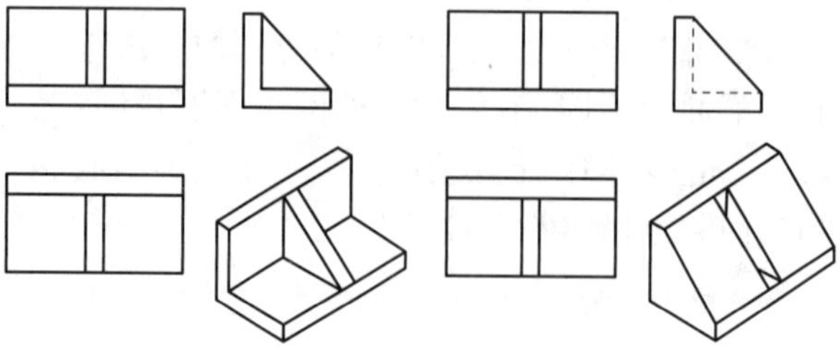

(a)物体甲　　(b)物体乙

图 2-8-22　正立面图、平面图相同的两物体

(一)工程识图的方法

读图的基本方法有两种:形体分析法和线、面分析法。形体分析法也是组合体制图、识图、尺寸标注的基本方法。

1. 形体分析法

任何工程物体都可以分析成是由若干基本形体组合起来的,这种形体分析法亦可用于读图,即把图纸中已知的视图,假想分为若干基本部分,寻找各视图间的投影关系,先想象各基本部分的形状,最后按它们的相对位置,综合想象出该物体的完整形状。

2. 线、面分析法

运用各种线、面的投影特性,深入分析视图中的某一条线或某一"线框"(封闭图形)所表达的空间含义,从而帮助构思出物体的形状,这种方法称为线、面分析法。

用线、面分析法作一次分析,仅能读懂一条线或一个面的空间意义,全图都这样分析,不仅分析量大、费时多,而且不易很快地形成物体的整体概念,故此法往往在形体分析法的基础上进行。如果物体表面有一般位置直线、一般位置平面或基本几何体组合时形成了较复杂的交线时。视图中就会出现斜线、较复杂的线框等,难以用形体分析法解决,此时宜用线、面分析法读图。

用线、面分析法要求能够从视图中的一条线段或一个"线框"较快地理解它可能表示的空间元素意义,例如视图上的一条线,可能是物体表面上面与面的交线,也可能是一个投影面垂直面的积聚性投影,或是曲面的外形线等,一条线的投影分别呈铅直、水平、倾斜或积聚成点等不同形状时,可分别标志着它们对投影面的相对位置,一个"线框"必定只表示物体的一个表面,两个"线框"表示两个表面,如物体的某一平面为边形时,其投影或积聚为直线或仍为 n 边形等,反复运用和熟悉这些规律,将为读图带来很大的方便。

3. 读图示例

对有些较复杂的物体,经过形体分析后,可以看出三视图所表示物体的大致形状,但也可能由于某些细部形状比较复杂,难以确切地识别其具体形状,则这时应对细部进一步做线、面的分析。

4. 由组合体的两个视图补画第三视图

已知组合体的两个视图,运用读图的基本方法,想象出空间形状,在此基础上,再按已知的两个视图补画物体的第三视图,这也是训练读图的一种方法,因为画第三视图的过程也是练习读图的过程,画出来的第三视图是否准确,也可检验读图的能力。

(二)识读图要遵循的事项

1. 分析已知的视图,通过分析确定物体是由哪几个基本形体组成,并粗略地框出各基本部分在三视图中的投影范围。

2. 根据各部分的投影,运用物体其中两个视图的特性,和线、面的投影分析,逐个深入地识读各部分的空间形状。

3. 各部分的形体看懂后,再分析已给视图上表示的各部分的相对位置,从而想象出物体各部分在空间的组合关系。

4. 由已知两个视图补画第三视图也是练习读图的一种方法,它是在读懂已给视图的基础上,运用三视图的投影规律来补画第三视图。

二、桥梁工程图的识读

如图 2-8-23 所示，桥梁主要是由桥跨结构、桥墩和桥台、附属构造物（护岸、导流结构物）等组成。

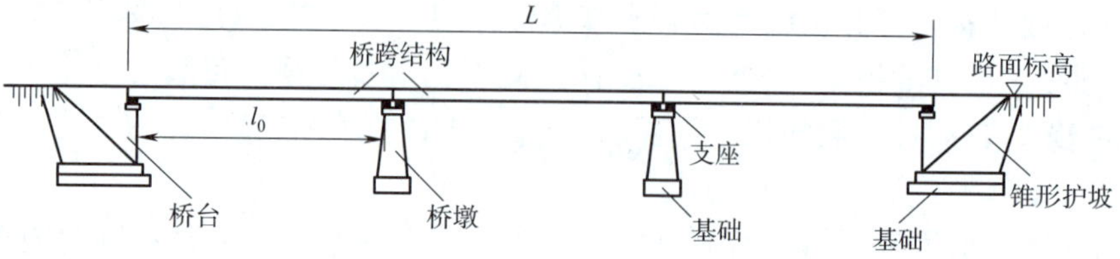

图 2-8-23 桥梁示意

桥跨结构是在路线中断时，跨越障碍的主要承载结构，还习惯称之为桥的上部结构。

桥墩和桥台是支撑桥跨结构并将恒载和车辆等活载传至地基的建筑物，又称之为下部结构。

支座是在桥跨结构与桥墩和桥台的支撑处之间所设置的传力装置。

在路堤与桥台衔接处，一般还在桥台两侧设置石砌的锥形护坡，以保证迎水部分路堤边坡的稳定。

净跨径（l_0）是相邻两个桥墩（台）之间的净距。

桥梁全长（桥长 L）是桥梁两端两个桥台的侧墙或八字墙后端点之间的长度。对于无桥台的桥梁为桥面系行车道的全长。

识图中，对于桥梁工程图的识读可按下列步骤进行：

1. 先看总体图图纸右下角的标题栏，了解桥梁名称、结构、类型、比例、尺寸单位、承受的荷载级别等。

2. 看总体图，弄清各视图之间的关系，如有剖面图、断面图，则要找出剖切线的位置和观察方向。

看图时，应先看立面图（包括纵剖面图），了解桥型、孔数、跨径大小、墩台数目、总长、河床断面及地质情况等；再对照看平面图、侧面图和横剖面图等，了解桥的宽度、人行道的尺寸和主梁的断面形式等，同时，要阅读图纸中的技术说明。这样，对桥梁的全貌便有了一个初步的了解。

3. 看了总体图的大体轮廓后，就运用形体分析的方法，把桥梁看成由许多构件所组成，读懂每个构件图，再通过总体布置图把它们联系起来，弄清楚彼此之间的关系，就不难了解整个桥梁的形状和大小了。

4. 分别看构件图的大样图，搞清楚构件的构造及钢筋的布置情况。

5. 了解桥梁各部分所用的建筑材料、工程数量表及说明等。

6. 看懂桥梁图后，再详细看一下尺寸，进行核对，检查读图中有无遗漏。

复习思考题

1. 铅笔有哪些型号？如何选用铅笔？

2. 三视图是指哪三面视图？投影规律是什么？
3. 何谓全剖面图？
4. 工程上何谓识图或读图？工程识图的基本方法有哪几种？
5. 何谓半剖面图？

第九章　工程力学与计算

本章主要介绍有关力的基本概念，静力学的基本定理，力矩、力偶的基本概念与计算，约束与约束反力的基本概念，物体的受力分析、受力图以及应力和强度等有关内容。

第一节　力的概念

一、力的基本概念

力是物体间相互的机械作用，这种作用使物体的运动状态发生改变(外效应)或者使物体形状尺寸发生变形(内效应)。如图 2-9-1 所示一人用力拉小车，这一拉力将使小车由静止开始运动起来；另外由于小车的重力，梁产生变形，由原来直线状态变成曲线状态。通常物体之间的相互作用物体本身产生变形很小，所以可把物体看成是刚体。

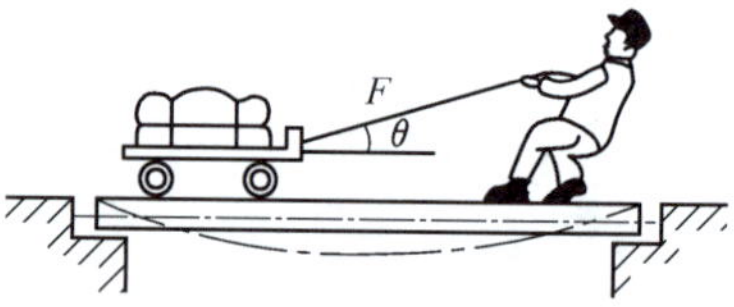

图 2-9-1　力的表示

刚体是指无论受到什么样的力作用绝对不发生变形的物体；严格地说，绝对不变形的刚体在客观上是不存在的，即使是坚硬的钢铁，在力的作用下也总要或多或少发生不同程度的变形。

力对物体作用效果取决于力的大小、方向和作用点这三个要素。实践表明，力对物体的作用效应取决于这三个要素。如图 2-9-2 所示，在力的三要素中，只要其中任何一个要素发生改变，都能改变力对物体的作用效果。

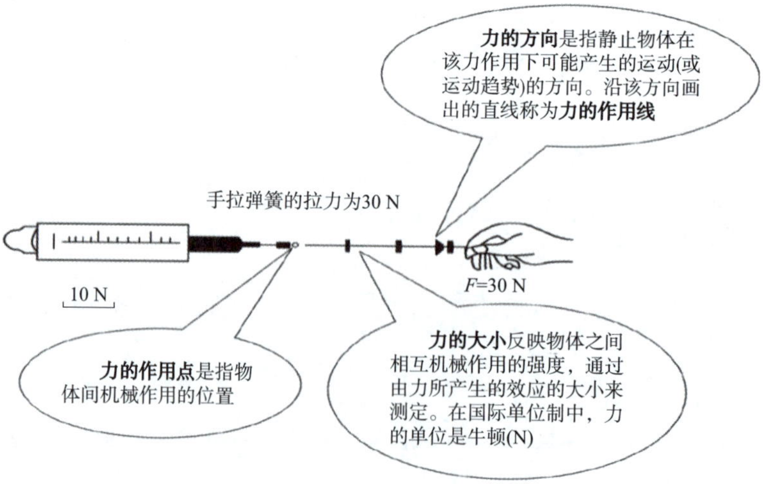

图 2-9-2　力的三要素表示

力是一个既有大小又有方向和作用点的矢量(或称向量),作用在物体上的力是定位矢量,作用在刚体上的力是滑动矢量。

如图 2-9-3 所示,在力学中,力矢量可用一条具有方向的线段表示,线段的起点或终点表示力的作用点,线段的方位和箭头指向表示力的方向,线段的长度(按一定的比例尺)表示力的大小。通过作用点沿力方向的直线,称为力的作用线。力在国际单位制中的单位是牛顿(N)或千牛(kN)。

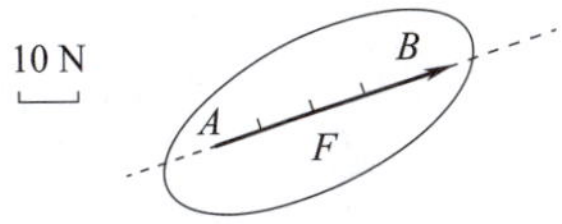

图 2-9-3 力矢量表示

二、静力学的基本定理

(一)二力平衡原理

所谓物体的平衡,是指物体相对于地球保持静止或维持匀速直线运动的状态,称为平衡态。平衡是物体运动的一种特殊情况。

要使作用在同一物体上的二力维持平衡,其必要与充分条件是此二力大小相等,方向相反且作用在同一条直线上,这是二力平衡原理。如图 2-9-4 所示,力 F_1、F_2 作用在木块上,要木块平衡,F_1、F_2 必须大小相等、方向相反并作用在同一条直线上,否则木块将产生运动(设接触面光滑)。

(二)力与反作用力定律

一物体对另一物体作用时,另一物体对此物体必然有一反作用力,作用力与反作用力总是大小相等、方向相反并沿同一直线分别作用于这两个物体上。

(三)力的运算法则

力的合成:作用在同一物体上的力可以合成为一个力,其作用效果相同。其合成法则为平行四边形法则,即作用在物体某一点上两个力的合力也作用在该点上,其大小、方向是以两个力为邻边的平行四边形的对角线表示,如图 2-9-5 所示。

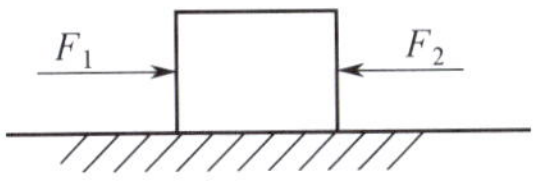

图 2-9-4 力的平衡

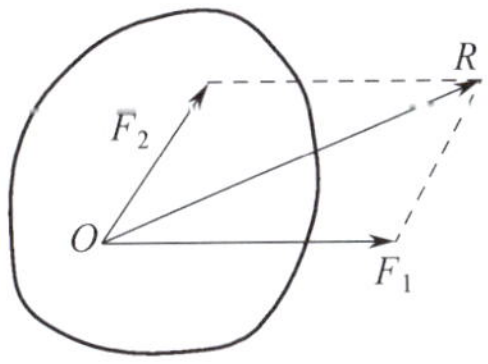

图 2-9-5 力的合成

力的分解:利用平行四边形法则不但可以把二力 F_1、F_2 合成一个合力 R,而且也可以把一个已知力 R 分解成两个分力 F_1、F_2。应注意的是二力的合成结果是唯一的。一个力分解的结果是多种的,如图 2-9-6 所示。

(四)力的可传性

作用于刚体上某一点的力,可以沿其作用线移动到刚体内任一点,并不改变该力对刚体的作用效果,称此为力的可传性,如图 2-9-7 所示。

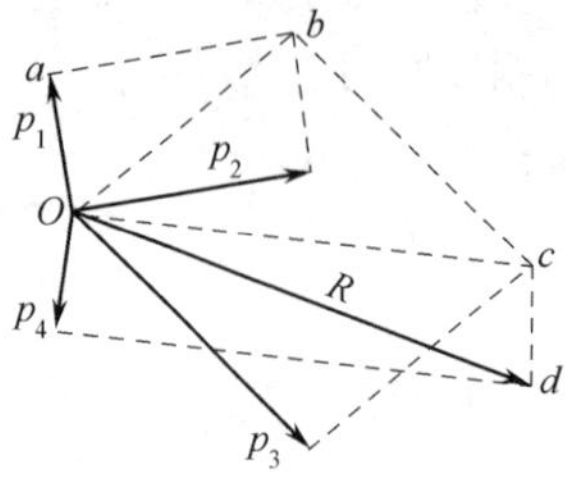

图 2-9-6 力的分解

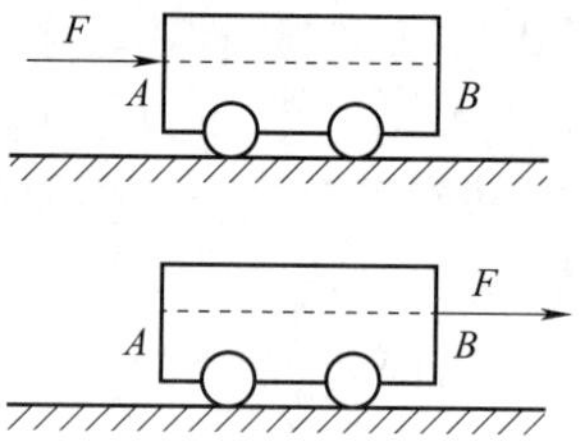

图 2-9-7 力的可传性

三、力矩、力偶的概念与计算

(一)力 矩

力对物体的作用效果可以使物体产生移动,也可以使物体产生转动。

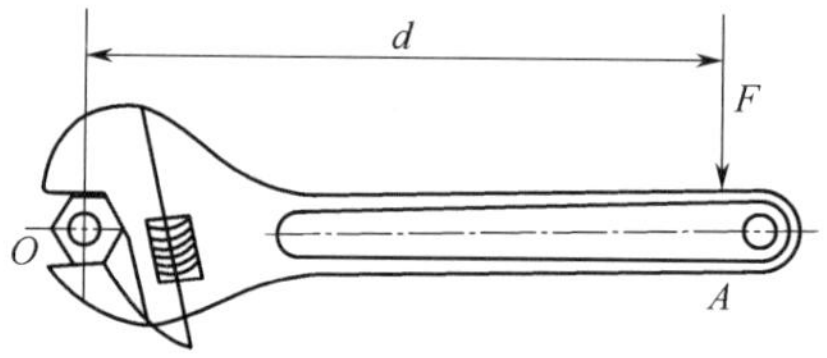

图 2-9-8 力矩示意

力矩就是衡量力使物体产生转动时其转动效果的物理量。如用扳手拧螺母时,如图 2-9-8 所示,手对扳手柄的作用力 F 将使扳手与螺母绕 O 点转动,这个转动中心 O 点,力学中叫作力矩中心,简称矩心。从实践经验看,力使物体产生转动效果不仅与力的大小有关,而且与矩心 O 到力作用线的垂直距离 d 有关,这个垂直距离 d 力学中叫作力臂。力和力臂越大,转动作用就越大。此外,力的方向也很重要,当力的方向改变时,物体的转动方向也随之改变。因此,力使物体转动的效果完全取决于两个因素:力的大小与力臂的乘积即 Fd;力使物体绕矩心 O 转动的方向。

由以上分析可得力矩的定义:力对某一点之矩,其大小等于力与力臂的乘积,其正负符号规定为力使物体绕某一点逆时针转动为正;反之为负。力矩通常用 $M_O(F)$ 表示,计算公式为 $M_O(F)=\pm F\cdot d$。

若力的单位是牛(N),力臂的长度以米(m)计,则力矩的单位为牛米(N·m)。

力矩的性质:

(1)力对某点之矩不仅取决于该力的大小,同时还与矩心的位置有关。

(2)力对任一点之矩,不会因该力沿其作用线移动而改变,因为此时力和力臂的大小均未改变。

(3)当力的作用线通过物体转动中心时,这时力臂为 0,此时力对物体不产生转动效果,即力的作用线通过矩心时,力矩值为零。或 $F=0$ 时,$M_O(F)=0$。

(4)互成平衡的一对力对同一点之矩的代数和等于零。

(二)力 偶

1. 概念

力偶也是力学中一个基本量。

(1)定义:大小相等、方向相反、作用线平行但不共线的两个力,称为力偶。在力偶作用面内,力偶使物体产生纯转动的效应,如图 2-9-9 所示。

力偶对物体作用效果用力偶矩来度量，力偶矩的大小等于力的大小与力偶臂的乘积，简单记为 $M=F\cdot d$，$M_O(F,F')=M_O(F)+M_O(F')=F\cdot d$。

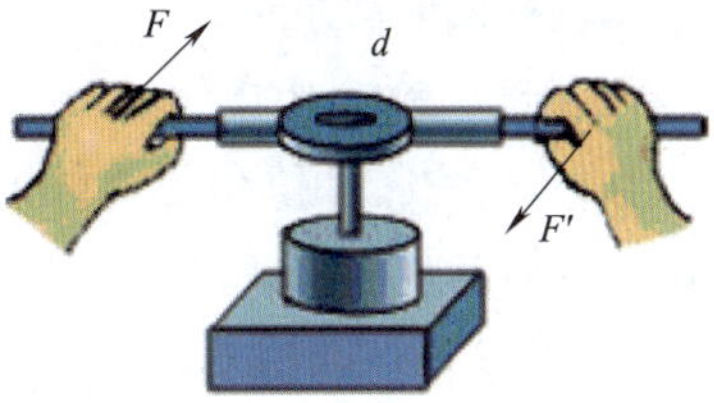

图 2-9-9　力偶示意

力偶矩的方向规定：逆时针转向为正，顺时针转向为负。

(2)力偶的三要素：

① 力偶矩的大小。

② 力偶的转向。

③ 力偶的作用平面：力偶中两反向平行力的作用线所在的平面。

(3)力偶臂：力偶中两反向平行力的作用线的垂直距离。

2. 力偶矩

力偶中力的大小与力偶臂的乘积，称为力偶矩。国际制单位中，力偶矩的单位是牛顿米(N·m)。在平面内，力偶矩是代数量。

力偶对物体的作用效应，完全取决于力偶的三要素，因此，力偶的等效条件为力偶的三要素均相同。

3. 力偶的基本性质

(1)力偶在任何坐标轴上投影的代数和均为零，所以力偶无合力，即力偶不能用一个力来平衡，只能用另一个力偶来平衡。也就是说，力偶不能与力等效，只能与另一个力偶等效。

(2)力偶对物体只有单纯改变旋转运动的作用，而无平移的作用。

(3)力偶对物体的作用效应仅仅取决于力偶的三要素，而与力偶的作用位置无关，即力偶可在作用平面内任意移动。对刚体而言，力偶还可以在与力偶的作用面平行的平面间任意移动。

(4)在力偶三要素不改变的条件下，可以任意选定组成力偶的两个等值、反向、平行力的大小或力偶臂的长短。

由大小相等、方向相反，作用线平行但不共线的两个力所组成的力系，称为力偶。同时作用在物体上的一群力偶，称为力偶系。

第二节　物体受力分析、受力图

一、约束与约束反力的基本概念

(一)基本概念

凡是对物体的某些运动(位移)起限制作用的周围其他物体都称为约束，如轴承就是转轴的约束。约束对物体的作用力称为约束反力。

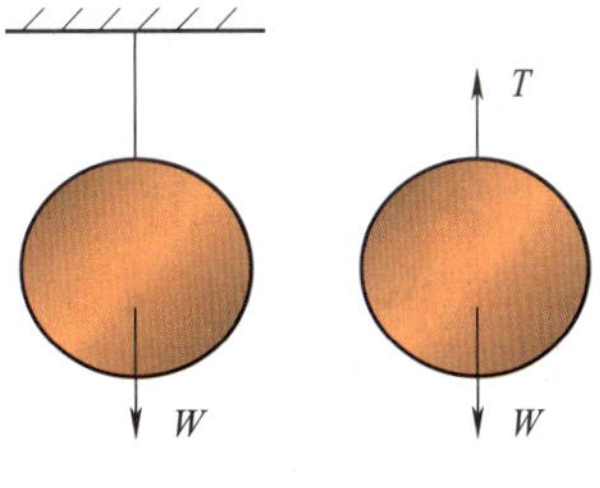

图 2-9-10　约束反力示意

一般将物体所受的力分为两类：一类是能使物体产生运动或运动趋势的力，称为主动力，如重力、拉力、推力。主动力有时也叫载荷。另一类是约束反力，如图 2-9-10 所示的力 T，它是由主动力引起的阻碍物体运动或运动趋势的力，称为被动力。

(二)常见的约束类型

1. 柔性(柔索)约束

由绳索、皮带和链条等物体所形成的约束,称为柔性约束。这类约束柔软易变形,只能承受拉而不能承受压。它们只能限制非自由体向绳索沿长方向的运动而不能限制其他方向的运动,如图 2-9-11 所示。

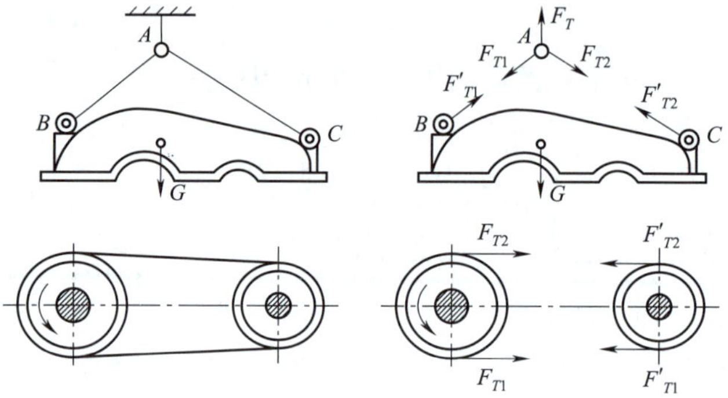

图 2-9-11 柔性约束示意

2. 光滑接触面约束

由具有光滑接触面的物体所形成的约束,称为光滑接触面约束。无论两物体间的接触面是平面还是曲面,只能承受压而不能承受拉,它只能限制物体沿接触面法线方向的运动而不能限制物体沿接触面切线方向的运动。因此,光滑接触面的约束反力垂直于接触处的公切面,方向是沿着接触面的法线而指向物体,它是一种推力,反力作用点为接触点,如图 2-9-12 所示。

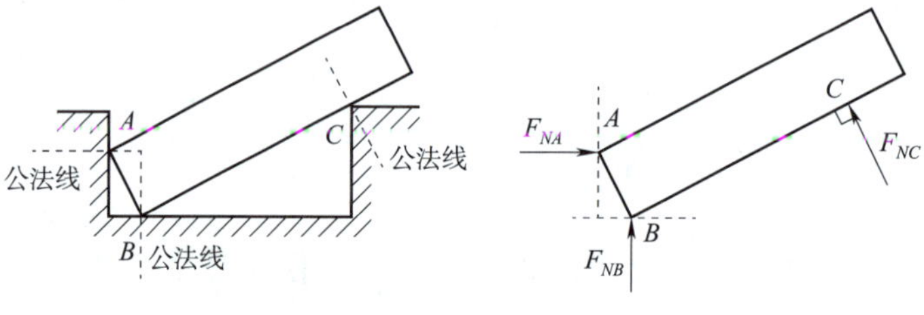

图 2-9-12 光滑接触面约束示意

3. 光滑圆柱铰链约束

用销钉将两个圆柱孔直径相同的物体连接起来,且不计销钉与销钉孔壁之间摩擦的约束,称为光滑圆柱铰链约束,如图 2-9-13 所示。

两非自由体相互连接后,接触处的摩擦忽略不计,只能限制两非自由体在垂直于销钉轴线的平面内沿任意方向的相对移动,而不能限制两非自由体绕销钉轴线的相对转动和沿其轴线方向的相对移动的约束。

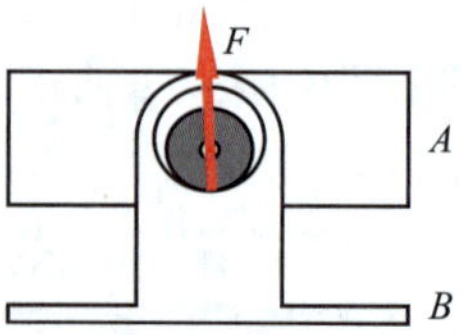

图 2-9-13 光滑圆柱铰链约束示意

包括中间铰链约束、固定铰链约束和活动铰链座三种类型。

约束反力:通过铰链中心,大小、方向均未确定。一般用一对通过铰链中心，大小未知的正交分力来表示。但其中二力构件、活动铰链支座的反力方向是可以确定的。

(1)中间铰链约束，如图 2-9-14 所示。

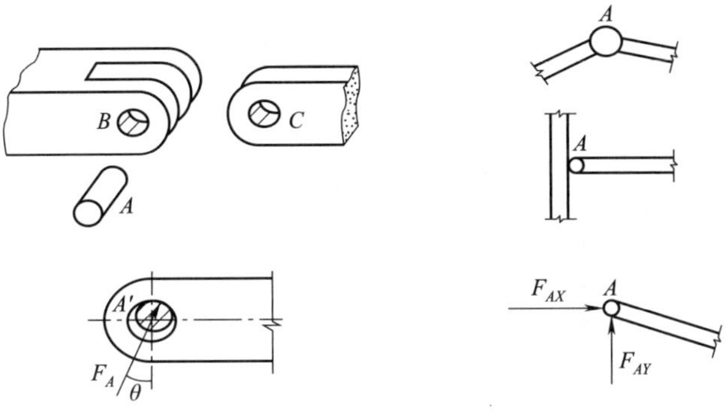

图 2-9-14　中间铰链约束示意

(2)固定铰链约束：圆柱销连接的两构件中，有一个是固定构件，如图 2-9-15 所示。

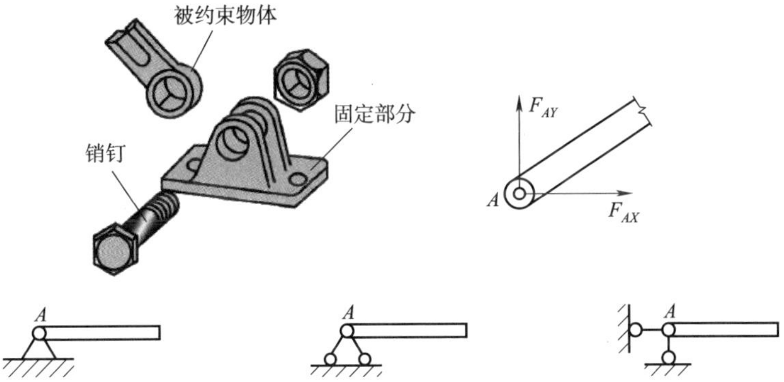

图 2-9-15　固定铰链约束示意

约束特点：能限制物体(构件)沿圆柱销半径方向的移动，只能绕销钉轴转动。

(3)活动铰链约束：铰链将桥梁、房屋等结构连接在有几个圆柱形滚子的活动支座上，支座在滚子上可做左右相对运动，两支座间距离可稍有变化，如图 2-9-16 所示。

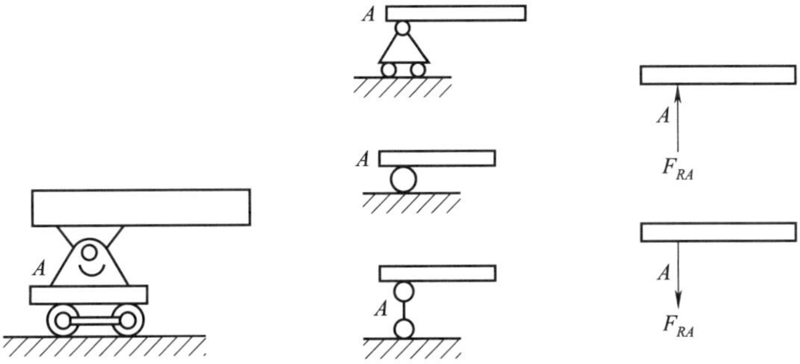

图 2-9-16　活动铰链约束示意

约束特点：在不计摩擦的情况下，它只能限制杆件沿支承面法线方向的运动，这种可动铰接的约束反力 R 的作用线过铰接中心并垂直于支承面。

4. 固定端约束

类似如房屋的雨篷嵌入墙内、电线杆下段埋入地下等，其结构或构件的一端牢牢插入支承物里而构成的约束，如图 2-9-17 所示。

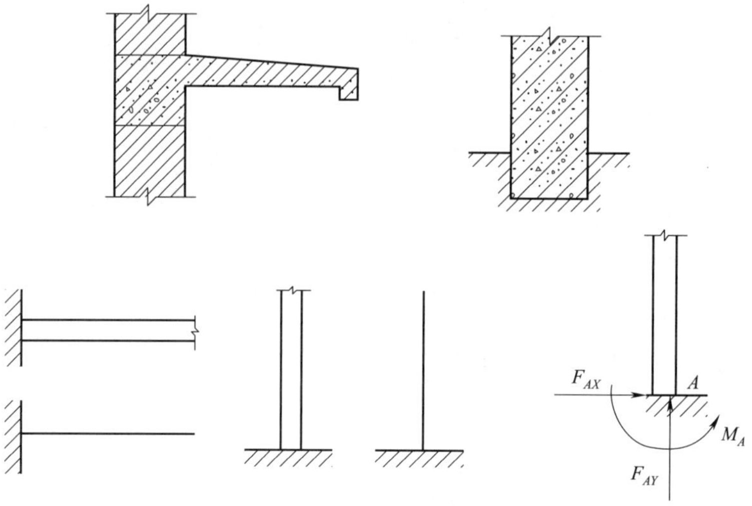

图 2-9-17　固定端约束示意

约束特点：固定端约束既限制了非自由体的垂直与水平移动，又限制了非自由体的转动。

约束反力：故此在平面问题中，可将固定端约束的约束反力简化为一组正交的约束反力与一个约束反力偶。

因此，上述各种类型的约束，都是将实际约束加以抽象和简化后的理想的力学模型，实际上遇到的约束往往比理想情况复杂，必须分清主次，略去一些次要因素，从而把约束归结为力学模型。

二、受力分析、受力图

1. 受力分析

作用在物体上的每一个力，都对物体的运动(包括平衡)产生一定的影响。因此，在工程实际中，常常要分析某一构件受哪些力的作用，在这些力当中哪些力是已知的、哪些力是未知的，它们的大小和方向如何等，这种对物体受力情况进行的分析，称为受力分析。

2. 受力图

在受力分析中，把所研究的物体称为研究对象，并把研究对象从周围物体中分离出来，单独画出它的轮廓图形，称为分离体。再在分离体上画出物体所受的全部力，包括主动力和约束反力，这个画有物体所受全部力的分离体图，称为物体的受力图。取分离体、画受力图的整个过程即为受力分析过程，如图 2-9-18 所示。

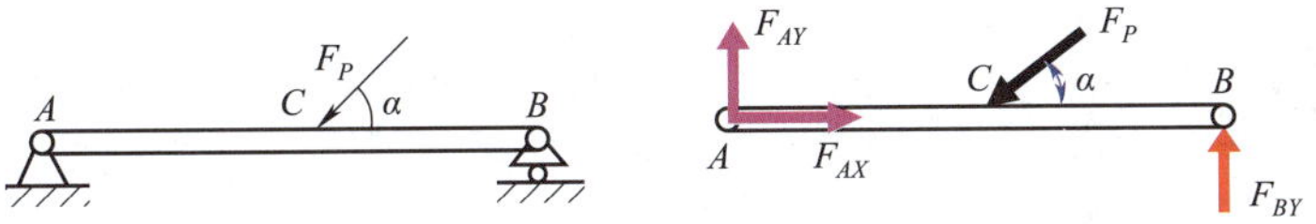

图 2-9-18 简支梁受力

第三节 应力和强度

内力是指构件在受外力作用发生变形时，为保持自身形状尺寸不变，其内部各部分之间将产生相互作用力，这种由外力作用而引起的物体内部的相互作用力，称为内力（单位：N），单位面积上所受的内力称应力（单位：MPa）。

由于外力作用在物体外部的方式不同，物体内部所产生的内力及相应应力也不同。

（1）抗拉力：两人拉一根绳子，绳子就有拉长的倾向，在绳子断面上产生一种反抗拉力的力，叫作抗拉力及单位面积上的拉应力。

（2）抗压力：桥梁荷载通过支座压在桥墩上，桥墩有压缩的趋向，在桥墩的断面上产生一种反抗压缩的力，叫作抗压力及单位面积上的压应力。

（3）抗剪力：外力作用在物体上像剪刀或铡刀一样，有两个力，一个向下，一个向上（不在同一直线上），物体有被剪切的倾向，在物体内产生一种抗剪切的力，叫作抗剪力及铆钉单位截面上的剪应力。如铆钉所受的力，如图 2-9-19 所示。

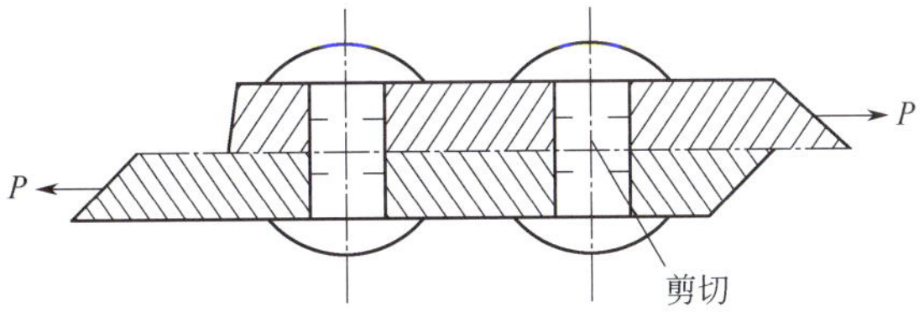

图 2-9-19 抗剪力

（4）抗挠曲应力：外力作用在一物体上，使物体有弯曲的趋势（如人站在跳板上，跳板会发生弯曲），物体抵抗弯曲的力叫作抗挠曲应力。这应力在物体的断面上，上部为抗压应力，下部为抗拉应力，中间不受力。应力的大小一般为单位面积所承受的内力来表示，应力＝力÷断面积。

（5）应力的极限：凡一物体每单位面积所能承受的最大应力，称为极限强度。超过这一强度，物体就要破裂或折断。

（6）安全系数及允许应力：在工程结构及吊装作业中，无论是钢丝绳、钢材、木材还是混凝土材料，在使用时的容许应力不能等于极限强度，而应低于极限强度。极限强度等于容许应力的多少倍，人们把这倍数称为安全系数（俗称保险系数）。因此，容许应力可按下式求得：容许应力＝极限强度÷安全系数。

在一般永久建筑物中所使用的钢、木及混凝土等材料的安全系数为 2～3；临时性建筑物中安全系数可稍低；在装吊作业中，钢丝绳的安全系数较高，一般在 5 以上。

复习思考题

1. 力的定义、效应及力的三要素是什么？
2. 何谓二力平衡？
3. 何谓力矩、力偶？
4. 何谓约束和约束反力？
5. 常见的约束类型有哪些？
6. 物体受力分析指什么？
7. 何谓内力、应力？

第十章　机　　械

本章主要介绍有关机械的基本知识及各组成部分的关系，运动副和传动机构的知识，常见机械传动的类型、特点、应用及要求，机械零件，联结件及螺纹联结等内容。

第一节　概　　述

一、基本概念

1. 机构

各组成部分之间具有确定的相对运动，能够用来传递运动和力或改变运动形式的构件组合系统。

2. 机器

人们根据使用要求而设计的一种执行机械运动的装置，用来变换或传递能量、物料与信息，从而代替或减轻人类的体力劳动和脑力劳动，完成有用的机械功或转换机械能。

3. 机械

机构与机器的总称。是人工制造的，用来减轻或替代人类劳动的多件实物的组合体。

(1)机械是人类祖先在长期的生活和生产劳动探索中逐渐产生的。

(2)机械是人类的生产劳动工具，是人类社会生产力发展的重要标志，是人类文明的产物。

4. 零件

机器组成中不可再拆的最小单元，是机器的制造单元。

5. 构件

由一个零件或若干个零件刚性组合成的最小的运动单元。

6. 部件

一套协同工作且完成共同任务的零件组合，是机器的装配单元，机器是由若干部件组成的。

二、机械、机器、机构、构件、零件之间的关系

机械、机器、机构、构件、零件之间的关系如图 2-10-1 所示。

三、机　　构

(一)机构的组成

1. 构件

如图 2-10-2 所示，内燃机中的曲柄滑块机构，就是由汽缸体、活塞、连杆、曲柄(曲轴)四个构件组成。构件按运动性质可分为三类。

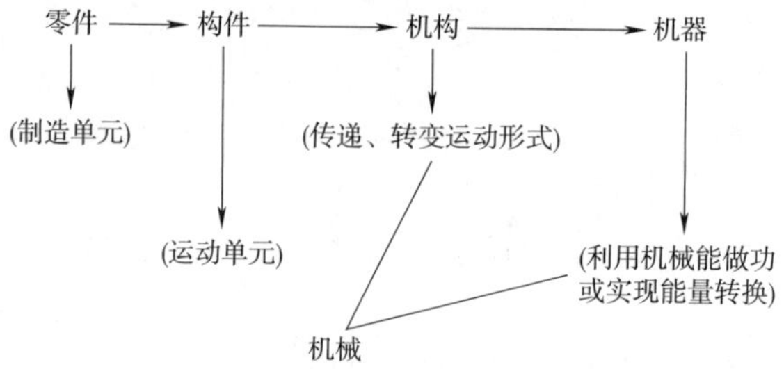

图 2-10-1　机械、机器、机构、构件、零件之间的关系

(1)固定件(机架):用来支承活动构件的构件,如图 2-10-2 中的汽缸体。

(2)主动件(原动件):驱动力所作用的构件,或者说带动其他构件运动的构件,如图 2-10-2 中的活塞。

(3)从动件:机构中随着主动件的运动而运动的其余构件。如图 2-10-2 中的连杆和曲柄。

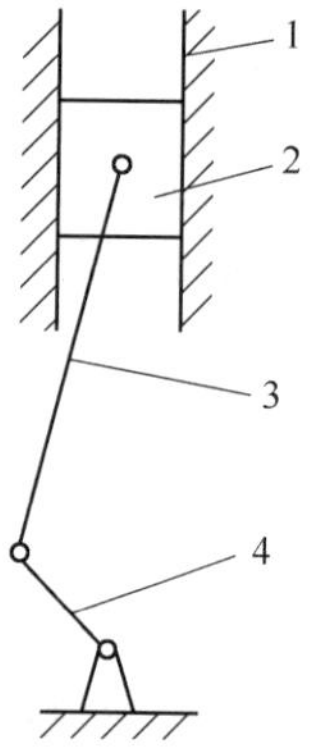

1—汽缸体;2—活塞;
3—连杆;4—曲柄。

图 2-10-2　曲柄滑块机构

2. 运动副

在机构中,我们把两构件直接接触而又具有一定相对运动的可动联结称为运动副。

机构是由构件通过运动副联结而组成的构件系统。

运动副中两构件间接触形式:点、线、面(运动副元素)。

根据组成运动副两构件之间接触特性(平面运动副)不同,分为低副和高副。

(1)低副:两构件通过面接触组成的运动副称为低副。根据低副两构件的相对运动是转动还是移动,又分为转动副和移动副。转动副指两构件之间只能绕同一轴线作相对转动,也称为铰链,移动副是指两构件只能沿某一直线做相对移动,如图 2-10-3 所示。

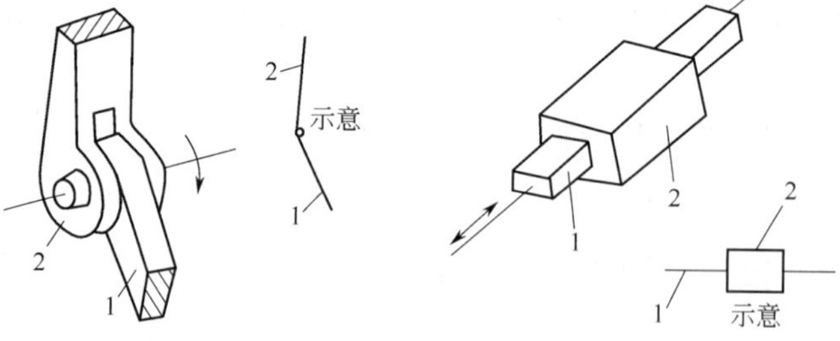

(a)转动副　　(b)移动副

图 2-10-3　低副

(2)高副:两构件通过点或线接触组成的运动副称为高副,如图 2-10-4 所示,又分为滚动轮接触的运动副、凸轮接触的运动副和齿轮接触的运动副。

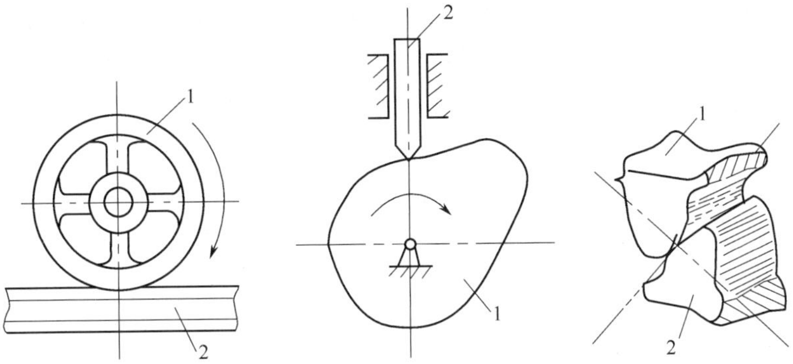

(a)滚动轮接触　　(b)凸轮接触　　(c)齿轮接触

图 2-10-4　高副

(3)运动副的应用特点

低副特点:由于是面接触,单位面积压力较小,故承载能力强,较耐用,传力性能好;但低副为滑动摩擦,摩擦损失大,效率低,不能传递较复杂的运动。

高副特点:由于是点或线接触,单位面积压力较大,故承载能力差;两构件接触处容易磨损,制造和维修困难,但能传递较复杂的运动。

(4)空间运动副:运动副中两构件做空间运动,如图 2-10-5 所示,又分为球面副、球销副和螺旋副。

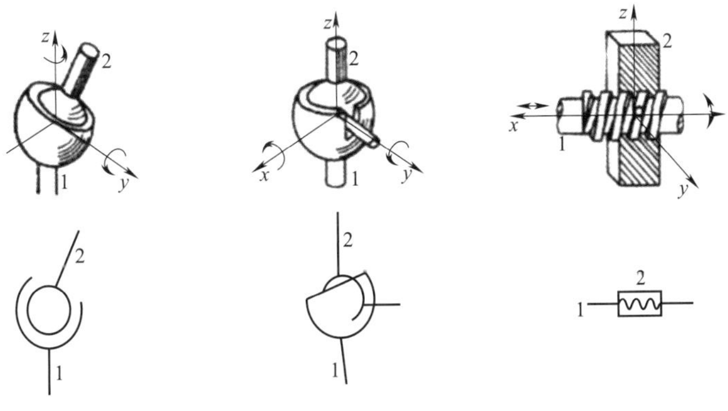

(a)球面副　　(b)球销副　　(c)螺旋副

图 2-10-5　空间运动副及其符号

四、平面连杆机构

平面连杆机构是由一些刚性构件用低副联结而成的,各构件的运动都是位于同一平面或相互平行的平面上。而由四个构件组成的平面连杆机构称为四杆机构。

当平面四杆机构中的运动副都是转动副称为铰链四杆机构,如图 2-10-6 所示。

根据铰链四杆机构中是否存在曲柄,分为三种基本形式:曲柄摇杆机构、双曲柄机构和双摇杆机构。

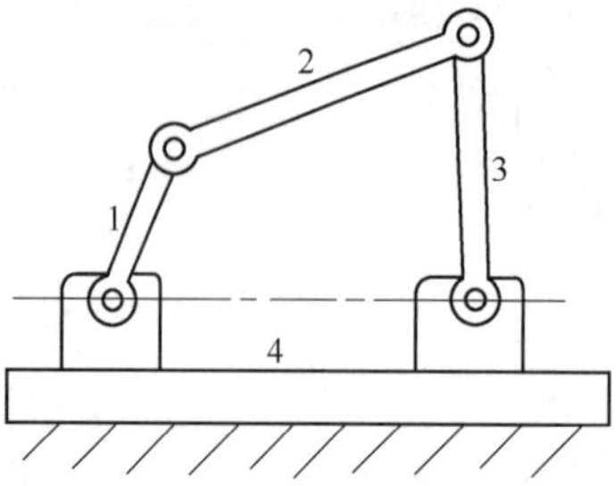

图 2-10-6　铰链四杆机构

1. 曲柄摇杆机构

在铰链四杆机构中，一个连架杆为曲柄，而另一个连架杆为摇杆，如图 2-10-7 所示。

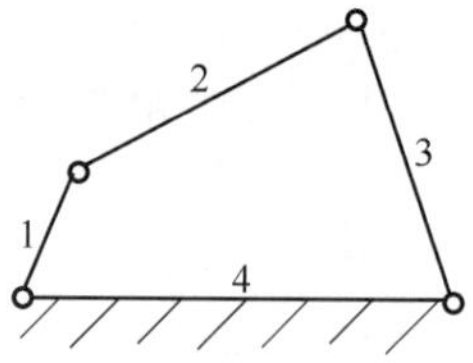

图 2-10-7　破碎机机构示意

通常以曲柄为主动件，并做匀速圆周转动，而摇杆为从动件，做变速往复摆动。曲柄 AB 做整周转动，摇杆 CD 只能在一定角度范围内摆动。

2. 双曲柄机构

在铰链四杆机构中，两连架杆都为曲柄，如图 2-10-8 所示，AB(主动件)曲柄匀速转动可转化为 CD 杆(曲柄)的变速转动。

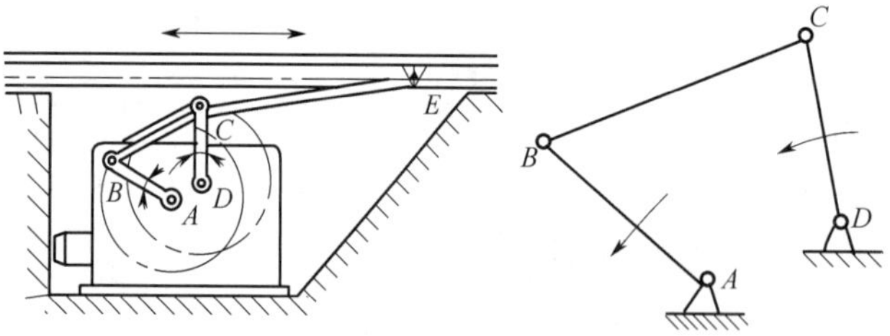

图 2-10-8　惯性筛示意

3. 双摇杆机构

两连架皆为摇杆的机构称为双摇杆机构，如图 2-10-9 所示，为汽车前轮转向机构。

4. 凸轮机构

凸轮机构主要由凸轮、从动杆和机架三个基本构件组成，如图 2-10-10 所示，通常凸轮(主动件)做匀速转动，驱使从动杆做往复移动或摆动。

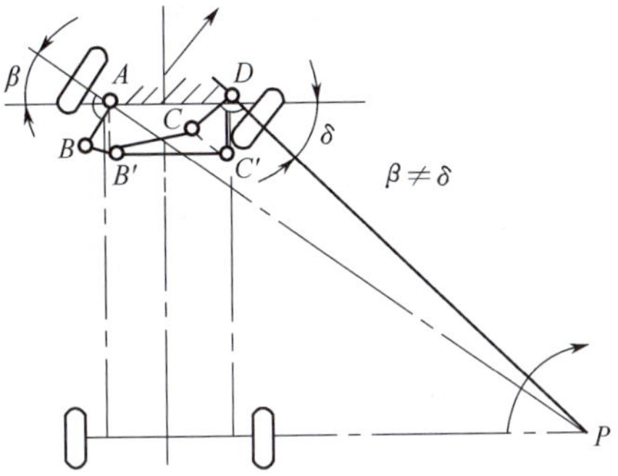

图 2-10-9 车辆前轮转向示意

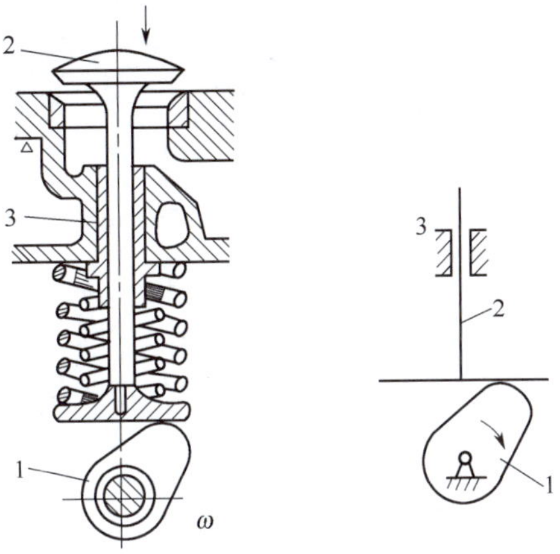

1—凸轮；2—从动杆；3—机架。

图 2-10-10 内燃机配气机构示意

第二节 机械传动

在机械工作中，一般都要在原动机和工作机之间利用一些装置来传递能量、传递运动、改变速度及改变运动方式等，这一装置称为传动装置。利用某些机械零件组成的传动装置称为机械传动。

机械传动类型，如图 2-10-11 所示。

- 机械传动
  - 摩擦传动
    - 直接接触传动:摩擦轮传动
    - 挠性类传动: 带传动
      - 平型带传动
      - V型带传动
      - 圆型带传动
  - 啮合传动
    - 直接接触传动
      - 齿轮传动
        - 圆柱齿轮传动
        - 锥齿轮传动
        - 齿轮齿条传动
      - 蜗杆传动
      - 螺旋传动
    - 挠性类传动
      - 链传动
      - 带传动:同步齿形带传动

图 2-10-11 机械传动类型示意

一、带 传 动

1. 带传动的工作原理及应用

带传动由传动带和带轮组成，如图 2-10-12 所示，传动带张紧后，带与带轮的接触面就产生了正压力。当主动轮回转时，由于摩擦力的作用，它便通过传动带带动从动轮回转。这样就把主动轴的动力传递给从动轴。

常用的带传动有平型带传动、V 型带传动和圆型带传动。

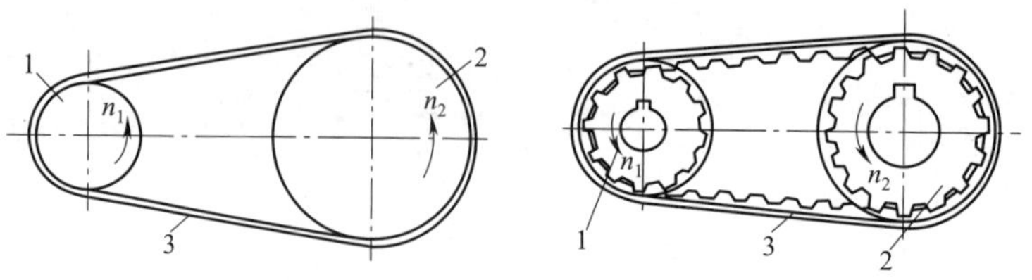

(a)摩擦型带传动　　(b)啮合型带传动

1—带轮(主动轮);2—带轮(从动轮);3—挠性带。

图 2-10-12　带传动示意

2. 带传动的特点

(1)优点:带具有良好的弹性,传动平稳,噪声小,可缓冲吸振;当过载时,带在带轮面上打滑,可以防止损坏其他零件,起到保护的作用;结构简单,制造、安装精度要求不高,使用维护方便,适用于两轴中心距较大的场合。

(2)缺点:不能保证严格的传动比,传动效率较低,传递功率及工作速度较小,带的寿命一般较短。

3. 带传动的应用

(1)带传动一般适用于带速 $v=5\sim25$ m/s,传动比 $i\leqslant7$,传递功率 $N\leqslant100$ kW 的场合。

(2)带传动不适用于油污、高温、易燃和易爆的场合。

4. 带转动的失效形式

打滑、带的疲劳破坏。

二、链 传 动

1. 链传动的工作原理

如图 2-10-13 所示,链传动是属于具有挠性件的啮合传动,由两个具有特殊齿形的链轮(主动链轮、从动链轮)和一条闭合的传动链组成。它是利用链条的链节与链轮轮齿的互相啮合传递运动和动力。

2. 链传动的特点

(1)由于啮合传动,能保证准确的平均传动比,效率高。

(2)链条为中间传动件,可用在两轴中心距较大的地方。

(3)链条的铰链易磨损,会造成脱链现象。

(4)成本较带高,传动中噪声较大,不能过载保护。

(5)功率较大,可应用于一些工作条件恶劣的场合。

(6)安装时对两轮轴线的平行度要求较高。

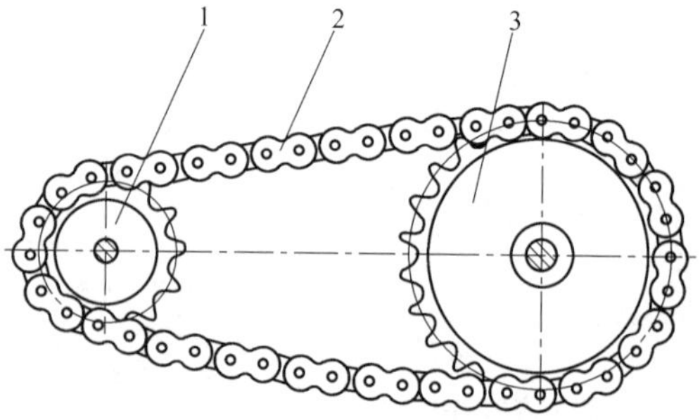

1,3—链轮;2—链。

图 2-10-13　链传动示意

3. 链传动的适用范围

功率 P 一般小于 100 kW，传动比滚子链为 $i \leqslant 6$、齿形链为 $i \leqslant 10$，效率 $\eta \approx 0.92 \sim 0.98$，中心距 a 一般小于 6 m。

三、齿轮传动

1. 齿轮传动

利用齿轮副来传递运动和(或)动力的一种机械传动，如图 2-10-14 所示。

图 2-10-14　齿轮传动示意

2. 齿轮传动的组成

齿轮传动由主动轮、从动轮和机架组成。

3. 齿轮传动的工作原理

依靠主动轮的轮齿与从动轮的轮齿啮合传递运动和动力。

当一对齿轮相互啮合而工作时，主动轮的轮齿通过啮合点法向力的作用，逐个地推动从动轮的轮齿，从而将主动轮的动力和运动传递给从动轮。

4. 齿轮传动常用类型

齿轮传动常用类型，如图 2-10-15 所示。

- 齿轮传动
  - 两轴平行
    - 按轮齿方向
      - 直齿圆柱齿轮传动
      - 斜齿圆柱齿轮传动
      - 人字齿圆柱齿轮传动
    - 按啮合情况
      - 外啮合齿轮传动
      - 内啮合齿轮传动
      - 齿轮齿条传动
  - 两轴不平行
    - 相交轴齿轮传动：锥齿轮传动
    - 交错轴齿轮传动
      - 交错轴斜齿轮传动
      - 蜗轮蜗杆传动

图 2-10-15　齿轮传动类型示意

5. 齿轮传动的特点

齿轮传动是机械中应用最广泛的一种机械运动，它之所以应用广泛是因为具有较多的特点。

(1)适用的圆周速度范围和功率范围广(速度可达 300 m/s,功率可达 100 kW)。

(2)效率高,一般效率 $\eta=0.92\sim1.99$。

(3)齿轮传动速比恒定,传动较平稳,工作可靠性高。

(4)结构紧凑,寿命长,工作可靠。

(5)可实现任意两轴之间的传动。

(6)齿轮传动的主要缺点是制造和安装精度要求较高,运转过程中有振动、冲击和噪声,不能实现无级变速,不适宜用在中心距较大的场合,因此成本较高。

6. 齿轮的失效形式

在齿轮工作中,如果齿轮失去正常工作的能力,就称之为失效。常见形式有轮齿折断、轮齿疲劳点(齿面点蚀)、齿面磨损、齿面胶合、齿面塑性变形。

四、螺旋传动

1. 螺旋传动

利用螺杆与螺母组成的螺旋副来实现传动要求,如图 2-10-16 所示,它主要用于将回转运动转变为直线运动。

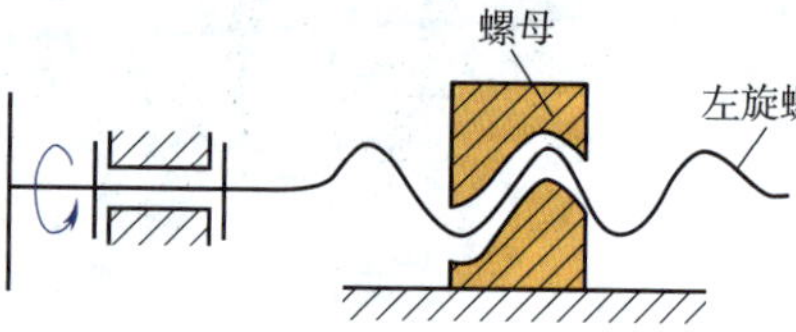

图 2-10-16　螺旋传动

2. 螺旋传动的特点

螺旋传动具有结构简单,工作连续、平稳、无噪声,承载能力大,传动精度高,易于自锁等优点,故在机械中有着广泛的应用。其缺点是磨损大,效率低。

3. 螺旋传动的类型

螺旋传动有滑动螺旋传动和滚动螺旋传动两种,如图 2-10-17、图 2-10-18 所示。

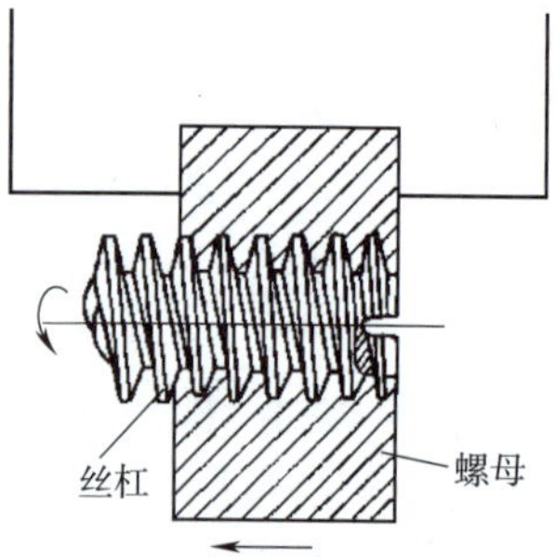

图 2-10-17　滑动螺旋传动

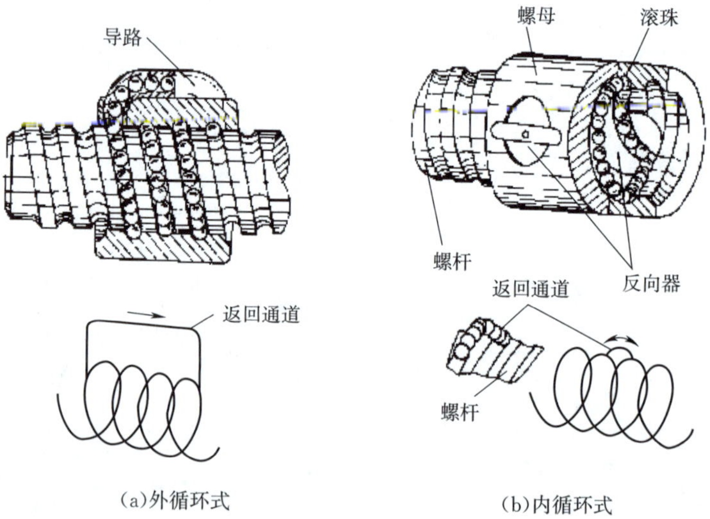

图 2-10-18　滚动螺旋传动

五、蜗杆传动

1. 蜗杆传动

由蜗杆和蜗轮组成，通常由蜗杆(主动件)带动蜗轮(从动件)转动，并传递运动和动力，如图 2-10-19 所示，通常用于两轴交错成 90°的传动。蜗杆传动广泛应用于各类机械中。

图 2-10-19　蜗杆传动

2. 蜗杆传动的特点

(1)优点：传动比大，一般 $i=10\sim100$，在传递动力的分度机构中，最大可达 1 500 以上；结构紧凑，传动平稳，振动、冲击和噪声均很小；具有自锁性能，即只能蜗杆带动蜗轮，而不能用蜗轮带动蜗杆。

(2)缺点：传动效率低，摩擦发热量大和磨损，长期连续工作时必须考虑散热问题；效率低，一般效率为 0.7～0.8，具有自锁性能的蜗杆蜗轮效率更低，一般小于 0.5；另外一般材料较贵重，成本高。

六、机械零件

1. 轴

机器中的重要零件，它的主要功用是支撑转动件(如齿轮、带轮、链轮等)和传递运动和动力。

2. 轴承

多用来装在轴的轴颈部位，以支承整个轴。一般根据运动时摩擦性质可分为滑动轴承和滚动轴承。

七、螺纹联结件及螺纹联结

一部机械都是由许多零件以一定方式联结而成的。其中螺纹联结因为具有可拆性被广泛地使用于各种场合。

(一)常用标准螺纹联结件

1. 螺栓

根据加工精度不同，螺栓分为粗制和精制两种。螺栓头部形状很多，但应用最多的是六角头。一般情况采用标准六角头。部分场合下，螺栓也可作螺钉用，六角头螺栓如图 2-10-20 所示。

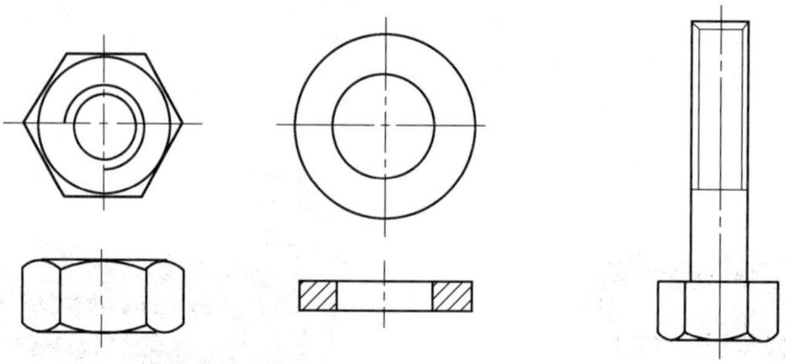

图 2-10-20　六角螺母、垫圈、螺栓

2. 双头螺柱

螺柱的两端都有螺纹，螺柱两端螺纹的长度根据旋入被联结件的材料而定。

3. 紧定螺钉

根据不同拧紧程度有不同的头部形状，螺钉的尾部也有各种形状，如图 2-10-21 所示。

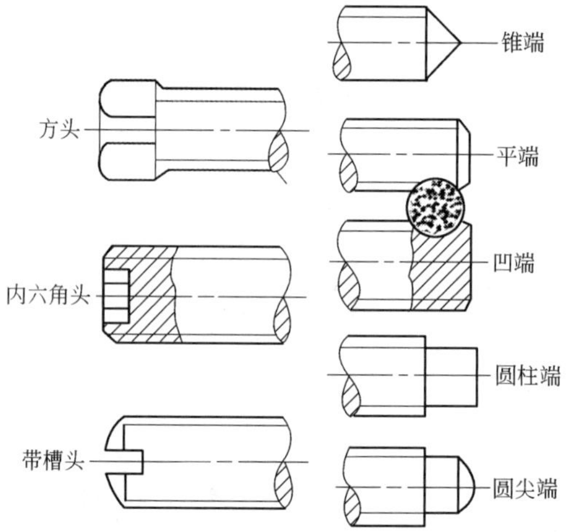

图 2-10-21　紧定螺钉

4. 螺母

按其外形可分为圆螺母、六角螺母和方螺母等，其中应用最多的是六角螺母，如图 2-10-20 所示，圆螺母常用于轴上零件的轴向固定。螺母也分为粗制和精制，两种分别与粗制螺栓和精制螺栓相配。

5. 垫圈

一般衬垫用的垫圈如图 2-10-20 所示，目的是增加被联结件的支承面积以减少接触应力，同时防止拧螺母时擦伤被联结件的表面。另外，弹簧垫圈还起到防松的作用。

复习思考题

1. 机械、机构、机器的概念及关系是什么？
2. 运动副的概念是什么？类型有哪些？
3. 铰链四杆机构基本形式有哪几种？
4. 机械传动的类型有哪些？
5. 齿轮的失效形式有哪些？
6. 蜗杆传动的特点是什么？

第三篇　相关知识

第一章　基本规章及相关规章

本章重点介绍《铁路技术管理规程》中普速铁路部分、高速铁路部分对铁路工作人员的基本要求以及桥隧工需要掌握的铁路信号等基本知识,《铁路交通事故调查处理规则》知识。

第一节　《铁路技术管理规程(普速铁路部分)》相关规定

一、对铁路工作人员的基本要求

国家铁路工作人员必须严格遵守和执行本规程的规定,在自己的职责范围内,以对国家和人民负责的态度,保证安全生产。各单位对遵守本规程成绩突出者,应给予表扬或按有关规定给予奖励;对违反者,应视其违反程度和造成事故的性质、情节及后果,给予教育、处分。

行车有关人员,在任职、提职、改职前,必须按照铁路职业技能培训规范要求,进行拟任岗位资格性培训,并经职业技能鉴定和考试考核,取得相应职业资格证书和岗位培训合格证书后,方可任职。在任职期间,须按照铁路职业技能培训规范等规定,定期参加岗位适应性培训和业务考试,考试不合格的,不得继续履职。

行车有关人员,在任职前必须经过健康检查,身体条件不符合拟任岗位职务要求的,不得上岗作业。在任职期间,要定期进行身体检查,身体条件不符合任职岗位要求的,应调整工作岗位。

对行车有关人员,应进行日常安全生产知识和劳动纪律的教育、考核,并有计划地组织好在职人员的日常政治和技术业务学习。

驾驶机车、动车组、自轮运转特种设备的人员,必须持有国家铁路局颁发的驾驶证。变更驾驶机(车)型前,必须经过相应的技术培训并考试合格。

实习和学习驾驶机车、动车组、自轮运转特种设备和操纵信号或重要机械、设备及办理行车作业的人员,必须在正式值乘、值班人员的亲自指导和负责下,方准操作。

行车有关人员在执行职务时,必须坚守岗位,穿着规定的服装,佩戴易于识别的证章或携带相应证件,讲普通话。

行车有关人员,接班前须充分休息,严禁饮酒,如有违反,立即停止其所承担的任务。

二、行车信号

(一)信号装置

信号装置一般分为信号机和信号表示器两类。

1. 信号机

信号机按类型分为色灯信号机、臂板信号机和机车信号机。信号机按用途分为进站、出站、通过、进路、预告、接近、遮断、驼峰、驼峰辅助、复示、调车信号机。如图 3-1-1 所示。

(a)色灯信号机 (b)臂板信号机 (c)机车信号机

(d)进站信号机 (e)矮型出站信号机 (f)通过信号机 (g)调车信号机

图 3-1-1 信号机

2. 信号表示器

信号表示器分为道岔、脱轨、进路、发车、发车线路、调车及车挡表示器，如图 3-1-2 所示。

(a)进路表示器 (b)发车表示器 (c)道岔表示器 (d)脱轨表示器

图 3-1-2 信号表示器

(二)信号分类

信号是指示列车运行及调车作业的命令，有关行车人员必须严格执行。铁路信号分为视觉信号和听觉信号。

1. 视觉信号

(1)视觉信号的基本颜色

红色——停车。

黄色——注意或减低速度。

绿色——按规定速度运行。

(2)视觉信号的分类

视觉信号分为昼间、夜间及昼夜通用信号。在昼间遇降雾、暴风雨雪及其他情况，致使停车信号显示距离不足 1 000 m，注意或减速信号显示距离不足 400 m，调车信号及调车手信号显示距离不足 200 m 时，应使用夜间信号。

隧道内只采用夜间或昼夜通用信号。

铁路沿线及站内，禁止设置妨碍确认信号的红、黄、绿色的装饰彩布、标语和灯光。如已装有妨碍确认信号灯光的设备时，应拆除或采取遮光措施。

在规定的信号显示距离内，不得种植影响信号显示的树木。对影响信号显示的树木，其处理办法由铁路局集团公司规定。

2. 听觉信号

听觉信号是指机车、动车组、自轮运转特种设备的鸣笛声及口笛、号角、发出的音响。听觉信号，长声为 3 s，短声为 1 s，音响间隔为 1 s。重复鸣示时，须间隔 5 s 以上。

机车、动车组、自轮运转特种设备作业中提示注意、相互联系等应使用通信设备方式。遇联系不通或危及行车人身安全时，应采用鸣笛方式。

(三)常用信号标志使用

1. 作业标

(1)作用：司机望见此标应提高警惕，长声鸣笛，注意瞭望。

(2)防护条件：在区间线路上进行不影响行车的作业，不需要以停车信号或移动减速信号防护时设置作业标。

(3)防护办法：作业标设在作业地点两端 500～1 000 m 处列车运行方向左侧(双线在线路外侧)的路肩上。

(4)规格如图 3-1-3 所示。

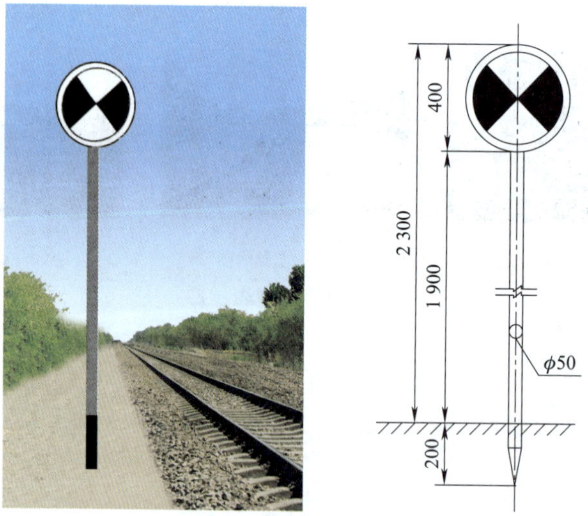

图 3-1-3 作业标(单位：mm)

2. 减速地点标

(1)作用：司机看见减速地点标后，要按规定限速通过地段的终点。

(2)防护条件：在线路上施工需要慢行地段。

(3)防护办法：减速地点标设在需要减速地点的两端各 20 m 处，正面表示列车应按规定限速通过地段的始点，背面表示列车应按规定限速通过地段的终点，设在其内侧距线路中心不小于 3.1 m 处。

(4)规格如图 3-1-4 所示。

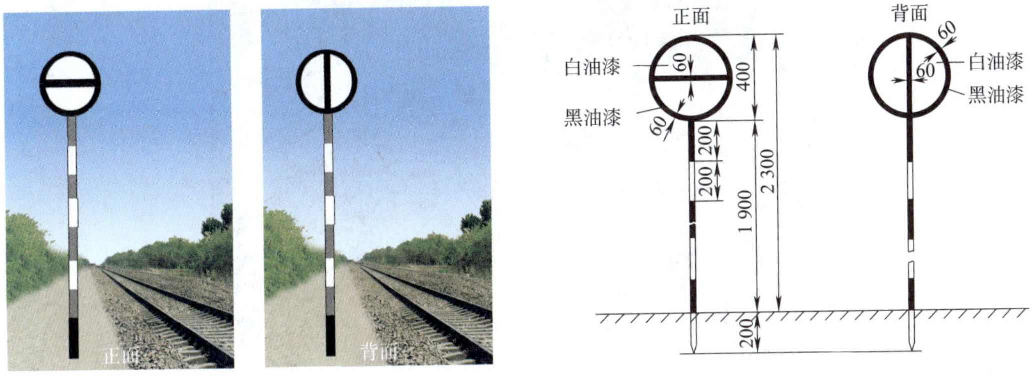

图 3-1-4　减速地点标(单位:mm)

3. 警冲标

(1)作用:警冲标是用来指示机车车辆停车时,不准向道岔方向或线路交叉点方向越过,以防止停留在该线上的机车车辆与邻线上的机车车辆发生侧面冲突的信号标志。

(2)位置:设在两会合线路线间距离为 4 m 的中间。线间距离不足 4 m 时,设在两线路中心线最大间距的起点处。在线路曲线部分所设道岔附近的警冲标与线路中心线间的距离应按限界的加宽增加。

(3)规格:警冲标为直径 120 mm 圆顶圆柱,高度 1 100 mm,底端为平面,顶端为圆顶,圆顶高度 60 mm,从警冲标圆顶顶端向下 100 mm 为红色油漆,圆柱部分为 100 mm 红白油漆相间,道砟面向上 30 mm 为黑色油漆,如图 3-1-5 所示。

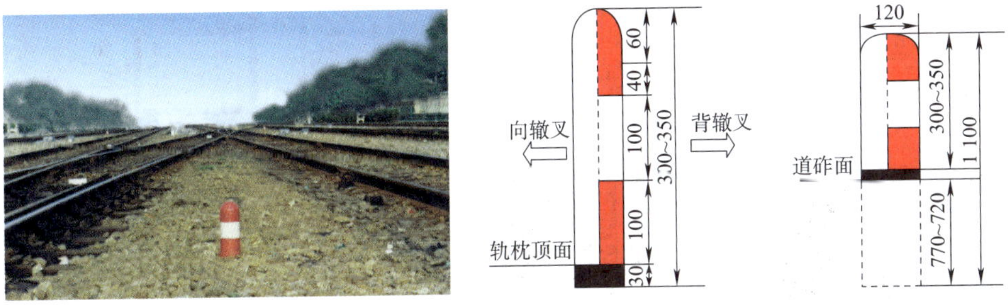

(a)现场设置　(b)规格尺寸 1　(c)规格尺寸 2

图 3-1-5　警冲标(单位:mm)

(4)高度:以两线较高线路的轨枕面为标准,其高度为 300～350 mm,从上到下的油漆要求红白相间,每节高为 100 mm。

(5)方向:警冲标油漆白色的半边朝向道岔辙叉方向,油漆红、白相间的半边背向道岔辙叉方向。

(6)白色警冲标:因到发线较短,特准列车机车可越过接车线末端警冲标或开放的调车信号机,但应制订安全措施,列入《车站行车工作细则》。准许列车越过接车线末端的警冲标,应全部改漆白色,以便司机识别。改漆白色的警冲标,由工务段涂漆,车站纳入《车站行车工作细则》,如图 3-1-6 所示。

图 3-1-6 白色警冲标

(四)常用移动信号使用

1. 停车信号牌

(1)作用:要求列车停车。

(2)防护条件:区间线路、站内线路、道岔封锁施工作业。

(3)防护办法:昼间——表面有反光材料的红色方牌;夜间——柱上红色灯光。停车信号牌设在施工地点的两端各 20 m 处线路中心,高度采用 1.85 m,而在站内线路上使用时,高度采用 1 m。

(4)规格如图 3-1-7 所示。

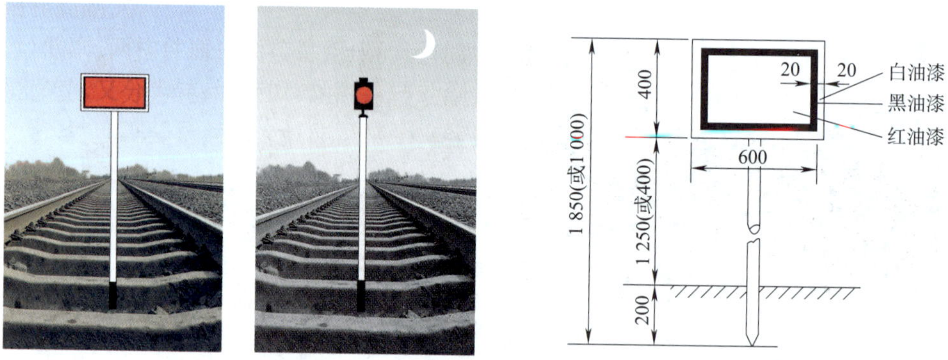

图 3-1-7 停车信号牌(单位:mm)

2. 减速信号牌

(1)作用:减速地点的预告标志,要求列车降低到要求的速度。

(2)防护条件:区间线路、站内线路、道岔进行施工,需要减速地点的施工作业。

(3)防护办法:昼间与夜间均为表面有反光材料的黄底黑字圆牌。

(4)普速铁路应标明每小时限速千米,如图 3-1-8 所示。

高速铁路仅运行动车组的区间正线不设置移动减速信号防护,在其余区间正线上使用带“减速”字的移动减速信号防护,如图 3-1-8 所示。设在其内侧距线路中心不小于 3.1 m 处。

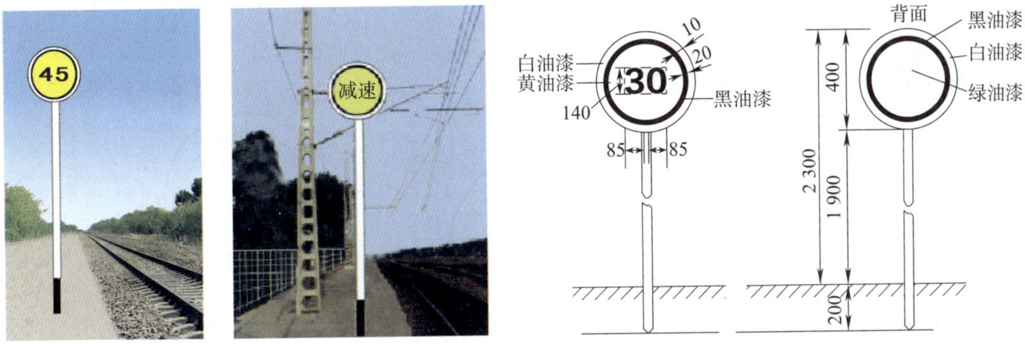

图 3-1-8 减速信号牌(单位:mm)

(5)普速铁路允许速度 120 km/h$<v<$200 km/h 的线路,施工及其限速区段,按不同速度等级列车的紧急制动距离,在移动减速信号牌外方增设带“T”字的移动减速信号牌。

高速铁路仅运行动车组的区间正线不设置移动减速信号防护,在其余区间正线上使用带“T”字的移动减速信号防护。

特殊减速信号牌为表面有反光材料的黄底黑“T”字圆牌,如图 3-1-9 所示。

3. 减速防护地段终端信号牌

(1)作用:要求列车恢复正常速度运行。

(2)防护条件:区间线路、站内线路、道岔进行施工,减速慢行信号牌背面的一种信号。

(3)防护办法:表面有反光材料的绿色圆牌,如图 3-1-10 所示。在单线区段,司机应看线路右侧减速信号牌背面的绿色圆牌,按规定的速度运行。

图 3-1-9 带“T”字的移动减速信号牌

图 3-1-10 减速防护地段终端信号牌

4. 信号灯

(1)作用:行车的一种多用手信号。

(2)防护条件:当线路发生故障时,夜间用红灯,列车看到此信号要立即停车;当列车看到黄灯时,应按规定降低到要求的速度运行;当看到白灯正面迎车时,列车按规定速度运行;当列车看到白灯上下急剧摇动时,列车要立即停车。

(3)防护办法：夜间手提信号，站在列车运行方向左侧的路肩上，如图 3-1-11 所示。

5. 信号旗

(1)作用：红色——昼间要求列车停车；黄色——昼间要求列车降低到要求的速度。

(2)防护条件：

①红色——当线路发生故障时，在故障地点显示停车；使用各种小车防护；线路封锁施工防护；列车间隔作业防护。

②黄色——故障地点修复后，指示列车运行和施工负责人及小车使用负责人撤除防护的一种联络手信号。

(3)防护办法：

①红色——昼间，防护员用左手展开红色信号旗，如图 3-1-12(a)所示，站在路肩上或随车移动，在故障地点插在线路中心；夜间，红色灯光。

②黄色——昼间，防护员用右手展开黄色信号旗，如图 3-1-12(b)所示，站在指定地点的慢行地段路肩安全处所；夜间，黄色灯光。当施工负责人指示防护员撤除停车防护时，应高举黄旗左右摇摆。

(a)红色信号灯

(b)黄色信号灯

图 3-1-11 信号灯

(a)红色信号旗

(b)黄色信号旗

图 3-1-12 信号旗

昼间无红色信号旗时，两臂高举头上向两侧急剧摇动；夜间无红色灯光时，用白色灯光上下急剧摇动，如图 3-1-13 所示。

昼间无黄色信号旗时，用绿色信号旗下压数次；夜间无黄色灯光时，用白色或绿色灯光下压数次，如图 3-1-14 所示。

图 3-1-13 停车手信号

图 3-1-14 减速手信号

三、普速铁路线路标志

普速铁路线路标志包括公里标、半公里标，曲线标，圆曲线和缓和曲线的始终点标，桥梁标，隧道(明洞)标，坡度标，以及铁路局集团公司、工务段、线路车间、线路工区和供电段的界标。

线路、信号标志应设在其内侧距线路中心不小于 3.1 m 处(警冲标除外)。

普速铁路线路标志，按计算公里方向设在线路左侧。双线区段须另设线路标志时，应设在列车运行方向左侧。

1. 公里标、半公里标

设在一条线路自起点计算每一整公里、半公里处，如图 3-1-15 所示。

图 3-1-15　公里标、半公里标

2. 曲线标

设在曲线中点处，标明曲线中心里程、半径大小、曲线和缓和曲线长度，如图 3-1-16 所示。

3. 圆曲线和缓和曲线的始终点标

设在直缓、缓圆、圆缓、缓直各点处，标明所向方向为直线、圆曲线或缓和曲线，如图 3-1-17 所示。

图 3-1-16　曲线标

图 3-1-17　圆曲线和缓和曲线的始终点标

4. 桥梁标

设在桥梁两端桥头处，标明桥梁编号、中心里程和长度，如图 3-1-18 所示。

5. 隧道（明洞）标

直接标注在隧道（明洞）两端洞门端墙上，标明隧道号或名称，中心里程和长度，如图 3-1-19 所示。

图 3-1-18 桥梁标

图 3-1-19 隧道（明洞）标

6. 坡度标

设在线路坡度的变坡点处，两侧各标明其所向方向的上、下坡度值及其长度，如图 3-1-20 所示。

图 3-1-20 坡度标

7. 界标

铁路局集团公司、工务段、线路车间、线路工区和供电段的界标，设在各该单位管辖地段的分界点处，两侧标明所向的单位名称，如图 3-1-21 所示。

图 3-1-21 界标

四、车站分类、股道编号

1. 车站分类

（1）车站应设有配线，并办理列车接发、会让和客货运业务。

（2）车站按技术作业分为编组站、区段站、中间站，按业务性质分为营业站、非营业站，营业站分为客运站、货运站、客货运站。

编组站、区段站和较大的中间站，可根据线路的配置状况及用途划分车场。

2. 车站道岔及股道编号

（1）道岔编号，从列车到达方向起顺序编号，上行为双号，下行为单号；尽头线上，向线路终点方向顺序编号。车站划分车场时，每个车场的道岔单独编号。一个车站的道岔不得有相同的编号。

(2)股道编号，单线区段内的车站，从靠近站舍的线路起，向远离站舍方向顺序编号；双线区段内的车站，从正线起顺序编号，上行一侧为双号，下行一侧为单号；尽头式车站，向终点方向由左侧开始顺序编号，如站舍位于线路一侧时，从靠近站舍的线路起，向远离站舍方向顺序编号。一个车站(分场时为一个车场)的股道不准有相同的编号。

五、铁路线路、路基

1. 铁路线路

(1)铁路线路分为正线、站线、段管线、岔线、安全线及避难线。

正线是指连接车站并贯穿或直股伸入车站的线路。

站线是指到发线、调车线、牵出线、货物线及站内指定用途的其他线路。

段管线是指机务、车辆、工务、电务、供电等段专用并由其管理的线路。

岔线是指在区间或站内接轨，通向路内外单位的专用线路。

安全线是为防止列车或机车车辆从一进路进入另一列车或机车车辆占用的进路而发生冲突的一种安全隔开设备。

避难线是在长大下坡道上能使失控列车安全进入的线路。

(2)Ⅰ级、Ⅱ级铁路区间线路最小曲线半径及最大限制坡度规定见表 3-1-1、表 3-1-2。

表 3-1-1　铁路区间线路最小曲线半径(m)

铁路等级	Ⅰ			Ⅱ	
路段设计行车速度(km/h)	200	160	120	120	80
一般	3 500	2 000	1 200	1 200	600
困难	2 800	1 600	800	800	500

表 3-1-2　铁路区间线路最大限制坡度(‰)

铁路等级		Ⅰ		Ⅱ	
		一般	困难	一般	困难
牵引种类	电力	6.0	15.0	6.0	20.0
	内燃	6.0	12.0	6.0	15.0

(3)车站应设在线路平道、直线的宽阔处。

车站必须设在坡道上时，其坡度不应大于 1‰；在地形特别困难的条件下，会让站、越行站可设在不大于 6‰的坡道上，且不应连续设置，并保证列车的起动。

车站必须设在曲线上时，到发线有效长范围内不得设在反向曲线上，其曲线半径不得小于该区段内的最小曲线半径，且不得小于表 3-1-3 中规定的数值。

表 3-1-3 车站平面最小曲线半径(m)

路段设计行车速度(km/h)	区段站	中间站、会让站、越行站	
		一般	困难
80	800	600	600
120		1 200	800
160	1 600	2 000	1 600
200	2 000	3 500	2 800

(4)线路平面及纵断面。

线路平面及纵断面应保持原有的标准状态。区间线路变动时,须经铁路局集团公司批准,但曲线半径不得小于该区间规定的最小曲线半径,坡度不得大于该区间规定的最大限制坡度。线路平面及纵断面有变动时,必须及时通知有关单位。

凡变更线路平面及纵断面,竣工后由施工单位立即检查,并形成完整的竣工资料,移交负责维修和使用单位。

在任何情况下,线路平面及纵断面的变动,必须满足限界要求。

2. 路基

(1)路基面的宽度,应考虑远期发展的铁路等级、维修和机械化作业,并根据路拱断面、轨道类型、道床标准形式及尺寸、线间距、电缆槽、接触网支柱、路肩宽度等计算确定。

有砟轨道路肩宽度:线路设计速度为 200 km/h 区段的路肩宽度不应小于 1.0 m;线路设计速度为 160 km/h 及以下的铁路,位于路堤上的路肩宽度不应小于 0.8 m,位于路堑上的路肩宽度不应小于 0.6 m。牵出线的中心线至路肩边缘的宽度不得小于 3.5 m。

曲线地段路基外侧加宽办法按铁路有关规定、规范执行。

路基应避免高堤深堑。

路肩标高受洪水或潮水位控制时,其路肩标高不低于设计洪水位加波浪侵袭高加壅水高再加 0.5 m。

路基两侧应留有足够宽度的铁路用地,保证路基稳定,满足维修检查通道、栅栏设置、绿色通道建设及防沙工程的要求。

(2)路基应按铁路等级采用优质填料填筑坚实,基床及过渡段应强化处理,并设置良好的防排水设备、完善的防排水系统、安全可靠的防护设施和支挡结构,工后沉降应满足相应的限值要求。对不良地质条件、特殊土及特殊环境等地段的路基,应采取可靠的加固处理措施,困难时应以桥梁等结构物代替。应及时、彻底加固整治路基病害,对于一时难以彻底整治的病害,应加强路基监视和检查,并分期整治。

在路基范围内埋设电缆和接触网支柱基础时,必须保证路基的稳定和坚固及排水等设施的正常使用。

路基宜优先采用有利于环保的植物(以灌木为主)保护,并结合混凝土、土工合成材料等其他防护措施进行防护,但不得影响列车司机瞭望,倒树不应侵入限界和接触网的安全距离。

六、电气化铁路

1. 牵引供电知识

(1)电气化铁路,为保持牵引供电设备良好的技术状态,保证牵引供电系统安全运行,应设供电段等供电维修机构。

供电维修机构管辖范围应根据线路及供电设备条件确定。

牵引供电设备包括变电设备(变电所、开闭所、分区所、自耦变压器所)、接触网和远动系统。

(2)牵引供电设备应保证不间断行车的可靠供电。牵引供电能力应与线路的运输能力相适应,满足规定的列车质量、列车密度和运行速度的要求。接触网标称电压值为 25 kV,最高工作电压为 27.5 kV,短时(5 min)最高工作电压为 29 kV,最低工作电压为 19 kV。

牵引变电所须具备双电源、双回路受电。牵引变压器采用固定备用方式并具备自动投切功能。当一个牵引变电所停电时,相邻的牵引变电所能越区供电。运行期间平均功率因数不低于 0.9。

(3)牵引供电调度系统应具备对牵引供电设备状况进行远程实时监控的条件,并纳入调度系统集中统一管理。

(4)接触网的分段、分相设置应考虑检修停电方便和缩小故障停电范围,并充分考虑电力牵引的列车、动车组正常运行和调车作业的需要。分相的位置应避免设在进出站和变坡点区段。双线电气化区段应具备反方向行车条件。

负荷开关和电动隔离开关应纳入远动控制。

枢纽及较大区段站应设开闭所。

确需由车站接触网引接小容量非牵引负荷时,须经铁路局集团公司批准。

(5)牵引供电设备检修、试验和抢修应配备牵引供电安全检测监测系统,变电检测、试验设备,接触网检修、检测设备,接触网抢修车列,绝缘子冲洗设备等设备、设施。

(6)接触线距钢轨顶面的高度不超过 6 500 mm;在区间和中间站,不小于 5 700 mm(旧线改造不小于 5 330 mm);在编组站、区段站和个别较大的中间站站场,不小于 6 200 mm;站场和区间宜取一致;双层集装箱运输的线路,不小于 6 330 mm。

在电气化铁路竣工时,由施工单位在接触网支柱内缘或隧道边墙标出线路的轨面标准线,开通前供电、工务单位要共同复查确认,有砟轨道每年复测一次,复测结果与原轨面标准线误差不得大于±30 mm。特殊情况需调整轨面标准线时,由供电、工务部门共同确认,并经铁路局集团公司批准。

2. 一般安全规定

(1)接触网带电部分至固定接地物的距离,不小于 300 mm;至机车车辆或装载货物的距离,不小于 350 mm。跨越电气化铁路的各种建(构)筑物与带电部分最小距离,不小于 500 mm。当海拔超过 1 000 m 时,上述数值应按规定相应增加。大风、严寒地区应预留风力、覆冰对绝缘距离影响的安全余量。

在接触网支柱及距接触网带电部分 5 000 mm 范围内的金属结构物须接地。天桥及跨线桥跨越接触网的地方,应按规定设置安全栅网。

有大型养路机械作业的路基地段,接触网支柱内侧距线路中心距离不小于 3 100 mm。

(2)为保证人身安全,除专业人员执行有关规定外,其他人员(包括所携带的物件)与牵引供电设备带电部分的距离,不得小于 2 000 mm。

在设有接触网的线路上,严禁攀登车顶及在车辆装载的货物之上作业;如确需作业时,须在指定的线路上,将接触网停电接地并采取安全防护措施后,方准进行。

双线电气化铁路实行 V 形天窗作业时,为确保人身安全,应在设备、机具、照明、作业组织等方面采取相应措施。

(3)牵引、电力变配电所控制室,应采取防雷措施,设置机房专用空调。控制、保护及通信设备,应装有防止强电及雷电危害的浪涌保护器等保安设备,电子设备应符合电磁兼容有关规定。

3. 电气化铁路线路上作业规定

(1)起道作业:两股钢轨同时起道时,一次作业起道量不得超过 30 mm,且两股钢轨起道量相差不得超过 11 mm;调整曲线超高时,单股起道量不得超过 11 mm。起道量超出上述规定时,应事先通知供电单位调查确认接触网设备调整工作量并配合作业。起道后轨面高度超出原轨面标准线 30 mm 时,由工务、供电部门共同确认,并由铁路局集团公司批准。

起道作业时,隧道、穿式桁架桥和拱桥、斜拉桥、悬索桥应满足建筑限界要求。

(2)拨道作业:线路中心位移一次不得超过 30 mm,一侧拨道量年累计不得大于 120 mm,并满足建筑限界和线间距要求。拨道量超出上述规定时,应事先通知供电单位调查确认,满足调整要求后方可作业。

桥梁上线路一侧拨道量年累计不得大于 60 mm,且线路中心与桥梁中心的偏差值符合以下要求:线路允许速度 $v_{max} \leqslant 120$ km/h 地段,钢梁不得大于 50 mm,圬工梁不得大于 70 mm;线路允许速度 120 km/h $< v_{max} <$ 200 km/h 地段,钢梁、圬工梁不得大于 50 mm。

(3)清除危石、爆破作业可能影响接触网及行车安全时,应有供电单位人员配合;有碍接触网及行车安全时,应先停电后作业。

第二节 《铁路技术管理规程(高速铁路部分)》相关规定

一、路　基

路基面的宽度,应考虑设计速度、轨道类型、线间距、电缆槽、接触网支柱、路肩宽度等计算确定。

有砟轨道路肩宽度:线路设计速度为 200 km/h 区段的路肩宽度不应小于 1.0 m;250 km/h 及以上区段双线不应小于 1.4 m,单线不应小于 1.5 m。无砟轨道路肩宽度:根据无砟轨道形式、电缆槽和接触网基础类型等确定。

曲线地段路基外侧加宽办法按铁路有关规定、规范执行。

路基应避免高堤深堑。

路基两侧应留有足够宽度的铁路用地,保证路基稳定,满足维修检查通道、栅栏设置、绿色通道建设及防沙工程的要求。

路基应采用优质填料填筑坚实,基床及过渡段应强化处理,并设置良好的防排水设备、完善的防排水系统、安全可靠的防护设施和支挡结构,工后沉降应满足相应的限值要求。对不良地质条件、特殊土及特殊环境等地段的路基，应采取可靠的加固处理措施，困难时应以桥梁等结构物代替。

在路基范围内埋设电缆和接触网支柱基础时，必须保证路基的稳定和坚固及排水等设施的正常使用。

路基宜优先采用有利于环保的植物(以灌木为主)保护，植物选择应根据当地条件、种植目的及经济适用性等确定，以优良的乡土植物为主。

无砟轨道路基工后沉降应当满足线路平顺性、结构稳定性和扣件调整能力的要求。有砟轨道路基工后沉降应满足线路平顺性和养护维修工作量的要求。具体限值执行相关规定。

二、轨　　道

1. 新建 300 km/h 及以上铁路、长度超过 1 km 的隧道及隧道群地段，可采用无砟轨道。

正线及到发线轨道应采用一次铺设跨区间无缝线路，正线钢轨应采用 100 m 长定尺的 60 kg/m 钢轨。绝缘接头应采用胶接绝缘接头。高速铁路有砟轨道正线应采用特级碎石道砟。

2. 轨距是钢轨头部踏面下 16 mm 范围内两股钢轨工作边之间的最小距离。直线轨距标准为 1 435 mm。

3. 线路两股钢轨顶面，在直线地段应保持同一水平。

曲线地段的外轨超高，应按有关规定的办法和标准确定。

4. 道岔应铺设在直线上，正线道岔不得与竖曲线重叠。车站正线及到发进路上的道岔宜采用可动心轨道岔，道岔轨型应与正线和到发线的轨型相同。

钢轨伸缩调节器应铺设在直线上，避免与竖曲线重叠。

5. 道岔辙叉号数选择应符合下列规定：

(1)正线道岔的直向通过速度不应小于路段设计行车速度。

(2)正线与到发线连接应采用 18 号道岔。两正线间的渡线应按功能需要选用 18 号及以上道岔。

(3)始发或终到车站以及改、扩建车站，在特别困难条件下，可采用 12 号道岔。

(4)正线与联络线连接的道岔辙叉号数应按联络线设计行车速度选用，并宜选用大号码道岔。

6. 道岔应保持良好状态，道岔各零部件应齐全，作用良好，缺少时应及时补充。道岔出现伤损或病害时，应及时修理或更换。

7. 联锁道岔应配备紧固、加锁装置，以备联锁失效时用以锁闭道岔。铁路局集团公司应制定联锁失效时防止扳动的办法。

紧固装置采用紧固器，加锁装置采用勾锁器。

三、行车安全监测设备

铁路行车安全监测设备是保障铁路运输安全的重要技术设备，应具备监测、记录、报警、存取功能，保持其作用良好、准确可靠，并定期进行计量校准。

铁路行车安全监测设备主要包括：

(1)机车车辆的车载监测设备。

(2)机车车辆的地面监测设备。

(3)轨道、通信、信号、牵引供电、电力等固定设备的移动检测设备。

(4)线路、桥梁、隧道、通信、信号、牵引供电、电力等固定设备的在线自动监测设备。

(5)自然灾害及异物侵限监测系统。

(6)列车安全防护预警系统及施工防护设备。

铁路行车安全监测设备应实现信息共享,为运输组织、行车指挥、设备检修、救援及事故分析等提供信息。

四、灾害天气行车

(一)大风天气行车

1. 接到自然灾害及异物侵限监测系统风速监测子系统大风报警信息时的处置。

(1)遇风速监测子系统提示大风报警信息时,列车调度员根据报警提示向相关列车发布限速运行的调度命令。对来不及发布调度命令的列车,立即通知司机限速运行。司机接到调度命令或通知后,应立即采取措施。

(2)遇大风天气,当风速监测子系统发出禁止运行的报警信息时,列车调度员应及时关闭有关信号(车站控制时为通知车站值班员关闭有关信号)并通知司机停车。司机接到通知后,应立即采取停车措施。

(3)列车运行途中,遇大风,司机根据情况控制列车运行速度,并报告列车调度员。列车调度员通知后续首列列车司机在该地段注意运行;列车通过该地段后,司机应及时向列车调度员报告。

(4)遇大风天气,列车调度员按风速监测子系统报警提示发布限速调度命令,遇风速不稳或同一地段多处风速报警时,列车调度员可合并设置,按最低限速值发布限速调度命令。

(5)风速监测子系统限速报警解除后,列车调度员应及时取消前发限速调度命令,恢复正常行车。

2. 动车组列车遇大风行车限速的规定如下:

(1)在环境风速不大于 15 m/s 时,可以正常速度运行;环境风速不大于 20 m/s 时,运行速度不大于 300 km/h;环境风速不大于 25 m/s 时,运行速度不大于 200 km/h;环境风速不大于 30 m/s 时,运行速度不大于 120 km/h;环境风速大于 30 m/s 时,严禁动车组列车进入风区。

(2)在线路中心线距站台边缘为 1 750 mm 的正线、到发线办理动车组列车通过时,在环境风速不大于 15 m/s 情况下,速度不得超过 80 km/h;当环境风速超过 15 m/s 时,动车组运行速度不得超过 45 km/h,并注意运行。

3. 自然灾害及异物侵限监测系统风速监测子系统故障时的处置。

(1)列车调度员发现风速监测子系统故障时,应立即通知设备管理单位,并在"行车设备检查登记簿"内登记;设备管理单位发现风速监测子系统故障时,应立即报告列车调度员,并在调度所"行车设备检查登记簿"内登记。

(2)风速监测子系统故障期间,故障区段如遇天气预报 7 级及以上大风天气时,工务部门应及时向列车调度员提交天气预报信息,列车调度员按照天气预报的最大风级向相关列车发布限速调度命令。相关限速规定如下：当最大风速达 7 级时，运行速度不大于 300 km/h；8 级、9 级时，运行速度不大于 200 km/h；10 级时，运行速度不大于 120 km/h；11 级及以上时，禁止列车进入风区。限速里程由工务部门根据故障情况以及天气预报信息确定后，通知列车调度员。

(二)雨天行车

1. 接到自然灾害及异物侵限监测系统雨量监测子系统报警信息时的处置。

遇雨量监测子系统提示雨量监测报警信息时，列车调度员根据报警提示向相关列车发布限速运行的调度命令。对来不及发布调度命令的列车，立即通知司机限速运行。司机接到调度命令或通知后，应立即采取措施。

2. 列车通过防洪重点地段时，司机要加强瞭望，并随时采取必要的安全措施。

动车组列车运行中，司机发现积水高于轨面时，应立即停车，根据现场情况与随车机械师共同确认行车条件或请求救援，并立即报告列车调度员（车站值班员），车站值班员报告列车调度员。列车调度员（车站值班员）立即通知已进入区间的后续列车停车（避免停在隧道内），不再向该区间放行列车。

当洪水漫到路肩时，列车应按规定限速运行；遇有落石、倒树等障碍物危及行车安全时，司机应立即停车，排除障碍并确认安全无误后，方可继续运行。

列车遇到线路塌方、道床冲空等危及行车安全的突发情况时，司机应立即采取应急性安全措施，并立刻通知追踪列车、邻线列车及列车调度员（邻近车站）。配备列车防护报警装置的列车应立即使用列车防护报警。

3. 遇有降雨天气，重点防洪地段 1 h 降雨量达到 45 mm 及以上时，列车限速 120 km/h；1 h 降雨量达到 60 mm 及以上时，列车限速 45 km/h。当 1 h 降雨量降至 20 mm 及以下且持续 30 min 以上时，可逐步解除限速。

列车调度员在得到工务及其他相关专业调度台检查无异常的报告后，及时取消限速或解除线路封锁。

4. 自然灾害及异物侵限监测系统雨量监测子系统故障时的处置。

列车调度员发现雨量监测子系统故障时，应立即通知设备管理单位，并在“行车设备检查登记簿”内登记；设备管理单位发现雨量监测子系统故障时，应立即报告列车调度员，并在调度所“行车设备检查登记簿”内登记。雨量监测子系统故障期间，由工务部门根据降雨情况在调度所“行车设备检查登记簿”内登记限速或封锁。

(三)冰雪天气行车

1. 遇冰雪天气时的处置

(1)自然灾害及异物侵限监测系统雪深监测子系统报警雪深值达到警戒值时，列车调度员应根据报警信息和限速提示及时向相关列车发布限速运行的调度命令。对来不及发布调度命令的列车，应立即通知司机限速运行。

未安装雪深监测子系统的区段或雪深监测子系统故障时，工务、电务部门根据降雪情况和需要，在调度所“行车设备检查登记簿”内登记限速申请，并可根据积雪量变化情况，提出提速或进一步限速的申请，列车调度员要及时发布调度命令。

(2)安装动车组运行故障动态图像检测系统（TEDS）的区段，TEDS 监控中心要加强对动车组转向架结冰、积雪等情况的监测分析，发现动车组转向架结冰需限速运行时，应立即将车次及限速要求等按规定报告动车调度员。动车调度员通知列车调度员进行处置。

列车运行过程中，随车机械师发现动车组车底异响、动车组被击打等异常情况需要列车限速时，应立即通知司机限速。司机根据随车机械师的限速要求运行，并向列车调度员报告被击打地点里程，列车调度员不再发布限速调度命令。列车调度员通知动车调度员，提示后续首列列车司机、随车机械师在该被击打地点注意列车运行状态；动车调度员应立即通知前方 TEDS 监测点进行重点监测。列车通过该被击打地点后，司机、随车机械师应及时上报有关运行情况。

(3)降雪时，应根据线路积雪情况及时启用道岔融雪装置。降雪达到中雪及以上，车站道岔转动困难时，为减少道岔扳动，车站可采取固定接发车进路的方式办理接发列车作业，上下行各固定一条接发车进路。始发、终到列车较多的车站执行有困难时，可选择交叉干扰少、道岔位置改变少的几条线路相对固定办理接发车作业。较大客运站尽量停靠便于上水、吸污的线路。

(4)需人工上道除雪时，上、下道应执行登记签认制度。列车调度员应根据相关单位的申请，停止本线接发列车及调车作业，邻线列车限速 160 km/h 及以下。

(5)道床积雪、接触网结冰受电弓取流不畅时，司机应先采取减速措施，并及时向列车调度员汇报，列车调度员通知有关专业调度，专业调度及时通知有关设备管理单位，设备管理单位及时查明情况，按规定提出限速申请，列车调度员及时发布限速调度命令。

(6)供电部门应掌握接触网导线结冰情况，需要列车限速时，应立即登记“行车设备检查登记簿”，向列车调度员提出限速申请。需要接触网除冰时，供电部门提出除冰申请，列车调度员应及时安排接触网除冰车辆上线运行。

遇接触网导线覆冰时，可取消天窗停电作业，并在天窗时间内开行动车组、单机，进行热滑融冰。

(7)随车机械师在始发、折返站发现动车组转向架结冰、受电弓无法升起、动车组被击打等异常情况需要处理时，应及时通知司机，由司机报告列车调度员，列车调度员通知动车调度员，动车调度员根据随车机械师反映情况和车辆运用情况提出更换车底或限速申请，并组织入库动车组除雪融冰。

(8)降雪结束后，提出限速的设备管理单位应做好对有关行车条件的检查确认，及时恢复常速运行。在具备提速条件或限速情况消除时，应向列车调度员提出申请，列车调度员及时发布相关调度命令。雪后恢复常速运行的具体程序和办法由铁路局集团公司规定。

(9)列车调度员发现雪深监测子系统故障时，应立即通知设备管理单位，并在“行车设备检查登记簿”内登记；设备管理单位发现雪深监测子系统故障时，应立即报告列车调度员，并在调度所“行车设备检查登记簿”内登记。

2. 冰雪天气限速要求

(1)当运行区段降中雪或积雪覆盖轨枕板或道砟面时，无砟轨道区段限速 250 km/h 及以下，有砟轨道区段限速 200 km/h 及以下；当运行区段降大雪、暴雪时，无砟轨道区段限速 200 km/h 及以下，有砟轨道区段限速 160 km/h 及以下。中雪、大雪、暴雪的界定，以气象部门公布或观测为准。

当无砟轨道区段轨枕板积雪厚度 100 mm 以上时，限速 200 km/h 及以下；有砟轨道区段道砟面积雪厚度 50 mm 以上时，限速 160 km/h 及以下。

(2)接触网导线结冰受电弓取流不畅时，限速 160 km/h 及以下。

(3)动车组转向架结冰需要列车限速时，无砟轨道区段限速 250 km/h 及以下，有砟轨道区段限速 200 km/h 及以下。

(四)异物侵限报警

1. 接到自然灾害及异物侵限监测系统异物侵限子系统灾害报警信息时的处置。

(1)列车调度员接到异物侵限子系统异物侵限灾害报警信息后，应立即通知区间内已进入报警地点及尚未经过报警地点的列车立即停车，不再向该区间放行列车，同时向调度所值班主任(值班副主任)汇报，值班主任(值班副主任)应立即通知设备管理单位赶赴现场检查处理。

(2)在设备管理单位检查人员到达报警点前，列车调度员通过视频监控系统查看现场情况，有异状或不能确认时，必须经设备管理单位检查处理并具备放行列车条件后，方可组织列车运行。无异状时，按下列规定办理：

①列车调度员确认报警地点次一个闭塞分区空闲后，对区间内已进入报警地点及尚未经过报警地点的列车，口头通知司机逐列恢复运行，以遇到障碍能随时停车的速度(动车组列车最高不超过 40 km/h，其他列车最高不超过 20 km/h)越过报警点所在闭塞分区，指示后列恢复运行前必须确认前列已完整越过报警点次一个闭塞分区并得到前列无异状的报告。

②司机在报警点所在闭塞分区通过信号机(区间信号标志牌)前停车等候 2 min 后，以遇到障碍能随时停车的速度(动车组列车最高不超过 40 km/h，其他列车最高不超过 20 km/h)越过该闭塞分区，按次一通过信号机显示(列控车载设备显示)运行。司机应加强瞭望，发现异状立即停车，并报告列车调度员；如无异状，司机确认列车完全越过报警点次一个闭塞分区后应及时报告列车调度员。司机在停车等候的同时，必须与列车调度员联系，如确认前方闭塞分区内有列车时，不得进入。

③区间空闲后，在报警点所在闭塞分区红光带取消前，按站间组织行车。

(3)经设备管理单位现场检查处理，列车调度员根据设备管理单位在“行车设备检查登记簿”内登记的行车限制条件组织列车运行。具备条件时，列车调度员根据设备管理单位允许取消报警点所在闭塞分区红光带的登记，使用临时行车按钮取消异物侵限灾害报警红光带。

(4)在故障未修复前，设备管理单位须派人在现场看守，并及时向列车调度员报告现场情况，在报警点所在闭塞分区红光带取消后，列车调度员应下达限速 120 km/h 及以下注意运行的调度命令，限速位置为报警点所在闭塞分区，司机应加强瞭望。

(5)故障修复后，列车调度员将自然灾害及异物侵限监测系统中复原按钮解锁，使系统恢复到正常状态，恢复正常行车组织。

2. 自然灾害及异物侵限监测系统异物侵限子系统一路电网断线报警时的处置。

当双电网的一路电网断线时，异物侵限子系统发出异物侵限传感器故障报警信息，自然灾害及异物侵限监测系统不向列控系统发送灾害报警信息，不影响正常行车。列车调度员接到异物侵限子系统一路电网断线报警信息后，应按正常组织行车，并立即通知设备管理单位检查处理。

3. 自然灾害及异物侵限监测系统异物侵限子系统故障导致系统不能反映现场情况时的处置。

(1)列车调度员发现异物侵限子系统故障导致系统不能反映现场情况时,应立即通知设备管理单位,并在“行车设备检查登记簿”内登记;设备管理单位发现异物侵限子系统故障时,应立即报告列车调度员,并在调度所“行车设备检查登记簿”内登记。

(2)异物侵限子系统故障未修复前,设备管理单位须派人在现场看守,并及时向列车调度员报告现场情况,列车调度员应下达限速 120 km/h 及以下注意运行的调度命令,限速位置为监测点所在闭塞分区,司机应加强瞭望。遇有异物侵限时,看守人员应立即通知列车调度员,列车调度员呼叫列车停车。

(3)在看守人员未到达异物侵限监测点前,列车调度员应下达限速 120 km/h 及以下(异物侵限监测点为隧道口时,限速 40 km/h 及以下)注意运行的调度命令,限速位置为监测点所在闭塞分区,司机在该处注意运行。

4. 列车调度员接到地震监测子系统地震监控报警信息或接到现场地震报告后,应立即关闭有关信号(车站控制时为通知车站值班员关闭有关信号),通知相关列车停车。列车司机组织列车乘务人员根据现场实际情况,采取应急处置措施。

列车调度员立即报告调度所值班主任(值班副主任),通知工务、电务、供电、通信、房建等设备管理单位检查。设备管理单位检查处理后,根据设备管理单位登记的行车限制条件组织行车。

(五)天气恶劣难以辨认信号行车

1. 接到天气恶劣报告时的处置

遇天气恶劣,信号机显示距离不足 200 m 时,司机或车站值班员须立即报告列车调度员。列车按地面信号显示运行时,列车调度员应及时发布调度命令,改按天气恶劣难以辨认信号的办法行车。

2. 天气恶劣难以辨认信号行车办法

(1)列车按机车信号的显示运行。当接近地面信号机时,司机应确认地面信号,遇地面信号与机车信号显示不一致时,应立即采取减速或停车措施。

(2)当无法辨认出站(进路)信号机显示时,在列车具备发车条件后,司机凭机车信号的显示起动列车,在确认出站(进路)信号机显示正确后,再行加速。

(3)天气转好时,应及时报告列车调度员发布调度命令,恢复正常行车。

第三节 《铁路交通事故调查处理规则》相关规定

为了及时准确调查处理铁路交通事故,严肃追究事故责任,防止和减少铁路交通事故的发生,制定《铁路交通事故调查处理规则》。

铁路交通事故(以下简称事故):铁路机车车辆在运行过程中发生冲突、脱轨、火灾、爆炸等影响铁路正常行车的事故,包括影响铁路正常行车的相关作业过程中发生的事故;或者铁路机车车辆在运行过程中与行人、机动车、非机动车、牲畜及其他障碍物相撞的事故。

铁路运输企业及其他相关单位、个人应及时报告事故情况,如实提供相关证据,积极配合事故调查工作。

事故调查处理应坚持以事实为依据，以法律、法规、规章为准绳，认真调查分析，查明原因，认定损失，定性定责，追究责任，总结教训，提出整改措施。

一、事故等级

事故分为特别重大事故、重大事故、较大事故和一般事故四个等级。

(一)特别重大事故

有下列情形之一的，为特别重大事故：

1. 造成 30 人以上死亡。

2. 造成 100 人以上重伤(包括急性工业中毒，下同)。

3. 造成 1 亿元以上直接经济损失。

4. 繁忙干线客运列车脱轨 18 辆以上并中断铁路行车 48 小时以上。

5. 繁忙干线货运列车脱轨 60 辆以上并中断铁路行车 48 小时以上。

(二)重大事故

有下列情形之一的，为重大事故：

1. 造成 10 人以上 30 人以下死亡。

2. 造成 50 人以上 100 人以下重伤。

3. 造成 5 000 万元以上 1 亿元以下直接经济损失。

4. 客运列车脱轨 18 辆以上。

5. 货运列车脱轨 60 辆以上。

6. 客运列车脱轨 2 辆以上 18 辆以下，并中断繁忙干线铁路行车 24 小时以上或者中断其他线路铁路行车 48 小时以上。

7. 货运列车脱轨 6 辆以上 60 辆以下，并中断繁忙干线铁路行车 24 小时以上或者中断其他线路铁路行车 48 小时以上。

(三)较大事故

有下列情形之一的，为较大事故：

1. 造成 3 人以上 10 人以下死亡。

2. 造成 10 人以上 50 人以下重伤。

3. 造成 1 000 万元以上 5 000 万元以下直接经济损失。

4. 客运列车脱轨 2 辆以上 18 辆以下。

5. 货运列车脱轨 6 辆以上 60 辆以下。

6. 中断繁忙干线铁路行车 6 小时以上。

7. 中断其他线路铁路行车 10 小时以上。

(四)一般事故

一般事故分为：一般 A 类事故、一般 B 类事故、一般 C 类事故、一般 D 类事故。

1. 一般 A 类事故

有下列情形之一，未构成较大以上事故的，为一般 A 类事故：

A1. 造成 2 人死亡。

A2. 造成 5 人以上 10 人以下重伤。

A3. 造成500万元以上1 000万元以下直接经济损失。

A4. 列车及调车作业中发生冲突、脱轨、火灾、爆炸、相撞，造成下列后果之一的：

A4.1 繁忙干线双线之一线或单线行车中断3小时以上6小时以下，双线行车中断2小时以上6小时以下。

A4.2 其他线路双线之一线或单线行车中断6小时以上10小时以下，双线行车中断3小时以上10小时以下。

A4.3 客运列车耽误本列4小时以上。

A4.4 客运列车脱轨1辆。

A4.5 客运列车中途摘车2辆以上。

A4.6 客车报废1辆或大破2辆以上。

A4.7 机车大破1台以上。

A4.8 动车组中破1辆以上。

A4.9 货运列车脱轨4辆以上6辆以下。

2. 一般B类事故

有下列情形之一，未构成一般A类以上事故的，为一般B类事故：

B1. 造成1人死亡。

B2. 造成5人以下重伤。

B3. 造成100万元以上500万元以下直接经济损失。

B4. 列车及调车作业中发生冲突、脱轨、火灾、爆炸、相撞，造成下列后果之一的：

B4.1 繁忙干线行车中断1小时以上。

B4.2 其他线路行车中断2小时以上。

B4.3 客运列车耽误本列1小时以上。

B4.4 客运列车中途摘车1辆。

B4.5 客车大破1辆。

B4.6 机车中破1台。

B4.7 货运列车脱轨2辆以上4辆以下。

3. 一般C类事故

有下列情形之一，未构成一般B类以上事故的，为一般C类事故：

C1. 列车冲突。

C2. 货运列车脱轨。

C3. 列车火灾。

C4. 列车爆炸。

C5. 列车相撞。

C6. 向占用区间发出列车。

C7. 向占用线接入列车。

C8. 未准备好进路接、发列车。

C9. 未办或错办闭塞发出列车。

C10. 列车冒进信号或越过警冲标。

C11. 机车车辆溜入区间或站内。

C12. 列车中机车车辆断轴，车轮崩裂，制动梁、下拉杆、交叉杆等部件脱落。

C13. 列车运行中碰撞轻型车辆、小车、施工机械、机具、防护栅栏等设备设施或路料、坍体、落石。

C14. 接触网接触线断线、倒杆或塌网。

C15. 关闭折角塞门发出列车或运行中关闭折角塞门。

C16. 列车运行中刮坏行车设备设施。

C17. 列车运行中设备设施、装载货物(包括行包、邮件)、装载加固材料(或装置)超限(含按超限货物办理超过电报批准尺寸的)或坠落。

C18. 装载超限货物的车辆按装载普通货物的车辆编入列车。

C19. 电力机车、动车组带电进入停电区。

C20. 错误向停电区段的接触网供电。

C21. 电气化区段攀爬车顶耽误列车。

C22. 客运列车分离。

C23. 发生冲突、脱轨的机车车辆未按规定检查鉴定编入列车。

C24. 无调度命令施工，超范围施工，超范围维修作业。

C25. 漏发、错发、漏传、错传调度命令导致列车超速运行。

4. 一般D类事故

有下列情形之一，未构成一般C类以上事故的，为一般D类事故：

D1. 调车冲突。

D2. 调车脱轨。

D3. 挤道岔。

D4. 调车相撞。

D5. 错办或未及时办理信号致使列车停车。

D6. 错办行车凭证发车或耽误列车。

D7. 调车作业碰轧脱轨器、防护信号，或未撤防护信号动车。

D8. 货运列车分离。

D9. 施工、检修、清扫设备耽误列车。

D10. 作业人员违反劳动纪律、作业纪律耽误列车。

D11. 滥用紧急制动阀耽误列车。

D12. 擅自发车、开车、停车、错办通过或在区间乘降所错误通过。

D13. 列车拉铁鞋开车。

D14. 漏发、错发、漏传、错传调度命令耽误列车。

D15. 错误操纵、使用行车设备耽误列车。

D16. 使用轻型车辆、小车及施工机械耽误列车。

D17. 应安装列尾装置而未安装发出列车。

D18. 行包、邮件装卸作业耽误列车。

D19. 电力机车、动车组错误进入无接触网线路。

D20. 列车上工作人员往外抛掷物体造成人员伤害或设备损坏。

D21. 行车设备故障耽误本列客运列车1小时以上，或耽误本列货运列车2小时以上；

固定设备故障延时影响正常行车 2 小时以上(仅指正线)。

铁道部(现改为国铁集团)可对影响行车安全的其他情形,列入一般事故。

因事故死亡、重伤人数 7 日内发生变化,导致事故等级变化的,相应改变事故等级。

二、事故报告

(一)事故立即报告制度

事故发生后,事故现场的铁路运输企业工作人员或者其他人员应当立即向邻近铁路车站、列车调度员、公安机关或者相关单位负责人报告。有关单位和人员接到报告后,应立即将事故情况向企业负责人和事故发生地安全监管办安全监察值班人员报告,安全监管办安全监察值班人员按规定向安全监管办负责人报告。

发生特别重大事故、重大事故,由国铁集团办公厅负责向国务院办公厅报告,并通报应急管理部等有关部门。

发生特别重大事故、重大事故、较大事故或者有人员伤亡的一般事故,安全监管办应向事故发生地县级以上地方人民政府及其安全生产监督管理(应急管理)部门通报。

(二)事故报告的主要内容

1. 事故发生的时间、地点、区间(线名、公里、米)、线路条件、事故相关单位和人员。
2. 发生事故的列车种类、车次、机车型号、部位、牵引辆数、吨数、计长及运行速度。
3. 旅客人数,伤亡人数、性别、年龄以及救助情况,是否涉及境外人员伤亡。
4. 货物品名、装载情况,易燃、易爆等危险货物情况。
5. 机车车辆脱轨辆数、线路设备损坏程度等情况。
6. 对铁路行车的影响情况。
7. 事故原因的初步判断,事故发生后采取的措施及事故控制情况。
8. 应当立即报告的其他情况。

事故报告后,人员伤亡、脱轨辆数、设备损坏等情况发生变化时,应及时补报。

三、事故调查

(一)成立事故调查组

发生事故后按规定成立事故调查组并指定调查组组长,对事故组织进行调查。

自事故发生之日起 7 日内,因事故伤亡人数变化导致事故等级发生变化,依照规定由上级机关调查的,原事故调查组应当及时报告上级机关。

(二)事故调查组履行的职责

事故调查组履行下列职责:

1. 查明事故发生的经过、原因、人员伤亡情况及直接经济损失。
2. 认定事故的性质和事故责任。
3. 提出对事故责任者的处理建议。
4. 总结事故教训,提出防范和整改措施建议。
5. 提交事故调查报告。

(三)事故现场调查

事故调查组在事故发生后应当及时通知相关单位和人员；一般B类以上、重大以下的事故(不含相撞的事故)发生后，应当在12小时内通知相关单位，接受调查。

事故调查组到达现场前，可指定临时调查组组长，组成临时调查组，勘查现场，开展调查工作并做好记录，及时向事故调查组报告。

事故调查组到达后，发生事故的有关单位必须主动汇报事故现场真实情况，并为事故调查提供便利条件。事故发生单位的负责人和有关人员在事故调查期间应当随时接受事故调查组的询问，如实提供有关资料和物证。

事故调查组有权向有关单位和个人了解与事故有关的情况，并要求其提供相关文件、资料，有关单位和个人不得拒绝。

事故调查组根据需要，可组建若干专业小组，进行调查取证。

事故调查中需要进行技术鉴定或者经济损失进行评估的，调查组应当委托具有国家规定资质的机构进行。

各专业小组应按调查组组长的要求，及时提交专业小组调查报告。

事故调查中发现涉嫌犯罪的，事故调查组应当及时将有关证据、材料移交司法机关。

(四)《铁路交通事故调查报告》的内容

应包括下列内容：

1. 事故概况。
2. 事故造成的人员伤亡和直接经济损失。
3. 事故发生的原因和事故性质。
4. 事故责任的认定以及对事故责任者的处理建议。
5. 事故防范和整改措施建议。
6. 与事故有关的证明材料。

(五)事故调查并提交报告期限

事故调查组应在下列期限内向组织事故调查组的机关提交《铁路交通事故调查报告》：

1. 特别重大事故的调查期限为60日。
2. 重大事故的调查期限为30日。
3. 较大事故的调查期限为20日。
4. 一般事故的调查期限为10日。

事故调查期限自事故发生之日起计算。

(六)形成事故调查报告，制作认定书

事故调查组形成《铁路交通事故调查报告》，报组织事故调查的机关同意后，事故调查组的工作即告结束。结束后15日之内，相关部门根据事故报告，制作《铁路交通事故认定书》，经批准后，送达相关单位。

国铁集团发现安全监管办对事故认定不准确时，应予以纠正。必要时，可另行组织调查。

(七)《铁路交通事故认定书》内容

《铁路交通事故认定书》是事故赔偿、事故处理以及事故责任追究的依据。

《铁路交通事故认定书》应按照规定的统一格式制作，内容包括：

1. 事故发生的原因和事故性质。
2. 事故造成的人员伤亡和直接经济损失。
3. 事故责任的认定。
4. 对有关责任单位及人员的处理决定或建议。

复习思考题

1.《铁路技术管理规程》对铁路工作人员的基本要求有哪些？
2. 信号分为哪几类？
3. 视觉信号的基本颜色有哪些及其作用是什么？
4. 普速铁路线路标志有哪些？
5. 铁路行车安全监测设备主要包括哪些？
6. 何谓铁路交通事故？
7. 铁路交通事故有哪几个等级？

第二章　公铁立交、公铁两用桥、通航桥梁

本章主要介绍公铁立交、公铁两用桥、通航桥梁的相关知识。公铁立交、公铁两用桥、通航桥梁都是立体综合交通的重要组成部分，立体综合交通对桥梁提出了新的要求，桥梁必须具有足够的强度、刚度、稳定性来满足孔径和净空的要求及交通运输安全的需求。

第一节　公铁立交

一、净空应满足规定的限界要求

净空应满足《铁路技术管理规程》规定的限界要求，如图 1-2-7、图 1-2-8 所示。

二、立交主体要求

对跨越铁路的跨线桥、天桥、立交明洞、渡槽等构筑物，按不低于该处铁路工程的抗震设防要求设防，对抗震能力不足的应采取抗震加固措施。

三、公路桥安全防护等附属设施具体要求

上跨铁路的桥梁两侧应设置坚固的防抛网(板)进行垂直隔离封闭(有栏杆的上跨桥，在新建或改建时防护网不得设在栏杆外侧)，其高度不低于 2.5 m，防抛网端部正投影至最近钢轨水平距离不少于 20 m，防抛网底空及网片与立柱间空隙不大于 30 mm，网片钢丝直径不小于 4 mm、网片孔径不大于 25 mm×25 mm，网片采用浸锌浸塑防腐处理，防抛网基础、立柱、网片连接应满足强度、抗风能力和稳定性的要求，如图 3-2-1 所示。

图 3-2-1　公跨铁立交桥

新建通行机动车的立交桥桥面及两端两侧均应设置防撞墙，其中桥梁两端两侧的防撞墙设置长度不应少于 20 m，条件困难的可根据现场实际尽可能进行设置，并采用 SS 级防撞等级标准，新建跨越高速铁路的立交桥，其防撞墙按《公路交通安全设施设计规范》(JTG D81)不低于最高防撞等级进行特殊设计，以保证铁路运输的绝对安全，若上下行采取多幅桥布置、每幅桥按单桥进行设计，若每幅桥之间间隙小于 1.2 m，应予水平封闭，若每幅桥之间间隙大于 1.2 m，应用防抛网予以封闭。

跨越铁路的桥孔内不设泄水孔和附属排水管道，桥面汇水通过桥面纵坡引出铁路范围以外后整体纳入桥梁排水系统。

管线、槽道等设施需利用新建或改建的立交跨越铁路时应进行专门设计，确保不影响铁路行车安全，并不得在梁体、防撞墙外侧、桥梁栏杆及防护网(板)上附挂通过。

跨铁路桥孔(包括桥梁、桥墩或桥台)需按相关规定标准进行设计，并做好两端衔接工作。

通行机动车的上跨高速铁路立交，按有关规定设置异物侵限监测系统，并纳入防灾安全监测系统。

跨越电气化铁路的上跨立交，必须安装接地装置。

上跨铁路立交必须按公路等级要求设置相应的限载、限速等标志。

四、上跨立交监管要求

新(改)建上跨立交，设计方案应严格按照国铁集团、集团公司有关规定进行审查，实施前建设单位应根据国家、国铁集团和集团公司有关规定，按照“谁使用、谁管理”的原则，以文件或协议形式明确建成后的接管单位和安全管理职责，正式启用前，应由代建单位组织工务段等设备管理单位进行验收(主体结构不达标，防护设施应设未设或设置不达标，高速铁路地段异物侵限系统不能同步开通启用，未及时提供工程竣工资料以及存在安全隐患的，工务段等设备管理单位不得通过验收)相关接管单位应与工务段建立协调机制，明确日常联系方式、信息通报和应急处置机制等，否则不得启用开通。

工务段应建立管内上跨立交建筑物技术台账，台账格式应符合集团公司工务安全生产综合管理信息系统中上跨立交台账技术要素要求，每座立交应至少附 3 张现场照片，新设备接管、改造和既有设备拆除后应及时将修改台账数据报集团公司工务部审核，经同意后由相关工务段在集团公司办公局域网的“上跨立交的电子台账系统”对相关数据进行更新，于每年 12 月 31 日前向集团公司工务部上报经单位分管段长审核后的上跨立交纸质台账。跨越铁路的桥孔梁体、防撞墙外侧、桥梁栏杆及防护网(板)上禁止遗留附挂任何影响铁路行车安全的物体(如施工模板、梁缝填充物、管线、槽道、花篮花盆等)。

1. 上跨立交建筑物检查监控要求

工务段应加强对管内所有影响工务安全的上跨立交建筑物进行定期检查监控。

(1)工务段应组织对上跨立交的主体结构，主要指上跨立交的桥面，梁板(带)、管线、支座、墩(台)、基础等和防护设施，主要指上跨立交上设置的栏杆、防抛网(板)、防撞墙(墩)等进行全面检查。

检查周期：工区每月应对管内上跨立交全面检查一遍，车间每半年对管内上跨立交全面检查一遍，段主管科室每年对管内存在较严重安全隐患的上跨立交全面检查一遍，对于结构状态较差、病害严重的设备,应适当加密检查。

检查重点:一是主体结构。检查梁(板)及桥台有无裂纹、翘曲变形、剥落掉块、梁缝异物;桥面有无破损;支座状态是否良好,有无翘曲、位移;墩台及基础有无裂纹、不规则下沉;伸缩缝状态是否良好,是否按要求设置;排水是否畅通,有无泄水孔和是否满足要求;上部栏杆是否按标准设置;桥面有无纵横排水坡;结合部状态;有无挂设的花篮及多余的管线等。二是防护设施。检查防护网、防撞墙,桥头防护桩是否按标准设置,结构是否完好,防护网(板)上有无加挂安全警示标志,有无限载、限速标志,有无灾害告知牌,钢结构及联结螺栓有无锈蚀等。三是检查了解是否有超载、超限车辆通过,是否有擅自进行的影响行车安全的维修、施工作业等。四是检查异物侵限系统上是否有异物,网片和电缆是否松脱,闲杂人员能否直接到达异物侵限处所等。

(2)各级检查均应做好检查记录,工区检查应建立上跨立交监控检查记录台账,记录应每月上报车间,车间应每半年对检查情况汇总后上报工务段,工务段每年对检查情况进行分析总结并将由分管段长审核后的总结报告于每年年底前书面报集团公司工务部。

(3)做好检查监控报告。工务段应对每座上跨立交的检查监控情况进行总结,形成检查监控报告,重点说明检查制度落实情况、问题整治和处置情况、存在突出问题及拟采取的措施和建议,作为秋检资料的一项重要内容上报集团公司工务部。

日常检查监控过程中发现设备病害特别严重的,应及时上报工务部,并制定专项监控措施,属于周边环境管理范畴的,应严格按照集团公司周边环境安全管理规定要求及时联系(必要时发函)地方政府部门和单位,告知存在问题并提出整改要求,整改过程中积极按照相关规定做好监督和配合。

2. 组织抢修的情形

发生如下情形时,应立即按照“先防护,后处理”的原则组织抢修,及时将处置信息向工务部报告。

(1)上跨立交发生严重病害并对铁路行车构成安全隐患。

(2)上跨立交防护设施遭受严重破坏并对铁路行车构成安全隐患。

(3)上跨立交发生汽车、大型货物坠落等严重事故。

(4)其他影响铁路行车安全的交通事故。

工务段应制定上跨立交应急抢险预案,明确抢险方案、与地方(政府、交通管理等部门)联系方式、队伍组织和职责,备足相关抢险机具、材料,定期组织应急演练,确保应急到位。

未完成移交的上跨立交设备,及时组织做好养护、维修相关费用在维修成本中的列支,对病害设备及时提报大修整治或改造计划。

第二节 公铁两用桥

对于基础工程复杂、墩台造价较高的大桥或特大桥,以及靠近城市、铁路公路均较稠密而需建造铁路桥和公路桥以连接线路时,为了降低造价和缩短工期,可考虑造一座公路、铁路同时共用的桥,称为公铁两用桥,如图 3-2-2 所示。

图 3-2-2　公铁两用桥

一、类　　型

公铁同面结构和公铁双层结构。公铁同面结构桥梁两主桁间为铁路面，主桁两侧各自由下弦节点悬臂而出公路桥面。公铁双层结构桥梁两主桁下弦杆面为铁路面，在主桁上弦杆间的横梁以上部分设置公路桥面。

二、桥面布置

双层式公铁两用桥布置中，主桁架的中距可由铁路净空的需要以及横向刚度的条件来决定。这样布置使公路桥面视野开阔。但是为使桥头公路能够和公路桥面接通，又必须为桥头公路修建栈桥，如图 3-2-3 所示。

图 3-2-3　双层式公铁两用桥布置

平列式布置中，铁路布置在两片格架之间，公路分别置于两桁架之外，左右对称，如图 3-2-4 所示。此种布置具有公路路面标高较低的优点，但不可避免的是桥头公路的接线和铁路相交叉。有关铁路与公路交叉布置，应以立交为最好。

图 3-2-4 平列式公铁两用桥布置

靠近大城市的公铁两用桥，人流和车流密度均较大，为此当公路为四车道时，人行道宽度为 2.25 m；当公路为双车道时，人行道宽度则为 1.5 m。

根据桥头铁路和公路的实际情况，有时将公铁两用桥布置成公路路面在下、铁路线路在上的双层式结构。

用正交异型钢桥面板代替钢筋混凝土桥面板，可显著减轻桥梁的自重，并具有其他优点。钢桥采用这种新型桥面，已成为发展的趋势。在设计公、铁两用桥时，这个问题值得注意。

三、公铁两用桥优缺点

1. 铁路桥和公路桥合建的优点

(1)合建桥比单建铁路桥的下部结构圬工数量增加不多，因此基础工程越困难，正桥越长，采用合建越有利。

(2)合建的施工时间比分建的短，施工力量使用也比较集中。

2. 铁路桥和公路桥合建的缺点

(1)在国防上有两条交通线总比一条好，合建目标集中，一旦损毁，公铁运输同时停滞。

(2)修建公路在上、铁路在下的双层桥，将增长引桥，在两岸无高地时，引桥更长。

(3)合建不利于分期投资(当公路运量尚不大时，可用轮渡解决)。

(4)专桥专用便于管理，合建桥看守管理困难增加。

(5)铁路和公路的设计标准不同，合建时公路桥必须考虑铁路方面的要求，许多适合于公路的桥式，如悬索桥、斜拉桥及大跨度的预应力混凝土结构，由于刚度关系不能使用。

第三节 通航桥梁

一、通航桥梁的设计要求

依据《铁路桥涵设计基本规范》通航河流上桥址中线应与航线正交。当不能避免斜交时适当加大通航净孔。对变迁性河道，应考虑其对通航孔的影响。在通航船只和通过排筏的河流上，桥梁应能满足河流长期通航的要求，考虑河道变迁及水流方向等因素，合理布置通航桥孔。

在水流较急，流向摆动幅度较大的通航河流上，洪水时船只控制走行方向困难，下行船只多沿流向航行，往往会冲撞桥墩甚至发生事故。桥址中线与航线斜交时，事故更易发生。如正交确有困难，则偏角不宜过大，桥梁净孔必须相应加宽，并应考虑桥墩台和锥体的阻水影响。

通航河流的航线，常随河道的变迁或受上游人类活动的影响而改移，因此应根据河流历史资料，预先考虑航线的变迁，布设通航孔。

通航桥孔的位置，一般根据中常水位及低水位时的航线确定。

二、通航桥梁的航行要求

《铁路安全管理条例》第四十二条，船舶通过铁路桥梁应当符合桥梁的通航净空高度并遵守航行规则。

桥区航标中的桥梁航标、桥柱标、桥梁水尺标由铁路运输企业负责设置、维护，水面航标由铁路运输企业负责设置，航道管理部门负责维护。通航桥梁如图 3-2-5 所示。

图 3-2-5 通航桥梁

三、桥梁标志标识种类

桥梁标志标识主要包括桥梁航标、警示标志，其中桥梁航标包括桥涵标牌、通航净高标牌、桥柱灯；警示标志包括主标志、附加标志、提示标志（包括通航孔编号标志、桥名标志）。河口地区设置海区桥梁标志的，主要包括通航桥孔最佳通过点标志、通航桥孔左侧标志、通航桥孔右侧标志、桥孔禁航标志、桥墩警示标志，以及桥梁上设置的无线电航标和音响航标。

四、标志的结构、材料和技术条件

1. 结构

标志一般由标志面和标志底板组成，但也可以将标志面直接粘贴或绘制在桥梁构件（充当标志底板）上构成标志。

2. 材料

标志面应用逆反射材料制作。标志面上的底色、边框、图案文字等提供信息的部分应采用逆反射材料或油墨。标志面的最外层可用透明膜、透明涂料等进行保护。

标志底板（桥梁构件充当的除外）可采用金属或合成树脂类的板材。

3. 技术条件

在同一标志上标志底板（含用桥梁构件充当的）同标志面以及标志面上所采用的各种材料之间应当匹配，防止因电化学反应、不同的热膨胀系数以及附着、耐候、耐腐蚀等性能的差异等原因，造成标志面开裂、剥落、起泡、褪色。

五、功能、形状、颜色、灯质、标志

1. 功能

由桥涵标牌和通航净高标牌组成，指引船舶通过桥梁；桥涵标牌设在单向通航桥孔迎船面桥桁的中央，或设在双向通航桥孔的上、下行航路迎船面上方桥桁的适当位置，标示桥梁通航孔位置；通航净高标牌设在桥梁通航孔迎船面桥桁两侧，标示桥梁通航孔满足设计通航净高的范围。

2. 形状

桥涵标牌分为正方形标牌和圆形标牌，正方形标牌不区分大小轮通航孔时表示桥梁通航孔，区分时表示大轮通航孔；圆形标牌表示小轮通航孔，如图 3-2-6 所示。通航净高标牌为菱形标牌，以垂直对角线为界分成左右两个共底等腰直角三角形，垂直对角线与水面垂直设置，并与通航桥孔内满足设计通航净高的边线重合。

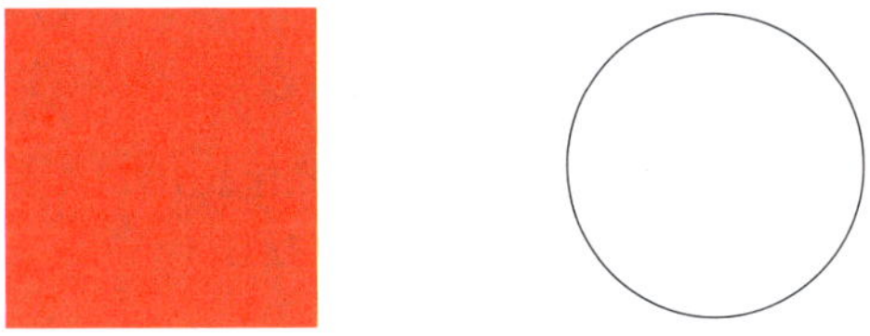

(a)正方形标牌　　(b)圆形标牌

图 3-2-6　桥涵标牌

3. 颜色

正方形标牌为红色；圆形标牌为白色；菱形标牌左右两个直角三角形用红白两色区分，红色三角形的直角顶点指向航道一侧；桥梁背景颜色与标牌颜色相近时，在标牌四周加装隔离色带。

4. 灯质

通航桥孔(或大轮通航桥孔)为红色单面定光;小轮(包括非机动船、人工流放排筏)通航桥孔为绿色单面定光。通航净高标牌灯为黄色单面定光。

不同水位期,水中设有桥墩的桥梁,在通航桥孔迎船面两侧桥柱上,各垂直设置绿色单面定光桥柱灯 2～4 盏,标示通航孔桥柱位置,具体数量根据桥柱高度确定,如图 3-2-7 所示。

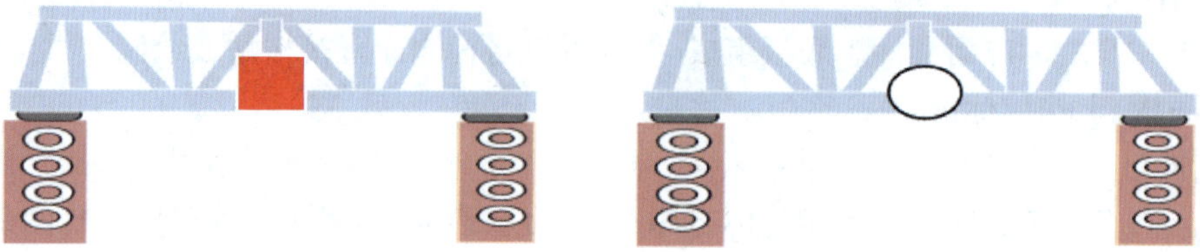

(a)通航桥孔　　(b)小轮通航桥孔

图 3-2-7　通航桥孔灯质

5. 主标志

主标志是设置于桥墩(或遮挡桥墩的防撞设施)、桥梁主梁(或拱圈)上,标示桥梁通航孔和通航净空外部轮廓、指引船舶过桥的标志。主标志按设置位置和适用条件分为甲、乙两类。

(1)甲类主标志:设置于桥墩(或遮挡桥墩的防撞设施)的迎船面上,适用于水中有墩的桥梁。

形状、图案、颜色、型号和尺寸:主标志应为长方形图案,由红、白两色等宽度相间,倾角为 45°的斜纹构成,不设边框和衬边,如图 3-2-8 所示。

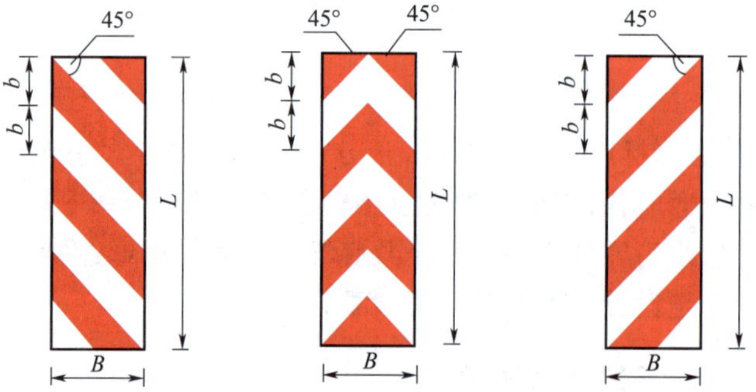

(a)左侧桥墩　　(b)中间桥墩　　(c)右侧桥墩

L—标志长;B—标志宽;b—斜纹在标志边缘的尺寸。

图 3-2-8　甲类主标志

甲类主标志的设置原则如下:

①单孔通航桥梁,在桥梁通航孔的两个迎船面设置左、右侧标志。

②多孔通航桥梁实施上、下行分孔通航的,应在上行通航孔的下游迎船面和下行通航孔的上游迎船面设置标志。

③多孔通航桥梁如果有两个或以上相邻同向通航孔的,其相邻同向通航孔的中间桥墩应设置中间标志,如图 3-2-9 所示。

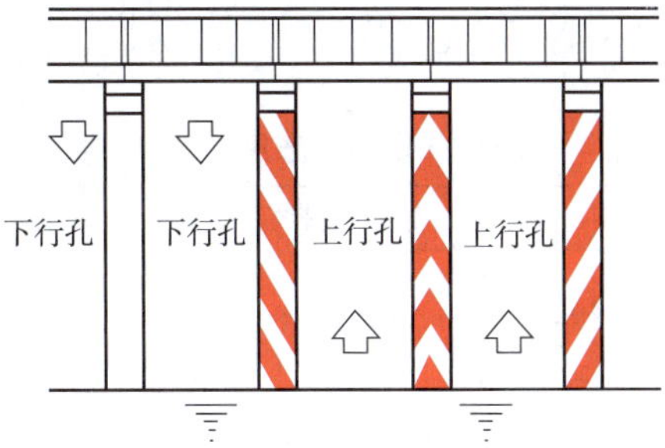

图 3-2-9　多孔通航桥梁的甲类主标志设置示意

④多孔通航桥梁如果实施按船舶种类而不论其上、下行分孔通航的，应在两个迎船面设置标志。

⑤桥梁的非通航孔不设标志。

⑥枯、洪水位相差悬殊的山区航道上的桥梁可在枯、常、洪三个水位上分段间断设置标志。

(2)乙类主标志：设置于桥梁主梁(或拱圈)的迎船面上，适用于所有桥梁，如图 3-2-10 所示。

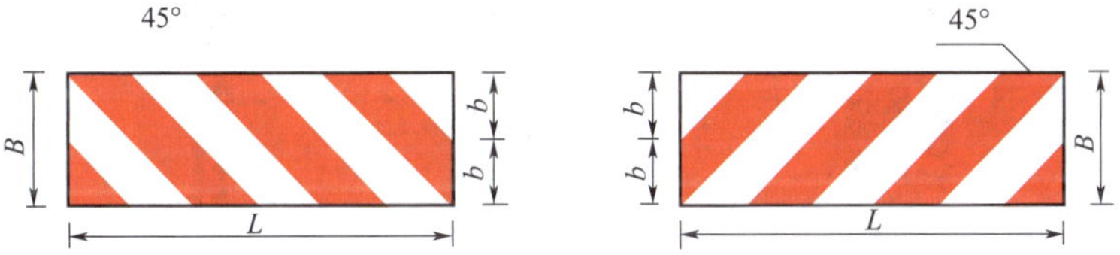

(a)左侧段　　(b)右侧段

图 3-2-10　乙类主标志

乙类主标志的设置原则如下：

①设置在桥梁主梁(或拱圈)的两个迎船面上，标志的左侧段、右侧段应同时使用。

②左侧段、右侧段应标示通航净空上底宽度、通航净空宽度、航道现状底宽的范围之一，如图 3-2-11 所示。

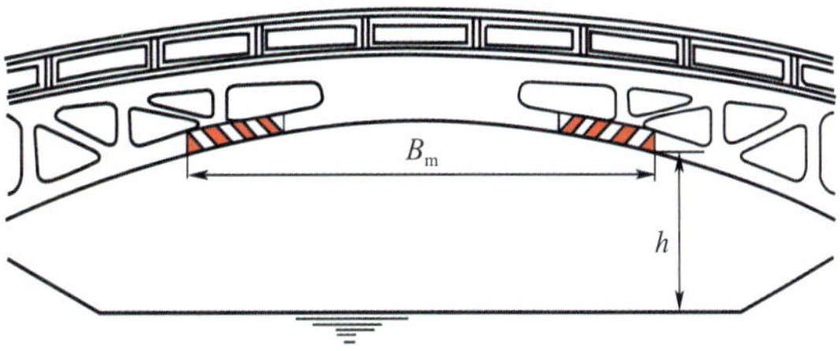

B_m—通航净空宽度；h—通航净空侧边高度。

图 3-2-11　乙类主标志设置示意

(3)型号和尺寸：主标志的型号、宽度和斜纹尺寸根据核定的航道等级从表 3-2-1 中选用。表 3-2-1 给出的主标志宽度和乙类主标志长度为下限值，可根据实际需要加大。斜纹在标志边缘的尺寸(b)为固定值，斜纹的宽度应为 $b\times\sin 45°$。

甲类主标志的长度应根据桥墩的高度和需要标示的范围确定，但不应小于常水位至航道设计最高通航水位之间的尺度。乙类主标志的长度见表 3-2-1。

表 3-2-1　主标志尺寸(m)

航道等级	主标志型号	主标志宽度	斜纹在主标志边缘的尺寸 (b)	乙类主标志的长度
Ⅳ级及以上航道	Ⅰ	≥1.0	0.50	≥4.5
Ⅴ级、Ⅵ级航道	Ⅱ	≥2/3	1/3	≥3.0
Ⅶ级及以下航道	Ⅲ	≥0.5	0.25	≥2.0

6. 附加标志

附加标志是对甲类主标志作补充的标志。

附加标志应为实时净空高度标尺标志，附加于甲类主标志的一侧，用以显示通航孔的实时净空高度。

实时净空高度标尺应为长方形图案，由绿色底、白色阿拉伯数字和刻度(短横线和小圆点)构成，不设边框和衬边，如图 3-2-12 所示。

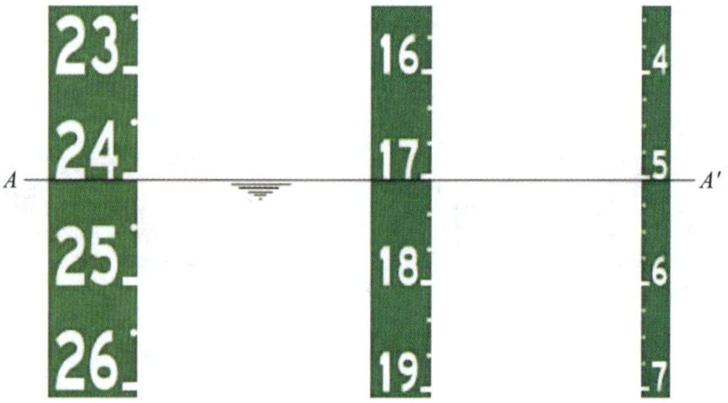

(a)甲Ⅰ型　(b)甲Ⅱ型　(c)甲Ⅲ型

图 3-2-12　对应甲类各型主标志的实时净空高度标尺示例

注：当水位在 AA'时，甲Ⅰ型标尺显示的实时净空高度为 24 m，甲Ⅱ型标尺为 17 m，甲Ⅲ型标尺为 5 m。

实时净空高度标尺中的阿拉伯数字标示米(m)的整数，不标计量单位。在标尺靠近主标志的一侧加标辅助读数的刻度，刻度在米的整数处为横线，在米的等分处为圆点。数字和刻度标示值的基准均在其下缘，标尺数字、刻度的尺寸，见表 3-2-2。

表 3-2-2　实时净空高度标尺数字、刻度的尺寸(m)

对应主标志型号	数字尺寸			刻度尺寸		
	字高(h)	字宽	字间隔、与标志边缘的最小距离	横线长	横线宽	圆点直径
甲Ⅰ型	1/2	$h/2$	$h/10$	$b/5$	$h/10$	$b/10$
甲Ⅱ型	1/3	$h/2$	$h/10$	$h/5$	$h/10$	$h/10$
甲Ⅲ型	1/4	$h/2$	$h/10$	$h/5$	$h/10$	$h/10$

实时净空高度标尺的上端应位于设计最高通航水位以上，下端应位于设计最低通航水位至常水位之间，宽度根据表 3-2-2 给出的数字和刻度的尺寸确定。

7. 显示标志

提示标志包括桥名标志、通航孔编号标志、实时净空高度值、形状、颜色、型号和尺寸。

(1)桥名标志(图 3-2-13):标示桥名,适用于所有桥梁;桥名标志应为长方形图案,由绿底、白色边框线和文字构成,各型号对应的尺寸下限值可根据实际需要按比例放大。桥名标志的文字可使用手写体。

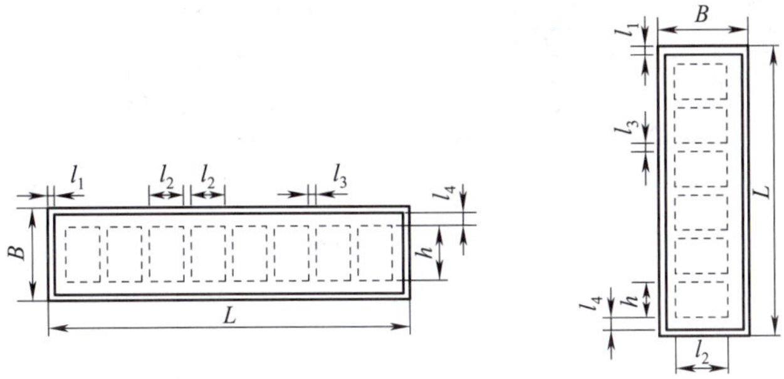

B—标志宽;L—标志长;h—字高;l_1—边框线宽;l_2—字宽;
l_3—字间隔;l_4—字与边框线内边距离。

图 3-2-13　桥名标志示意

(2)通航孔编号标志(图 3-2-14):标示桥梁通航规则中的通航孔编号,适用于有多个通航孔的桥梁;通航孔编号标志应为斜置正方形图案,由绿底、白色边框线和文字构成,各型号对应的尺寸下限值可根据实际需要按比例放大。

(3)实时净空高度值显示标志:标示随水位变化的桥梁实时净空高度数值,为可变信息标志,适用于所有桥梁,如图 3 2 15 所示。

L—边长;h—字高;l_1—边框线宽;
l_2—字宽;l_3—字间隔。

图 3-2-14　通航孔编号标志示例

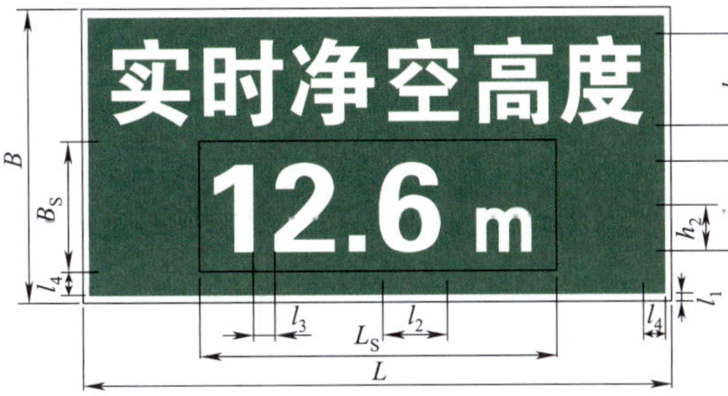

L—标志长;B—标志宽;L_S—显示屏长;B_S—显示屏宽;
h_1—汉字、数字高;h_2—字符高;l_1—边框线宽;l_2—字宽;
l_3—字间隔;l_4—字与边框线内边距离。

图 3-2-15　实时净空高度值显示标志(可变信息标志)示例

六、桥梁防船撞装置

(一)按照材料构成分

1. 钢质防船撞装置,如图 3-2-16(a)所示。

2. 复合材料防船撞装置。复合材料宜采用玻璃纤维增强制品、芳纶纤维增强制品,其基脂可采用乙烯基树脂、聚氨酯树脂、环氧树脂、不饱和树脂等，如图 3-2-16(b)所示。

(a)钢质防船撞装置

(b)复合材料防船撞装置

图 3-2-16 桥梁防船撞装置

3. 钢+复合材料防船撞装置。由钢结构和复合材料构成。

4. 钢+消能元件防船撞装置。由钢结构和消能元件构成。

(二)按照结构形式分类

1. 整体固定式防船撞装置。

2. 分布固定式防船撞装置。

3. 浮动式防船撞装置，如图 3-2-17 所示。

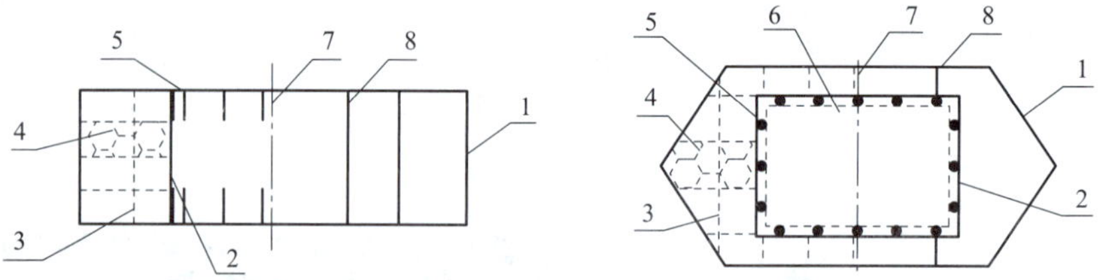

1—外围件；2—内围件；3—格构件；4—耗能芯材或消能元件；5—浮动式连接件；6—墩台表面；7—防船撞装置中心线；8—分段连接构造。

图 3-2-17 浮动式防撞装置

浮动式防船撞装置是近年来运用新工艺和新材料保护桥墩的新方法。浮动式防撞装置可以随着水位的涨落依靠自身的浮力沿着桥墩轴线上下升降，漂浮在水面，始终处于迎撞面，适用于最高水位和最低水位相差较多，并且桥墩或承台垂直方向尺寸相同或变化不大的桥梁。

钢质防船撞装置通常承受单次撞击后维修较为困难，虽然保护了桥梁免受损伤，但碰撞时船体易受损伤，其次由于钢材的材料属性不耐腐蚀，对于常年在水中的钢材来说，极易锈蚀，无形中加大了维护成本。

复合材料防船撞装置由柔性材料制作，内部填充高性能闭孔吸能材料，可大幅消减船撞力，吸能好，有效保护人、桥安全，同时还能最大限度地降低船舶的损伤。

复合材料防船撞装置具有以下优点：

(1)耐腐蚀性能、耐久性能、耐疲劳性能优异，使用过程不需要维护。

(2)质量轻，且为独立单元版块制作，运输、安装、更换方便。

(3)体积小,不影响通航航道。

(4)可塑性强,可根据具体桥墩形式,结合通航情况设计出适用的产品。

复合材料防船撞装置性能好,成本低,可以很好地保护人、桥、船的安全,是桥梁防撞产品中绝佳的选择。

复习思考题

1. 上跨铁路的桥梁两侧应设置坚固的防抛网(板)其技术标准是如何规定的?
2. 什么是公铁两用桥?
3. 公铁两用桥桥面布置形式有哪几种?
4. 公铁两用桥的优缺点是什么?
5. 桥梁标志标识种类有哪些?
6. 桥梁防船撞装置按照材料构成分类有哪些?

第三章　桥隧建筑物安全监控

本章主要介绍桥隧建筑物安全监控相关知识。桥隧建筑物安全监控是铁路外部环境管理的一部分，铁路外部环境安全管理，是指依据国家法律、行政法规、地方性法规、国务院部门规章和地方政府规章（包括规范性文件）、国家标准、行业标准以及铁路安全保护要求，对铁路沿线一定范围内可能影响铁路运输安全的问题实施有效管控。

第一节　桥隧建筑物周边环境监控

桥隧建筑物周边环境安全管理工作坚持“安全第一、预防为主、防治结合、综合治理”的方针，以高铁列车和旅客列车安全为重点，全面排查整治铁路沿线威胁或影响铁路运营安全的外部环境隐患，积极推进“人防、物防、技防”体系建设；持续推动构建地方人民政府依法管理、铁路企业主动防范、社会力量共同参与的综合治理格局，预防、控制并减少外部环境隐患引发的铁路交通事故。

铁路外部环境安全管理工作坚持领导负责、分工负责、专业负责、岗位负责，实行国铁集团、铁路局集团公司、站段三级管理。

集团公司对全局外部环境安全管理工作全面负责，各办事处对辖区内外部环境安全管理区域负责；专业部门对本系统外部环境安全管理专业负责，综合部门对全局外部环境安全管理分工负责；集团公司所属站段为外部环境安全监督管理执行主体，对本单位管辖区域内外部环境安全监督管理全面负责。

桥隧建筑物环境监控重点是限高防护架、通航桥梁及防洪重点区段。

一、监控系统组成

铁路桥隧建筑物无线视频监控系统的前端视频采集设备在限高防护架、通航桥梁及防洪重点区段等处所安装，如图 3-3-1 所示。

图 3-3-1　限高防护架、通航桥梁及防洪重点视频影像

视频系统采用网络化、数字化视频监控技术和 IP/4G/5G 传输方式构建而成，由监控平台、视频采集点、传输网络和监控终端组成。前端采集设备与监控平台采用 4G/5G 传输，监控终端与监控平台之间一般由铁路传输网承载。在铁路局集团公司工务部、工务段调度科和相关线路、桥梁车间设置监控终端，对重点设备、作业过程等进行视频图像监控。

二、系统管理职责

铁路桥隧建筑物无线视频监控系统不得与其他视频系统进行互联。

1. 路桥科

(1)路桥科是铁路无线视频监控的管理部门，负责落实相关技术标准，制定视频系统运用管理规定，明确管理及维护要求。

(2)负责建立设备异常应急处置方案，督促检查各车间运用管理质量，指导做好设备异常的应急处置。

(3)建立健全视频系统的技术资料和设备台账。遇有设备拆除、接管、新设、改设或管界调整时，应及时动态更换台账数据，并于一周内将更新后的台账报集团公司工务部备案。

2. 调度科

(1)负责视频系统运用管理、日常检查和视频系统终端故障处置、建立视频系统调阅监控制度等工作。

(2)负责视频系统的日常监控，同时做好检查记录；铁路设备发生异常情况时信息汇报，根据相关规定及时通知行车调度部门或车站扣停列车(登记限速)，并组织做好现场检查、启动应急处置等。

(3)负责盯控车间对影响视频系统监控效果的杂树等进行处理，必要时调整视频监控位置。

(4)负责统计故障报修信息并及时通知相关设备维修部门进行维修处置。

3. 办公室

(1)负责监控终端使用过程中的网络安全，对网络公司进行网络安全监管，督促网络公司网络安全等级保护相关工作开展。

(2)负责视频系统电路资源申请、保护优化，指导现场对视频系统传输通道故障的处理。

(3)负责落实相关科室、车间做好管辖范围内视频系统监控终端与监控平台之间的通道管理及网络安全管理。

三、系统运用管理

段调度科每季度对视频系统调阅不少于一遍(未安装监控终端的车间视频，由调度科每日调阅一遍)，汛期每月对防洪重点区段视频监控调阅不少于一遍(达到降雨警戒值期间，防洪办安排专人对影响范围内视频监控每 3 h 调阅一遍)，并不定时对视频系统进行抽阅，发现视频系统故障或铁路设备异常时，应立即通知相关设备维修部门进行处理。当发生铁路设备异常时，及时调阅视频系统，指导车间做好设备异常的应急处置工作。

相关线、桥车间应采用“经常检查、定期检查”的方式，结合日常工作同步做好视频系统的盯控、检查。

(1)负责限高防护架、通航桥梁及防洪重点区段视频系统设备(含摄像头、太阳能板、安装装置、钢立柱等）的检查，协助车站咽喉区视频系统设备的检查。

（2）检查主要内容：立杆是否倾斜、侵限等；各部位紧固件是否松动，有无破损、脱落、锈蚀、老化等；杆件及管线防护管、卡具等安装是否紧固；相关防松脱措施是否良好；箱门铰链是否良好、门锁是否齐全、锁闭是否牢固等。

（3）每年配合设备检修单位对限高防护架、通航桥梁及防洪重点区段视频系统全面检查、调试，确保监控系统运行正常。

四、视频系统调阅

按照规定的调阅周期，做好视频系统的调阅，发现故障或异常及时处置；充分利用视频系统，掌握设备状态等。

1. 限高防护架视频监控

桥梁车间每日至少一次通过调阅视频的方式，对管内装有视频系统的桥涵限高防护架及监控系统的工作状态进行全覆盖检查，并做好记录备查。

调度科每月对视频系统调阅不少于一遍，并不定时对视频系统进行抽阅。当收到限高防护架或桥涵被撞报警信息时，应立即调阅视频系统，初步判断设备受损情况。限高防护架视频影像如图 3-3-2 所示。

2. 通航桥梁视频监控

桥梁车间每日至少一次通过调阅视频的方式，对管内装有视频系统的通航桥梁及监控系统的工作状态进行全覆盖检查，并做好记录备查。当河道水位超洪水位警戒值时，应安排专人不间断盯控，防止发生船舶撞击桥梁。通航桥梁视频影像如图 3-3-3 所示。

图 3-3-2　限高防护架视频影像

图 3-3-3　通航桥梁视频影像

调度科每月对视频系统调阅不少于一遍，并不定时对视频系统进行抽阅。当收到发生通航桥梁被撞报警信息时，应立即调阅视频系统，初步判断设备受损情况。

3. 防洪重点区段视频监控

线路车间是防洪重点区段视频系统的监控主体，充分利用视频系统做好防洪重点区段的设备盯控，确认视频系统运行状态并做好记录备查。非汛期每日调阅不少于一遍，汛期每日调阅不少于三遍，降雨达警戒值时安排专人不间断盯控（调阅结束时间为该段设备冒雨出巡检查结束时间）。

调度科非汛期每月对视频系统调阅不少于一遍。当降雨达警戒值时每 3 h 调阅一遍（调阅结束时间为该段设备冒雨出巡检查结束时间）。发现设备异常或水害时应安排专人不间断盯控，并做好应急处置。防洪重点区段视频影像如图 3-3-4 所示。

图 3-3-4 防洪重点区段视频影像

五、设备应急处置

发生设备异常时，调度科利用视频系统，及时掌握现场情况，督促、指导相关车间做好设备的应急处置工作。充分利用视频系统掌握铁路设备现场状态，发生设备异常时，应立即果断处置；根据设备状态采取封锁或限速措施，确保行车安全，并组织人员现场检查或抢修。

1. 限高防护架视频监控

当限高防护架发出报警（地方报警或报警器报警）时，按照铁路上跨道路立交桥涵限高防护设备管理实施细则进行应急处置；同时调阅视频，了解监控检查桥涵和限高防护架被撞情况，并启动相应预案。

（1）发现桥涵被撞时，根据桥涵被撞受损程度及铁路上跨道路立交桥涵限高防护设备管理实施细则中相关行车限制条件（慢行或封锁）判断标准，立即采取封锁（或慢行）等措施，同时立即启动桥涵被撞应急预案。

（2）发现限高防护架被撞时，立即通知相关人员赶赴现场检查限高防护架被撞受损情况，同时立即启动限高防护架被撞应急预案，必要时安排专人看守或进行抢修。

（3）发现易燃易爆等危险品车辆卡在桥下时，按“桥涵被撞需封锁”办理。

（4）发现桥涵或限高防护架被撞，设备受损情况不明时按封锁线路处理，确保行车、设备和人身安全。

2. 通航桥梁视频监控

当收到通航桥梁被撞信息（地方报警或报警器报警）或通过视频发现桥梁被船舶撞击或船舶闷在桥下时，应立即通知相关车站封锁线路、呼停在区间运行的列车。及时通过视频调阅桥梁被船舶撞击情况，并将相关信息上报段分管领导、工务部及集团公司应急调度台，同时启动应急预案，组织应急处置。

3. 防洪重点区段视频监控

通过调阅视频监控，及时掌握设备状态。发现路基溜坍侵限、崩塌落石上道、水冲道床、水淹钢轨、倒树等危及行车安全的水害时，或发现路堑边坡变形加剧、水淹道床、流速加快、树木倾斜等可能侵限上道、道床失稳等危及行车安全的水害发生时，立即通知行车调度部门或车站封锁线路、呼停在区间运行的列车。发现水漫路肩且无流速等水害，立即通知车站限速或驻站联络员登记限速。水害发生后，应立即启动应急预案，组织人员现场检查确认及抢修，并通过视频监控督促、指导现场做好应急处置，确保行车安全。

视频系统监控设备发生侵入限界或危及行车、人身安全时，比照相关轨旁设备规章处理。

六、视频故障维修

在使用中发现以下情况时，工务段调度科应及时向负责设备维护单位的调度指挥中心报修故障：

(1)监视图像或历史图像丢失，监视图像质量差。

(2)监视图像场景错误或监视图像标识名称与实际场景不符。

(3)录像回放异常，云镜控制功能失效。

(4)其他影响正常使用的情形。

发现遮挡、视线不良时，调度科及时通知相关车间组织砍伐、清理，必要时组织调整监控位置，保证视频监控质量。发现立杆倾斜变形时，立即通知车间组织抢修。

负责设备维护单位应定期对网络安全信息进行检查，发现问题及时处理。

故障修复要求：不需要上道处理的故障，应在 24 h 内修复；需上道处理的，相关车间在 8 h 内提交天窗作业申请，原则上在 72 h 内修复。需上道时，根据集团公司营业线施工(作业)安全管理要求设置防护体系，确保劳动和行车安全。

七、系统安全管理

视频系统施工检修及应急处置等作业时，应严格执行集团公司相关规章制度，保证劳动和行车安全。

视频系统前端、终端设备应设置不少于 8 位的强口令密码，禁止采用未经修改的初始用户名和弱口令密码；相关设备应采取必要的技术措施防止非法侵入和转储，确保计算机及网络信息安全。

任何单位和个人不得擅自复制、更改、删除、泄露监控数据和图像等信息；其他单位、部门需采集、调阅、查询系统资料时，需经段分管领导批准同意，方可操作。禁止任何单位或个人实施以下行为，对违反规定的，将予以严肃处理：

(1)盗窃、损毁视频监控系统设施、设备。

(2)擅自改变视频监控系统用途或者摄像机安装位置。

(3)擅自采集、复制、转储、回放、浏览图像信息。

(4)删改、破坏留存期限内的视频运行记录和系统日志。

(5)故意隐匿、毁弃视频监控系统采集的图像信息。

(6)非法买卖、散发、播放图像信息。

(7)将视频监控用户终端挪作他用或在终端上从事与视频监控无关的工作。

(8)其他影响视频监控系统正常运行的行为。

非工作人员不得操作监控终端；负责设备维护单位检查维护前需联系工务段相关职能科室，并出具身份证和工作证件，在铁路作业人员陪同下方可进行检查维护。

第二节 桥隧建筑物施工监控

凡对影响桥隧建筑物安全稳定的施工(含邻近),施工项目进行变形监测和视频监控,是确保铁路行车安全的重要手段,施工单位和桥隧建筑物设备管理单位应建立信息互通机制,共享视频监控及设备监测数据。变形监测如图 3-3-5 所示。

图 3-3-5 变形监测

一、监测和视频监控

高速铁路和开行 15 对以上列车的普速铁路正线线路施工需进行第三方变形监测和视频监控。

大修和技改且由工务段施工的项目,工务段按照线路大修等相关规定对影响范围内的设备进行检查,并加装视频监控,有关第三方变形监测根据设计方案确定。

二、其他基本建设工程和地方涉铁工程

其他基本建设工程和地方涉铁工程,需第三方进行路基、隧道或桥梁监测的项目,一般包括以下项目:

1. 线路中心 30 m 范围内基坑开挖项目,如图 3-3-6 所示。

路堤地段:一般土质地段,基坑深度在 7 m 及以上,且基坑开挖边缘距路基坡脚小于 1.5 倍开挖深度加 2 m 的项目;软土和粉土以及河塘地段,基坑深度在 5 m 及以上,且基坑开挖边缘距路基坡脚小于 2 倍开挖深度加 2 m 的项目。

桥梁地段:一般土质地段,基坑深度在 5 m 及以上,且基坑开挖边缘距承台边缘小于 2 倍开挖深度加 2 m 的基坑开挖施工项目;软土和粉土以及河塘地段,基坑深度在 5 m 及以上,且基坑开挖边缘距承台边缘小于 3 倍开挖深度加 2 m 的基坑开挖施工项目。

2. 线路中心 30 m 范围内桩基施工项目。

路堤地段:一般黏土地段,路基坡脚 8 m 内有挤土效应的桩基施工;软土路基(未经加固处理的)坡脚 10 m 内桩基施工。

桥梁地段:承台边缘 8 m 内的桩基施工;岩溶区段 20 m 范围的桩基施工。

3. 盾构穿越、便梁架空(8 m 孔径以上立交顶进)、桥下河道拓宽改造等施工项目。

4. 其他可能影响铁路路基、隧道、桥梁结构稳定的,需要进行第三方变形监测的施工项目,在施工方案审查会议纪要予以明确。营业线安全监督检查中发现路基桥梁等工务设备

图 3-3-6　基坑、桥梁施工监测

有异常变形的，要立即组织第三方变形监测，确保设备稳定。桥下施工监测如图 3-3-7 所示。

图 3-3-7　桥下施工监测

5. 设计单位在初步设计概算中应计列第三方监测及视频监控相关费用。

未进行第三方监测的项目，由施工单位根据有关营业安全管理规定进行变形监测。

三、变形监测预警值设置

根据施工项目及对工务设备影响的特点，确定监测内容，一般包括路基变形、墩台位移、基坑变形、便梁支墩位移等，必要时还需包括轨道线形、水位变化和深层土体位移。变形监测如图 3-3-8 所示。

1. 高速铁路：轨道结构、路基、桥梁墩台顶横向、纵向水平位移、竖向位移，有砟轨道不大于 3 mm，无砟轨道不大于 2 mm。

图 3-3-8　变形监测

2. 普速铁路：轨道结构竖向及横向位移不大于 4 mm；桥梁墩台顶竖向、横向及纵向水平位移均不大于 3 mm；路基水平横向位移或垂向位移变化速率不大于 2 mm/d，或累计变化量不大于 10 mm。

3. 基坑：基坑施工地段，应对基坑进行变形监测。

监测预警值为：靠近铁路一侧墙顶水平位移变化速率不大于 2 mm/d，累计位移量不大于 25 mm 且不大于 $0.002h$（h 为基坑设计深度），其余非靠近铁路的三侧水平位移变化速率不大于 3 mm/d，累计位移量不大于 30 mm 且不大于 $0.003h$；靠近铁路一侧墙顶竖向位移变化速率不大于 2 mm/d，累计位移量不大于 10 mm 且不大于 $0.001h$，其余非靠近铁路的三侧竖向位移变化速率不大于 3 mm/d，累计位移量不大于 20 mm 且不大于 $0.002h$。

4. 爆破作业：工务设备振动速度控制按《铁路工程爆破振动安全技术规程》(TB 10313)规定执行。

5. 便梁架设：便梁支墩竖向位移变化速率不大于 2 mm/d 且趋势收敛，或累计竖向位移不大于 10 mm；横向水平位移不大于 4 mm。

四、观测点设置要求

1. 变形监测单位(以下简称监测单位)应具备相应资质，并符合相关业绩规定，须设专职人员管理监测工作，监测人员应相对固定。

2. 测量单位应根据监测项目的要求，制定工务设备变形监测方案，监测方案应包括监测目的、监测精度等级、监测方法、监测点布设、观测周期、变形预警值设置和必要的基准网精度估算，变形监测方案应写明监测工作所需仪器设备。变形监测方案与施工组织方案同步进行审查。

3. 工务设备观测点应根据施工性质、设备状态等因素设置，沿线路方向每 20 m 应设置一个观测断面(含路基、桥墩等观测点)；施工长度 100 m 以内的地段，沿线路方向不少于 4 个观测断面，施工过程中路基变形观测异常变化时应适当加密。监测断面要包含水平横向位移监测和垂向高差变化监测。观测桩宜采用直径不小于 30 mm 的钢筋或钢筋混凝土预制，长度 150～200 cm，钢筋混凝土顶预埋半圆耐磨测头，埋设深度不小于 100 cm。

五、观测仪器精度要求

变形监测所采用的水准仪、全站仪等仪器测量精度应符合国家相关测量规范规程要求，其中水平位移监测满足变形测量二等精度，垂直位移监测满足变形测量三等精度，具体测量等级划分及精度如下：

1. 垂直位移测量变形观测点的高程中误差不大于 1 mm、相邻变形观测点的高程中误差不大于 0.5 mm。

2. 水平位移测量变形观测点的点位中误差不大于 3 mm。

六、观测频次要求

变形监测须采用自动化实时监测技术，监测频次原则上每 2 h 不少于 1 次，发生沉降数据超预警值后须加密监测，至少每 30 min 1 次。实时监测系统应具有监测数据(无线)发送功能，超预警值后具有自动报警功能，工务段监控中心终端能够实时访问相关数据；其观测精度、测点布设位置和密度等相关技术要求应符合规定。

七、现场视频监控设置

1. 人员机械设备进入封闭区域的施工项目、第三方变形监测项目，须设置现场视频监控。视频监控范围应实时、全覆盖施工地段桥隧建筑物设备。视频监控设备采用数字高清设备，须与工务设备管理单位安全生产指挥中心实时共享。

2. 建设单位牵头监测单位、工务设备管理单位、施工单位、监理单位和设计单位建立工务设备变形处置协调小组，建立信息互通及应急处置机制，共享设备监测数据。每天定时通报监测数据，定期对监测数据进行分析，并根据数据分析结果及时采取相应措施。

3. 监测单位或工务设备管理单位发现变形观测数据达到报警值时，应立即通知工务设备变形处置协调小组；协调小组或工务段立即责令停止施工，工务段加强对轨道等工务设备养护，确保工务设备状态良好；当线路轨道几何状态、路基出现明显突变或添乘检查发现明显晃车、动态检测数据Ⅲ级及以上超限时，工务段应按“先防护后处理”的原则，果断拦停列车，立即停工并组织抢修。施工停工后，建设单位组织工务、设计、施工和监理等单位分析变形原因，采取相应对策措施后，方可复工。

复习思考题

1. 铁路外部环境安全管理工作是如何规定的？
2. 桥隧建筑物周边环境安全管理工作坚持什么方针？
3. 在什么情况下要进行桥隧建筑物施工监控？
4. 根据施工项目及对工务设备影响的特点，确定监测内容，一般包括哪几项？
5. 观测点的设置要求是什么？
6. 观测频次的要求是什么？

第四章　特种作业

特种作业是指在劳动过程中涉及特殊技能、特殊工具、特殊设备和特殊环境的作业活动，具有较高的安全风险和特殊性质。本章主要介绍铁路桥隧工所涉及的基本特种作业相关知识点及作业基本要求和安全知识。

第一节　特种作业基本要求

一、特种作业人员一般要求

1. 法律法规方面

(1)安全生产方针：安全第一、预防为主、综合治理。

(2)特种作业人员必须持证上岗。

(3)特种设备必须定检，悬挂合格标志。

(4)从业人员的法律责任。

(5)从业人员的权力与义务。

①权力：知情权、建议权、批评检举权、控告权、拒绝权、紧急避险权、依法要求赔偿权、享有国家标准规定的劳动保护用品权。

②义务：遵章守纪、服从管理、接受培训、自觉学习，不安全因素和危险报告。

2. 从业人员的条件

《中华人民共和国安全生产法》第三十条，生产经营单位的特种作业人员必须按照国家有关规定经专门的安全作业培训，取得相应资格，方可上岗作业。

(1)从事特种作业人员必须具备的基本条件：年龄满 18 周岁，身体健康，无妨碍从事相应工种作业的疾病和生理缺陷，初中以上文化程度，符合相应工种作业特点需要的其他条件。

(2)培训要求：特种作业人员须持证上岗。通过培训具备相应工种的安全技术知识，参加国家规定的安全技术理论和实际操作考核并成绩合格后，颁发特种作业操作证。

二、特种作业人员与特种设备作业人员

特种作业人员的范围由国务院应急管理部门会同国务院有关部门确定。

(1)特种作业人员：是指直接从事容易发生事故，对操作者本人、他人的安全健康及设备、设施的安全，可能造成重大危害的作业的从业人员。特种作业的范围由特种作业目录规定(如低压电工、熔化焊与热切割工)。

(2)特种设备作业人员：是指锅炉、压力容器(含气瓶)、压力管道、电梯、起重机械、客运索道、大型游乐设施、场(厂)内专用机动车辆等特种设备的作业人员及其相关管理人员，统称特

种设备作业人员。特种设备作业人员作业种类与项目目录由国家市场监督局统一发布。

第二节 电工作业

一、电 路

1. 电路

电路就是电流通过的路径，它是为了某种需要由某些电气设备或元器件按一定方式连接组成的。一般电路由电源、负载和中间环节等基本部分组成，如图 3-4-1 所示。

(1)电源内部的电路称为内电路，电源外部的负载、开关和连接导线组成了外电路，如图 3-4-2 所示。

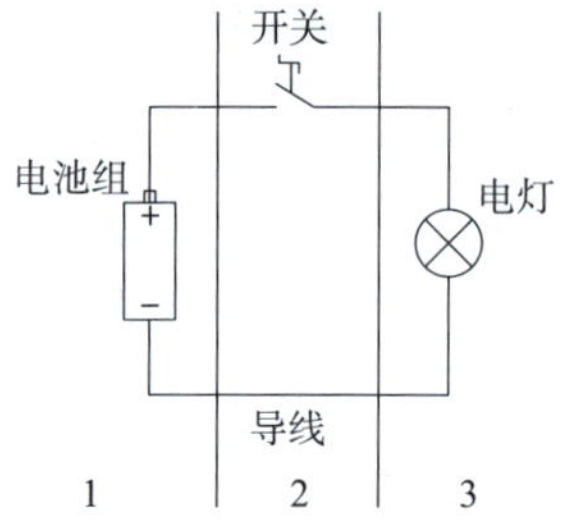

图 3-4-1 电路基本组成

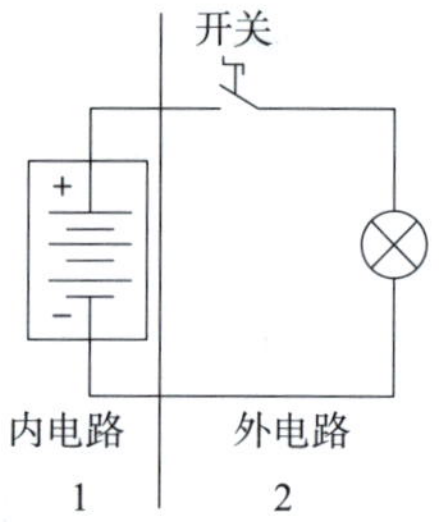

图 3-4-2 内外电路

(2)电路中各部分的作用：

①电源：提供电能的设备，它将其他形式的能转换成电能；如电池将化学能转换成电能，发电机将机械能转换成电能等。

②负载：用电设备，它将电能转换成其他形式的能；如电灯将电能转换成光能，电动机将电能转换成机械能等。

③中间环节：连接电源和负载的部分，就是电路中的导线、控制和保护装置；它的作用是传输、控制、保护和分配电能。

(3)电路通常有三种状态：通路、开路、短路。

(4)实际电路中，常需要将多个电阻连接起来。一般分为串联、并联和混联。

2. 交流电和直流电

交流电和直流电相比较，交流电具有许多优点，所以在生产和生活中使用的电能几乎都是交流电，即使需要直流电能的设备，一般也是通过整流装置把交流电能变成直流电能。

二、安全用电

1. 安全电压

不带任何防护设备，对人体各部分组织均不造成伤害的电压值，称为安全电压。一般情况下，36 V 电源对人体的安全不会构成威胁，所以通常称 36 V 以下的电压为安全电压。

(1)世界各国对于安全电压的规定：有 50 V、40 V、36 V、25 V、24 V 等，其中以 50 V、25 V 居多。

国际电工委员会(IEC)规定安全电压限定值为 50 V。

我国规定 12 V、24 V、36 V 三个电压等级为安全电压级别。

(2)在湿度大、狭窄、行动不便、周围有大面积接地导体的场所(如金属容器内、矿井内、隧道内等)使用的手提照明,应采用 12 V 安全电压。

2. 保护用具

保护用具是保证工作人员安全操作的工具。设备带电部分应有防护罩,或置于不易触电的高处,或采用联锁装置。此外,使用受电钻等移动电器时,应使用橡胶手套、橡胶垫等保护工具,不能赤脚或穿潮湿的鞋子站在潮湿的地面上使用电器。

第三节　熔化焊与热切割作业

本节主要介绍熔化焊与热切割作业中桥隧专业常用的焊条电弧焊与氧气-乙炔切割原理、设备以及作业基础知识。

一、焊条电弧焊

焊条电弧焊是用手工操纵焊条进行焊接的电弧焊方法(又称手工电弧焊)。操作时,焊条和焊件分别作为两个电极,利用焊条与焊件之间产生的电弧热量来熔化焊件金属,冷却后形成焊缝。焊条电弧焊是一种发展比较早的电弧焊方法,目前仍然是应用最广泛的一种焊接方法。

1. 焊条电弧焊常用工具材料

焊条电弧焊常用的工具材料包括电焊机、焊钳、焊条、防护用品及辅助工具。

电焊机主要由主机部分、辅机部分以及其他系统三部分组成。

2. 焊条电弧焊的主要技术参数

(1)焊接接头

采用焊接的方法连接的接头称为焊接接头,它包括焊缝、熔合区和热影响区三部分。

(2)焊接位置

焊接时,焊件接缝所处的空间位置称为焊接位置。焊接位置分为平焊位置、横焊位置、立焊位置、仰焊位置四种形式。

(3)焊接坡口

坡口的作用是为了保证焊缝根部焊透,保证焊接质量和连接强度,同时调整基本金属与填充金属的比例。根据设计或工艺的需要,在焊件的待焊部位加工并装配成一定几何形状的沟槽称为坡口。

(4)焊接应力与变形

由焊接热过程引起的应力与变形就是焊接应力和焊接变形。焊接残余变形按其变形的基本形式可分为纵向变形、横向变形、弯曲变形、角变形、波浪变形、扭曲变形等。

二、氧气-乙炔切割

1. 氧气-乙炔切割的原理及应用特点

氧气-乙炔切割是利用割炬喷出乙炔与氧气混合燃烧的预热火焰,将金属待切割处预热到它的燃烧点(红热程度),并从割炬的另一喷孔高速喷出纯氧气流,使切割处的金属发生剧烈的氧化，成为熔融的金属氧化物，同时被高压氧气流吹走，从而形成一条狭小整齐的割缝使金属割开。

2. 气割的设备

(1)乙炔瓶

乙炔瓶是储存溶解乙炔的钢瓶。在瓶的顶部装有瓶阀供开闭气瓶和装减压器用，并套有瓶帽保护；在瓶内装有浸满丙酮的多孔性填充物（活性炭、木屑、硅藻土等），丙酮对乙炔有良好的溶解能力，可使乙炔安全地储存于瓶内，当使用时，溶在丙酮内的乙炔分离出来，通过瓶阀输出，而丙酮仍留在瓶内，以便溶解再次灌入瓶中的乙炔；在瓶阀下面的填充物中心部位的长孔内放有石棉绳，其作用是促使乙炔与填充物分离。

(2)氧气瓶

氧气瓶是储存氧气的一种高压容器钢瓶。由于氧气瓶要经受搬运、滚动，甚至还要经受振动和冲击等，因此材质要求很高，产品质量要求十分严格，出厂前要经过严格检验，以确保氧气瓶的安全可靠。

(3)减压器

减压器是将高压气体降为低压气体的调节装置。因此，其作用是减压、调压、量压和稳压。

(4)回火安全器

回火安全器又称回火防止器或回火保险器，它是装在乙炔减压器和焊炬之间，用来防止火焰沿乙炔管回烧的安全装置。

(5)橡胶管

橡胶管是输送气体的管道，分氧气橡胶管和乙炔橡胶管，两者不能混用。国家标准规定氧气橡胶管为黑色，乙炔橡胶管为红色。氧气橡胶管的内径为 8 mm，工作压力为 1.5 MPa；乙炔橡胶管的内径为 10 mm，工作压力为 0.5 MPa 或 1.0 MPa；橡胶管长一般为 10～15 m。

(6)割炬

割炬（又称割枪）有两根导管，一根是预热焰混合气体管道，另一根是切割氧气管道。割炬比焊炬只多一根切割氧气管和一个切割氧气阀门。此外，割嘴与焊嘴的构造也不同，割嘴的出口有两条通道，周围的一圈是乙炔与氧气的混合气体出口，中间的通道为切割氧气（即纯氧）的出口，二者互不相通。割嘴有梅花形和环形两种。

三、焊接与热切割作业安全常识

1. 施工作业时氧气瓶、乙炔瓶要与动火点保持不小于 10 m 的距离，氧气瓶与乙炔瓶的距离应保持 5 m 以上。

2. 氧气瓶、溶解乙炔瓶等均应稳固竖立，并采取防倾倒措施，或装在专用胶轮车上使用。

3. 焊接与切割中使用的氧气胶管为黑色，乙炔胶管为红色，不得有磨损、扎伤、刺孔、老化、裂纹等，不得互换，不得用其他胶管代替。

4. 电焊钳必须有良好的绝缘性能与隔热能力，手柄要有良好的绝缘层，其质量不得超过 600 g。

5. 禁止在带压力或带电压容器、罐、柜、管道、设备上进行焊接或切割工作。

6. 在企业规定的禁火区内，不准焊接。需要焊接时，必须把工件移到指定的动火区内或在安全区进行。

7. 氧气瓶、乙炔瓶夏季要有遮阳措施，防止暴晒，严禁易燃物品同车运输。冬天要有防止冻结的措施，一旦冻结应用热水解冻，禁止采用明火烘烤或用棍棒敲打解冻。

8. 作业场所必须配置足够的灭火设备。其配置取决于现场易燃物品的性质和数量，可以是水池、沙箱、水龙带、消防栓或手提灭火器，必要时可以配置消防车随时待命。

第四节 装吊、起重作业

起重是桥隧施工、设备安装过程中的重要组成部分，起重作业特点是将物品在一定的空间范围内进行水平、提升、下降作业，如果工作中稍有疏忽，就可能发生人身伤害和设备事故，因此掌握装吊、起重基础知识是安全生产的重要组成部分。

一、常用装吊的索具和吊具

1. 麻绳

麻绳具有质地柔韧、轻便、易于捆绑、结扣及解脱方便等优点，但其强度较低，一般麻绳的强度，只为相同直径钢丝绳的 10%左右，而且易磨损、腐烂、霉变。

麻绳在起重作业中主要用于捆绑物体，起吊 500 kg 以下的较轻物件，当起吊物件或重物时，麻绳拉紧物体，以保持被吊物体的稳定和在规定的位置上就位。

2. 钢丝绳

(1)钢丝绳的特点

钢丝绳是由高强度钢丝搓捻而成的，它具有自重轻、强度高、耐磨损、弹性大、在高速下运转平稳、无噪声、安全可靠等优点，是起重装吊作业中最常用的绳索。钢丝绳中钢丝越细越不耐磨，但比较柔软，弹性较好，钢丝越粗越耐磨，但比较硬不易弯曲，故应视用途不同而选用。

(2)钢丝绳的荷载计算

$$S=\frac{P}{K}$$

式中 S——安全荷载；

P——破坏荷载；

K——安全系数。

一般对 K 值的规定：十字牵绳及人字牵绳为 3；手摇绞车起重用钢丝绳为 4；机械绞车起重用钢丝绳为 5；绑扎用钢丝绳为 8。

镀锌钢丝绳的强度较打光钢丝绳(镀其他金属)的强度约降低 10%。

钢丝绳的允许拉力低于钢丝绳破断拉力的若干倍，而这个倍数就是安全系数。

3. 卡环

卡环又名卸扣或卸甲，用于绳扣(千斤绳、钢丝绳)与绳扣或绳扣与构件吊环之间的连接。它是在起重作业中用途较广的连接工具。卡环由弯环与销子两部分组成，按弯环的形式分为直形和马蹄形两种；按销子与弯环的连接形式分为螺栓式卡环、抽销式卡环和半自动卡环。

4. 吊钩

吊钩根据外形的不同，分为单钩和双钩两种。单钩一般在中小型的起重机上使用，也是常用的起重工具之一。双钩多用于桥式机门座式起重机。

第五节 压力容器

凡是密闭盛装气体、液体、液化气体等介质，具有一定容积承受一定压力，承担储存反应热交换和分离功能的设备均属于压力容器。压力容器可以是金属材料，也可以是非金属材料。所有承受压力的密闭容器均可称为压力容器。

一、压力来源

容器所盛装的或在容器内参加反应的物质称为工作介质。常用的压力容器工作介质是各种压缩气体、液化气体、水蒸气，压力容器的压力来源可分为气体压力的产生或增大，来自容器内或容器外。

二、压力容器界限范围

《压力容器安全技术监察规程》(简称《容规》)中对压力容器作了明确划分。同时具备下列条件：

(1)最高工作压力大于等于 0.1 MPa。

(2)内直径大于等于 0.15 m 且容积大于等于 0.025 m^3。

(3)介质为气体、液化气体或最高工作温度等于标准沸点的液体。

三、安全附件

1. 安全阀

是一种超压防护装置，安全阀的功能在于当压力容器的压力超过一规定值时，就自动开启迅速排放容器内部的过压气体。当压力恢复到允许值后，安全阀自动关闭，使压力容器内压力始终低于允许范围的上限，不致因超压而酿成爆炸事故。

2. 压力表

压力容器以及需要控制压力的设备都必须装压力。操作人员可根据压力表所指示的压力进行操作，将压力控制在允许范围内。如果压力表不准或失灵，安全阀也同时失灵的话，压力容器就有可能发生事故。因此，压力表准确与否直接关系到压力容器的安全，未装压力表或压力表损坏的压力容器是不准运行的。

安全附件还有液位计、温度计、常用阀门等。

复习思考题

1. 安全电压是怎样规定的？
2. 焊接与热切割作业安全注意事项有哪些？
3. 装吊、起重作业人员必须具备哪些条件？
4. 钢丝绳的荷载如何计算？
5. 压力容器是什么？

第四篇 实作技能

第一章　劳动保护用品和防护用品使用与维护

劳动防护用品是为了保护作业人员在生产过程中的安全和健康而发给劳动者个人使用的防护用品。用于防护有灼伤、烫伤或者容易发生机械外伤等危险的操作，以及经常使衣服腐蚀、潮湿或者特别肮脏的操作等。根据具体操作过程中的不同需要，应提供给作业人员的防护用品主要有安全帽、工作服、绝缘鞋、手套、绝缘手套、防护眼镜、安全带、安全绳、安全网等。

一、防护帽（安全帽）、工作服（防护服）、绝缘鞋

（一）防护帽（安全帽）

1. 防护帽（安全帽）的防护作用

（1）防止物体打击伤害。

（2）防止高处坠落伤害头部。

（3）防止机械性损伤。

（4）防止污染毛发。

2. 防护帽（安全帽）使用注意事项及正确佩戴

安全帽（图 4-1-1）的佩戴要符合标准，使用必须符合规定，如果佩戴和使用不正确，就起不到充分的防护作用。

图 4-1-1　安全帽

（1）戴安全帽前使用者应将帽后调整带按自己头型调整到适合的位置，然后将帽内弹性带系牢。缓冲衬垫的松紧由带子调节，人的头顶和帽体内顶部的空间垂直距离一般在 25～50 mm 之间，不小于 32 mm 为好。这样才能保证当遭受冲击时，帽体有足够的空间可供缓冲，平时也有利于头和帽体间的通风。

（2）不要把安全帽歪戴，也不要把帽檐戴在脑后方。否则，会降低安全帽对于冲击的防护作用。

(3)安全帽的下颌带必须扣在颌下，并系牢，松紧要适度。这样不至于被大风吹掉，或者被其他障碍物碰掉，或者由于头的前后摆动，使安全帽脱落。

(4)由于安全帽在使用过程中会逐渐损坏，所以要定期检查，检查有没有龟裂、下凹和磨损等情况，发现异常现象要立即更换，不准再继续使用。任何受过冲击的安全帽，无论有无损坏现象，均应报废。

(5)严禁使用只有下颌带与帽壳连接的安全帽，也就是帽内无缓冲层的安全帽。

(6)施工人员在现场作业中，不得将安全帽脱下，搁置一旁。

(7)高处作业或者室内带电作业时，要认真戴好安全帽，并打开电报警开关，防止触电。

3. 防护帽(安全帽)的维护管理

(1)平时使用安全帽时应保持整洁，不能接触火源，不要任意涂刷油漆，不准当凳子坐，防止丢失。如果丢失或损坏，必须立即补发或更换，补发或更换时要求将旧安全帽一并交回。

(2)安全帽应妥善保管，避免挤压存放，避免存放在酸、碱、高温、日晒、潮湿等场所。更不能和硬物放在一起。

(3)借用他人安全帽时，必须征得主人同意并经过检查合格后，方可使用。

(4)安全帽的使用期，从产品制造完成之日计算，30 个月后进行更换，由安全科为每名员工建立档案卡，由各部门安全员领用后发放给员工，30 个月后以旧换新。

(5)安全管理部门依据国家标准对安全帽进行抽查测试，合格后方可使用。

(6)安全帽应记入安全用品(或安全工器具台账)。安全帽丢失或损坏时应及时到安全管理部门办理领取或更换手续，因管理或使用不当造成的丢失或损坏，应按照安全帽采购价格给予赔偿，重新领取安全帽。

(7)新安全帽下发后，以前旧安全帽一律不得使用(如数上交库房)，如发现上岗使用旧安全帽按照违章进行处罚。

(二)工作服(防护服)

职工上道作业前必须穿戴段统一下发的工作服或防护服。工作服主体为黄色并配反光条，防护员防护服主体为绿色配反光条并印有防护员字样，如图 4-1-2 所示。现场上对作业人员防护服的穿着要求：

(1)作业人员作业时必须穿着工作服。

(2)操作转动机械时，袖口必须扎紧。

(3)从事防护工作的人员必须穿着防护服。

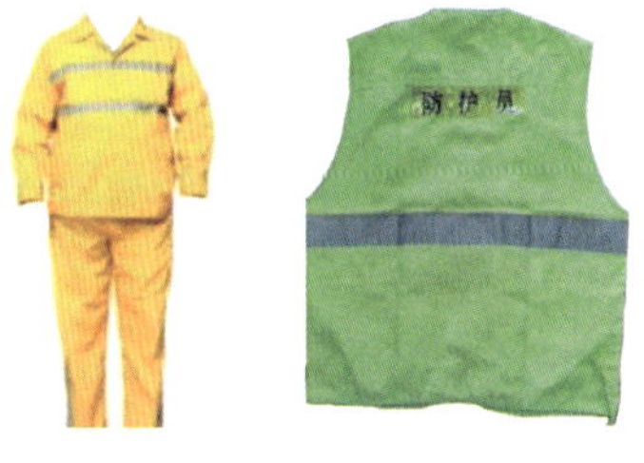

(a)工作服　　(b)防护服

图 4-1-2　工作服、防护服

工作服日常由个人保管，防护服与防护员备品由工区统一保存，如出现工作服破损或反光条掉落失效应及时进行更换。

(三)绝缘鞋

1. 绝缘鞋使用

(1)每次使用前应检查电绝缘鞋在有效预防性试验周期内，外观完好，如图 4-1-3 所示。

图 4-1-3　绝缘鞋

(2)穿用绝缘皮鞋和绝缘布面胶鞋时，其工作环境应能保持鞋面干燥。在潮湿、有蒸汽、冷凝液体、导电灰尘或是导电地面等容易发生危险的场所，尤其应注意配备合适的绝缘鞋，应按标准规定的使用范围正确使用，不得随意乱用。

(3)穿用任何绝缘鞋均应避免接触锐器、高温、腐蚀性和酸碱油类物质，防止绝缘鞋受到损伤而影响电绝缘性能。

2. 绝缘鞋维护及存放要求

(1)绝缘鞋的保管及存放，应满足国家和行业标准及产品说明书有关要求。

(2)绝缘鞋应存放在温度为－15～35 ℃，相对湿度为5%～65%，干燥通风的工器具室内。

(3)绝缘鞋应分类统一编号，定置存放。

(4)绝缘鞋应存放在干燥、阴凉的专用柜子或支架上，与其他工具分开放置，其上不得堆压任何物件。

(5)绝缘鞋每月进行一次外观检查，做好检查和使用记录。

(6)绝缘鞋报废条件：

①电绝缘鞋外观检查或试验不合格的。

②超过产品标注的有效使用期限的。

二、手套、绝缘手套

(一)手　　套

1. 手套使用

(1)选用适合于不同工作场所的防护手套(图4-1-4)。手套尺寸要适当，如果手套太紧，限制血液流通，容易造成疲劳，并且不舒适；如果太松，使用不灵活，容易脱落。

图4-1-4　手套

(2)所选用的防护手套要具有足够的防护作用，要保证其防护功能，就必须定期更换手套。如果超过使用期限，则有可能使手或皮肤受到伤害。

(3)定期对防护手套进行检查，检查有无小孔或破损、磨蚀的地方，尤其是指缝。对于防化手套可以使用充气法进行检查。

(4)注意防护手套的使用场合，如果一副劳保手套用在不同的场所，可能会大大降低手套的使用寿命。

(5)使用中要注意安全，不要将污染使用过的劳保手套任意丢放，避免对他人造成伤害。暂时不用的手套要放在安全的地方。

(6)摘取劳保作业手套一定要注意正确的方法，防止将手套上沾染的有害物质接触到皮肤和衣服上，造成二次污染。

(7)最好不要与他人共用防护手套，因为手套内部是滋生细菌和微生物的温床，共用手套容易造成交叉感染。

(8)在使用防护手套前要洗净双手，手套要戴在干净(无菌)的手上，否则容易滋生细菌。摘掉手套后要洗净双手，并涂抹护手霜以补充油脂。

(9)如果手部有伤口，在戴上防护手套前要罩住伤口，皮肤是抵御外界环境伤害的天然屏障，可以阻止细菌和化学物质的进入。

2. 手套维护

(1)将防护手套放在干燥、避光、恒温的环境中。

(2)有大量化学物质残留时,要用适当的溶剂清洗,但要避免使用腐蚀性清洗液。

(3)在清洁时,力应是柔软和均匀的,不要用力地猛刷,以免出现断线。

(4)避免接触锋利的物体以防止划伤。

(5)一定要避免与酸、碱、盐等化学物质接触,以免受腐蚀变形。

(二)绝缘手套

1. 绝缘手套的使用

(1)使用前应检查有无粘黏、漏气现象。

(2)检查是否经试验合格,不超有效周期。

(3)使用中受潮或清洗后潮湿的手套应充分晾干并涂抹滑石灰后予以保存。

(4)不准将绝缘手套与材料混放运输。

2. 绝缘手套保管方法

(1)绝缘手套(图 4-1-5)应统一分类编号并存放在干燥通风温度为－15～35 ℃,相对湿度为 50%～80%的室内。条件许可应将绝缘手套存放在绝缘安全工器具柜内。

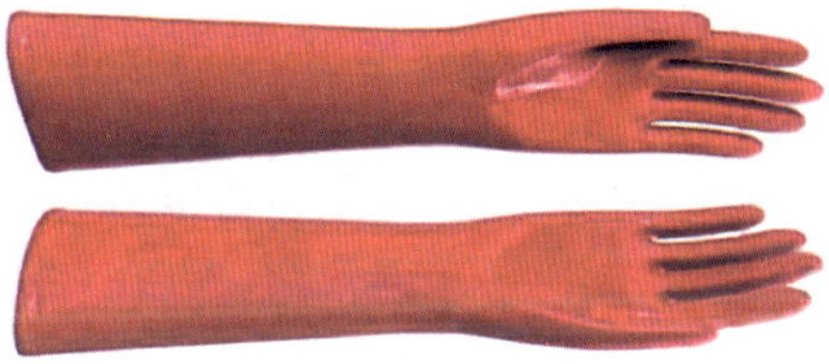

图 4-1-5 绝缘手套

(2)绝缘手套应远离热源并避开酸、碱、油类等腐蚀品。

(3)避免阳光直射。

(4)绝缘手套一般应套放在支架上,采用水平放置时应涂抹滑石粉以防粘黏,上面不得堆压任何物品。

三、护目镜

(一)护目镜使用

护目镜为最常见的眼部防护用具,抗低速粒子冲击,具有侧翼防护(图 4-1-6)。部分安全眼镜通过特殊工艺处理,还可以防护某些光学辐射,或用于某些特殊场合,如部分着色镜片可以防护强光,琥珀色镜片可以提高视线对比度等,主要应用于切削加工、金属切割、碎石等存在冲击作业的场所。

图 4-1-6 护目镜

(二)护目镜维护

防止镜片乱划,存放时应将镜片朝上放置,不要用刀或其他工具刮擦镜片表面,也不要与零件、工具等硬物一起堆放。

为了防止眼镜变形,不要在眼镜上放置重物或过度挤压眼镜。

四、安全带、安全绳、安全网

(一)安全带、安全绳

安全带是高处作业人员预防坠落伤亡的个人防护用品,由带子、绳子和金属配件组成,总称安全带,如图 4-1-7 所示。

图 4-1-7　安全带

1. 安全带、安全绳使用

(1)穿戴步骤:第一步穿戴背带;第二步系紧胸带;第三步系紧腿带;第四步系紧腰带;第五步连接带体与安全绳。

(2)使用者在进行高处作业时必须使用安全带、安全绳,每次使用前作业负责人及使用人应对该安全带、安全绳状态进行一次全过程检测,检测结果应做好记录,检测过程应使用视频设备进行摄录,并由使用部门进行保存备查,保存期为 1 个月。

(3)使用安全带、安全绳前应进行外观检查,主要检查项目如下:一是组件完整、无短缺、无伤残破损;二是绳索、编带无脆裂、断股或扭结;三是金属配件无裂纹、焊接无缺陷、无严重锈蚀;四是挂钩的钩舌咬口平整不错位,保险装置完整可靠;五是铆钉无明显偏位,表面平整。

(4)安全带的腰带和保险带、绳应有足够的机械强度,材质应有耐磨性,卡环(钩)应具有保险装置。

(5)安全带应系在牢固的物体上,禁止系挂在移动或不牢固的物件上。不得系在棱角锋利处。安全带要高挂和平行拴挂,严禁低挂高用。

(6)在桥梁上工作时,应将安全带后备保护绳系在安全牢固的构件上(带电作业视其具体任务决定是否系后备安全绳),不得失去后备保护。

2. 安全带、安全绳维护

(1)安全带使用每半年,应按批量购入情况进行抽检,不合格不予继续使用。

(2)安全带应储藏在干燥、通风的仓库内,不准接触高温、明火、强酸、强碱和尖利的硬物,也不要暴晒。搬动时不能用带钩刺的工具,运输过程中要防止日晒雨淋。

(3)安全带应该经常保洁,可放入温水中用肥皂水轻轻擦,然后用清水漂净后晾干。

(4)安全带上的各种部件不得任意拆除。更换新件时,应选择合格的配件。

(5)安全带、安全绳的日常管理应按照“谁使用、谁负责”的原则,相关科室需加强对使用车间的日常检查工作。安全科负责监督检查各车间日常安全管理情况。使用车间、工区负责安全带设备的使用、存放、检测等管理工作。

(6)安全带、安全绳的检测。安全带检测由使用车间按照《普速铁路工务安全规则》第 4.4.1 条规定的检测方法每半年对使用安全带进行检测一次,检测时应使用视频设备对检测全过程进行摄录，检测完成后应将检测视频、安全设备检验报告加盖车间公章由车间主要负责人签字，报安全科或相关科室核备，安全科或相关科室接到车间检测相关资料后向车间提供安全带检验合格标签。检测不合格的安全带在检测后应交相关科室进行报废处理，不得再次使用。

(7)安全带、安全绳使用期限一般为 3～5 年，发现异常应提前报废。符合下列条件之一者，即予以报废。

①安全工器具经试验或检验不符合国家或行业标准。

②超过有效使用期限，不能达到有效防护功能指标。

(8)报废的安全带、安全绳应及时清理，不得与合格的安全带、安全绳存放在一起，更不得使用报废的安全带、安全绳。

(9)报废的安全带、安全绳应及时统计上报到段路桥科、安全科备案。

(10)安全带、安全绳的存放：一是安全带、安全绳的保管及存放必须满足国家和行业标准及产品说明书要求；二是安全带、安全绳应统一编号，定置存放。

(二)安 全 网

安全网是在进行高处建筑施工或设备安装时，在其下或其侧设置起保护作用的网，以防因人或物件坠落而造成事故。安全网由网体、边绳、系绳和筋绳构成。网体由网绳编结而成，具有菱形或方形的网目，如图 4-1-8 所示。网目尺寸是指编结物相邻两个绳结之间的距离。网体四周边缘上的网绳，称为边绳。安全网的尺寸(公称尺寸)由边绳的尺寸而定；把安全网固定在支撑物上的绳，称为系绳。此外，凡用于增加安全网强度的绳，则统称为筋绳。

图 4-1-8　安全网

1. 安全网使用

(1)网的检查内容包括网内不得存留建筑垃圾，网下不能堆积物品，网身不能出现严重变形和磨损，以及是否会受化学品与酸、碱烟雾的污染和电焊火花的烧灼等。

(2)支撑架不得出现严重变形和磨损，其连接部位不得有松脱现象。网与网之间及网与支撑架之间的连接点亦不允许出现松脱。所有绑拉的绳都不能使其产生严重的磨损或有变形。

(3)网内的坠落物要经常清理，保持网体洁净。还要避免大量焊接或其他火星落入网内，并且避免高温或蒸汽环境。当网体受到化学品的污染或网绳嵌入粗砂粒或其他可能引起磨损的异物时，须即刻进行清洗，洗后使其自然干燥。

2. 安全网维护

(1)施工现场使用的安全网质量必须符合标准要求,并要定期进行抽样检测试验,对检测试验不合格的安全网要坚决报废,不得使用。

(2)安全网应储藏在干燥、通风的仓库内,不准接触高温、明火、强酸、强碱和尖利的硬物,也不要暴晒。

第二章　工程测量与计算

测量工作是桥隧维修的重要环节，高质量地完成测量作业是桥面整平、调整高度计算、计算材料用量的基础。本章要求掌握面积测量、体积测量及桥面高程测量。

第一节　面积测量与计算

一、作业目的

测量和计算圬工梁梁体表面积，根据单位面积涂料用量，计算混凝土表层涂料总用量。

二、作业条件

利用天窗点内、外作业。

三、作业流程

1. 作业准备

工具材料：测距仪、皮尺等(上道工具必须粘贴黄色反光标识及编号)。

2. 设置防护

(1)到达作业地点附近的作业通道后，网外集体拍照上传；严格执行通道门开关作业负责人负责制。

(2)现场防护员与驻站联络员核对作业信息，确认是否可以进入通道门。

(3)远端防护员在确保安全的情况下，沿路肩行走至指定地点，到达后向现场防护员通报所站位置；设置好防护后，作业人员进入地点作业。

3. 测量与计算

(1)沿梁端外沿量出需涂装梁体下围宽度，用激光测距仪量出梁体两梁端之间的长度，两者相乘即得出需涂装表面积。

(2)测量梁体单个截面宽度乘以梁体单个截面长度，既得出桥梁单个截面的面积，梁体的几个截面面积相加之和，既得出梁体的总面积。

4. 作业结束

(1)作业完毕后，人员、工具、材料撤出限界。

(2)作业负责人下令撤出现场防护，通知驻站防护员销记。

四、作业要求

面积测量前应对测量用具进行全面检查，确保各种测量仪器、工具状态良好，确保测量起止点达到需测量的范围，尺寸读数准确无误，计算准确有效。

五、安全风险提示

1. 防护体系设置完毕以后方可上道作业。

2. 防护员在工作期间必须做到坚守岗位，集中精力，认真瞭望，不得做与工作无关的事，不得擅自离开岗位。

3. 高处作业按规定佩戴安全带，系好安全绳，穿防滑鞋。安全带、安全绳作业前进行检查。

4. 需要天窗点外上线、上道作业必须执行安全防护工作标准，设置现场防护员、远端防护员和驻站联络员。

5. 雨、雪、雾、大风等恶劣天气禁止上道作业。

第二节　体积测量与计算

一、作业目的

测量和计算步行板体积，根据体积确定预制步行板所需混凝土用量。

二、作业条件

利用天窗点内、外作业。

三、作业流程

1. 作业准备

(1)作业分工：根据作业人员的技术水平、身体素质、各环节需要合理安排其工作。

(2)工具材料：安全带(帽)、皮尺或钢卷尺、计算器、记录簿、水笔等(上道工具必须粘贴黄色反光标识及编号)。

2. 设置防护

(1)到达作业地点附近的作业通道后，网外集体拍照上传；严格执行通道门开关作业负责人负责制。

(2)现场防护员与驻站联络员核对作业信息，确认是否可以进入通道门。

(3)远端防护员在确保安全的情况下，沿路肩行走至指定地点，到达后向现场防护员通报所站位置；设置好防护后，作业人员进入地点作业。

3. 测量与计算

用皮尺或钢卷尺量出步行板高度、长度和宽度，三者相乘即得出步行板体积，所有需更换步行板体积之和减去配筋体积之和即为预制步行板所需混凝土用量。

4. 作业结束

(1)作业完毕后，人员、工具、材料撤出限界。

(2)作业负责人下令撤出远端防护和现场防护信号，通知驻站防护员销记。

四、作业要求

测量前应对测量用具进行全面检查，确保测量工具状态良好，确保测量起止点达到需测量的范围，尺寸读数准确无误，计算准确有效。

五、安全风险提示

1. 防护体系设置完毕以后方可上道作业。

2. 防护员在工作期间必须做到坚守岗位，集中精力，认真瞭望，不得做与工作无关的事，不得擅自离开岗位。

3. 高处作业按规定佩戴安全带，系好安全绳，穿防滑鞋。安全带、安全绳作业前进行检查。

4. 需要天窗点外上线、上道作业必须执行安全防护工作标准，设置现场防护员、远端防护员和驻站联络员。

5. 雨、雪、雾、大风等恶劣天气禁止上道作业。

第三节　桥面高程测量

一、作业目的

测量桥面范围内轨面或钢梁上盖板标高的相对变化量。

二、作业条件

利用天窗点内作业。

三、作业流程

1. 作业准备

(1)作业分工：根据作业人员的技术水平、身体素质、各环节需要合理安排其工作。

(2)工具材料：水准仪、三脚架、塔尺、记录簿、笔等(上道工具必须粘贴黄色反光标识及编号)。

2. 设置防护

(1)到达作业地点附近的作业通道后，网外集体拍照上传；严格执行通道门开关作业负责人负责制。

(2)现场防护员与驻站联络员联系核对作业信息，确认是否可以入网或网内行走。

3. 测量

(1)将水准仪置于道心或人行道上便于读数的地点，先用圆水准粗平(水准气泡居中)。

(2)对准目标，固定镜筒，调节对光螺旋，使十字丝和影像清晰，后用管水准精平，读数记录。

(3)重设转点或测站，直至完成测量。

4. 作业结束

(1)作业完毕后，人员、工具、材料撤出限界。

(2)作业负责人下令撤出现场防护，通知驻站防护员销记。

四、作业要求

1. 应对水准仪和塔尺进行全面检查，确保状态良好，读数准确无误。
2. 对水准基点应在钢梁顶面或者钢轨上做出明显标记。
3. 测点标高与实际标高相比，每个测点误差不大于 2 mm。
4. 取放仪器应轻拿轻放，不影响读数精度，不磕碰仪器。

五、安全风险提示

1. 防护体系设置完毕以后方可上道作业。
2. 防护员在工作期间必须做到坚守岗位，集中精力，认真瞭望，不得做与工作无关的事，不得擅自离开岗位。
3. 按规定穿戴好劳动保护用品。
4. 线上行走时注意脚下，防止踩空、摔倒。
5. 雨、雪、雾、大风等恶劣天气禁止上道作业。

第三章 工程识图

本章要求能对基本体视图、组合体、T 形梁等构件断面图与剖面图进行识读。

一、基本体视图识读

土建工程中的建筑物及其构配件，如果从几何构成角度来分析，它们总可以看作是由一些形状简单、形成也简单的几何体组合而成的。在制图中把工程上经常使用的单一几何形体如棱柱、棱锥、圆柱、圆锥、球和圆环等称为基本几何体，简称基本体。基本体中有平面体和曲面体。平面体主要有棱柱体、棱锥体等，曲面体主要有圆柱体、圆锥体、圆球体等。

基本体的投影规律：长对正、高平齐、宽相等。

基本体绘制平面立体中所有轮廓线（棱线及边）的投影，不可见的线用虚线表示。每一个投影图中，均包含立体的所有几何元素。

（一）棱 柱 体

棱柱体如图 4-3-1 所示。棱柱体的投影特性：一个投影为多边形，另外两个投影轮廓线为矩形。

棱柱体三面投影图的绘制与识读：在图示位置时，六棱柱的两底面为水平面，在水平投影中反映实形。前后两棱面是正平面，其余四个棱面是铅垂面，它们的水平投影都积聚成直线，与六边形的边重合，如图 4-3-2 所示。

图 4-3-1 棱柱体

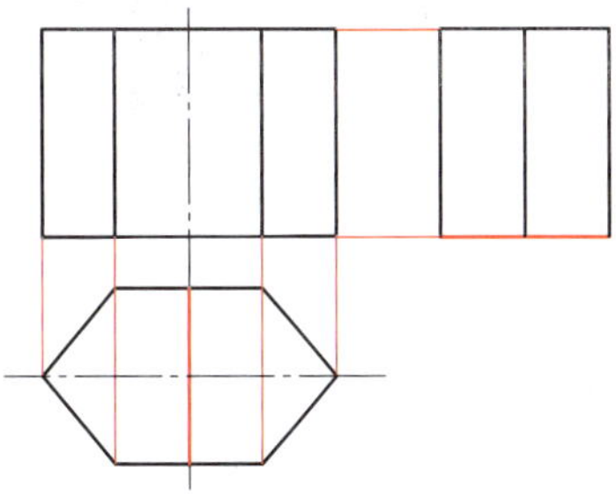

图 4-3-2 棱柱体的三面投影视图

（二）棱 锥 体

一个投影轮廓线为多边形，另外两个投影轮廓线为三角形。

棱锥体三面正投影图的绘制与识读：棱锥体处于图示位置时，其底面是水平面，在水平投影上反映实形。侧棱面侧垂面，另两个侧棱面为一般位置平面。棱锥体的投影如图 4-3-3 所示。

(三)常见曲面体(回转体)的投影

圆锥体的投影如图 4-3-4 所示。

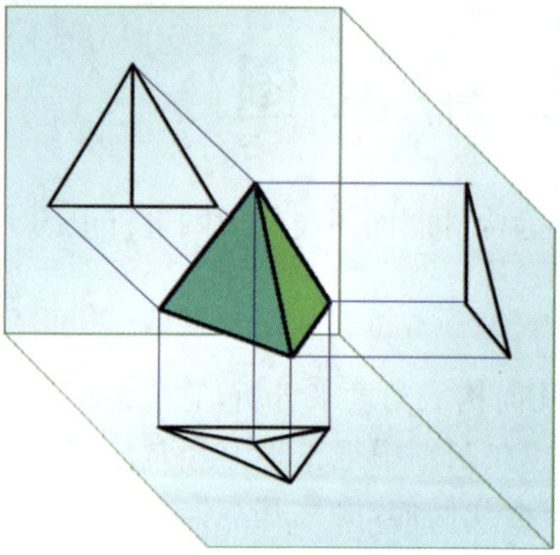

图 4-3-3　棱锥体的投影

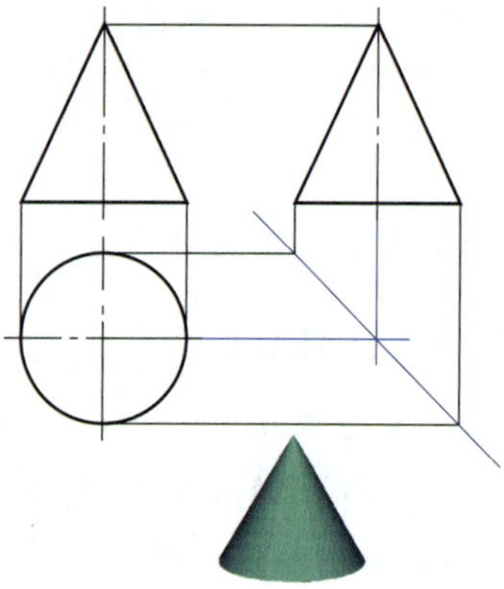

图 4-3-4　圆锥体的投影

二、组合体识读

(一)组合体定义

组合体是由基本几何体和简单形体组合而成的立体,如图 4-3-5 所示。

图 4-3-5　组合体

(二)组合体的组合方式

组合体的组合方式有叠加式 、切割式(挖切式)、综合式三种,如图 4-3-6～图 4-3-8 所示。

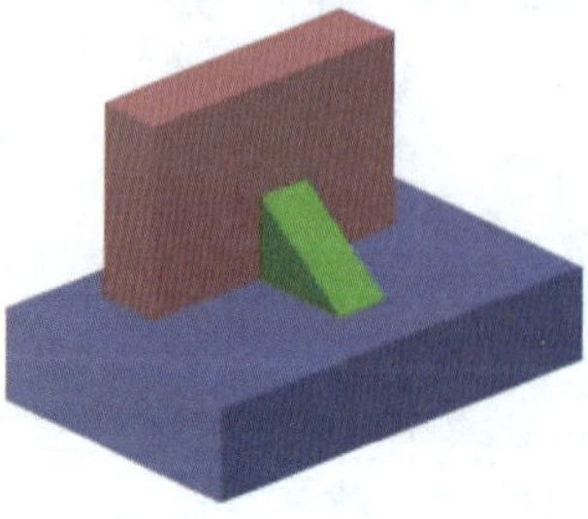

图 4-3-6　叠加式组合体

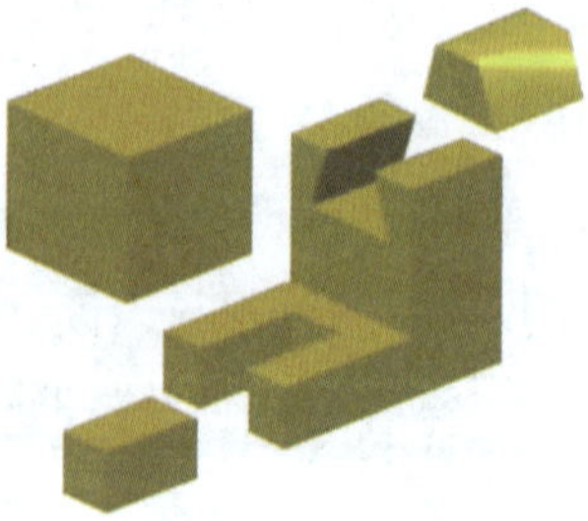

图 4-3-7　切割式(挖切式)组合体

图 4-3-8 综合式组合体

(三)组合体形体间的表面连接关系

1. 错开(不平齐)

两个形体的表面不平齐,必须画出它们表面交线的投影,按形体各自的投影绘制,如图 4-3-9 所示。

2. 共面(平齐)

两个形体的表面平齐连接,处在同一个表面上,其连接处不画分界线,如图 4-3-10 所示。

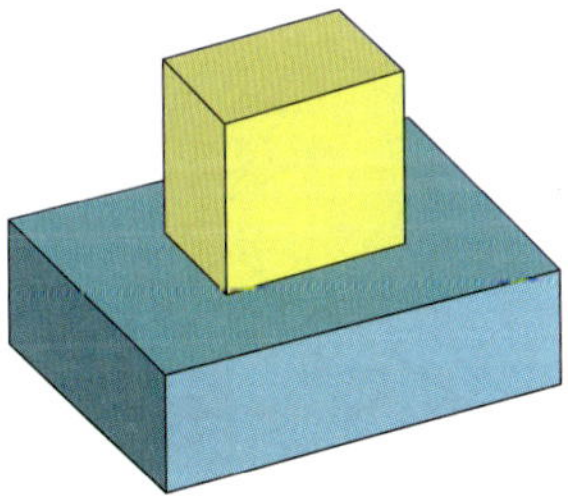

图 4-3-9 错开

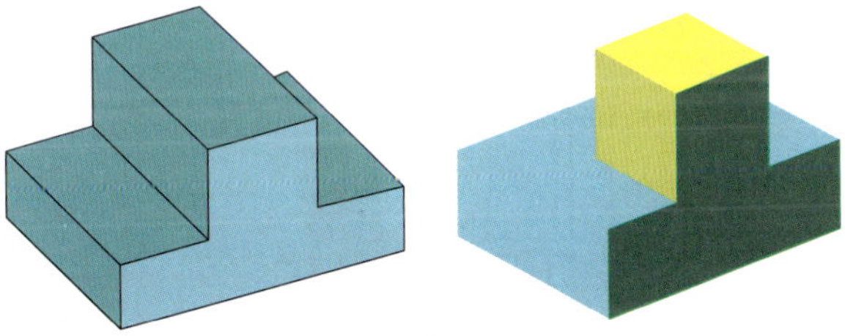

图 4-3-10 共面

3. 相交

形体相交称为相贯,其表面交线称为相贯线或截交线。相贯线是两形体表面的共有线,如图 4-3-11 所示。

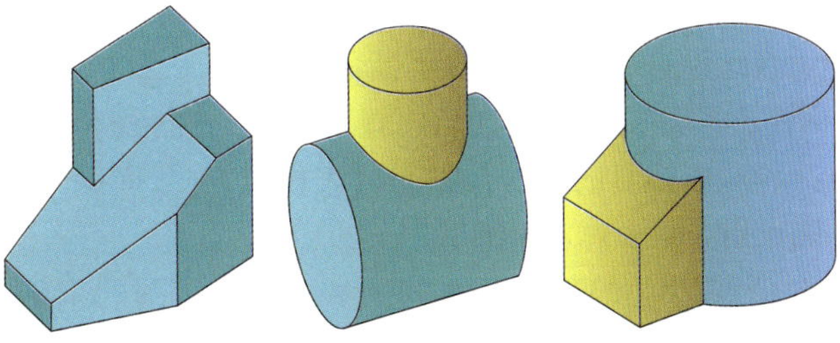

图 4-3-11 相交

4. 相切

两个形体表面相切光滑过渡时，相切处不画线，如图 4-3-12 所示。

图 4-3-12　相切

三、剖面图与断面图识读

（一）全剖面图与半剖面图的区别

全剖面图主要用于表达内部结构形状复杂、外形比较简单的不对称物体，如图 4-3-13 所示。

如图 4-3-14 所示的形体左右、前后对称，如果采用全剖面图，则不能充分地表达外形，故用半剖面图以保留一半外形，再配上半个剖面图表达内部构造。半剖面图一般不再画虚线，但如果有孔、洞，将孔、洞的轴线画出。

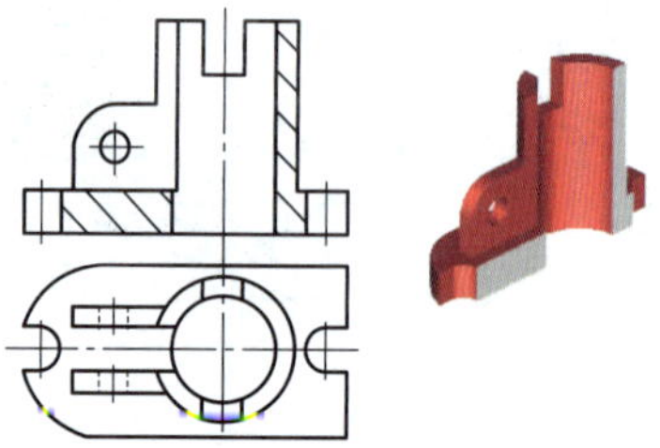

图 4-3-13　全剖面图

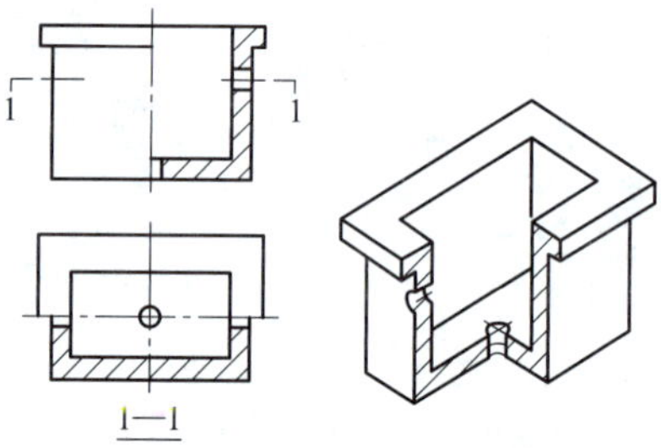

图 4-3-14　半剖面图

（二）剖面图与断面图的区别

1. 剖面图是形体剖切之后剩下部分的投影，是体的投影。断面图是形体剖切之后断面的投影，是面的投影。因此说，剖面图中包含了断面图。

2. 剖切符号的标注不同。剖面图用剖切位置线、投影方向线和编号来表示。断面图则只是画剖切位置线与编号，用编号的注写位置来代表投射方向，即编号注写在剖切位置线哪一侧，就表示向哪一侧投射，如图 4-3-15 所示。

3. 剖面图可用两个或以上的剖切平面进行剖切，断面图的剖切平面通常只能是单一的。

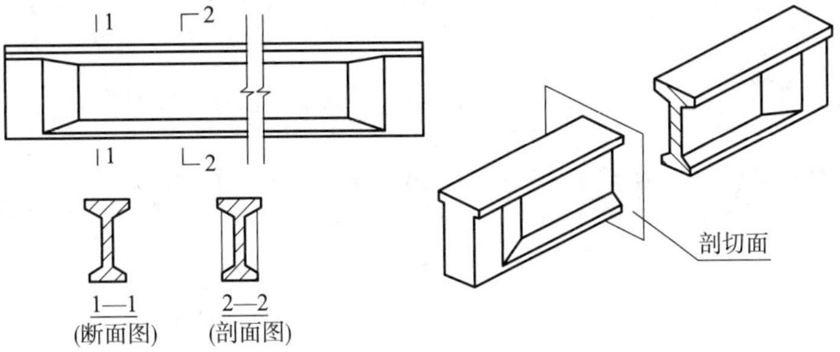

图 4-3-15　T 形梁断面图与剖面图比较

第四章　桥隧检测工具使用与维护

本章要求掌握钢卷尺、钢直尺、游标卡尺、塞尺等桥隧常用检测工器具的使用方法和注意事项。

第一节　钢卷尺测量使用方法及注意事项

一、准　　备

1. 钢卷尺:选择合适的长度和精度的钢卷尺,确保刻度清晰可读。
2. 平整的测量工作台:确保测量时钢卷尺可以平稳放置,如图 4-4-1 所示。

图 4-4-1　钢卷尺测量

二、操作步骤

1. 检查钢卷尺外观是否完好,有无损坏或变形,刻度是否清晰可读,钢卷尺的弹簧是否灵活,是否能够自动收回。

2. 测量前的准备,选择合适的钢卷尺长度,确保可以覆盖需要测量的距离,将钢卷尺完全展开,确保没有弯曲或扭曲。

3. 测量:将钢卷尺的起点对准需要测量的位置,确保垂直于被测量的表面。轻轻按住钢卷尺,使其贴紧被测量的表面,避免松动或晃动。读取钢卷尺上与被测量位置对应的刻度值,确保准确度。

4. 记录测量结果:将测量结果记录在相应的记录表格中确保记录的测量结果准确无误。

三、注意事项

1. 使用钢卷尺时要小心,避免刻度部分划伤皮肤。
2. 在测量过程中,避免将钢卷尺弯曲过度,以免损坏。
3. 使用钢卷尺时要保持专注,避免分散注意力造成测量误差。
4. 钢卷尺不应用于测量高温或易腐蚀的物体,以免损坏。

第二节 钢板尺操作方法及注意事项

一、操作步骤

1. 用途

丈量长度。

2. 使用方法

(1)常用的有 150 mm、300 mm、500 mm、1 000 mm 直钢尺,如图 4-4-2 所示。

图 4 4 2 钢板直尺

(2)一端为平头,另一端为半圆头,尺面有相应的刻度。使用时将平头端部放于需丈量的起点处(平头端部刻度为 0),然后读取丈量终点处的刻度值就为丈量的长度。

(3)为求测量结果精确,可将直尺翻转 180°再测量一次,取两次读数算术平均值为其测量结果,可消除直尺本身的偏差。

二、注意事项

1. 钢板直尺使用后,要及时把尺身上的灰尘用布擦拭干净。

2. 使用时,将钢板直尺靠放在被测工件的工作面上注意轻拿、轻靠、轻放,防止弯曲变形,不能折,不能作为其他工具使用。

第三节 角尺操作方法及注意事项

一、准　　备

角尺是一种常用的测量工具，通常用于进行直角测量和角度测量，如图 4-4-3 所示。

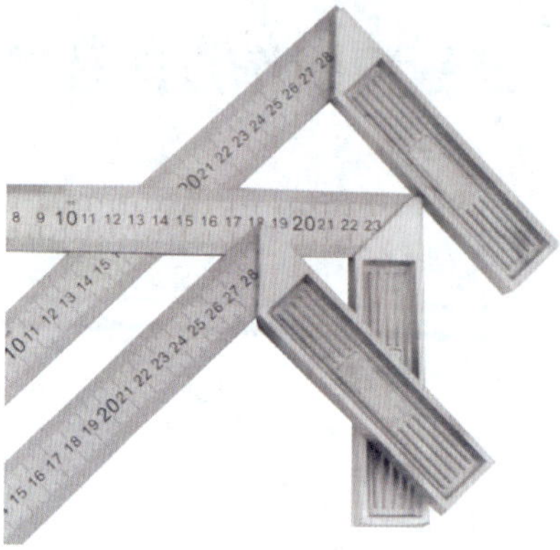

图 4-4-3　角尺

二、操作步骤

使用前，应先检查各工作面和边缘是否被碰伤。角尺长边的左、右面和短边的上、下面都是工件面(即内外直角)。将直尺工作面和被检工作面擦净。

使用时，将直角尺靠放在被测工件的工作面上，用光隙法鉴别工件的角度是否正确。注意轻拿、轻靠、轻放，防止弯曲变形。

为求测量结果精确，可将直角尺翻转 180°再测量一次，取两次读数算术平均值为其测量结果，可消除角尺本身的偏差。

三、注意事项

1. 使用角尺时，应根据被测构件的尺寸选用相应规格的角尺。
2. 使用前应先检查角尺的固结处是否牢固，然后才能使用。
3. 测量时应检查被测构件是否有影响测量的缺陷，如有先予以处理。
4. 使用中，要轻拿轻放，不许用力太大，影响测量精度，用毕应擦净，放在干燥处。

第四节 线坠使用方法

一、准　　备

线坠的选择：常用的线坠质量为 0.5～1.5 kg，选择线坠时要注意其几何形体的规正性和质量的适宜性。线坠必须用编织和没有扭曲的细钢丝制作，以确保线坠的稳定性和投测结果的准确性。

二、操作步骤

1. 悬吊时的注意事项：线坠在使用过程中必须保持灵活性和稳定性，在悬吊时要注意上端固定的可靠性，中间没有障碍物，尤其是不能有侧向抗力的情况，以确保投测结果的准确性。

2. 线下端的投测在进行线坠投测时，视线要垂直结构面，当线左、线右投测小于 3 mm 时，取其平均位置，两次平均位置之差小于 2 mm 时，再取平均位置，作为投测结果。这样的测量方法能够确保投测结果的准确性和精度，如图 4-4-4 所示。

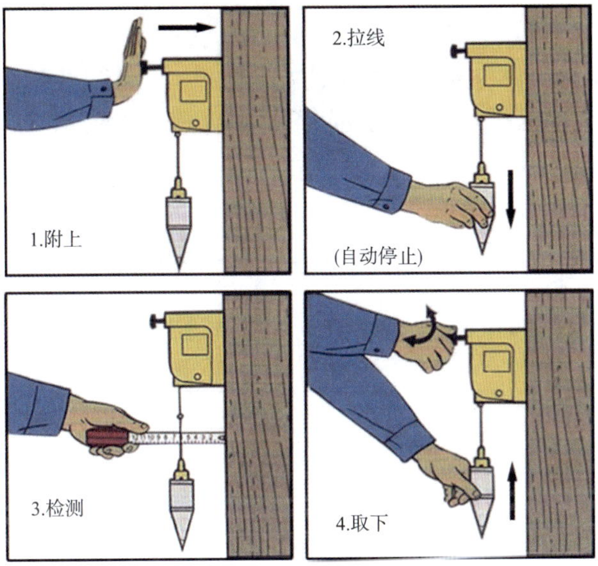

图 4-4-4 线坠使用

三、注意事项

投测中要防风吹和振动，尤其是侧向风吹。

第五节 水平尺使用与维护

水平尺带有水平泡，可用于检验、测量、调试设备是否安装水平。一般的水平尺都有三个玻璃管，如图 4-4-5 所示。每个玻璃管中有一个气泡。横向玻璃管用来测量水平面，竖向玻璃管用来测量垂直面，另外一个一般是用来测量 45°角，三个水泡的作用都是测量测量面是否水平，水泡居中则水平，水泡偏离中心，则平面不水平。

图 4-4-5 水平尺

一、准 备

水平尺使用前，我们需要先校准水平尺。手持式水平尺的校准方法是先把水平尺靠在墙上，然后放平，在墙上画一根线(假设是水平线)，再把水平尺左右两头互换，放到原来已画好的线上，如果尺跟线重合了，水平尺的水准管气泡居中，那么这水平尺就是准确的，如果不平就要调一下水准管的螺丝来校正。

二、操作步骤

在使用过程中，将水平尺放在被测物体上，水平尺气泡偏向哪边，则表示哪边偏高，需要降低该侧的高度，或调高相反侧的高度，将水泡调整至中心，就表示被测物体在该方向是水平的了。原则上，横竖都在中心时，带角度的水泡自然也在中心。另外，根据两条交叉线确定一平面的原理，需要同一平面内在两个不平行的位置测量才能确定平面的水平。

三、注意事项

水平尺的保养相对比较容易，悬挂、平放都可以，不会因长期平放影响其直线度、平行度，而且铝镁轻型平尺不也易生锈，使用期间不用涂油，长期不使用，存放时轻轻地涂上薄薄的一层工业油即可。

第六节　支距尺（方尺）使用与维护

支距尺是用来测量线路道岔导曲线支距尺寸、几何参数的专用计量器具，如图 4-4-6 所示。

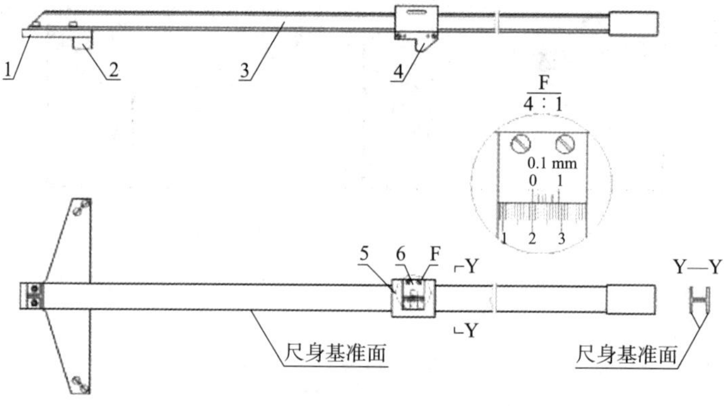

1—绝缘板；2—测头；3—尺身；4—压测板；5—游标尺框；6—游标。

图 4-4-6　支距尺

一、支距尺（方尺）使用

1. 测量支距时，将支距尺绝缘板搭在道岔的直股钢轨上，使两圆测头与直股钢轨工作边接触，移动游框，使压测板与导曲线接触，通过游标即可读出支距示值。

2. 尺身基准面直线度检定方法：将支距尺游框拉向尾端（绝缘套端）刻线面朝下，支距尺尾端放在支距尺检定器端测板下方此时即可检定基准面的直线度。

二、支距尺（方尺）维护

1. 每次使用后应对其进行检查，对沾染的油污等及时清理，读数进行校准。

2. 支距尺必须坚持周期检定。

第七节　轨距尺使用与维护

轨距尺用来量测两根钢轨内侧轨距，标准轨距是 1 435 mm，误差$^{+5}_{-2}$ mm；直线要求两根钢轨水平，轨距尺的水平气泡居中；曲线外侧钢轨高于内侧，根据不同半径计算出不同加高；也就是内外轨高差，超过允许范围就要进行养护，如图 4-4-7 所示。

图 4-4-7　轨距尺

一、轨距尺操作方法

1. 经检验合格的轨距尺一般使用时可以不考虑方向，但在对道岔测量时必须考虑方向，以免发生差错或测量值不准。检查线路轨距时，轨距尺必须放置在与钢轨工作边垂直的位置上。为避免因放置的位置不正确而发生误差，常把固测端紧靠一股钢轨的作用边，活测端做小量前后移动，取其最小量值，即为该处轨距值。测量道岔时将固测端的固测块外测量面紧靠在辙叉心轨作用面上，活测端的活测块外测量面与基本轨作用边接触，即可测得轨距值。

2. 将轨距尺固测块外测量面与辙叉心作用面紧靠不动，提起拉手，使活测块内测量面与护轨作用面接触，即可测量查照间隔尺寸(1 391 mm)。

3. 活测块内测量面与护轨作用面接触不动，再提起拉手，使固测块测量面与辙叉翼轨作用面接触，即可测量护轨护背距离尺寸(1 348 mm)。

二、注意事项

1. 使用轨距尺时，必须调节刻度盘，对准水准泡零位，看超高刻度，再从放大镜刻线正上方看轨距刻度。

2. 使用时严禁生拉硬拽，防止碰坏轨距尺的两个测头，减少测量时带来的误差。

3. 要爱护轨距尺上的刻度盘，一旦损坏将无法使用。

4. 使用后要及时上交进行保管，及时清擦轨距尺上的污迹。

第八节　塞尺使用与维护

塞尺(厚薄规)由薄钢片制成,并由若干片不同厚度的规片(尺)组成一组,它主要用来检查两结合面之间的缝隙。在每片尺片上都标注有其厚度为多少毫米,如图 4-4-8 所示。

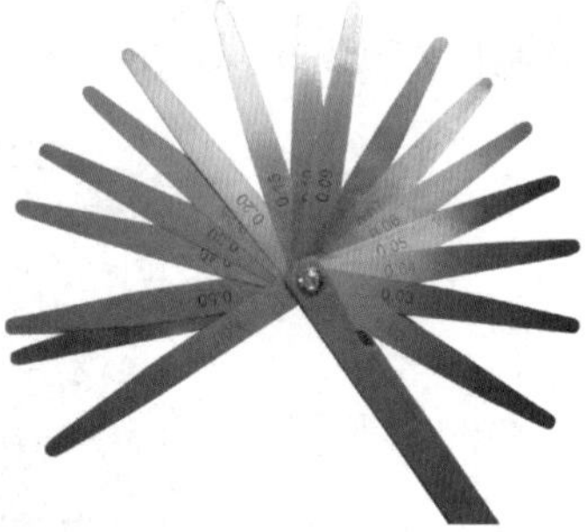

图 4-4-8　塞尺

塞尺的长度一般有 50 mm、100 mm 和 200 mm 三种,厚度一般为 0.02～1.00 mm,精度等级为 1 级、2 级。

一、塞尺的使用

1. 先将要测量工件的表面清理干净,不能有油污或其他杂质,必要时用油石清理。

2. 形成间隙的两工件必须相对固定,以免因松动导致间隙变化而影响测量效果。根据目测的间隙大小选择适当规格的塞尺逐个塞入。

3. 测量时,根据结合面间隙的大小,用一片或数片重叠在一起塞进间隙内。例如用 0.03 mm 的一片能插入间隙,而 0.04 mm 的一片不能插入间隙,这说明间隙在 0.03～0.04 mm 之间,所以塞尺也是一种界限量规。

4. 使用塞尺时,根据间隙的大小,可用一片或数片重叠在一起插入间隙内。塞尺很薄,易折断,测量时应细心,并且不要用力太大。

二、塞尺的维护

塞尺用完以后,要擦干净,及时合进夹板。

第九节　游标卡尺使用与维护

游标卡尺作为一种广泛使用的高精度测量工具它是由主尺和附在主尺上能滑动的游标两部分组成,可用来测量工件的外径、内径、深度,如图 4-4-9 所示。

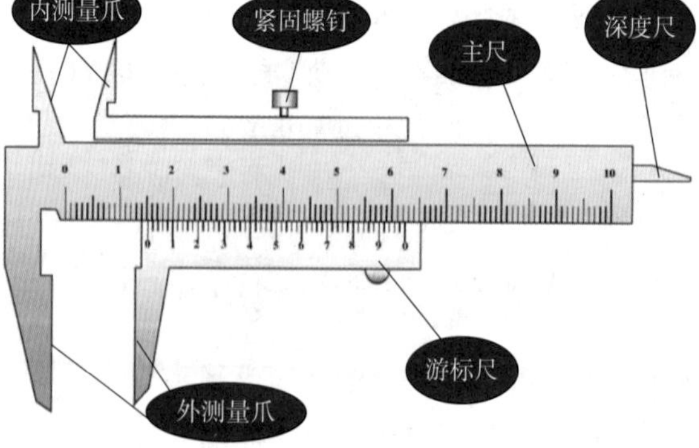

图 4-4-9　游标卡尺

一、游标卡尺的使用

1. 游标卡尺的使用

游标卡尺使用前，先用干净软布将量爪擦干净；检查各部件的相互作用，如尺框和微动装置移动灵活，紧固螺钉能否起作用；校对零位，使卡尺两量爪紧密贴合，应无明显的光隙，主尺零线与游标尺零线应对齐，如果对齐就可以进行测量，如没有对齐则要记取零误差，游标的零刻度线在尺身零刻度线右侧的叫正零误差，在尺身零刻度线左侧的叫负零误差。

2. 读数方法

游标卡尺测量时，右手拿住尺身，大拇指移动游标，左手拿待测物体，使待测物位于外测量爪之间（测内径时，则使内测量爪位于待测物件内径孔内），当物件被测位与量爪紧紧相贴时，即可读数，如图 4-4-10 所示。

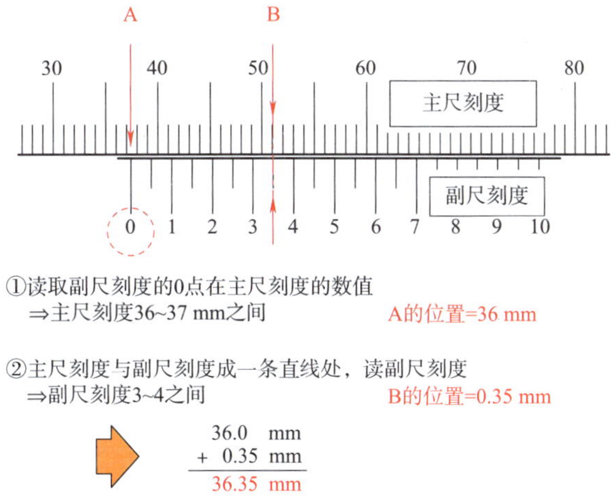

图 4-4-10　游标卡尺读数

（1）先读整数，看游标零线的左边，尺身上最靠近的一条刻线的数值，读出被测尺寸的整数部分。

（2）再读小数，看游标零线的右边，数出游标第几条刻线与尺身的数值刻线对齐，读出被测尺寸的小数部分。

（3）得出被测尺寸，把上面两次读数的整数部分和小数部分相加，就是所测尺寸。

二、游标卡尺的维护

1. 测量结束要把卡尺平放，尤其是大尺寸的卡尺更应该注意，否则尺身会弯曲变形。

2. 带深度尺的游标卡尺，用完后，要把测量爪合拢，否则较细的深度尺露在外边，容易变形甚至折断。

3. 测量完毕后清洁量爪测量面，擦净上油，放到卡尺盒内，注意不要锈蚀或弄脏。

4. 游标卡尺应定期进行校核检验，经常使用和小量程（300 mm 以下）规定必须半年检验一次，经计量室检验并贴上校检标签，大量程（300 mm 以上）规定必须每年检验一次。每次校验必须有校验记录并存档，存档年限为 2 年。

第十节　千分尺使用与维护

千分尺，也叫螺旋测微器，它是比游标卡尺更精密的长度测量仪器，精度有 0.01 mm、0.02 mm、0.05 mm 几种，加上估读的 1 位，可读取到小数点后第 3 位(千分位)，故称千分尺。

千分尺常用规格有 0～25 mm、25～50 mm、50～75 mm、75～100 mm、100～125 mm 等若干种。

一、千分尺使用

1. 千分尺的使用

测量前应将千分尺的测量面擦拭干净，检查固定套筒中心线与活动套筒的零线是否重合，活动套筒的轴向位置是否正确，有问题必须进行调整。测量时，将被测件置于固定测站与测微螺杆之间，一般先转动活动套筒，当千分尺的测量面刚接触到工件表面时，改用棘轮微调，待棘轮开始空转发出嗒嗒声响时，停止转动棘轮，即可读数。

2. 读数方法

读数时要先看清楚固定套筒上露出的刻度线，此刻度可读出毫米或半毫米的读数，然后再读出活动套筒刻度线与固定套筒中心线对齐的刻度值（活动套筒上的刻度每一小格为 0.01 mm)，最后读出游标尺刻度与微刻度对齐的刻度值，将读数相加就是被测件的测量值，如图 4-4-11 所示。

带有游标时(分度值0.001 mm)
带游标的千分尺在套管基线的上面有游标刻度。

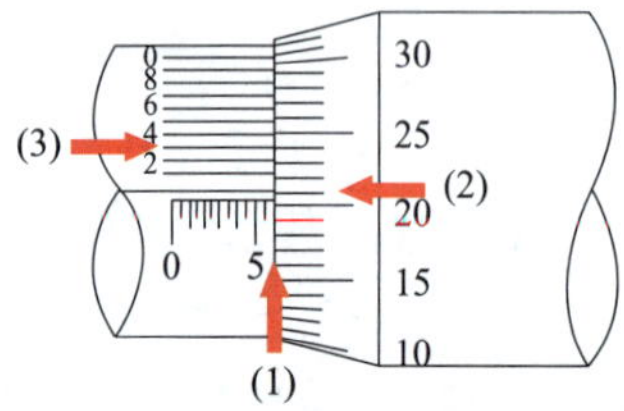

(1)套管读数	6.　mm
(2)微分筒读数	.21 mm
(3)游标与微分筒刻度读数	.003 mm
千分尺读数	6.213 mm

①当指引线为两个刻度(在这种情况下，21和22)之间的位置时，读取0.21 mm(2)。
②而当游标尺刻度与其中一个微刻度对齐时，读取0.003 mm(3)。

图 4-4-11　千分尺读数

3. 使用注意事项

使用千分尺时，不得强行转动活动套筒，不要把千分尺先固定好后，再用力向工件上卡，以避免损伤测量面或弄弯螺杆。

二、千分尺维护

(1)千分尺用完后应擦拭干净，涂上防锈油存放在干燥的盒子中。

(2)为保证测量精度，应定期检查校验。

第五章　桥隧养护工机具使用与维护

本章要求熟悉并掌握搅拌机、切割机、角磨机、钢筋调直机、插入式振捣器等桥隧养护机工机具使用与维护方法。

一、搅 拌 机

1. 用途

搅拌机用以把按比例配制的混凝土拌和物搅拌成各项材料均匀、颜色一致、符合要求的混凝土。

2. 组成部分

(1)搅拌筒是搅拌机的主要部分，筒内装有搅拌叶片，将拌和物装进筒内后，因搅拌筒的旋转使拌和物随同转动至搅拌筒顶部，再借助拌和物自身重量自由落下，如此反复搅拌，经过一定的搅拌时间和次数，即可将拌和物搅拌均匀。

(2)上料设备有上料斗及连带的机械传动装置，使装有拌和物的料斗能自动提升，并将拌和物倒入搅拌筒内。

(3)在搅拌筒的卸料口装有卸料滑槽，卸料时卸料滑槽能伸入搅拌筒内承接并卸出已拌好的混凝土拌和物，也可利用倾斜搅拌筒的方式将混凝土拌和物卸出。

(4)供水设备主要包括上水泵、配水箱和水量调节器。

(5)通常用电动机或内燃机(汽油机或柴油机)提供转动搅拌筒、装料、供水设备和卸料所需的动力。

(6)传动设备包括搅拌机上的各种传动齿轮、变速箱、传动轴和滑轮、钢丝绳等。

(7)机架是搅拌机各部机械设备的台架，对于移动式搅拌机还应包括车轮和车轴等。

3. 使用方法

(1)搅拌机在进料前应试运转，并清洗搅拌筒。清洗时，可加一些石子和清水搅拌 5～15 min，再将石子卸出，这样就可以刮去黏附在筒壁及叶片上的水泥浆。冬季施工时，应用热水清洗搅拌筒。

(2)搅拌机如有自动供水设备，在搅拌前，应按照拌和水用量的标准，调整水量刻度盘指针，以使每次加水量符合标准。

(3)向料斗中装料的先后顺序应该是砂、水泥、石子。而后提起料斗，将全部材料倒入搅拌筒中搅拌，同时开启水阀，均匀地加水。这样的装料程序，可以把水泥夹在砂、石之间，既可防止水泥在搅拌时飞扬，又使水泥不致过多地黏附在筒壁上。每次的装料数量，应不超过搅拌筒的额定容量。

(4)在搅拌第一盘混凝土时，搅拌筒壁上会黏附一些水泥浆，因此在装料时，可少装一些石子，或多装一些水泥和水。

(5)搅拌机的搅拌时间应根据混凝土和易性和搅拌机容量确定，一般为 1～2 min。不应任意缩短搅拌时间或加快搅拌筒的旋转速度，应保证各种组成材料搅拌均匀、颜色一致。自全部材料装入搅拌筒开始搅拌起，到混凝土搅拌好后开始卸料时止，其延续搅拌的最短时间不得少于表 4-5-1 的规定。

表 4-5-1 混凝土在搅拌机中延续搅拌的最短时间(min)

混凝土搅拌机容量(L)	混凝土的坍落度(cm)		
	0～1	2～7	>7
400	120	60	45
800	150	90	60
1 200	—	120	90
2 400	—	150	120

注：用普通搅拌机拌制细砂、机制砂混凝土或掺入混合材料的混凝土时，搅拌时间应适当延长。

4. 注意事项

(1)固定式搅拌机必须安装在牢固的基础或底架上，移动式搅拌机使用前必须将轮子塞紧，不能移动。

(2)电动机接线时，应注意电源电压与电动机电压相符，开车前应检查各转动部分的螺栓有无松动及机械各润滑部分是否缺油。

(3)工作完毕，除清洗搅拌筒外，如搅拌机的其他部分沾有水泥粉末或灰浆，也必须清洗干净。加水水箱或冷却水箱的存水必须完全放出，以免冰冻损坏机件。

5. 维护保养

(1)检查机身是否平稳。

(2)检查叶片及搅拌叶片支撑臂上的联结螺栓是否牢固。

(3)检查上料架上的联结螺栓是否紧固。

(4)检查水泵引水是否加足，管路是否畅通。

(5)确认混凝土搅拌机每次使用后应该检查的项目是否检查。

(6)清理搅拌筒内外、卸料门、料斗上的积灰，并用水冲洗干净。

(7)料斗停放在运输位置上，并将制动销插好，料斗内不得有杂物。

(8)切断电源，锁好电气控制箱。

(9)酌情对各润滑点加注必要的润滑油(脂)。

(10)应将供水系统内的存水全部排尽。

二、砂轮切割机

1. 用途

砂轮切割机用以切割各类钢、铁、铝制件。

2. 构造

砂轮切割机由机体、主轴、皮带轮、皮带、夹板、紧固螺母与电机等部件组成，如图 4-5-1 所示。

图 4-5-1　砂轮切割机

3. 使用方法

(1)切割前首先试运转,待确认各部件情况正常后才能使用。

(2)将需要切割的工件放置稳固,且尺寸复核确认无误后,方可切割。

(3)启动开关,须待切割片转速稳定后,再轻轻地下按手柄,用力要均匀,不可过猛。

(4)切割完毕后,及时关闭电闸。

4. 注意事项

(1)切割工件时必须戴好防护眼镜。

(2)运转中随时注意砂轮切割片的动态,发现有任何缺损或松动等异常状况时,必须立即停车、关闭电源检查,修复后方可继续使用。

5. 维护保养

(1)定期检查切割机各部件是否松动、损坏,对损伤严重而不能再用的应及时修理、更换。

(2)定期检查传动部分的轴承、齿轮及冷却风罩、风叶是否灵活完好,适时对转动部位加注润滑油,以延长切割机的使用寿命。

(3)保障切割机的机身整体完好、清洁,及时清除污垢,保证锯片运转顺畅。

(4)使用完毕后要及时做好现场及设备整洁工作。

三、钢筋调直机

1. 用途

钢筋调直机用以将弯曲钢筋进行调直。钢筋混凝土构件中不允许使用未经调直的弯曲钢筋。钢筋调直机如图 4-5-2 所示。

2. 工作原理

由电动机通过另一对减速皮带传动和齿轮减速箱,一方面驱动两个传送压辊,牵引钢筋向前运动,另一方面带动曲柄轮,使锤头上下运动。当钢筋调直到预定长度,锤头锤击上刀架,将钢筋切断,切断的钢筋落入受料架时,由于弹簧作用,刀台又回到原位,完成一个循环。

图 4-5-2 钢筋调直机

3. 调直方法

(1)钢丝调直

冷拔低碳钢丝可用蛇形管调直。蛇形管是用长为 40～50 cm、外径为 1.905 cm 的厚壁钢管弯成蛇形,钢管内径稍大于钢丝。当厚壁钢管不易弯曲时,也可以用普通管弯成蛇形,管内衬一弹簧圈,弹簧圈的内径稍大于钢丝直径。蛇形管壁四周打上小孔,钢丝拉拔通过蛇形管时,可使锈粉从小孔排出。管两端连接喇叭状进出口,将蛇形管固定在支架上,操作时将需要调直的钢丝穿过蛇形管,用人力向前牵引,即可将钢丝基本调直,局部慢弯处可用小锤加以平直。

(2)细钢筋调直

直径 10 mm 以下的盘圆钢筋,称为细钢筋。在工程量较小的零星钢筋加工中,可用绞磨拉直细钢筋。其基本操作方法是:将盘圆钢筋置于放圈架上,人工将钢筋拉到一定长度切断,分别将钢筋两端夹在地锚和绞磨端的夹具上,推动绞磨,即可将钢筋拉直。

(3)粗钢筋调直

直径 12 mm 以上的直条状钢筋,称为粗钢筋。一般仅在直条上出现一些慢弯,调直比较简单。粗钢筋调直的操作方法是:首先将钢筋弯杆处放在扳柱间,用平头横口扳子将钢筋弯曲处基本扳直;也可以手持直段钢筋处作为力臂,直接将钢筋弯曲处在扳柱间基本扳直。然后将基本扳直的钢筋放在工作台上,用大锤将钢筋慢弯处打平,直至钢筋在工作台上可以滚动为合格。

4. 注意事项

(1)检查调直钢筋直径与机械使用范围是否相适应。

(2)检查机器固定是否牢固、安全。

(3)检查机器的安全防护设施是否齐全、可靠。

(4)检查机器的润滑是否良好。

(5)检查调直模的安放是否正确。

(6)使用前根据钢筋直径选用合适的压辊槽宽,一般情况应保证钢筋穿入压辊间有小于 3 mm 的间隙。

(7)检查电器部分有无损伤,机体接地是否良好,电源电压与工作电压是否相符。

(8)钢筋调直机用电严格执行一机一闸、一箱一漏保的规定。

5. 维护保养

(1)工作前应仔细检查各结合部位的牢固程度及各相对运动部分的润滑情况,机械上不准放置其他物件和工具。

(2)每班都要做好日常保养。

(3)应定期检查调直筒内调直模的安装情况,应清除两侧平面内积聚的氧化皮、铁锈等。

(4)作业中应随时注意机械的工作情况和轴承温度,温度达到 60 ℃以上时,应及时停车,查明原因并予以排除后方准继续使用。

(5)交接班应在机械运转正常、清洁良好的状态下进行。每班在下班前应整理好钢筋,将机械擦拭干净,填好交接班日记。

(6)调直机应按规定的润滑部位和润滑周期进行润滑。

(7)调直机每使用 700 h 后应做一次保养,其保养按照规定来执行。

四、振捣机械

混凝土的捣实应尽量采用机械,常用的振捣机械有内部振捣器、外部振捣器、表面振捣器、混凝土振动台四种。

(一)内部振捣器

1. 构造

(1)内部振捣器又称插入式振捣器,常用的是软轴式内部振捣器,如图 4-5-3 所示。

图 4-5-3　插入式振捣器

(2)振捣棒直径为 50～76 mm,频率为 5 500～6 000 次/min,软轴长为 4 m。

(3)内部振捣器宜用于厚度大于 25 cm、钢筋配置较稀疏的混凝土工程部位。如用于大体积混凝土工程,最好配备几个振捣器同时振捣。

2. 操作方法及注意事项

(1)使用前,要检查机件各部分是否完好,电源电压和频率是否与电机铭牌数值相符,检查电线有无破损或潮湿。

(2)使用时,先开电动门,检查振捣棒振动是否正常,正常后再插入混凝土中。

(3)使用插入式振捣器的振捣方法有两种:一种是垂直振捣,即振捣棒与混凝土表面垂直;另一种是斜向振捣,即振捣棒与混凝土表面成一定角度(40°～45°)。使用时,一手在前握住胶皮管,一手在后扶着胶皮管,前一只手距振捣棒上端约 60 cm,两手相距 40～50 cm。往混凝土内插入,要使其顺利自然地进入,不要用力猛插,更不要使软轴杆成死弯,振捣棒不要碰撞钢筋或模板,插入深度不要过深,软轴不能插到混凝土中,否则容易损坏机件。每一插点要掌握好振捣时间,振捣时间过短,则不能使混凝土捣实;振捣时间过长,可能使混凝土产生离析现象,即石子下沉,水泥浆上浮。对于塑性混凝土尤其要注意,切勿长时间振捣,一般情况下,每一插点振捣 20～30 s,最短不应少于 10 s。合适的振捣时间,可以从下列现象来判断:

①混凝土不再显著下沉。

②不再出现气泡。

③混凝土表面呈水平,并出现水泥浆。

④混凝土已有均匀的外观。

⑤混凝土已将模板边角部分填满充实。

(4)在每一插点振捣时,宜将振捣棒上下略微抽动,因为振捣棒的长度范围内振动力不一致,上下抽动几下就能把这一层混凝土上下振捣均匀。每次插入,应将振捣棒插进下层混凝土 5 cm 左右,这样才能使上下层混凝土结合密实。每一插点快振完时,要慢慢地拔出来,使插孔周围的混凝土在抽拔过程中受到振动,把插孔填满。若拔得太快,插孔周围的混凝土就不能填满插孔。各插点要均匀排列。如按方格形排列移动,插点距离不应超过振捣棒作用半径的 1.5 倍;如按梅花形排列移动,插点距离不应超过振捣棒作用半径的 1.75 倍。作用半径是振捣棒中心到受振动范围边缘的距离。作用半径的大小是根据振捣棒的性能及混凝土坍落度大小,经试验确定的。一般混凝土坍落度愈大,则作用半径愈大,因为愈稀的混凝土对振动力的传播愈容易。一般情况下,其作用半径为 30～40 cm。

(5)垂直振捣和斜向振捣各有其特点,并都能得到同样良好的效果,因而两种方法都可采用。一般以使用垂直振捣为多。

(6)为了避免振捣棒因工作时间过长发热而损坏,每台振捣器振捣 30～60 min 后,必须停歇 30 min,使振捣棒冷却。为了不使振捣工作间歇,最好配置两台轮换使用。使用完毕,应将表面清洗干净,保持清洁,软轴连件不得有水泥浆粘住,以免丝扣受到粘结,影响拆装。清理后,将振捣器放于室内干燥处,并加以覆盖。

3. 维护保养

(1)检视电路和开关,电气部分不能受潮和漏电,电线外层不能破裂,芯线不能裸露,开关应接触可靠,电动机应接地良好。

(2)检查轴承及电动机温度,轴承的温度不应高于 100 ℃,电动机的温升不应超 100 ℃。

(3)用完后清除机体和棒头等部件表面的灰尘和污物,并放置在干燥处保存。

(二)外部振捣器

1. 构造

外部振捣器又称附着式振捣器或模板振动器。振捣时不与混凝土直接接触,而是通过模板将振动力传给混凝土。一般情况下,可利用螺栓或钳形夹具等把它固定在模板上,借助振动模板振实混凝土。

外部振捣器的振动作用不能达到深远的处所,因此仅适用于钢筋较密、厚度较小(25 cm以下)以及不宜使用内部振捣器的构件,如钢筋混凝土梁、柱、薄壁及涵管等。外部振捣器如图 4-5-4 所示。

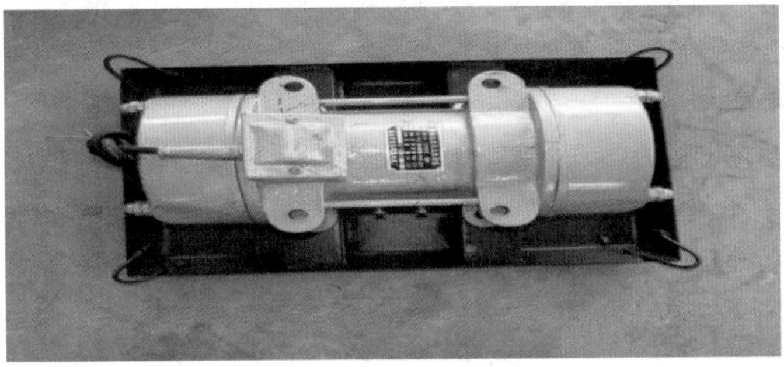

图 4-5-4 外部振捣器

2. 操作方法及注意事项

(1)采用附着式振捣器时,模板、支架须有足够的坚固性,以防模板变形。固定在模板上的附着式振捣器,不要和其他物体(如脚手架或地面)接触,以免减弱振动力,影响振动效果。

(2)当灌入模内的混凝土高度高于附着式振捣器的安装高度时,方可开动振捣器进行捣实作业。

(3)附着式振捣器的振动时间和有效作用半径,一般根据结构形状、模板坚固程度、混凝土坍落度及振捣器功率等各项因素而定。在一般情况下,可每隔 1.0～1.5 m 的距离设置一个振捣器。混凝土振捣成一水平面,且不再出现气泡,表示混凝土已充分捣实,即可停止振捣。

3. 维护保养

(1)电源线必须是耐气候型的橡皮护套铜芯软电缆。

(2)绝缘良好,并有可靠的接零或接地保护。

(3)电源处漏电保护器必须灵敏可靠。

(4)振捣器电缆不得在钢筋网上拖来拖去,以防破损漏电,电缆长度不应超过 30 m。

(5)操作者应穿胶底鞋(靴),戴绝缘手套。

(6)振捣器需维修保养时必须切断电源。

(三)混凝土振动台

1. 构造

振动台是混凝土制品厂常用的振动设备,常用于振捣干硬性混凝土构件等。

2. 操作方法

使用混凝土振动台振捣时,应尽可能将模型放于振动台中央,这样能使各部分振动均匀。当构件厚度小于 20 cm 时,可将混凝土一次装满振捣;当构件厚度大于 20 cm 时,宜分层加料,每层厚度不大于 20 cm,也可随振随加料。振动时间根据混凝土构件的形状、大小以及振动台的振动能力而定。一般情况下,当混凝土表面呈水平并出现均匀的水泥浆并不再冒气泡时，表示混凝土已振实，即可停止振动。

3. 维护保养

(1)振动成型完毕之后，台面残留的混凝土应擦洗干净。

(2)振动电机和悬挂轴承应定期加注润滑油。

(3)使用完毕，应切断电源。

(4)电磁铁不能通电时间过长，否则线圈容易烧毁。

(四)各种电动振捣器使用安全注意事项

1. 振捣器的外壳必须接地线。

2. 电线的末端须和振捣器连接牢固，电线上不许有裸露部分，软管不得有中断，开关应良好。

3. 移动振捣器时，不能拖拉电线。

4. 工作人员应穿胶皮鞋(靴)，戴橡胶手套。

5. 停工或搬动振捣器时，须立即关闭电源，防止振捣器空转。

6. 振捣器发生故障时，应由熟悉电工的人员进行修理，不得随意拆装。

五、电 焊 机

1. 基本原理

手工电弧焊利用电弧热使焊条和基本金属熔化，达到焊接接头的目的。

2. 操作方法

(1)检查电焊机各部件和供电是否正常。

(2)准备焊件，清除焊件铁锈、油污和灰尘。

(3)根据已知钢筋直径选择电流和焊条，并调节成需要的电流。

(4)接好搭铁线，并保证有良好的接触。

(5)引弧施焊。用焊条末端轻击焊件或用焊条末端擦过焊件，并立即提起 2～3 mm，使电弧引燃。当电弧产生后，焊条与焊件立即熔化，并在焊件间产生一个熔坑。焊条末端与熔坑金属表面的距离称弧长，一般弧长为 0.5～1.1 倍的焊条直径。为了提高焊接生产率和取得一定的熔化深度，一般要求电弧短一些(1～2 mm)。为了得到固定的电弧长度，可将焊条沿中心线以与焊条熔化的相等速度来运送焊条。为了获得优良的焊缝，要使焊条与焊件成 45°角，焊条的水平投影与焊缝重合，同时焊条的横向摆动应均匀一致。

(6)当焊完一根焊条而进行更换时，应把电弧逐渐地缩短，随后很快地移去，使其在接头处吹出陷槽，以便在接头时不致起伏不平。当焊缝结尾时，应停止移动，填满陷槽后再缓慢拉长，熄灭电弧或引向焊件一边。

3. 注意事项

(1)无论哪种电焊机的电源部分都要妥加围护，防止钢筋和电源接触。不允许两台电焊机同用一个电源闸刀开关。

(2)电焊机要正确安装接地线，其入土深度应在冻结线以下，地线电阻不应大于 4 Ω。焊钳把手要绝缘。调节焊接电流或停止工作时，都必须将电源切断。露天作业要搭设临时防雨棚。在对焊机的工作地点，宜铺设干燥木板等绝缘垫板。

(3)电焊工作人员必须穿戴好规定的安全劳动保护用品后再工作。

(4)焊机工作房宜用防火材料搭盖。焊机周围不能放置易燃易爆物品,以免引起火灾。

4. 维护保养

(1)检查焊机输出接线规范、牢固,并且出线方向向下接近垂直,与水平夹角必须大于70°。

(2)检查电缆连接处的螺钉紧固,螺丝规格为六角螺栓M10 mm×30 mm,平垫、弹垫齐全,无生锈氧化等不良现象。

(3)检查接线处电缆裸露长度小于10 mm。

(4)检查焊机机壳接地牢靠。

(5)检查焊机电源、母材接地良好、规范。

(6)检查电缆连接处可靠绝缘,并用胶带包扎好。

(7)检查电源线、焊接电缆与电焊机的接线处屏护罩是否完好。

(8)检查焊机冷却风扇转动是否灵活、正常。

(9)检查电源开关、电源指示灯及调节手柄旋钮是否保持完好,电流表、电压表指针是否灵活、准确,表面是否清楚、无裂纹,表盖是否完好且开关自如。

(10)检查焊机外观是否良好、无严重变形。

(11)电焊钳每次使用完后应检查焊把绝缘线是否有破损。

(12)电焊机每次使用完后应缠绕整齐存放在干燥处所。

六、钢筋弯曲机

1. 用途

钢筋弯曲机是用来加工钢筋成型的机具,具有加工精度高、省力、通用性强等特点。

2. 构造

钢筋弯曲机主要由工作盘、心轴、成型轴、挡铁轴、挡铁插座、辊子、倒顺开关和机身组成,如图4-5-5所示。

图4-5-5 钢筋弯曲机

3. 工作原理

由电动机通过齿轮和蜗轮蜗杆等一套变速装置,带动钢筋弯曲工作台台面上的工作盘弯制钢筋。

4. 使用注意事项

(1)操作前应检查机械各部件,并加注润滑油,然后空运转,待运转正常后方可正常操作。

(2)钢筋放置在工作盘上时的方向应与挡轴、工作盘旋转方向相同,不能放反。当变换工作盘转动方向时,操作要点是正转—停转,不可直接从正转到倒转或从倒转到正转。

(3)运转中不得更换心轴、成型轴或铁轴。

5. 维护保养

(1)清除机体上的污垢,检查防护装置是否齐全牢靠,按润滑表加注规定的油料。

(2)检查电缆接线头,是否连接牢固,接地是否良好,开关是否可靠,并按规定安装漏电保护器。

(3)检查挡板卡头和工作盘,应装置牢固。

(4)用手转动 2~3 转,灵活无阻后再接通电源试运转 1~3 min,运转时应均匀平稳,无过大的噪声。

(5)在运转中检查轴承及电动机温度,滚动及滑动轴承的温度不能高于 600 ℃,电动机的温升不能超过 600 ℃。

(6)测量电机绝缘电阻值应不低于 0.5 MΩ,否则应予以干燥。拆检电动机,清除定子绕组上的灰尘,检查定子和转子之间有无摩擦痕迹,清洗轴承,加注新润滑油。

(7)清洗蜗轮箱内部,检查蜗轮、蜗杆表面磨损情况,侧向间隙不应大于 1.5 mm,并更换新润滑油。

(8)检查三角皮带,不应破裂或有断层,否则应更换。三角皮带的松紧适度,保持润滑。

七、角向打磨机

1. 用途

角向打磨机用于钢铁的除锈打磨。

2. 构造

SIM-J_2-100 型角向打磨机为直握式电动工具,采用单向串激式电动机,双重绝缘结构,如图 4-5-6 所示。

图 4-5-6 角向打磨机

3. 操作方法及注意事项

(1)使用前先检查电源电压,注意其误差不能超过额定值的10%。安全线速度为80 m/s。采用轴流风扇通风,打磨下的锈灰即可被吹走。除锈的钢丝刷轮保持与工作面成30°～40°的倾斜位置,工作完毕应及时关闭电源。电器的炭刷磨损时,必须换用DS-8或石墨炭刷。装入新炭刷后,应先检查炭刷在刷中是否活动自如,同时使电机空转15 min。如有电枢短路、断头、脱焊现象,必须及时修复,防止烧坏整流子。如发现换向器火花异常增大,应立即停止使用,检查整流子光洁度。清除污垢时,严禁用砂纸打磨整流子。

(2)除锈机为高速运转工具,要经常对减速箱、轴承室注射润滑剂。在使用过程中应注意轻放,不允许振动过大或用其他物件敲击,防止损坏除锈机零件。

(3)在钢梁上使用SIMJ2-100型角向除锈机时,由于属高处作业,不能拉着软线拖动。如有破损断裂,应及时更换或包扎牢固。

4. 维护保养

(1)要时常检查电源线的连接,检查是否破损,看是否牢固,检查开关是否失灵。

(2)随时检查工具的进出风口,如发现堵塞及时清理。

(3)对于磨损过大的电刷要及时更换,以防因其接触不良导致的火花而烧毁电枢。

(4)定期检查角磨机的标记,对于无标记或者破损的工具,应该立即停止使用。

(5)定期对工具进行润滑工作,如发现工具故障,应及时送到专业的维修点维修。

(6)检查角磨机回转强度,要注意出于对操作者的人身安全考虑,不经过检查的角磨机是不能使用的。

(7)用目测法对工具进行检查,观察有无破损现象,也可以用木材进行敲打,如听到清脆的声音,说明产品没有问题,如果有异常声音出现应该引起注意。

八、液压千斤顶

1. 用途

千斤顶是一种可以用较小的力把重物升高、降低或移动的机械。起重能力可以从几吨到几百吨,按其构造的不同可分为液压式和卧式两类。

2. 操作方法及注意现象

(1)使用时如出现空打现象,可先放松泵体上的放油螺钉,将泵体垂直起来头向下空打几下,然后旋紧放油螺钉,即可继续使用。

(2)使用时,不得加偏载或超载,以免千斤顶破坏,发生危险。在有载荷时,切忌将快速接头卸下,以免发生事故及损坏机件。

(3)使用油为介质,必须做好油及本机具的保养工作,以免淤塞或漏油,影响使用效果。

(4)新的或久置的油压千斤顶,因油缸内存有较多空气,开始使用时,活塞杆可能出现微小的突跳现象,可将油压千斤顶空载往复运动2～3次,以排除腔内的空气。长期闲置的千斤顶,由于密封件长期不工作而造成密封件的硬化,从而影响油压千斤顶的使用寿命,所以油压千斤顶在不用时,每月要将油压千斤顶空载往复运动2～3次。

(5)高压油管出厂时经过105 MPa试验。但由于胶管容易老化,故用户需经常检查,一般为6个月,频繁用者为3个月。检查时进行87.5 MPa试压,如有爆破、凸起,渗漏等现象则不能使用。

(6)千斤顶系弹簧复位结构,起重完后,即可快速取出,但不可用连接的软管来拉动千斤顶。

(7)因千斤顶起重行程较小,使用时千万不要超过额定行程,以免损坏千斤顶。

(8)使用过程中应避免千斤顶剧烈振动,不适宜在有酸碱、腐蚀性气体的工作场所使用。

(9)操作时应严格遵守技术规范,根据使用情况定期检查和保养。

第六章　桥隧建筑物常用材料使用

本章要求掌握常用建筑材料(石材、木材、水泥、砂浆、混凝土和钢筋混凝土)的类型、物理力学性质、日常使用制作及保养方法。

第一节　石　　材

石材作为一种高档建筑装饰材料广泛应用于室内外装饰设计、幕墙装饰和公共设施建设。

一、种　　类

用于建筑装饰行业的两种最基本的石材种类是天然石材和人造石材,如图 4-6-1 所示。天然石材是指从天然岩体中开采出来的,并经加工成块状或板状材料的总称。天然石材如大理石、花岗岩、石灰石等。天然石材是最古老的土木工程材料之一。天然石材具有很高的抗压强度,良好的耐磨性和耐久性,经加工后表面美观,富于装饰性,资源分布广,蕴藏量丰富,便于就地取材,生产成本低,是土木工程中桥梁、房屋、道路及水利工程的主要材料,同时也是现代土木工程的主要装饰材料之一。

(a)天然石材　　(b)人造石材

图 4-6-1　天然石材和人造石材

天然石材可大致分为三类。火成岩岩石是由地幔或地壳的岩石经熔融或部分熔融的物质,如岩浆冷却固结形成的花岗岩就是火成岩的一种;沉积岩是在地表不太深的地方,将其他岩石的风化产物和一些火山喷发物,经过水流或冰川的搬运、沉积、成岩作用形成的岩石,砂岩属于这一类;变质岩是在高温高压和矿物质的混合作用下由一种石头自然变质成的另一种石头,大理石、板岩、石英岩、玉石都属于变质岩。

花岗岩是一种非常坚硬的火成岩岩石,它的密度很高,耐划痕和耐腐蚀,非常适合用于地板和厨房台面。石灰石是沉积岩的一种，由方解石和沉积物组成。砂岩也是沉积石的一种，主要由松散的石英砂颗粒组成，质地粗糙。大理石是指沉积的或变质的碳酸盐岩类的岩石，有大理岩、白云岩、灰岩、砂岩、页岩和板岩等，是石灰石的衍生物；大理石是一种变质岩，可以进行抛光打磨，但其质地较软，容易划伤或被酸性物质腐蚀。板岩是一种变质岩，原岩为泥质、粉质或中性凝灰岩，沿板理方向可以剥成薄片；板岩的颜色随其所含有的杂质不同而变化，含铁的为红色或黄色，含碳质的为黑色或灰色，含钙的遇盐酸会起泡，因此一般以其颜色命名分类，如灰绿色板岩、黑色板岩、钙质板岩等。

人造石材是一种人工合成的装饰材料，由非天然的混合物制成，如树脂、水泥、玻璃珠、铝石粉等加碎石黏合剂。按照所用黏合剂不同，可分为有机类人造石材和无机类人造石材两类。按其生产工艺过程的不同，又可分为聚酯型人造大理石、复合型人造大理石、硅酸盐型人造大理石、烧结型人造大理石四种类型。文化石材是开采于自然界的石材矿，其中的板岩、砂岩、石英石，经过加工，成为一种装饰建材。文化石材质坚硬、色泽鲜明、纹理丰富、风格各异，具有抗压、耐磨、耐火、耐寒、耐腐蚀、吸水率低等特点。

二、物理性质

1. 耐火性

各种石材耐火性皆不同，有些石材在高温作用下发生化学分解。

(1)石膏：在大于 107 ℃时分解。

(2)石灰石、大理石：在大于 910 ℃时分解。

(3)花岗石：在 600 ℃时因组成矿物受热不均而裂开。

2. 膨胀及收缩

也称热胀冷缩，但若受热后再冷却，其收缩不能恢复至原来体积，而必须保留一部分成为永久性膨胀。

3. 耐冻性

到－20 ℃时，石材发生冻结，孔隙内水分膨胀比原有体积大 1/10，石材若不能抵抗此膨胀所产生的力，便会出现破坏现象。一般若吸水率小于 0.5%，就不考虑其抗冻性能。

4. 耐久性

石材具有良好的耐久性，用石材建造的结构物具有永久使用的可能。古代人早就认识到这一点，因此许多重要的建筑物及纪念性构筑物都是使用石材建筑的。

5. 抗压强度

石材的抗压强度会因矿物成分、结晶粗细、胶结物质的均匀性、荷重面积、荷重作用与解理所成角度等因素，而有所不同。若其他条件相同，通常结晶颗粒细小而彼此粘结一起的致密材料，具有较高强度。致密的火山岩在干燥及饱和水分后，抗压强度并无差异(吸水率极低)，若属多孔性及怕水的胶结岩石，其干燥及潮湿强度有显著差别。

三、日常保养

1. 必要性

无论是新石材、还是翻新后的石材，随着正常的投入使用和时间的推移，石材的磨损会越来越严重，其光泽也越来越低。

2. 及时性

石材必须要通过及时的保养才能达到应有的水平，长时间因使用环境的变化，如酸雨、污染、潮湿等，是导致和加快石材出现各种问题和病变的主要原因，这些问题和病变的后果是造成石材耐久性及强度下降。

第二节　木　　材

木材是能够次级生长的植物，如乔木和灌木所形成的木质化组织。这些植物在初生生长结束后，根茎中的维管形成层开始活动，向外发展出韧皮，向内发展出木材，如图 4-6-2 所示。

图 4-6-2　木材

木材是维管形成层向内发展出植物组织的统称，包括木质部和薄壁射线。木材对于人类生活起着很大的支持作用，根据木材不同的性质特征，其应用于不同途径。

一、基本含义

木材泛指用于木质建筑的木制材料，通常分为软材和硬材。工程中所用的木材主要取自树木的树干部分。木材因取得和加工容易，自古以来都是一种主要的建筑材料。

二、种　　类

木材可分为针叶树材和阔叶树材两大类。杉木及各种松木、云杉和冷杉等是针叶树材；柞木、水曲柳、香樟、檫木及各种桦木、楠木和杨木等是阔叶树材。

防腐木是采用防腐剂渗透并固化木材以后，使木材具有防止腐朽菌腐朽和生物侵害功能的木材。

三、木材的结构

木材由树皮，木质部和髓心组成，如图 4-6-3 所示。树皮为包裹在木材的干、枝、根次生木质部外侧的全部组织。形成层位于树皮和木质部之间，由于形成层的分生功能，木材直径会变粗。次生木质部位于形成层和髓心之间，来源于形成层的分裂生长。髓心一般在树干的中间位置，由木质部包裹。

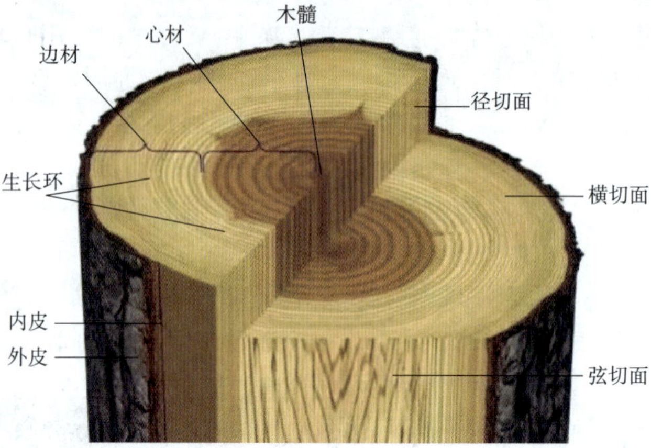

图 4-6-3 木材的结构

四、物理性质

1. 密度

木材密度是木材性质的一项重要指标，根据木材密度可估计木材的实际重量，推断木材的工艺性质和木材的干缩、膨胀、硬度、强度等木材物理力学性质。木材密度以基本密度和气干密度两种为最常用。

2. 含水率

木材含水率指木材中水重占烘干木材重的百分数。木材中的水分可分两部分，一部分存在于木材细胞壁内，称为吸附水；另一部分存在于细胞腔和细胞间隙之间，称为自由水(游离水)。当吸附水达到饱和而尚无自由水时，称为纤维饱和点。木材的纤维饱和点因树种而有差异，在 23%～33%之间。当含水率大于纤维饱和点时，水分对木材性质的影响很小。当含水率自纤维饱和点降低时，木材的物理和力学性质随之变化。木材在大气中能吸收或蒸发水分，与周围空气的相对湿度和温度相适应而达到恒定的含水率，称为平衡含水率。木材平衡含水率随地区、季节及气候等因素而变化，在 10%～18%之间。

3. 胀缩性

木材吸收水分后体积膨胀，丧失水分则体积收缩。木材自纤维饱和点到炉干的干缩率，顺纹方向约为 0.1%，径向为 3%～6%，弦向为 6%～12%。径向和弦向干缩率的不同是木材产生裂缝和翘曲的主要原因。

五、力学性质

木材有很好的力学性质，但木材是有机各向异性材料，顺纹方向与横纹方向的力学性质有很大差别。木材的顺纹抗拉和抗压强度均较高，但横纹抗拉和抗压强度均较低。木材强度还因树种而异，并受木材缺陷、荷载作用时间、含水率及温度等因素的影响，其中以木材缺陷及荷载作用时间的影响最大。因木节尺寸和位置不同、受力性质(拉或压)不同，有节木材的强度比无节木材可降低 30%～60%。在荷载长期作用下木材的长期强度几乎只有瞬时强度的一半。

六、木材的应用

木材在建筑工程中还常用作混凝土模板及木桩等，在铁路桥梁中主要被制作成枕木、压梁木等，如图 4-6-4 所示。

图 4-6-4　枕木

第三节　水　　泥

水泥为粉状水硬性无机胶凝材料，加水搅拌后成浆体，能在空气或水中硬化，并能把砂、石等材料牢固地胶结在一起。

早期石灰与火山灰的混合物与现在的石灰火山灰水泥很相似，用它胶结碎石制成的混凝土，硬化后不但强度较高，而且还能抵抗淡水或含盐水的侵蚀。长期以来，它作为一种重要的胶凝材料，广泛应用于土木建筑、水利、国防等工程。

水泥应加强日常保护。

1. 忌受潮结硬

受潮结硬的水泥会降低甚至丧失原有强度，所以规范规定，出厂超过 3 个月的水泥应复查试验，按试验结果使用。对已受潮成团或结硬的水泥，须过筛后使用，筛出的团块搓细或碾细后一般用于次要工程的砌筑砂浆或抹灰砂浆。对一触或一捏即粉的水泥团块，可适当降低强度等级使用。

2. 忌暴晒速干

混凝土或抹灰如操作后便遭暴晒，随着水分的迅速蒸发，其强度会有所降低，甚至完全丧失。因此，施工前必须严格清扫并充分湿润基层；施工后应严加覆盖，并按规范规定浇水养护。

3. 忌负温受冻

混凝土或砂浆拌成后，如果受冻，其水泥不能进行水化，兼之水分结冰膨胀，则混凝土或砂浆就会遭到由表及里逐渐加深的粉酥破坏。

4. 忌高温酷热

凝固后的砂浆层或混凝土构件，如经常处于高温酷热条件下，强度会有所下降，这是由于高温条件下，水泥石中的氢氧化钙会分解。另外，某些骨料在高温条件下也会分解或体积膨胀。

对于长期处于较高温度环境的普通砂浆或混凝土，可以使用耐火砖对其进行隔离防护。遇到更高的温度，应采用特制的耐热混凝土浇筑，也可在混凝土中掺入一定数量的磨细耐热材料。

5. 忌基层脏软

水泥能与坚硬、洁净的基层牢固地粘结或握裹在一起，但其粘结握裹强度与基层面部的光洁程度有关。在光滑的基层上施工，必须预先凿毛砸麻刷净，方能使水泥与基层牢固粘结。

基层上的尘垢、油腻、酸碱等物质，都会起隔离作用，必须认真清除洗净，之后先刷一道素水泥浆，再抹砂浆或浇筑混凝土。

水泥在凝固过程中要产生收缩，且在干湿、冷热变化过程中，它与松散、软弱基层的体积变化极不适应，必然发生空鼓或出现裂缝，从而难以牢固粘结。因此，木材、炉渣垫层和灰土垫层等都不能与砂浆或混凝土牢固粘结。

6. 忌骨料不纯

作为混凝土或水泥砂浆骨料的砂石，如果有尘土、黏土或其他有机杂质，都会影响水泥与砂、石之间的粘结握裹强度，因而会降低抗压强度。所以，如果杂质含量超过标准规定，必须经过清洗后方可使用。

7. 忌水多灰稠

人们常常忽视用水量对混凝土强度的影响，施工中为便于浇捣，有时不认真执行配合比，而把混凝土搅拌得很稀。由于水化所需要的水分仅为水泥重量的20%左右，多余的水分蒸发后便会在混凝土中留下很多孔隙，这些孔隙会使混凝土强度降低。因此在保障混凝土浇筑密实的前提下，应最大限度地减少拌和用水。

水泥用量越多，砂浆越稠，抹灰层体积的收缩量就越大，从而产生的裂缝就越多。一般情况下，抹灰时应先用1∶(3～5)的粗砂浆抹找平层，再用1∶(1.5～2.5)的水泥砂浆抹很薄的面层，切忌使用过多的水泥。

8. 忌受酸腐蚀

酸性物质与水泥中的氢氧化钙会发生中和反应，生成物体积松散、膨胀，遇水后极易水解粉化，致使混凝土或抹灰层逐渐被腐蚀解体，所以水泥忌受酸腐蚀。

在接触酸性物质的场合或容器中，应使用耐酸砂浆和耐酸混凝土，矿渣水泥、火山灰水泥和粉煤灰水泥均有较好耐酸性能，应优先选用这三种水泥配制耐酸砂浆和混凝土，严格要求耐酸腐蚀的工程不允许使用普通水泥。

第四节　砂　　浆

砂浆是建筑上砌砖使用的粘结物质，由一定比例的砂和胶结材料（水泥、石灰膏、黏土等）加水和成，也称灰浆。

砂浆常用的有水泥砂浆、混合砂浆（或称水泥石灰砂浆）、石灰砂浆和黏土砂浆。水泥砂浆如图 4-6-5 所示。

图 4-6-5　水泥砂浆

一、硬化砂浆的强度

当原材料的质量一定时，砂浆的强度主要取决于水泥标号和水泥用量。此外，砂浆强度还受砂、外加剂、掺入的混合材料以及砌筑和养护条件有关。砂中泥及其他杂质含量多时，砂浆强度也受影响。混合砂浆硬度配合比见表 4-6-1。

表 4-6-1　混合砂浆强度配合比

技术要求	强度等级：M2.5	稠度/mm：30～50			
原材料	水泥：32.5 级	河砂：中砂			
配合比	每 1 m^2 材料用量/kg	水泥	河砂	灰膏	水
		150	1 450	200	210～240
	配合比例	1	9.67	1.33	1.40～1.60
技术要求	强度等级：M5	稠度/mm：30～50			
原材料	水泥：32.5 级	河砂：中砂			
配合比	每 1 m^2 材料用量/kg	水泥	河砂	灰膏	水
		190	1 450	160	210～240
	配合比例	1	7.63	0.84	1.10～1.26
技术要求	强度等级：M7.5	稠度/mm：30～50			
原材料	水泥：32.5 级	河砂：中砂			
配合比	每 1 m^2 材料用量/kg	水泥	河砂	灰膏	水
		250	1 450	100	210～240
	配合比例	1	5.8	0.4	0.84～0.96

续上表

技术要求	强度等级:M10	稠度/mm:30～50			
原材料	水泥:32.5 级	河砂:中砂			
配合比	每 1 m^2 材料用量/kg	水泥	河砂	灰膏	水
		290	1 450	60	210～240
	配合比例	1	5	0.21	0.72～0.83

二、硅酸镁铝触变润滑剂在砂浆中的应用

针对砂浆的各种技术性质，硅酸镁铝触变润滑剂在砂浆中的应用有如下优点：

1. 优异的施工性和加工性：可使砂浆和膏体延长可操作时间，提高砂浆和膏体的润滑性，提高工作效率和劳动生产率。

2. 改善抗流挂性：可使砂浆和膏体施工时表面更丰满、平整，减少砂浆损失。

3. 良好的触变性：可使施工时更省力，提高施工效率，降低人工成本。

4. 良好的防沉降性：对地坪和自流坪水泥减少沉降和分层，并使同部结构一致。

5. 贮存稳定性：可使砂浆均质、稳定，防止分层和析水。

6. 改善泵送性和剪切稀化性：降低水泥和砂粒之间的摩擦力，具有滑爽效应，使砂浆易于泵送。当剪切力克服屈服值后可降低砂浆的流动黏度，使泵送更方便，提高输送效率，从而降低综合成本。

第五节 混 凝 土

混凝土是由胶凝材料将集料胶结成整体的工程复合材料的统称。通常讲的混凝土一词是指用水泥作胶凝材料，砂、石作集料，与水(可含外加剂和掺合料)按一定比例配合，经搅拌而得的水泥混凝土，也称普通混凝土，它广泛应用于土木工程。

混凝土具有原料丰富、价格低廉、生产工艺简单的特点，因而其用量越来越大。同时混凝土还具有抗压强度高、耐久性好、强度等级范围大等特点。这些特点使其使用范围十分广泛，不仅应用于土木工程领域，在造船业、机械工业、海洋的开发、地热工程等领域，混凝土也是重要的材料。混凝土浇筑如图 4-6-6 所示。

图 4-6-6 混凝土浇筑

一、混凝土的配合比

常用混凝土配合比见表 4-6-2。混凝土的抗拉强度仅为其抗压强度的 1/20～1/10。提高混凝土抗拉、抗压强度的比值是混凝土改性的重要方面。

表 4-6-2　常用水泥混凝土配合比

水泥混凝土配合比参考表					
水泥强度等级	混凝土强度等级	每立方米混凝土材料用量（kg/m³）			
		水泥	水	砂	石子
P·O42.5	C15	300	185	730	1 165
	C20	350	185	690	1 160
	C25	400	185	650	1 180
	C30	450	183	600	1 192
	C35	480	180	580	1 230
	C40	520	178	520	1 220

二、混凝土材料的配量偏差值及搅拌时间

和易性又称工作性，是指混凝土拌和物在一定的施工条件下，便于各种施工工序的操作，以保证获得均匀密实的混凝土的性能。混凝土材料的配量偏差和最短搅拌时间见表 4-6-3 和表 4-6-4。

表 4-6-3　混凝土材料的配量偏差（%）

材 料 名 称	拌制方式	
	工地	工厂或搅拌站
水泥和干燥状态的混合料	12	±1
粗、细集料	±3	±2
水、外加剂溶液	⊥1	±1

表 4-6-4　混凝土的最短搅拌时间（min）

混凝土和易性	自落式搅拌机容积 V_z				强制式搅拌机容积 V_z
	$0<V_z\leqslant 400$ L	400 L$<V_z\leqslant$800 L	800 L$<V_z\leqslant$1 200 L	1 200 L$<V_z\leqslant$2 400 L	$0<V_q\leqslant$1 500 L
坍落度 $S\leqslant 1$ cm	2.0	2.5	—	—	2.5
1 cm$<$坍落度 $S\leqslant 7$ cm	1.0	1.5	2.0	2.5	1.5
坍落度 $S>7$ cm	1.0	1.0	1.5	2.0	1.5

注：用自落式搅拌机拌制细砂、机制砂的混凝土时，应酌量延长拌和时间。

三、养　　护

养护的目的在于创造适当的温湿度条件，保证或加速混凝土的正常硬化。不同的养护方法对混凝土性能有不同影响。常用的养护方法有自然养护、蒸汽养护、干湿热养护、蒸压

养护、电热养护、红外线养护和太阳能养护等。养护经历的时间称养护周期。为了便于比较,规定测定混凝土性能的试件必须在标准条件下进行养护。中国采用的标准养护条件是:温度为 20 ℃±2 ℃;湿度不低于 95%,见表 4-6-5。

表 4-6-5 混凝土养护时间(d)

<table>
<tr><th rowspan="2">水泥种类</th><th colspan="3">相对湿度</th></tr>
<tr><th><60%</th><th>60%~90%</th><th>>90%</th></tr>
<tr><td>普通水泥</td><td rowspan="2">14</td><td rowspan="2">7</td><td rowspan="5">可不再另洒水养护</td></tr>
<tr><td>硅酸盐水泥</td></tr>
<tr><td>矿渣水泥</td><td rowspan="3">21</td><td rowspan="3">14</td></tr>
<tr><td>火山灰水泥</td></tr>
<tr><td>粉煤灰水泥</td></tr>
</table>

四、混凝土常用计算规则及公式

1. 混凝土垫层工程量计算规则及公式

(1)条形基础混凝土垫层体积计算公式。

外墙条基混凝土垫层体积=外墙条形基础混凝土垫层的中心线长度×混凝土垫层的截面积。

内墙条基混凝土垫层体积=内墙条形基础混凝土垫层的净长线长度×混凝土垫层的截面积。

(2)整板基础、独立基础垫层体积计算公式。

垫层体积=垫层面积×垫层厚度。

2. 混凝土基础工程量计算规则及公式

(1)条形基础工程量计算公式。

外墙条形基础的工程量=外墙条形基础中心线的长度×条形基础的截面积。

内墙条形基础的工程梁=内墙条形基础净长线的长度×条形基础的截面积。

注:净长线的计算应按混凝土条形基础垂直面和斜面分层净长线计算。

(2)满堂基础工程量计算公式。

满堂基础工程量=满堂基础底面积×满堂基础底板垂直部分厚度+上部棱台体积。

(3)独立基础(混凝土独立基础与柱在基础上表面分界)工程量计算公式。

①矩形基础工程量为

$$V=长\times宽\times高$$

②阶梯形基础工程量为

$$V=\sum(长\times宽\times高)$$

③截头方锥形基础工程量为

$$V=V_1+V_2=1/6h_1\times[A\times B+(A+a)(B+b)+a\times b]+A\times B\times h_2$$

式中 V_1——基础上部棱台体积;

V_2——基础下部长方体体积;

h_1——棱台高度;

A,B——棱台底边长和宽；

a、b——棱台顶边长和宽；

h_2——基础下部长方体高度。

3. 混凝土柱工程量计算规则及公式

(1)构造柱工程量计算公式。

$$构造柱体积=构造柱体积+马牙槎体积=H\times(A\times B+0.03\times b\times n)$$

式中　H——构造柱高度；

A,B——构造柱截面长和宽；

b——构造柱与砖墙咬差 1/2 宽度；

n——马牙槎边数。

(2)框架柱工程量计算公式。

现浇混凝土柱按设计图示尺寸以体积计算。不扣除构件内钢筋、预埋铁件所占体积。

框架柱体积=框架柱截面积×框架柱柱高。

其中柱高：

①有梁板的柱高,应按自柱基上表面(或楼板上表面)至上一层楼板下表面之间的高度计算；

②无梁板的柱高,应按自柱基上表面(或楼板上表面)至柱帽下表面之间的高度计算；

③框架柱的柱高,应按自柱基上表面至柱顶高度计算；

④预制混凝土柱按设计图示尺寸以体积计算,不扣除构件内钢筋、预埋铁件所占体积,依附于柱的牛腿并入相应柱身体积计算。

第六节　钢筋混凝土

钢筋混凝土被广泛应用于建筑结构中。浇筑混凝土之前,先进行绑筋支模,也就是用铁丝将钢筋固定成想要的结构形状,然后用模板覆盖在钢筋骨架外面,最后将混凝土浇筑进去,经养护达到强度标准后拆模,所得即是钢筋混凝土,如图 4-6-7 所示。

图 4-6-7　钢筋混凝土浇筑

一、材料特性

混凝土是水泥(通常为硅酸盐水泥)与骨料的混合物。当加入一定量水分的时候,水泥水化形成微观不透明晶格结构从而包裹和结合骨料,使其成为整体结构。通常混凝土结构拥有较高的抗压强度,但是混凝土的抗拉强度较低,通常只有抗压强度的十分之一左右,任何显著的拉弯作用都会使其微观晶格结构开裂和分离从而导致结构的破坏。而绝大多数结构构件内部都有受拉应力作用的需求,故未加钢筋的混凝土极少被单独使用于工程。相较混凝土而言,钢筋抗拉强度非常高,一般在 200 MPa 以上,故通常在混凝土中加入钢筋等加劲材料与之共同工作,由钢筋承担主要拉力,混凝土承担主要压力。

二、工作原理

钢筋混凝土之所以可以共同工作是由它自身的材料性质决定的。首先钢筋与混凝土有着近似相同的线膨胀系数,不会由环境不同产生过大的应力;其次钢筋与混凝土之间有良好的粘结力,有时钢筋的表面也被加工成有间隔的肋条(称为变形钢筋)来提高混凝土与钢筋之间的机械咬合,当此仍不足以传递钢筋与混凝土之间的拉力时,通常将钢筋的端部弯起 180°弯钩;此外混凝土中的氢氧化钙提供的碱性环境,在钢筋表面形成了一层钝化保护膜,使钢筋相对于中性与酸性环境下更不易腐蚀。

三、裂缝防治

1. 裂缝成因

钢筋混凝土梁出现裂缝的原因很复杂,主要有材料或气候因素、施工不当、设计和施工错误、改变使用功能或使用不合理等,通常可归纳为以下几种:

(1)收缩裂缝混凝土尚处于未完全硬化状态时,如干燥过快,则产生收缩裂缝,通常发生在表面上,裂缝不规则,宽度小。

(2)水泥在水化及硬化过程中,散发大量热量,使混凝土内外部产生温差,超过一定值时,因混凝土的收缩不一致而产生裂缝。

(3)温变裂缝。水泥在硬化期间,混凝土表面与内部温差较大,导致混凝土表面急剧的温度变化而产生较大的降温收缩,同时受到内部混凝土的约束,而出现裂缝。

(4)设计欠周全。如钢筋混凝土梁的截面不够,梁的跨度过大、高度偏小,或者由于计算错误受力钢筋截面偏小、配筋位置不当、节点不合理等,都会导致混凝土梁出现结构裂缝。

(5)施工质量造成的裂缝。由于混凝土标号偏低、受力钢筋截面偏小、截面尺寸不符合设计等而导致混凝土梁出现裂缝。或由于施工不当、模板支撑下沉、过早拆除底模和支撑等,施工控制不严,在梁上超载堆荷都会导致混凝土梁出现裂缝。

(6)预制钢筋混凝土梁在运输、吊装过程中,由于支撑不合理、吊点位置不符,以及较大的振动或冲击荷载,也会导致钢混凝土梁出现裂缝。

(7)在使用过程中,改变原来使用功能,将办公室改为仓库、屋面加层、使用不当、增大梁上荷载等均会出现裂缝。

2. 裂缝的处理

根据裂缝的成因情况,可将裂缝分为两种类型:一类是由于材料、气候等造成的一般塑性收缩裂缝、干缩裂缝等，这类裂缝一般对承载力影响较小，可作一般处理或不处理；另一类为上类裂缝以外的裂缝，此类裂缝明显影响了梁的承载能力，随着裂缝的扩展和延伸，钢筋达到屈服强度，受压区混凝土应变量增大，梁刚度大大降低，构件趋向破坏，此类裂缝必须及早采取加固补强，以满足结构安全需要。

对于裂缝的处理，首先要重视对裂缝的调查分析，确定裂缝的种类、程度、危害及加固的依据。调查可从裂缝宽度、长度、是否贯通、是否达到弹性极限应力、有无潮气或漏水、工程地点环境以及施工图纸设计情况等多处入手，分析裂缝产生的本质原因，以采取相应的措施。

(1)经过调查分析，确认裂缝在不降低承载力的情况下，可采取表面处理法、充填法、注入法等简易的处理方法。

①表面修补法。

该法适用于较窄的裂缝，用以恢复构件表面美观和提高耐久性，常用的是沿混凝土裂缝表面铺设薄膜材料，一般可用环氧类树脂或树脂浸渍玻璃布。施工时先将混凝土表面用钢丝刷打毛，清水洗净干燥，将混凝土表面气孔由油灰状树脂填平，然后在其上铺设薄膜，如果单纯以防水为目的，也可采用涂刷沥青的方法。

②充填法。

当裂缝较宽时，可沿裂缝混凝土表面凿成 V 形或 U 形槽，使用树脂砂浆材料进行填充，也可使用水泥砂浆或沥青等材料。施工时，先将槽内碎片清除，必要时涂底层结合料，填充后待填充料充分硬化，再用砂轮或抛光机将表面磨光。

③注入法。

当裂缝宽度较小且较深时，可采用将修补材料注入混凝土内部的修补方法，首先在裂缝处安设注入用管，其他部位用表面处理法封住，使用低黏度环氧树脂注入材料，用电动泵或手动泵注入修补，此法在裂缝宽大于 0.2 mm 时效果较好。

(2)如果梁的裂缝情况影响了梁的承载能力，就应更慎重研讨，分析比较，采用经济高效的方法，达到加固目的，可采用的方法有钢箍加固法、粘贴加固法、梁的三面或四面加做围套法、梁的单面加大截面法等。

①钢箍加固法。

此法适合于补强梁内特长箍筋及弯起筋不足，抗剪达不到要求的情况。具体方法是：用扁钢或圆钢制成垂直或斜形的钢箍，两端留有螺纹，套入钢板后用螺母拧紧。也可由两个 U 形钢箍套上后焊接，然后打入金属楔楔紧。采用钢箍时需在梁上刻槽以防滑。

②粘贴加固法。

将钢板(或型钢)用改性环氧树脂粘结剂，粘结到构件混凝土裂缝部位表面，使钢板(或型钢)与混凝土连接成整体共同工作。粘结前，钢材表面进行喷砂处理，混凝土表面刷净干燥，粘结层厚度为 3 mm 左右。

③梁的三面或四面加做围套法。

在梁的刚度、强度或剪力不足且相差较大的情况下，采用梁的三面或四面加大，做钢筋混凝土围套加固较为适宜。采用四面围套时壁厚应据实际情况而定，一般两侧大于 50 mm、上下大于 100 mm 为宜，纵向钢筋及箍筋通过计算确定。当梁受楼面限制时，可采用三面围套，此时两侧混凝土厚度宜大于 100 mm，纵向钢筋可用 ϕ25 mm 与原梁纵筋焊接固定，施工时在梁两侧板上间隔 500 mm 凿洞以浇筑混凝土，箍筋可用开口箍或穿板封闭箍，并经计算确定配筋数量。

④梁的单面加大截面法。

单面加大截面法分两种，即上面加高或下面加厚。梁的上面加高适用于梁的支座抗弯强度不足的加固，所加混凝土靠焊在原梁上部箍筋上的附加箍筋与原混凝土结成整体，上部荷载靠附加纵筋承受。梁的下面加厚适用于梁跨中抗弯不足加固，当梁截面强度与要求相差不大时，可将梁下加厚 80～100 mm，配制新的纵筋与原钢筋焊接，做法同三面围套。当梁的截面下部增加 100 mm 以上，按计算配置纵筋和箍筋。

采用围套及单面加厚法加固时，纵筋与支座按照下述方法连接。梁支承在柱上时，新加纵筋可通过连接钢板或直接与柱内受力筋焊接在一起；梁支承在主梁上时，应在主梁上回设斜托支座，斜托钢筋与主梁中主筋焊接。对于梁的端支座，可将梁内部分纵向钢筋按 45°或 30°角曲折成斜筋焊于主梁内原纵筋上，或另加入辅筋，电焊连接新旧纵筋。

四、钢筋混凝土常用计算规则及公式

1. 钢筋混凝土梁工程量计算规则及公式

(1)梁的计算公式。

梁的一般计算公式＝梁的截面面积×梁的长度。钢筋混凝土梁按设计图示尺寸以体积计算，不扣除构件内钢筋、预埋铁件所占体积，伸入墙内的梁头、梁垫并入梁体积内。

(2)梁长的取法。

梁与柱连接时，梁长算至柱侧面，主梁与次梁连接时，次梁长算至主梁侧面。

(3)地圈梁工程量计算公式。

外墙地圈梁的工程量＝外墙地圈梁中心线的长度×地圈梁的截面积。

内墙地圈梁的工程梁＝内墙地圈梁净长线的长度×地圈梁的截面积。

(4)基础梁的体积计算公式。

基础梁的体积＝梁的净长×梁的净高。

2. 钢筋混凝土板工程量计算规则及公式

(1)V＝板长×板宽×板厚。

现浇混凝土板按设计图示尺寸以体积计算，不扣除构件内钢筋、预埋铁件及单个面积 0.3 m^2 以内的孔洞所占体积。

(2)有梁板系指主梁(次梁)与板现浇成一体。其工程量按梁板体积之和计算(包括主、次梁与板)。

(3)无梁板系指不带梁直接用柱帽支撑的板。其体积按板与柱帽体积之和计算。

(4)平板指无柱、梁而直接由墙支撑的板。其工程量按板实体积计算。

3. 现浇混凝土墙工程量计算规则

现浇框架结构的剪力墙计算按图示尺寸以 m^3 计算，应扣除门窗洞口及 0.3 m^2 以外孔洞所占体积。

第七章　桥隧建筑物检查作业

本章主要掌握桥隧建筑物检查作业，桥隧建筑物检查包括水文观测、经常检查、定期检查、临时检查、专项检查、检定试验等。各有关单位应建立检查记录、病害观测记录，并按规定认真填写，保证数据准确可靠，为状态分析评定和修理工作计划的编制提供依据。

第一节　桥面检查

一、作业目的

通过检查，能够及时掌握钢梁明桥面状态，及时发现钢梁明桥面病害，研究其形成的原因，有计划的安排养护、修理工作。钢梁明桥面如图 4-7-1 所示。

图 4 7 1　钢梁明桥面

二、作业条件

利用天窗点内作业。

三、作业流程

(一)作业准备

工具材料：检查锤、钢卷尺、钢板尺、塞尺、安全带、安全绳、记号笔、弦线、吊板器等(上道工具必须粘贴黄色反光标识及编号)。

(二)设置作业防护

1. 到达作业地点附近的作业通道后，网外集体拍照上传；严格执行通道门开关现场作业负责人负责制。

2. 现场防护员与驻站联络员核对作业信息，确认是否可以进入通道门。

3. 设置好防护后，作业人员进入作业地点。

(三)护　　轨

1. 检查重点

(1)检查护轨间距是否符合要求，高低是否在允许值范围。

(2)检查护轨轨底垫板是否符合要求。

(3)检查护轨梭头各部是否完好，接头连接是否联结牢固。

(4)检查护轨道钉或扣件是否齐全，是否存在浮离、松动。

护轨病害如图 4-7-2 所示。

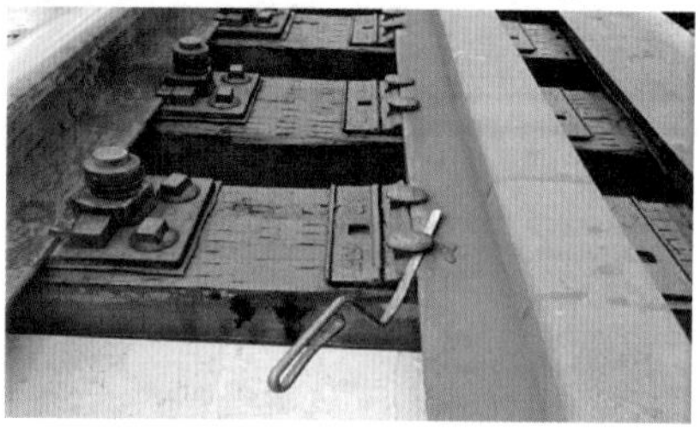

(a)明桥面护轨浮离 2 mm 以上

(b)明桥面护轨垫板连五吊空 5 mm 及以上

图 4-7-2　护轨病害

2. 质量要求

(1)护轨与基本轨间距离符合规定，顶面不应高出基本轨 5 mm，也不应低于基本轨 25 mm。

(2)轨底悬空大于 5 mm 处所不超过 15%，并不得连五出现。

(3)梭头各部完好，联结牢固，尖端悬出桥枕不大于 5 mm。

(4)护轨垫板设置符合规定，厚度大于 30 mm 处所不得超过 15%。

(5)护轨道钉或扣件齐全，浮离 2 mm 及以上不超过 15%，并不得连五出现。

(四)桥　　枕

1. 检查重点

(1)检查桥枕腐朽部分或垫板切入深度。

(2)检查桥枕顶面 2 mm 及以上裂缝漏灌处所。

(3)检查桥枕端部裂缝宽大于 3 mm 处所。

(4)检查桥枕是否有连二失效或接头四根中有单根失效，净距是否符合标准。

(5)检查桥头双枕是否完好，联结是否牢固。

(6)行车时速 120 km 及以上区段的桥枕无隔一或连二失效。

桥枕病害如图 4-7-3 所示。

2. 质量要求

(1)桥枕腐朽部分或垫板切入深度在 3 mm 及以上处所不超过 15%。

(2)桥枕顶面 2 mm 及以上裂缝漏灌不超过 15%。

(3)桥枕端部裂缝宽大于 3 mm 应做防裂处理。

图 4-7-3　桥枕病害(桥枕顶面 2 mm 及以上裂缝、净距大于 180 mm)

(4)桥枕无连二失效或接头四根中无单根失效,净距符合标准。
(5)桥头双枕完好,联结牢固。
(6)行车时速 120 km 及以上区段的桥枕无隔一或连二失效。

(五)护木及道心步行板

1. 检查重点
(1)检查护木腐朽或垫圈切入深度。
(2)检查顶面宽 2 mm 以上裂缝漏灌处所。
(3)检查道心步行板状态是否符合要求。
护木及道心步行板病害如图 4-7-4 所示。

(a)护木折断　　(b)道心步行板劈裂、窜动

图 4-7-4　护木及道心步行板病害

2. 质量要求
(1)护木腐朽或垫圈切入深度在 3 mm 及以上处所不得超过 15%。
(2)顶面宽 2 mm 以上裂缝漏灌处所不得超过 15%。
(3)道心步行板无缺少、无翘头、无失效。

(六)各种螺栓检查

1. 检查重点
(1)检查钩螺栓有无连三及以上失效。
(2)检查钩头、护木螺栓顶面是否超过基本轨面。
(3)检查护轨夹板螺栓安装是否符合规定。

(4)检查各种螺栓是否齐全,是否有折断、松动、锈蚀现象。

(5)行车时速 120 km 及以上区段的桥面螺栓是否有缺少或连二失效。

各种螺栓病害如图 4-7-5 所示。

(a)水平螺栓松动

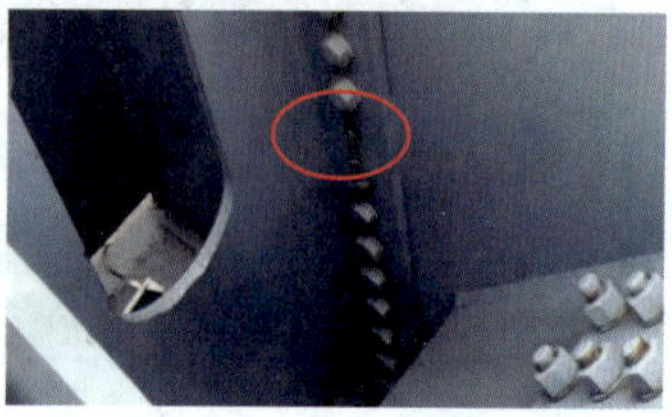

(b)高强度螺栓折断

(c)防爬角钢螺栓缺少

(d)防爬角钢螺栓、铆钉松动

图 4-7-5 各种螺栓病害

2. 质量要求

(1)钩螺栓无连三及以上失效。

(2)钩头、护木螺栓顶面不超过基本轨面 20 mm。

(3)护轨夹板螺栓安装符合规定。

(4)各种螺栓齐全,无折断、无松动、无锈蚀。

(5)行车时速 120 km 及以上区段的桥面螺栓不得有缺少或连二失效。

四、质量标准

各项目检查作业标准参照《普速铁路桥隧建筑物修理规则》附录八规定。

五、安全风险提示

1. 防护体系设置完毕以后方可上道作业。

2. 防护员在工作期间必须做到坚守岗位,集中精力,认真瞭望,不得做与工作无关的事,不得擅自离开岗位。

3. 高处作业按规定佩戴安全带,系好安全绳,穿防滑鞋。安全带、安全绳作业前进行检查。

4. 需要天窗点外上线、上道作业必须执行安全防护工作标准,设置现场防护员、远端防护员和驻站联络员。

5. 雨、雪、雾、大风等恶劣天气禁止上道作业(应急处置除外)。

6. 作业人员严防工料具坠落伤及桥下车、船、人。

第二节　支座检查

一、作业目的

检查支座状态,及时发现病害及不良处所,同时对不良情况进行检测监控,保证准确可靠,为状态分析评定和养护、修理计划的编制提供依据。

二、作业条件

利用天窗点外作业、非上道作业。

三、作业流程

(一)作业准备

1. 工具材料:照明设备、检查锤、塞尺、扳手、刻度放大仪、水平尺、钢卷尺、量角器、记号笔、记录簿、照相机、梯子等(上道机具必须粘贴黄色反光标识及编号)。

2. 明确检查作业项目、内容及时间。

3. 根据当日检查项目进行安全预想。

(二)设置作业防护

1. 到达作业地点附近的作业通道后,网外集体拍照上传;严格执行通道门开关作业负责人负责制。

2. 现场防护员与驻站联络员核对作业信息,确认是否可以进入通道门。

3. 远端防护员在确保安全的情况下,沿路肩行走至指定地点,到达后向现场防护员通报所站位置;设置好防护后,作业人员进入作业地点。

(三)支座检查

1. 摇轴、辊轴和弧形支座,如图 4-7-6 所示。

(a)摇轴支座　(b)辊轴支座　(c)弧形支座

图 4-7-6　支座类型

(1)定期测量其位移值和梁温,当发现位移值超过限值或固定支座不固定时,应起顶梁身检查活动支座销子有无异常。

(2)支座主要钢构件有无劣损或脱焊。

(3)锚栓有无剪断、弯曲或松动,如有剪断,还应检查墩台有无变位。

(4)支座倾角、位移是否超限。

(5)接触面有无变形和磨损。

(6)摇轴支座上下摆错动情况,销钉是否剪断。

2. 球形支座,如图 4-7-7 所示。

图 4-7-7 球形支座

(1)纵向或横向位移是否超限。

(2)检查四角高差、转角是否超限。

(3)聚四氟乙烯板有无窜出。

(4)密封条是否存在脱落、缺失。

3. 圆柱面钢支座,如图 4-7-8 所示。

(1)聚四氟乙烯板有无窜出。

(2)固定、限位螺栓是否松动。

(3)限位挡块有无开裂。

4. 双曲面钢支座,如图 4-7-9 所示。

图 4-7-8 圆柱面钢支座

图 4-7-9 双曲面钢支座

(1)上、下座板相对水平扭转角度偏差是否超限,上、下座板相对水平错动位移量是否超限。

(2)聚四氟乙烯板四个角点的外露高度是否超限。

(3)非活动方向的滑动间隙偏差是否超限。

(4)限位挡块有无开裂。

5. 铰轴滑板钢支座,如图 4-7-10 所示。

(1)平面滑板是否清洁、有无锈蚀。

(2)固定、限位螺栓是否松动。

(3)聚四氟乙烯板有无窜动、是否变形。

(4)铰轴的注油情况、有无裂纹。

(5)底座板挡块有无开裂。

图 4-7-10　铰轴滑板钢支座

6. 橡胶支座,如图 4-7-11 和图 4-7-12 所示。

图 4-7-11　板式橡胶支座

图 4-7-12　盆式橡胶支座

(1)板式橡胶支座有无裂纹、不均匀外鼓、钢板外露、剪切变形超限、位置窜动等情况,限位装置是否可靠。

(2)盆式橡胶支座有无钢件裂纹、脱焊、锈蚀、聚四氟乙烯板磨损、位移转角超限等情况。

(3)盆式橡胶支座密封条是否存在脱落、缺失。

(四)标志标记

支座编号是否齐全准确,字迹是否清晰。

(五)作业结束

工完料尽场地清。

四、质量标准

(一)钢 支 座

应保持各部分完好,有下列状态之一时,应及时处理:

1. 钢部件裂纹深度大于或等于 10 mm,主要受力部位焊缝脱焊。
2. 辊轴支座底板变形凹陷大于或等于 3 mm。
3. 销钉剪断。
4. 锚栓折断数量大于或等于 25%。
5. 支座位移超限,纵向大于 5 mm、横向大于 2 mm。
6. 活动支座不活动。
7. 支承垫石开裂、积水、翻浆。
8. 摇轴倾斜、辊轴位移或倾斜超过容许值。
9. 聚四氟乙烯板磨耗严重,外露厚度不足 0.2 mm。

(二)板式橡胶支座

有下列状态之一时,应及时处理:

1. 支座压溃,四周出现明显不规则的凹凸、弯曲或扭曲。
2. 支座剪切变形过大,活载作用时剪切变形大于或等于 24°,无活载作用时永久剪切变形大于或等于 15°。
3. 橡胶剥落掉块,导致加劲钢板表面或周边外露长度大于 100 mm。
4. 橡胶裂纹宽度大于或等于 2 mm,且连续长度达周边长度的 50%以上。
5. 支座串动大于相应边长的 25%或有脱空。
6. 横向限位装置与梁体间不密贴,限位装置失效。

(三)盆式橡胶支座

有下列状态之一时,应及时处理:

1. 盆环开裂或脱焊。
2. 聚四氟乙烯板磨耗严重,外露厚度不足 0.2 mm。
3. 位移或转角超限,位移量大于或等于 10 mm,转角超过设计值的 20%。
4. 锚栓剪断数量大于 25%。

五、安全风险提示

1. 防护体系设置完毕以后方可上道作业。
2. 防护员在工作期间必须做到坚守岗位,集中精力,认真瞭望,不得做与工作无关的事,不得擅自离开岗位。
3. 高处作业按规定佩戴安全带,系好安全绳,穿防滑鞋。安全带、安全绳作业前进行检查。
4. 需要天窗点外上线、上道作业必须执行安全防护工作标准,设置现场防护员、远端防护员和驻站联络员。
5. 雨、雪、雾、大风等恶劣天气禁止上道作业(应急处置除外)。
6. 作业人员严防工料具坠落伤及桥下车、船、人。

第三节 防落梁挡块检查

一、作业目的

检查防落梁设备状态，及时发现病害及不良处所，同时对不良情况进行检测监控，保证准确可靠，为状态分析评定和养护、修理计划的编制提供依据。

二、作业条件

利用天窗点内、外作业。

三、作业流程

(一)作业准备

1. 工具材料：照明设备、检查锤、塞尺、扳手、刻度放大仪、水平尺、钢卷尺、记号笔、记录簿、照相机等(上道工具必须粘贴黄色反光标识及编号)。

2. 明确检查作业项目、内容及时间。

(二)设置作业防护

1. 到达作业地点附近的作业通道后，网外集体拍照上传；严格执行通道门开关作业负责人负责制。

2. 现场防护员与驻站联络员核对作业信息，确认是否可以进入通道门。

3. 远端防护员在确保安全的情况下，沿路肩行走至指定地点，到达后向现场防护员通报所站位置；设置好防护后，作业人员进入作业地点。

(三)防落梁检查

1. 防震设施是否完好、有效。

2. 活动支座端防落梁挡块与支承垫石间距是否符合要求，如图 4-7-13 所示。

图 4-7-13 防落梁挡块

3. 防落梁钢结构是否锈蚀。

4. 防落梁挡块和螺栓是否松动、损坏、丢失、锈蚀。

(四)作业结束

工完料尽场地清。

四、质量标准

1. 根据不同的检查项目给检查人员配备必要的检查工具和仪器，仪器和仪表应定期标定，统一计量标准。

2. 防落梁挡块与支承垫石之间的空隙宜在 20～40 mm 之间；横向活动支座（HX）和多向活动支座（DX）处，挡块严禁与墩台顶面、支承垫石侧面接触。

3. 严禁墩顶相邻跨挡块连成整体，影响梁体自由伸缩。

4. 防落梁挡块与支承垫石之间的空隙不大于 40 mm。

五、安全风险提示

1. 防护体系设置完毕以后方可上道作业。

2. 防护员在工作期间必须做到坚守岗位，集中精力，认真瞭望，不得做与工作无关的事，不得擅自离开岗位。

3. 高处作业按规定佩戴安全带，系好安全绳，穿防滑鞋。安全带、安全绳作业前进行检查。

4. 需要天窗点外上线、上道作业必须执行安全防护工作标准，设置现场防护员、远端防护员和驻站联络员。

5. 雨、雪、雾、大风等恶劣天气禁止上道作业（应急处置除外）。

6. 作业人员严防工料具坠落伤及桥下车、船、人。

第四节　桥梁救援疏散通道检查

一、作业目的

检查救援疏散通道等设备状态，及时发现病害及不良处所，同时对不良情况进行检测监控，保证准确可靠，为状态分析评定和养护、维修计划的编制提供依据。

二、作业条件

利用天窗点内、外作业。

三、作业流程

(一)作业准备

1. 工具材料：照明设备、检查锤、塞尺、扳手、刻度放大仪、水平尺、钢卷尺、记号笔、记录簿、照相机等（上道工具必须粘贴黄色反光标识及编号）。

2. 明确检查作业项目、内容及时间。

(二)设置作业防护

1. 到达作业地点附近的作业通道后，网外集体拍照上传；严格执行通道门开关作业负责人负责制。

2. 现场防护员与驻站联络员核对作业信息，确认是否可以进入通道门。

3. 远端防护员在确保安全的情况下，沿路肩行走至指定地点，到达后向现场防护员通报所站位置；设置好防护后，作业人员进入作业地点。

（三）检查内容

救援疏散通道式样如图 4-7-14 所示。

1. 救援疏散通道与地面道路顺接情况。
2. 平台顶面与桥面遮板之间的缝隙。
3. 栏杆和安全防护罩的锈蚀、损坏情况。
4. 围墙墙体是否有裂缝、变形，排水管是否堵塞。
5. 栏杆、边框钢管与梯板连接是否牢固。
6. 门锁和插销损坏、缺失情况。
7. 疏散指示标识设置情况。

(a)顺坡式救援疏散通道

(b)折向式救援疏散通道

(c)旋转式救援疏散通道

图 4-7-14 救援疏散通道

（四）作业结束

工完料尽场地清。

四、质量标准

1. 平台顶面与桥面遮板之间的缝隙正常，平台顶面稳固。
2. 栏杆、边框钢管与梯板连接牢固。
3. 安全防护罩无锈蚀、损坏。
4. 围墙墙体无裂缝、变形，排水通畅、无积水。
5. 标志标牌齐全有效。
6. 门锁的状态良好。

五、安全风险提示

1. 防护体系设置完毕以后方可上道作业。

2. 防护员在工作期间必须做到坚守岗位，集中精力，认真瞭望，不得做与工作无关的事，不得擅自离开岗位。

3. 高处作业按规定佩戴安全带，系好安全绳，穿防滑鞋。安全带、安全绳作业前进行检查。

4. 需要天窗点外上线、上道作业必须执行安全防护工作标准,设置现场防护员、远端防护员和驻站联络员。

第五节 涵洞(渠)、倒虹吸检查

一、作业目的

检查涵渠设备状态,及时发现病害及不良处所,同时对不良情况进行检测监控,保证数据准确可靠,为状态分析评定和养护、维修计划的编制提供依据。

二、作业条件

利用天窗点内、外作业或非上道作业。

三、作业流程

(一)作业准备

工具材料:照明设备、检查锤、塞尺、刻度放大仪、钢卷尺、记号笔、记录簿、照相机等(上道工具必须粘贴黄色反光标识及编号)。

(二)设置作业防护

1. 到达作业地点附近的作业通道后,网外集体拍照上传;严格执行通道门开关作业负责人负责制。

2. 现场防护员与驻站联络员核对作业信息,确认是否可以进入通道门。

3. 远端防护员在确保安全的情况下,沿路肩行走至指定地点,到达后向现场防护员通报所站位置;设置好防护后,作业人员进入作业地点。

(三)检查作业

1. 检查涵渠标志。

2. 检查台阶是否破损。

3. 检查涵口淤积、河床铺砌、护岸、涵渠端墙、八字墙、帽石、垂裙等防护设施;观察水流是否畅通;检查是否存在冒水、潜流、掏空等病害,如图 4-7-15 所示。

图 4-7-15 涵洞病害(涵口铺砌冒水、潜流、掏空)

4. 检查倒虹吸节间是否渗漏。

5. 检查洞口端翼墙、护锥状态是否完好，有无因土压、冻害等引起的倾斜、挤出、裂纹或损坏；用小锤敲击护锥勾缝，检查是否存在勾缝失效、片石松动等病害。

6. 涵内检查。圆涵重点检查管节下沉、倾斜、错牙和滑移、管节连接处拉开、混凝土掉块露筋等；拱涵重点检查裂纹、混凝土掉块、沉降缝脱落、涵内铺砌等，如图 4-7-16 所示。

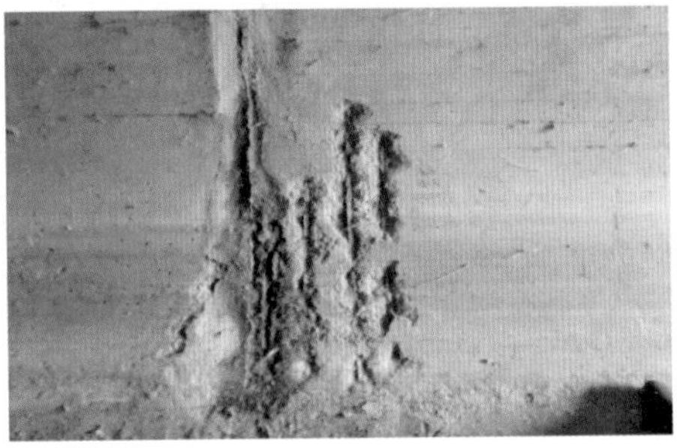

图 4-7-16 混凝土掉块露筋

(四)作业结束

工完料尽场地清。

四、质量标准

涵洞应保持状态完好，如发现下列状态之一时，应有计划地安排处理：

1. 钢筋混凝土结构裂缝宽度大于或等于 0.3 mm；混凝土拱形结构(含砖、石等砌体拱形结构)裂缝宽度大于或等于 20 mm。

2. 涵身破损变形、错位、拉开造成漏土或排水不畅；冻害引起线路变形。

3. 涵身，端、翼墙基础冲坏，基底全部或局部冲空。

4. 涵洞基底冒水潜流，洞内渗漏水，影响路基稳定。

5. 涵洞严重腐蚀风化、脱落深度大于或等于 20 mm，面积大于或等于 0.5 m^2。

6. 涵洞淤积严重，影响排洪。

7. 涵洞进出口护锥及防护设施冲毁。

五、安全风险提示

1. 防护体系设置完毕以后方可上道作业。

2. 防护员在工作期间必须做到坚守岗位，集中精力，认真瞭望，不得做与工作无关的事，不得擅自离开岗位。

3. 需要天窗点外上线、上道作业必须执行安全防护工作标准，设置现场防护员、远端防护员和驻站联络员。

4. 洞内检查防止有害气体，防止中毒窒息。

5. 作业人员按规定穿戴好劳动保护用品，上下检查台阶注意脚下安全，防止滑倒摔伤。

第六节　桥涵限高架检查

一、作业目的

对桥涵限高防护架限高、结构状态、标志标示进行全面检查，为下步养修作业奠定基础，确保结构稳定，状态完好，起到限高防护作用。

二、作业条件

非上道作业。

三、作业流程

（一）作业准备

1. 工具材料：红外测距仪、卷尺、扭力扳手、梯子、路锥、照相机、警示带、标志标牌等（上道工具必须粘贴黄色反光标识及编号）。

2. 作业负责人根据需要确认道路交通防护已到位，通知作业人员进行检查作业。

（二）基本作业

1. 检查限高防护架标志标牌是否齐全、完好、准确；架体设置是否符合要求；架体结构是否存在变形；架体保护涂装是否失效；观察周围道路情况，检查限高防护架是否起到防护作用，如图 4-7-17 所示。

2. 对架体下及桥涵设备内净高进行复测，检查限高是否与实际相符，架体下净高是否比设备内净高低 20～100 mm。

3. 检查主柱底部是否积水，预埋螺栓是否松动，焊缝有无脱焊现象，对焊缝有怀疑处所应铲除涂装并进行细致检查。

4. 防护架立柱与横梁联结处等薄弱部位的焊接、锈蚀检查。

图 4-7-17　限高防护架

(三)作业结束

作业结束,清点工具,撤除道路交通防护。

四、质量标准

1. 设置宽度小于设备的实际宽度。

2. 限高防护架设置净高:限高架横梁底至路面应低于桥涵下净高 20～100 mm,并与“限高”“限宽”警示标志一致,限高、限宽标志数值保留小数点后一位。

3. 除有特殊要求外,限高防护架要按规定涂刷黄黑相间警示条纹。

4. 病害及缺陷记录应准确、详细。

五、安全风险提示

1. 检查人员按规定在公路上设置防护,穿好黄色背心(服),注意瞭望,安全避车。

2. 高处检查作业正确使用安全带(绳)、安全帽。

3. 使用检查梯要做到下部有防护员并有专人扶梯,检查人员上下梯要手抓牢、脚踏稳,防止高处坠落。

第八章　桥隧建筑物保养作业

本章重点掌握桥隧建筑物保养作业项目内容，通过对桥隧建筑物的经常保养，及时消灭超限和临近超限处所，保持桥隧设备状态经常均衡完好，确保行车安全平稳。

第一节　普速铁路桥隧建筑物保养作业

一、桥隧建筑物标志的刷新和补充

(一)作业目的

对失效的桥隧建筑物标志进行刷新，对缺少的进行补充，做到标志齐全良好。

(二)作业条件

利用天窗点内、外或非上道作业。

(三)作业流程

1. 作业准备

工具材料：扁铲、铁锹、抹子、小油桶、砂布、棉纱、油漆刷、油画笔、白油漆、黑油漆、中砂、水泥、灰盘等(上道工具必须粘贴黄色反光标识及编号)。

2. 设置作业防护

(1)到达作业地点附近的作业通道后，网外集体拍照上传；严格执行通道门开关作业负责人负责制。

(2)现场防护员与驻站联络员联系核对作业信息，确认是否可以入网或网内行走。

(3)在 2 m 及以上高处作业应戴安全帽、系好安全带，上下梯子要做到手抓牢、脚踩稳。

3. 作业(操作)方法、步骤

(1)对不符合标准的标志进行标记并记录。

(2)对破损的标志牌进行修补。

(3)对失效的标志油漆进行清理打磨，重新涂刷白漆。

(4)按照里程、编号等字样重新刷印标志。

(四)质量标准

1. 各种标志破损部分要修补，歪斜部分要摆正。

2. 各部尺寸及标识数据准确，符合相关技术标准。

3. 标志修补、刷新后要字迹整齐，颜色鲜明，如图 4-8-1 所示。

(a)桥号标

(b)隧道标

(c)桥梁偏心标

(d)桥梁水标尺

(e)涵号标

图 4-8-1　桥隧建筑物标志

(五)安全注意事项

1. 严格执行工务五项禁令、双命令制度,按规定设置防护,上道前严格执行“眼看、手比、口呼”制度。

2. 现场防护员与驻站(所)联络员保持 3～5 min 至少联系一次,并按规定摄录进出通道门里程及下道避车情况。

3. 按规定穿戴好劳动保护用品,在 2 m 及以上高处作业应戴安全帽、系好安全带,上下梯子要做到手抓牢、脚踩稳。

二、起打道钉、螺纹钉安装

(一)作业目的

对桥面的八害道钉和失效的螺纹钉进行更换,使其满足保持轨距的需求。

(二)作业条件

利用天窗点内、外作业。

(三)作业流程

1. 作业准备

工机具材料:发电机、电钻、电动扳手、撬棍、起钉器、起钉垫、直钉器、道钉锤、道钉、螺纹钉、木楔、煤焦油、氟化钠等(上道工机具必须粘贴黄色反光标识及编号)。

2. 设置作业防护

(1)到达作业地点附近的作业通道后,网外集体拍照上传;严格执行通道门开关作业负责人负责制。

(2)现场防护员与驻站联络员联系核对作业信息,确认是否可以入网或网内行走。

3. 作业(操作)方法、步骤

(1)道钉。

①在枕木面上垫起钉垫板起拔八害道钉。

②校直道钉并除锈。

③凿修钉孔,在钉孔眼内注入不少于 6 g 氟化钠,将木楔[5 mm×10 mm×(100～130)mm]插入注油钉孔。

④新枕木钉道钉前应先用 ϕ14 mm 的钻头距桥枕边缘 50 mm 以内、距钢轨边缘 8 mm 处钻孔,并在孔内注入防腐剂。

⑤将道钉垂直打入枕木。

(2)螺纹钉。

①用电动扳手将失效的螺纹钉起出。

②在钉孔眼内注入不少于 6 g 氟化钠,用木楔插入注油钉孔。

③新枕木钉螺纹钉前应先用 ϕ14～16 mm 的钻头钻孔,并在孔内注入防腐剂。

④将螺纹钉用电动扳手垂直打入钉孔。

(四)质量标准

(1)起钉时桥枕无压伤。

(2)钉孔无劈裂损坏。

(3)无八害钉。

(4)钢轨、垫板、枕木无锤印。

(五)安全风险提示

(1)严格执行工务五项禁令、双命令制度,按规定设置防护,上道前严格执行"眼看、手比、口呼"制度。

(2)现场防护员与驻站(所)联络员保持 3～5 min 至少联系一次,并按规定摄录进出通道门里程及下道避车情况。

(3)按规定穿戴劳保及防护用品。打锤人不得戴手套。

(4)防止飞钉伤人、撬棍滑落和碰伤手脚。

(5)禁止在钢轨上直钉、除锈。

三、手工除锈涂刷油漆

(一)作业目的

防止钢结构锈蚀,延长桥梁使用寿命。

(二)作业条件

利用天窗点内、外或非上道作业;钢表面清理在非雨、雪、凝露和相对湿度不大于 80% 及风沙天气进行作业;涂装作业,环氧类漆不允许在 10 ℃以下施工,水性无机富锌防锈底漆、酚醛漆、醇酸漆、聚氨酯漆、氟碳面漆不允许在 5 ℃以下施工；不允许在相对湿度 85%以上、雨天、雾天或风沙场合进行涂装施工。

（三）作业流程

1. 作业准备

工具材料：照明设备、铲锈刀、敲锈锤、小钢钎、钢丝刷、长毛刷、油漆刷、钢丝筛（120～200 目）、砂布、棉纱、小油桶、油漆、稀释剂等（上道工具必须粘贴黄色反光标识及编号），如图 4-8-2 所示。

图 4-8-2　工具材料

2. 设置作业防护

（1）到达作业地点附近的作业通道后，网外集体拍照上传；严格执行通道门开关作业负责人负责制。

（2）现场防护员与驻站联络员联系核对作业信息，确认是否可以入网或网内行走。

3. 作业（操作）方法、步骤

（1）由一端向另一端作业，先上后下，先难后易。

（2）使用铲锈刀清除杆件缝隙、边缘、死角及铆钉周围的铁锈污垢，剥落开裂的涂料以及失效的旧腻子。

（3）个别凹凸不平处和牢固附着的铁锈可用除锈锤轻轻敲碎后再行铲刮，然后用钢丝刷清除铁锈，如图 4-8-3 所示。

（4）除锈完毕，注意检查有无遗漏和钢梁有无裂纹，用钢丝刷、砂布打磨除锈部位钢表面，清除干净表面的砂粒、粉尘及锈末，露出金属光泽。

（5）涂装，检查涂料的名称、规格、性能和出厂日期。涂料使用前应搅拌均匀，按比例加入专用稀释剂。如发现有皮屑应使用 120～200 目的钢丝筛子过滤涂料。新油漆刷使用前应用松香水洗净。

（6）用长毛刷清扫干净，再用棉纱沾上松香水将钢表面擦拭干净。

（7）自上而下，自左向右，先难而易，边缘、死角、铆钉周围要注意先用油画笔涂好，如图 4-8-4 所示。

图 4-8-3 除锈锤清除铁锈

图 4-8-4 铆钉周围涂刷油漆

(8)少沾多刷,先内后外圈。做到小块圆顺,漆膜均匀光滑,厚度符合要求。

(9)涂底面漆时,必须待下层干燥后,再涂上面一层。

(10)原有钢梁杆件裂纹弯曲标志和其他结构上的标志均应保留或在涂刷完毕后及时照样描绘。

(四)质量标准

1. 旧油漆、腻料开裂失效及铁锈清除彻底,边缘整齐,无污垢、漆皮、锈斑。

2. 钢面无 0.5 mm 以上刀痕损伤。

3. 涂料搅拌、过滤、稀释符合要求。

4. 涂油面清洁、加涂面漆时,表面打磨彻底,揩擦干净,无污垢及失效漆膜。

5. 漆膜均匀,层数、厚度符合规定。

6. 油漆无漏涂、裂纹、斑点、脱皮、鼓泡、流淌、皱纹,表面光泽好。

7. 上层漆膜应均匀覆盖下层漆膜,新旧油衔接处平顺整齐,允许新涂漆延伸至未损坏涂层区域 50～80 mm 坡口。

8. 各种标志描绘齐全,字迹清晰,无遗漏。

(五)安全风险提示

1. 严格执行工务五项禁令、双命令制度,按规定设置防护,上道前严格执行“眼看、手比、口呼”制度。

2. 现场防护员与驻站(所)联络员保持 3～5 min 至少联系一次,并按规定摄录进出通道门里程及下道避车情况。

3. 按规定穿戴好劳动保护用品,在 2 m 及以上高处作业应戴安全帽、系好安全带,上下梯子要做到手抓牢、脚踩稳。

四、钢梁清扫

(一)作业目的

防止钢梁积水、锈蚀,保持钢梁清洁。

(二)作业条件

利用天窗点内、外,非雨雪天气作业。

(三)作业流程

1. 作业准备

工具材料:平铲、软铜钢丝刷、扫把、刷子等(上道工具必须粘贴黄色反光标识及编号)。

2. 设置作业防护

(1)到达作业地点附近的作业通道后,网外集体拍照上传;严格执行通道门开关作业负责人负责制。

(2)现场防护员与驻站联络员联系核对作业信息,确认是否可以入网或网内行走。

3. 钢梁清扫

用扫把、刷子对梁体表面的污物进行清扫,应按照先上后下,先角落后大面的顺序进行,对顽固灰尘和附着物,用平铲、软铜钢丝刷进行清理,如图 4-8-5 所示。

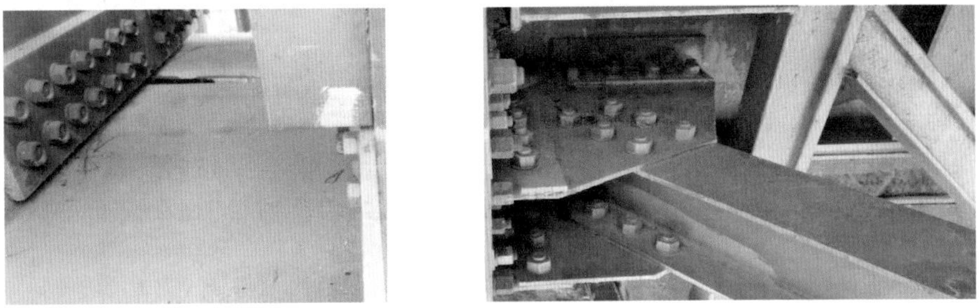

图 4-8-5 钢梁大面和角落处

4. 作业回检

清扫后,无残留灰尘、油垢等污物痕迹。

5. 作业结束

全面检查一次,清理好工具材料,撤除防护。

(四)质量标准

1. 钢料表面的污泥、油垢应清扫干净。

2. 做到分工明确,责任到人;针对现场环境和作业内容,进行提前预控,确保能在天窗点内完成作业项目。

3. 清扫时要保护好漆层,不要碰伤。

(五)安全风险提示

1. 防护体系设置完毕以后方可上道作业。

2. 防护员在工作期间必须做到坚守岗位,集中精力,认真瞭望,不得做与工作无关的事,不得擅自离开岗位。

3. 桥面作业严禁向下抛掷料具、杂物,防止坠物击打桥下车、船、人。

4. 作业人员按规定使用劳动保护用品;严格执行红线管理规定。

5. 作业前正确使用劳动保护用品,高处作业系好安全带、戴好安全帽,禁止双层垂直作业。

五、支座清扫涂油

(一)作业目的

对桥梁支座进行清污、涂油作业,确保支座状态良好。

(二)作业条件

利用天窗点内、外,非雨雪天气作业。

(三)作业流程

1. 作业准备

工具材料:活口扳手、刮刀、毛刷、水桶、铁钎、钢丝刷、黄油枪、黄油、棉纱、煤油、牛皮纸(上道工具必须粘贴黄色反光标识及编号)。

2. 设置作业防护

(1)到达作业地点附近的作业通道后,网外集体拍照上传;严格执行通道门开关作业负责人负责制。

(2)现场防护员与驻站联络员核对作业信息,确认是否可以进入通道门。

(3)远端防护员在确保安全的情况下,沿路肩行走至指定地点,到达后向现场防护员通报所站位置;设置好防护后,作业人员进入作业地点。

3. 支座清扫、涂油

(1)防尘罩:拆卸支座防尘罩。

(2)清洁污垢:全面清除上、下摆各部位间的锈蚀、污垢、灰尘,并清扫干净,如图 4-8-6 所示。

图 4-8-6　支座清扫、涂油

(3)活动部分清洁:支座活动部分,如滑动及滚动面等处,彻底清除油污、灰尘后用竹签绑扎棉纱头沾少许煤油进行擦拭,将滚动面各处擦拭洁净。

(4)支座涂油:压填润滑油,涂油要均匀无漏涂,也可用石墨粉抹擦,将涂油处用牛皮纸条封闭。

(5)安装防尘罩:安装恢复防尘罩,墩台面清扫洁净。

4. 作业结束

全面检查一次,清理好工具材料,撤除防护。

(四)质量标准

1. 摇轴、辊轴和滚动面洁净、无灰尘杂物,润滑油完好。

2. 压填润滑油,涂油均匀无漏涂。

3. 支座各部分无污垢、无灰尘、无锈蚀。

4. 支座活动面清除干净,涂固体油脂或擦石墨。

5. 黄油饱满、封闭良好。油脂封条无缺损、无失效。

6. 支座各部零件完整。

(五)安全风险提示

1. 防护体系设置完毕以后方可上道作业。

2. 防护员在工作期间必须做到坚守岗位,集中精力,认真瞭望,不得做与工作无关的事,不得擅自离开岗位。

3. 作业人员按规定穿戴好劳动保护用品;在 2 m 及以上的墩台又无吊篮及围栏时,应搭设简易工作平台,作业人员要系好安全带,戴上安全帽。

六、清除梁端石砟及止水装置内的杂物、疏通排水管

(一)作业目的

清除梁缝石砟及杂物防止梁端顶死,保证排水系统的功能完整。

(二)作业条件

利用天窗点内作业。

(三)作业流程

1. 作业准备

(1)工机具材料:铁锹、凿子、手锤、撬棍、捣固机、钢钎、螺丝刀、钢丝刷、止水带、扫把、毛刷、棉纱等(上道工机具必须粘贴黄色反光标识及编号)。

(2)照明灯具必须满足作业的需求,由专人负责,施工前必须检查照明设备的状态,严禁设备带病上道。夜间施工作业前将照明灯具布置完毕。

2. 设置作业防护

(1)上道作业人员参加班前点名、安全预想,掌握当日作业地点、时间、项目,作业区段环境自然状况,作业项目存在的安全风险,作业负责人、驻站联络员、现场防护员姓名、联系方式,行走路径,机具使用等。

(2)严格执行三确认制度。

3. 梁缝清理

用铁锹扒开梁端横向钢板上石砟,用撬棍撬起梁端横向钢盖板,保证整修止水带作业空间,用扫把清理止水带上淤积杂物,用钢钎清理梁端石砟,如图 4-8-7 所示。

4. 盖板恢复

清理完毕后,安放梁端横向钢盖板,回填道砟并捣固。

5. 疏通排水管

(1)扒开道砟,清除堵塞在铁篦子前(上)的杂物,铁篦子除锈后涂沥青,回填道砟。必要

图 4-8-7 梁缝清理

时更换铁篦子。

(2)清除泄水孔内灰浆、泥土等杂物。

(3)清理完毕后,回填道砟并捣固。

6. 作业结束

作业负责人认真组织回检,清点人员、工具和材料数量,责任到人并签认,组织人员撤出线路后,撤除防护。

(四)质量标准

1. 清理止水带上淤积杂物,不得破坏止水带,如止水带破损应立即更换。

2. 在作业中,防止机械、钢筋损伤止水带。

3. 轨枕下的道砟应回填饱满、捣固密实。

4. 对清理出的淤积杂物、石砟,作业结束后带出。

(五)安全风险提示

1. 必须严格执行安全防护工作标准。

2. 人员、工机具、材料做到三确认、三清点。

3. 在 2 m 及以上高处作业应戴安全帽、系好安全带,上下梯子要做到手抓牢、脚踩稳。

4. 严格执行作业回检制度,确保人员、工机具、材料不要遗留在桥上。

七、添补防火设备内水和砂

(一)作业目的

对桥上的防火设备的水箱、砂箱进行添补,确保水箱、砂箱饱满。

(二)作业条件

利用天窗点内、外作业。

(三)作业流程

1. 作业准备

工具材料:铁锹、铁铲、水桶、小推车、抬杠等(上道工具必须粘贴黄色反光标识及编号)。

2. 设置作业防护

(1)上道作业人员参加班前点名、安全预想,掌握当日作业地点、时间、项目,作业区段环境自然状况,作业项目存在的安全风险,作业负责人、驻站联络员、现场防护员姓名、联系方式,行走路径,工具使用等。

(2)严格执行三确认制度。

3. 添补水箱、砂箱

(1)对水箱、砂箱里的杂物进行清理。

(2)检查水箱、砂箱是否有破损,或漏水、漏砂现象,并进行修复。

(3)用水桶对水箱的缺水进行补满,对砂箱内的缺砂进行补满。

(4)盖好水箱、砂箱盖,并捆扎牢固。砂箱和水箱如图 4-8-8 所示。

(a)砂箱

(b)水箱

图 4-8-8　砂箱、水箱

4. 回检

作业负责人认真组织回检,清点人员、工具和材料数量,责任到人并签认。

(四)质量标准

1. 水箱、砂箱按要求添补饱满。
2. 水箱、砂箱齐全良好,无漏水、漏砂现象。
3. 水箱、砂箱摆放牢固,无侵限。
4. 水箱、砂箱盖绑扎牢固,无松动。

(五)安全风险提示

1. 防护体系设置完毕以后方可上道作业。
2. 防护员在工作期间必须做到坚守岗位,集中精力,认真瞭望,不得做与工作无关的事,不得擅自离开岗位。
3. 清理水箱、砂箱作业严禁向下抛掷料具及杂物,防止坠物伤及桥下车、船、人。
4. 作业人员按规定使用劳动保护用品;严格执行红线规定。

八、护木螺栓、钩螺栓除锈、涂油

(一)作业目的

为保证桥枕与钢梁联结牢固,需要定期对护木螺栓、钩螺栓进行除锈涂油处理。

(二)作业条件

非上道作业。

(三)作业流程

1. 作业准备

工具材料:长柄夹钳、活口扳手、扭矩扳手、铲刀、刮刀、钢丝刷、敲锈锤、砂布、棉纱、铁锅(桶)、炉灶、高温温度计、沥青、煤油、煤、木柴等(上道工具必须粘贴黄色反光标识及编号)。

2. 护木、钩螺栓杆除锈

除去表面污物,铲除和敲掉锈皮、氧化皮、旧涂层,用刮刀和钢丝刷除去边角部位锈蚀,再用砂布和钢丝刷进行清理。

3. 熬制沥青

将沥青切成小块放入铁锅(桶)内并加热,充分化开后搅拌均匀。

4. 螺栓杆蘸油

螺栓加热至105 ℃左右插入热沥青铁锅(桶)内,立即取出,加热温度以放入沥青桶内冒白烟为合适。浸涂完毕螺栓杆表面光亮为合格。晾干后丝扣涂机油,入库并做好标识。

(四)质量标准

1. 锈渍、污渍去除彻底,沾油厚度适宜。

2. 螺栓杆表面光亮,不粘手,无漏底。

(五)安全风险提示

1. 熬炼熔化的沥青,如需加汽油、煤油或轻质柴油等稀释时,要待沥青温度冷却到110 ℃以下时才可逐渐加入。加稀释剂时要先少后多,充分搅匀,不用时要加盖封存。

2. 备好锅盖、灭火器等防火用品,如发生沥青着火,立即灭火,如沥青溢到地面着火,要立即用干粉灭火器或干砂灭火,禁止浇水灭火。

九、安装、更换钩螺栓和护木

(一)作业目的

为保证护木与桥枕、桥枕与钢梁的联结牢固,对有缺少或损坏的钩螺栓、护木螺栓进行更换。

(二)作业条件

利用天窗点内作业。

(三)作业流程

1. 作业准备

工具:扭力扳手、扳手、钢丝刷、板牙、手锤、斧子、锛子、扁铲、刀锯、笤帚、扁油刷、小油桶、棉纱、钩螺栓、护木螺栓、胶垫圈、铁垫圈、螺母、机油、防腐油、防腐木塞等(上道工具必须粘贴黄色反光标识及编号)。

2. 设置作业防护

(1)到达作业地点附近的作业通道后,网外集体拍照上传;严格执行通道门开关作业负责人负责制。

(2)现场防护员与驻站联络员联系核对作业信息,确认是否可以入网或网内行走。

3. 拆卸螺母垫圈

用钢丝刷清除螺母和螺栓顶、丝扣外露部分的污垢后，再松卸螺母、垫圈，卸下的螺母、垫圈放在固定位置。

4. 拆卸螺栓

加木垫后再打卸螺栓，卸下的螺栓如暂不使用，要及时戴螺帽，防止丝扣损坏。

5. 整修清污

对螺栓、螺母、垫圈污渍和锈渍清除干净。必要时，更换螺栓、螺母、垫圈等。

6. 挖补削平及腻缝

遇桥枕、护木面切入、腐朽、裂缝时应进行挖补、削平及腻缝等整修工作。

7. 安装及螺栓孔加木塞

穿入螺栓(若钩螺栓孔周围有 4 mm 及以上缝隙时，顺桥枕方向加防腐木塞，禁止横向加木塞，控制螺杆与钢梁翼缘间隙)后整正钩头，涂油，安放垫圈，螺母拧紧达到规定扭力，拧紧螺栓时，控制钩头及垫圈偏斜，如图 4-8-9 所示。

图 4-8-9 拧紧钩螺栓、护木螺栓

8. 涂油封口

螺栓安装牢固后，要对顶部涂油封口处理。

(四)质量标准

1. 安装牢固，螺栓拧紧后扭矩达到 30～50 N·m，扭矩不足或超拧者不超过 5%，丝扣无滑丝。

2. 钩螺栓钩头位置正确，有 2/3 钩头面积与钢梁钩紧，如遇到铆钉等允许钩头偏斜，不得钩在铆钉或螺栓上。螺杆与钢梁翼缘间隙大于 4 mm 的数量不超过 5%。

3. 各种垫圈符合标准，无缺少，歪斜损坏或多层垫圈不超过 5%，位置正确，螺栓顶部高出基本轨不大于 20 mm，且无不满帽现象。

4. 螺杆、螺帽及垫圈除锈彻底，沾油厚度适宜或经镀锌处理。

5. 垫板切入桥枕或护木深度达 3 mm 以上，未处理处所不超过 3%。

6. 自动闭塞区间，钩螺栓铁垫圈与钢轨垫板间要有 15 mm 以上的间隙。

7. 每隔三根桥枕卸下一根桥枕的钩螺栓。

8. 螺栓及铁栓垫圈除锈彻底，沾油厚度适宜有光泽，或经镀锌处理。

(五)安全风险提示

1. 防护体系设置完毕以后方可上道作业。

2. 防护员在工作期间必须做到坚守岗位,集中精力,认真瞭望,不得做与工作无关的事,不得擅自离开岗位。

3. 在无人行道桥上作业不得向桥外方向使劲;桥面作业严禁向下抛掷料具,防止坠物伤及桥下车、船、人。

4. 作业人员按规定使用劳动保护用品;严格执行红线规定。

十、钢梁清扫、更换高强度螺栓

(一)作业目的

保持钢梁清洁,防止锈蚀,更换松动高强度螺栓,确保各部连接牢固。

(二)作业条件

利用天窗点内作业。

(三)作业流程

1. 作业准备

工具材料:平铲、活口扳手或电动扳手、扭矩扳手、软铜钢丝刷、钢板尺、高强度螺栓及配件、底漆、面漆、黄油、扫把、刷子、棉纱等(上道工具必须粘贴黄色反光标识及编号)。

2. 设置作业防护

(1)到达作业地点附近的作业通道后,网外集体拍照上传;严格执行通道门开关作业负责人负责制。

(2)现场防护员与驻站联络员联系核对作业信息,确认是否可以入网或网内行走。

3. 钢梁清扫

用扫把、刷子对梁体表面的污物进行清扫,应按照先上后下,先角落后大面的顺序。

4. 更换高强度螺栓

(1)拆下旧螺栓,清理螺栓孔污物、铁锈,清除钢板表面连接处的积尘,但不得损坏表面涂层,如图 4-8-10 所示。

图 4-8-10　高强度螺栓更换

(2)安装新螺栓,螺栓头及螺母支承面下都要放一个垫圈,并且不得装反。

5. 拧紧高强度螺栓

(1)用扭矩扳手进行初拧,以下压姿势拧紧至螺母不可转动为止,同时更换多个螺栓时,拧紧一遍后还要逐个进行终拧一遍,使扭矩力达到一致。

(2)按扭矩法使用扭矩扳手将初拧后的螺母拧到规定扭矩;按扭角法在初拧后的螺杆和螺母面相对位置画一细直线,用长人工扳手或机动扳手将螺母拧到规定扭矩或角度。

(3)用扭矩法进行抽查验收,抽查数量为更换数量的5%,但不少于一个,不合格螺栓及时处理。

(4)高强度螺栓拧紧检查完后,节点板束的顶缝、侧缝和底缝均要腻缝封闭;螺栓、螺母和垫圈的外露部分要涂以底漆和面漆防锈,并在螺母、螺栓相应位置画一白线以便于检查。

6. 作业回检

(1)清扫后,无残留灰尘、油垢等污物痕迹。

(2)更换的螺栓、螺母及垫圈的材质、规格、强度等级要与原桥所用相同,不准许混用。

(3)安装新螺栓,螺栓头及螺母支承面下都要放一个垫圈,并且不得装反。

7. 作业结束

全面检查一次,清理好工具材料,撤除防护。

(四)质量标准

1. 钢料表面的污泥、油垢清扫干净。

2. 做到分工明确,责任到人;针对现场环境和作业内容,进行提前预控,确保能在天窗点内完成作业项目。

3. 高强度螺栓拧紧后,节点板束四周的缝隙均要用腻子封闭。高强度螺栓、螺母和垫圈的外露部分均要进行涂装防锈。

4. 安装时要保护好漆层,无碰伤。

5. 螺栓头及螺母支承面一侧均要有一个垫圈以扩大支撑面积,不使钢板面因拧动而被擦伤,垫圈内径有45°的斜坡,与螺栓头下的过渡圆弧相配合,不得装反。

6. 用扭矩扳手进行初拧和终拧,欠拧值或超拧值均不要超过高强螺栓施工预拉力值的10%。

(五)安全风险提示

1. 防护体系设置完毕以后方可上道作业。

2. 防护员在工作期间必须做到坚守岗位,集中精力,认真瞭望,不得做与工作无关的事,不得擅自离开岗位。

3. 桥面作业严禁向下抛掷料具、杂物,防止坠物击打桥下车、船、人。

4. 作业人员按规定使用劳动保护用品,严格执行红线管理规定。

5. 作业前正确使用劳动保护用品,高处作业系好安全带、戴好安全帽,禁止双层垂直作业。

十一、整修排水坡、整修支座不平整

(一)作业目的

对桥梁支座进行清理积水、整平作业,确保支座状态良好,如图4-8-11所示。

图 4-8-11 支座积水

(二)作业条件

利用天窗点内作业。

(三)作业流程

1. 作业准备

工机具材料:发电机、电锤、千斤顶、活口扳手、刮刀、手锤、凿子、毛刷、水桶、铁钎、钢丝刷、水泥、砂子、水、草袋、枕木头、塑料薄膜或牛皮纸等(上道工具必须粘贴黄色反光标识及编号)。

2. 设置作业防护

(1)到达作业地点附近的作业通道后,网外集体拍照上传;严格执行通道门开关作业负责人负责制。

(2)现场防护员与驻站联络员核对作业信息,确认是否可以进入通道门。

(3)远端防护员在确保安全的情况下,沿路肩行走至指定地点,到达后向现场防护员通报所站位置;设置好防护后,作业人员进入作业地点。

3. 整修排水坡

(1)按设计要求,在墩台顶面放好线。

(2)凿排水槽或流水坡,清除碎砟,冲洗粉尘。

(3)在新凿圬工表面涂刷一层水泥砂浆。

(4)按设计砂浆等级拌制砂浆(砂要干净)。

(5)填补砂浆,压实后抹平抹光,达到要求的坡度,且棱角线分明、排水流畅。

(6)检查质量是否符合技术标准要求。

(7)用湿草袋覆盖养护不少于 7 d,在养护期间要保持草袋湿润。

4. 整修支座不平整

(1)按支座移正量,可预先凿除部分混凝土,但其面积不得大于支座底面的 1/4。

(2)搭设保险枕木垛,基础坚实稳固,有足够承载力。

(3)千斤顶安放平稳,上下加木垫或胶垫板,并试顶。

(4)必要时可卸开梁端主、护轨接头和部分扣件。

(5)用千斤顶起梁,操作稳妥,起落匀速同步,随起随垫。

(6)凿除旧锚栓,按设计凿新栓锚孔,清除碎砟和失效混凝土,用水冲洗凿新的混凝土面,用棉纱擦干。

(7)移动支座达正确位置与标高,安装新锚栓,并用水泥砂浆涂刷新面一次,接着填灌干硬砂浆并捣实。

(8)支座底板下有不平、不实或悬空的,可捣垫干硬性砂浆,或用铅板、石棉板垫平支座。

(9)干硬砂浆拌和按水∶水泥∶砂=0.25∶1∶1～2考虑。

5. 作业结束

全面检查一次,清理好工具材料,撤除防护。

(四)质量标准

1. 支座上、下摆各部位间密贴紧靠,涂装完好。

2. 形状、坡度符合设计要求,排水流畅。

3. 抹面平顺,棱角分明,无空响,无裂纹。

4. 砂浆等级不低于M10。

5. 支座位置正确,偏差小于3 mm。

6. 锚栓正直、牢固,直径与埋深符合标准。

(五)安全风险提示

1. 防护体系设置完毕以后方可上道作业。

2. 防护员在工作期间必须做到坚守岗位,集中精力,认真瞭望,不得做与工作无关的事,不得擅自离开岗位。

3. 作业人员按规定穿戴好劳动保护用品;在2 m及以上的墩台又无吊篮及围栏时,应搭设简易工作平台,作业人员要系好安全带,戴上安全帽。

4. 在同一墩台面上,两人同时凿除圬工时,不得对面作业。

十二、补充人行道、吊篮等步行板及评定

(一)作业目的

补充更换缺少、破损失效的人行道和吊篮步行板,确保人身安全。

(二)作业条件

利用天窗点内、外作业。

(三)作业流程

1. 作业准备

工具:小撬棍、抹子、炉子、容器、混凝土步行板、煤油沥青、砂等(上道工具必须粘贴黄色反光标识及编号)。

2. 设置作业防护

(1)到达作业地点附近的作业通道后,网外集体拍照上传;严格执行通道门开关作业负

责人负责制。

(2)现场防护员与驻站联络员核对作业信息，确认是否可以进入通道门。

(3)远端防护员在确保安全的情况下，沿路肩行走至指定地点，到达后向现场防护员通报所站位置；设置好防护后，作业人员进入作业地点。

3. 拆除失效步行板

对检查标记失效、破损的步行板进行拆除，如图 4-8-12 所示。

图 4-8-12 失效、破损的步行板

4. 清理托架

将步行道、吊篮托架角钢清理干净，做好防锈处理，按标准涂油漆。

5. 铺设新板、缝隙填实

铺设步行道板，要求铺设稳固、平顺、整齐，板间用沥青砂浆填实抹平，如图 4-8-13 所示。

图 4-8-13 整修步行板

6. 检查评定

作业结束，作业负责人认真进行回检，清理现场，清点工具材料，同时对作业质量进行评定。

(四)质量标准

1. 步行板边与人行道托架间缝隙须填塞饱满，防止移动、脱落。

2. 步行板四角整平、连接牢固，钢筋混凝土板平整，无裂纹及伤损。

3. 步行板铺设平直，边缘成一直线，钢质步行板无锈蚀。

4. 单面钢筋的步行板布置受力钢筋面向下铺设。

5. 步行板失修、连接不牢、危及人身安全的直接评定为“不合格”。

(五)安全风险提示

1. 防护体系设置完毕以后方可上道作业。

2. 防护员在工作期间必须做到坚守岗位，集中精力，认真瞭望，不得做与工作无关的事，不得擅自离开岗位。

3. 作业人员按规定穿戴好劳动保护用品；在 2 m 及以上的墩台作业时，作业人员要系好安全带，戴上安全帽。

4. 更换步行板时要统一指挥，动作一致。

十三、整修安全检查设备及评定

(一)作业目的

确保桥梁高处检查、作业中，人身安全受控。

(二)作业条件

利用天窗点内、外作业。

(三)作业流程

1. 作业准备

工机具材料：发电机、电焊机、煤油、棉纱、油漆、除锈刀、扁铲、手锤等(上道工机具必须粘贴黄色反光标识及编号)。

2. 设置作业防护

(1)到达作业地点附近的作业通道后，网外集体拍照上传；严格执行通道门开关作业负责人负责制。

(2)现场防护员与驻站联络员核对作业信息，确认是否可以进入通道门。

(3)远端防护员在确保安全的情况下，沿路肩行走至指定地点，到达后向现场防护员通报所站位置；设置好防护后，作业人员进入作业地点。

3. 检查设备修理

(1)吊篮上作业，作业人员将自己作业使用的工具材料放置稳妥，戴好劳动保护用品，按规定进行作业，作业中防止工具材料掉落。

(2)对检查梯等整体状态及各部位焊点进行全面检查，对开焊部位及时加焊处理，确保结构良好。

(3)对吊篮、检查梯锈蚀部分应进行手工除锈，除锈完成后按规定进行涂装，如图 4-8-14 和图 4-8-15 所示。

(4)对吊篮检查车活动部位刷涂煤油后再试推，确保吊篮活动顺畅；若活动不顺畅的吊篮检查车刷涂煤油后还是未能达到理想效果，还应对其活动部分进行加热处理，直到活动顺畅。

4. 检查评定

作业结束，作业负责人认真进行回检，清理现场，清点工具材料，同时对作业质量进行评定。

图 4-8-14 检查梯锈蚀

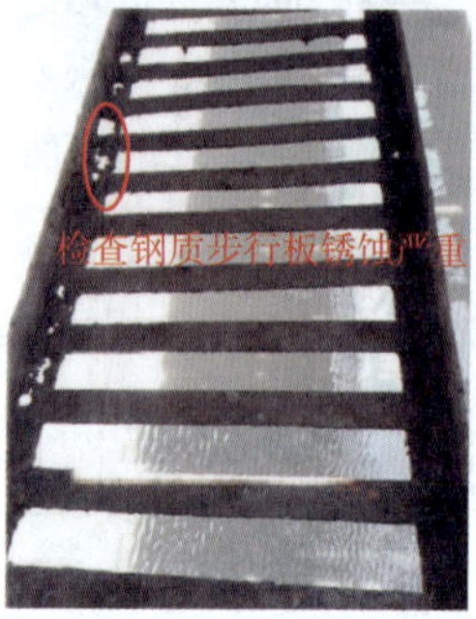

图 4-8-15 检查设施锈蚀

(四)质量标准

1. 墩台吊、围篮、检查梯使用红丹防锈底漆时,钢表面清洁应达到 St3 级或 P St3 级,涂装符合要求。

2. 吊篮表面无变形、锈蚀,各部位焊点牢固,材质符合国家标准。

3. 各部转角连接牢固,焊缝饱满,无气孔及漏焊处所,吊篮内满足一人作业空间。

4. 安全检查设备严重失修、连接不牢危及人身安全的直接评定为“不合格”。

(五)安全风险提示

1. 防护体系设置完毕以后方可上道作业。

2. 防护员在工作期间必须做到坚守岗位,集中精力,认真瞭望,不得做与工作无关的事,不得擅自离开岗位。

3. 作业人员按规定穿戴好劳动保护用品;在 2 m 及以上的墩台作业时,作业人员要系好安全带,戴上安全帽。

4. 上下墩台要做到手抓牢、脚踩稳。

十四、修理、评定砌体圬工及墩台勾缝

(一)作业目的

对砌体圬工破损不良墩台进行勾缝,使其状态良好,确保其强度达到要求。

(二)作业条件

非上道作业。

(三)作业流程

1. 作业准备

工具材料:手锤、钢筋、铁丝、撬棍、木板、水桶、抹子、钢钎、水泥、砂等(上道工具必须粘贴黄色反光标识及编号)。

2. 作业(操作)方法、步骤

(1)凿毛。将破损、松散处凿除,对砌体圬工进行凿毛。将缝内杂物清理干净,破损的缝边用钢钎凿出见新茬。

(2)立模灌注。对破损较大的砌体立面或砌体的反面应用木板立模灌注混凝土。

(3)对砌体缝隙破损、脱落较小的,应将缝内杂物清理干净,破损的缝边用钢钎凿出见新茬,水泥砂浆勾缝后使用抹子压实抹平,如图 4-8-16 所示。

图 4-8-16 砌体破损、脱落

(4)养护。对浇筑、勾缝的圬工砌体进行保湿、养护,强度达到要求后进行拆模。

(5)检查评定。作业结束后和拆模后应对圬工砌体修补处进行检查评定。

(四)质量标准

1. 对松散圬工或失效灰缝凿除彻底(浆砌片石灰缝凿除深度不少于 3 cm),灰缝周边(灰石交接面)刷洗干净。

2. 砂浆拌和均匀、颜色一致、稠度适当、随拌随用。

3. 圬工破损处无漏修,灰缝脱落、断裂处无漏勾。砂浆压实,无肥边、无砂浆堆积。新旧圬工结合良好,接茬平顺、光滑。

4. 养护良好,使用普通水泥时,在较潮湿的环境中(相对湿度大于 60%)养护不少于 7 d,较干燥的环境中(相对湿度小于 60%)养护不少于 14 d。每天浇水次数及浇水量要以保持圬工始终处于湿润状态为原则。

5. 保养评定,修补脱落延长 0.5 m 以上,每处扣 5 分。

(五)安全风险提示

1. 作业人员按规定穿戴劳动保护用品。

2. 搭设脚手架必须满足安全要求,搭设要安全牢固。

3. 高处作业戴好安全带(绳)、安全帽。

十五、圬工修补管节勾缝及评定

(一)作业目的

对涵渠管节缝破损,漏土、漏水进行整治,使设备受控。

(二)作业条件

非上道作业。

(三)作业流程

1. 作业准备

工具材料:手锤、钢钎、钢丝刷、扁油刷、斧子、手锯、拖灰板、小灰锹、灰桶、水桶、抹子、沥青胶、线麻、木板、水泥、砂子、水等(上道工具必须粘贴黄色反光标识及编号)。

2. 清缝

将缝内杂物清理干净,破损的缝边用钢钎凿出见新茬,如图 4-8-17 所示。

图 4-8-17 涵洞错位、漏土

3. 补缝

热好沥青胶,用线麻浸泡后,及时塞入处理好的缝隙中,将缝塞满填实(如无线麻,用木板刷好沥青胶塞入缝隙中代替)。

4. 水泥砂浆抹面

拌制 M10 砂浆,将伸缩缝压实抹平,处理好接茬面。

5. 养护

砂浆养护,保持湿润,养护时间不少于 7 d。

6. 检查评定

作业结束作业负责人组织作业人员进行回检,责任到人并签认,同时对作业质量进行评定。

(四)质量标准

1. 缝内浸过沥青的麻布或涂过沥青胶的木板坚实稳固。
2. 拌制 M10 砂浆,将管节缝抹平压实,管节勾缝圆顺,无凹凸不平,处理好接茬面。
3. 涵洞接缝良好。接缝脱落每处扣 5 分,接缝漏土每处扣 10 分(失格)。

(五)安全风险提示

1. 作业人员按规定使用劳动保护用品。
2. 持锤人员不得戴手套,禁止对面打锤。
3. 熬热沥青时要注意防火,防止烫伤。

十六、隧道清除结冰;疏通排水沟、补充沟盖板等

(一)作业目的

冬季清除结冰,定期对隧道内排水沟进行清理疏通,及时补充水沟盖板,为确保机车车辆安全平稳运行和作业人员的人身安全提供保证。

(二)作业条件

利用天窗点内作业。

(三)作业流程

1. 作业准备

工具材料:破冰枪、冰镐、扫帚、竹竿、竹篓、梯子、照明灯、安全帽、安全带、铁锹、绝缘手套、混凝土板等(上道工具必须粘贴黄色反光标识及编号)。

2. 设置作业防护

(1)到达作业地点附近的作业通道后,网外集体拍照上传;严格执行通道门开关作业负责人负责制。

(2)现场防护员与驻站联络员联系核对作业信息,确认是否可以入网或网内行走。

(3)按规定办理停电手续,并通知接触网工区派人配合作业。

3. 隧道除冰

(1)作业范围:隧道内拱顶、边墙滴渗水结冰,侵入限界。

(2)人工破冰:用破冰枪、破冰钩、破冰镐将拱顶及边墙冰锥破掉,如图 4-8-18 所示。

(3)刨下的冰块要运出洞外,保持线路清洁。

4. 疏通排水沟、补充沟盖板

对隧道内的排水沟定期进行清理,保证隧道内水沟通畅;对水沟盖板缺少、破损的要及时进行补充更换。水沟清除出的污物、更换下的混凝土板应及时运出隧道,确保隧道清洁,如图 4-8-19 所示。

图 4-8-18　隧道冰锥

图 4-8-19　排水沟清理

5. 作业结束

作业负责人认真组织回检,清点人员、工具和材料数量,责任到人并签认,并组织人员撤出隧道、线路,同时撤除防护。

(四)质量标准

1. 隧道内结冰清理、打除要彻底。

2. 打冰时不允许损坏洞内设备。

3. 将打下的冰块运出隧道外。

4. 排水沟内无淤积,杂物清理干净,暗沟要掀开盖板清理,以保持水流畅通。

5. 水沟盖板损坏、缺少要全部更换、补齐,铺设平整,无大缝隙,用水泥砂浆垫平,安放稳固。

(五)安全风险提示

1. 防护体系设置完毕以后方可上道作业。

2. 防护员在工作期间必须做到坚守岗位，集中精力，认真瞭望，不得做与工作无关的事，不得擅自离开岗位。

3. 线上行走时注意脚下，防止踩空、摔倒。

4. 电气化区段未停电携带工具行走、打冰时，要与供电设备保持 2 m 以上的安全距离。

5. 破冰作业人员按规定穿戴好劳动保护用品，戴好安全帽、系好安全带。

6. 破冰时要有足够的照明设备，破冰时注意洞内设备，不得损坏。

第二节　高速铁路桥隧建筑物保养作业

一、连接铁件补充、除锈，螺栓涂油

(一)作业目的

通过对失效不良连接铁件除锈、螺栓涂油等的修理，确保钢结构连接牢固。

(二)作业条件

利用天窗点内、桥下非上道作业。

(三)作业流程

1. 作业准备

(1)工机具材料：发电机、电焊机、扳手、手锤、螺栓、除锈刀、油漆、棉纱、砂纸、混合油等(上道工机具必须粘贴黄色反光标识及编号)。

(2)照明灯具，必须满足作业的需求，由专人负责，施工前必须检查照明设备的状态，严禁设备带病上道。夜间施工作业前将照明灯具布置完毕。

2. 设置作业防护

(1)上道作业人员参加班前点名、安全预想，掌握当日作业地点、时间、项目，作业区段环境自然状况，作业项目存在的安全风险，作业负责人、驻站联络员、现场防护员姓名、联系方式，行走路径，机具使用等。

(2)严格执行三确认制度。

(3)桥下作业做好桥下道路交通防护。

3. 作业程序

(1)对缺少的连接铁件进行补充。用电焊或螺栓进行连接，并对焊接部位的铁件、螺栓进行除锈打磨，用油漆进行防锈处理，如图 4-8-20 所示。

(2)对螺栓进行涂油。拆下螺栓帽，清理螺栓周围的污物、铁锈，清除钢板表面连接处的积尘和泥污，但不得损坏表面无机富锌漆或其他涂料。对螺栓杆进行涂油，安上螺帽并拧紧，用黄油对丝扣进行封口。

4. 作业结束

作业结束，作业负责人认真组织回检，清点人员、工具和材料数量，责任到人并签认，组织人员撤出线路后，撤除防护。

图 4-8-20 连接铁件缺少、锈蚀

(四)质量标准

1. 连接铁件焊接要牢固,除锈要彻底,涂装要做到无流挂、无漏涂。

2. 螺栓涂油要严格做到隔一松一,涂油饱满,螺栓拧紧后扭矩符合要求,满帽露丝,用混合油封口。

(五)安全风险提示

1. 必须严格执行安全防护工作标准。

2. 人员、工机具、材料做到三确认、三清点。

3. 使用电焊机严格执行持证操作,按规定正确使用劳动保护用品。

4. 在 2 m 及以上高处作业应戴安全帽、系好安全带,上下梯子要做到手抓牢、脚踩稳。

5. 严格执行作业回检制度,确保人员、工机具、材料不要遗留在桥上。

6. 在桥下部作业认真做好防护,确保道路交通安全。

7. 距接触网 2 m 以内必须要断电施工,2～4 m 范围内必须要有专人监护。

二、整修桥面栏杆等

(一)作业目的

更换失效不良的桥面栏杆,确保作业人员在人行道走行安全,避免意外发生。

(二)作业条件

利用天窗点内作业。

(三)作业流程

1. 作业准备

(1)工具材料:铁桶、铁锹、手锤、灰盘、砂浆桶、水泥、砂、水、PVAc 塑料乳液、圬工工具(上道工具必须粘贴黄色反光标识及编号)。

(2)照明灯具必须满足作业的需求,由专人负责,施工前必须检查照明设备的状态,严禁设备带病上道。夜间施工作业前将照明灯具布置完毕。

2. 设置作业防护

(1)上道作业人员参加班前点名、安全预想，掌握当日作业地点、时间、项目，作业区段环境自然状况，作业项目存在的安全风险，作业负责人、驻站联络员、现场防护员姓名、联系方式，行走路径，机具使用等。

(2)严格执行三确认制度。

(3)桥下作业做好桥下道路交通防护。

3. 整修栏杆松动或脱落作业

(1)在栏杆松动或脱落处用镀锌铁线临时固定，保证作业人员安全，如图 4-8-21 所示。

图 4-8-21 破损栏杆

(2)将准备好的栏杆装好，用联结螺栓固定。

(3)拆除连接镀锌铁线，并及时收回。

4. 整修栏杆掉块作业

(1)凿除破损的栏杆表面混凝土。

(2)将混凝土表面灰屑清理干净。

(3)在表面或裂纹处除一层 PVAc 塑料乳液。

(4)待 PVAc 塑料乳液涂层稍干后，用已拌好的 PVAc 塑料砂浆进行修补。

(5)作业结束后及时清理现场，及时通知驻站联络员作业已完毕。

5. 作业结束

作业负责人认真组织回检，清点人员、工具和材料数量，责任到人并签认，组织人员撤出桥下后，撤除防护。

(四)质量标准

1. 栏杆安装顺直、连接牢固，无破损、无掉块；补修圬工，且连接牢固。

2. 表面补修平整，新旧结合密实，无飞边、断裂。

(五)安全风险提示

1. 必须严格执行安全防护工作标准。

2. 人员、工具、材料做到三确认、三清点。

3. 在 2 m 及以上高处作业应戴安全帽、系好安全带，上下梯子要做到手抓牢、脚踩稳。

4. 严格执行作业回检制度，确保人员、工机具、材料不要遗留在桥上。

三、桥面各部位过水孔疏通

(一)作业目的

对桥面各排水孔进行检查清理,确保排水畅通桥面无积水。

(二)作业条件

利用天窗点内作业。

(三)作业流程

1. 作业准备

(1)根据检查情况,掌握排水管堵塞位置数量,确定疏通方法。

(2)工机具材料:发电机、疏通机、空心钻、电锤、手锤、钢钎、扫把等(上道工机具必须粘贴黄色反光标识及编号)。

(3)照明灯具必须满足作业的需求,由专人负责,施工前必须检查照明设备的状态,严禁设备带病上道。夜间施工作业前将照明灯具布置完毕。

2. 设置作业防护

(1)上道作业人员参加班前点名、安全预想,掌握当日作业地点、时间、项目,作业区段环境自然状况,作业项目存在的安全风险,作业负责人、驻站联络员、现场防护员姓名、联系方式,行走路径,机具使用等。

(2)严格执行三确认制度。

3. 疏通作业

(1)打开排水管防尘盖子,打开最近的一个排污点(必要时弯管接头处拆开),用钢钎清除管内积物,如图 4-8-22 所示。

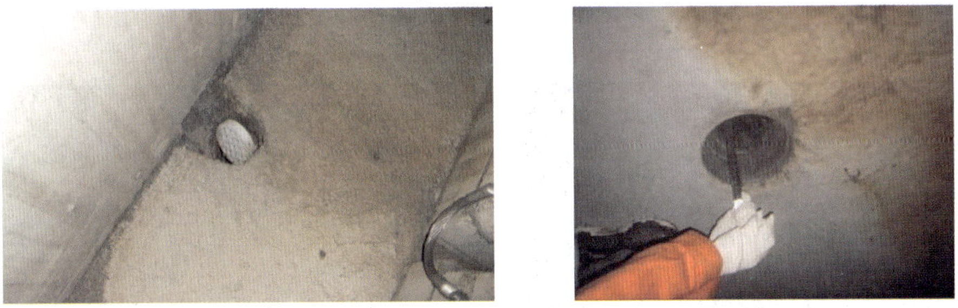

图 4-8-22 疏通作业

(2)由入水端向另一端作业,先上后下,依次堵上前一个排污点,打开下一个排污点。

(3)使用的钢钎等疏通工具应绝缘良好且顺铁路平放,避免触及电力线路而发生危险。

(4)疏通后,各排污点、接头应及时恢复完整。

4. 作业结束

作业负责人认真组织回检,清点人员、工具和材料数量,责任到人并签认,组织人员撤出线路后,撤除防护。

(四)质量标准

1. 疏通应彻底,排水通畅。

2. 不得使排水管道破损。

3. 排污点、接头完好不漏水。

(五)安全风险提示

1. 必须严格执行安全防护工作标准。

2. 人员、工机具、材料做到三确认、三清点。

3. 在 2 m 及以上高处作业应戴安全帽、系好安全带。

4. 严格执行作业回检制度,确保人员、工机具、材料不要遗留在桥上。

四、涵洞清淤、倒虹吸盖板或拦污栅修复补充

(一)作业目的

对涵洞淤积清理及倒虹吸盖板、拦污栅修复,确保排水畅通。

(二)作业条件

栅栏网内利用天窗点内作业,栅栏以外利用非上道作业。

(三)作业流程

1. 作业准备

工具材料:铁锹、土镐、抬筐、抬杠、砍刀、斧、绳索、运土车、跳板、盖板、栅栏、铁丝、撬棍、水泥、砂等(上道工具必须粘贴黄色反光标识及编号)。

2. 清淤作业

(1)砍除涵洞周围的杂草及灌木群。

(2)清挖涵洞上下游及洞内淤积土石方,如图 4-8-23 所示。

图 4-8-23 清挖淤积

(3)挖除的淤积物运出作业地点。

3. 修复盖板

对倒虹吸盖板修补,用水泥砂浆对破损部位进行修复,若破损严重或失效的应更换新板。

4. 修复挡污栅栏

确定挡污栅栏状态,如若锈蚀严重失效应调查清楚并修补或更换,修补更换后应连接牢固。

5. 作业结束

作业负责人组织清点人员、工机具和材料数量,责任到人并签认。

(四)质量标准

1. 涵洞上下游 30 m 范围内无高秆杂草和灌木丛。
2. 清挖淤积后,涵洞内无积土,排水畅通。
3. 清挖的土方要运到两侧路基坡脚的适当地点,避免重新冲入涵内。
4. 更换后的盖板应连接牢固,无翘头、表面平顺。
5. 挡污栅栏大小应能起到挡污作用。

(五)安全风险提示

1. 必须严格执行安全防护工作标准。
2. 人员、工具、材料做到三确认、三清点。
3. 严格执行作业回检制度,确保人员、工具、材料不要遗留。
4. 作业过程中应穿戴好劳动保护用品。
5. 应注意工具伤人。
6. 清淤过程中应注意站位防止落水。
7. 搬运作业应统一指挥,动作一致。

第九章　桥隧建筑物维修作业

本章重点熟悉桥隧建筑物维修作业，桥隧维修采用状态修与周期修相结合的方式，钢梁桥（含混合桥钢梁）钢杆件和木桥枕明桥面实行周期修，其他实行状态修。

第一节　普速铁路桥隧建筑物维修作业

一、水标尺增设

（一）作业目的

对桥涵设备缺少的水标尺进行增设，做到标志齐全良好。

（二）作业条件

利用天窗点外或非上道作业。

（三）作业流程

1. 作业准备

工具材料：水准仪、三脚架、塔尺、尺垫、纸、中性笔、剁斧、竹扫帚、扁油刷、铅笔、小油桶、油画笔、50～100 cm 水位标尺尺寸标模、尺寸字码模（大、小两种）、各水位字样模各一套、铅球、直尺、梯子、手锤、钢钎、抹子、灰盘、白漆、红漆、黑漆、松香水、水泥、中砂、水等（上道工具必须粘贴黄色反光标识及编号）。

2. 设置作业防护

（1）到达作业地点附近的作业通道后，网外集体拍照上传；严格执行通道门开关作业负责人负责制。

（2）现场防护员与驻站联络员联系核对作业信息，确认是否可以入网或网内行走。

（3）在 2 m 及以上高处作业应戴安全帽、系好安全带，上下梯子要做到手抓牢、脚踩稳。

3. 作业（操作）方法、步骤

（1）利用水准仪进行高程测量，以给定基准点模拟黄海平均海水面作为绝对高程的起算面，计算作业点高程。

（2）以给定平面假设为大桥桥墩，用垂线吊线，据此画出水标尺一侧垂直边线。

（3）清除水标尺范围内圬工表面污垢、尘土、风化表面层，若为石砌圬工应大致凿平或抹水泥砂浆浆层。

（4）按规定尺寸画出水位标尺宽度尺寸，如图 4-9-1 所示。

（5）涂刷底层白色调和漆两度。

（6）测量并标定出水位标尺起点高程值（用统一的黄海高程）或高度值。

（7）用预制的标准印模画样、描绘尺寸、描绘标志、填写高程等字码。

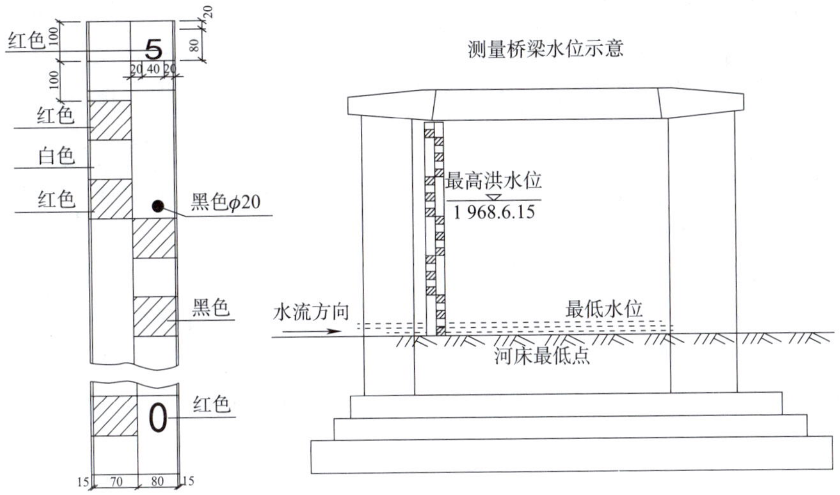

图 4-9-1 水标尺各部说明

注：①本图尺寸均以毫米计；

②水位标以分米为单位，划分尺度刷在墩(台)易被人看到的正面上；

③对于表面不平的墩台，标尺宜用水泥砂浆抹成错台，以利涂刷；

④水位标应设置于离桥台近处的桥墩侧面近上游处，无桥墩则设置于桥台前面，桥墩有高低时设置于最低的桥墩侧面，必要时标尺长度可以增加；

⑤画在墩(台)上书写标码时注意桥墩台面的斜度；

⑥标尺涂白铅油，标码数字及圆点分别用红、黑铅油每隔半米涂写，尺边用黑铅油 15 mm 宽边字体粗细以 12 mm 为准；

⑦"最高洪水位"(包括年月日)的字体横线及三角点均用红铅油涂写，字高 40～90 mm 为宜；

⑧水位标标高以河床最低点为零点。

(四)质量标准

1. 水标尺设置应垂直无歪斜。

2. 各部尺寸数据准确，符合水标尺的技术标准。

3. 标志涂刷要字迹整齐，颜色鲜明。

(五)安全注意事项

1. 严格执行工务五项禁令、双命令制度，按规定设置防护，上道前严格执行"眼看、手比、口呼"制度。

2. 现场防护员与驻站(所)联络员保持 3～5 min 至少联系一次，并按规定摄录进出通道门里程及下道避车情况。

3. 按规定穿戴好劳动保护用品，在 2 m 及以上高处作业应戴安全帽、系好安全带，上下梯子要做到手抓牢、脚踩稳。

二、桥梁各种螺栓、联结铁件涂油、修理、补充和更换

(一)作业目的

对桥梁各种螺栓、联结铁件涂油、修理、补充和更换，保持各种螺栓及联结铁件齐全良好有效。

(二)作业条件

利用天窗点内、外,非雨雪天气作业。

(三)作业流程

1. 作业准备

工具材料:扁铲、活口扳手、扭矩扳手、铲刀、钢丝刷、敲锈锤、棉纱、小油桶、机油、混合油等(上道工具必须粘贴黄色反光标识及编号)。

2. 设置作业防护

(1)到达作业地点附近的作业通道后,网外集体拍照上传;严格执行通道门开关作业负责人负责制。

(2)现场防护员与驻站联络员联系核对作业信息,确认是否可以入网或网内行走。

3. 作业(操作)方法、步骤

(1)松卸螺帽:卸下螺帽后用钢丝刷清除螺帽、栓杆、丝扣及垫圈上的油垢。

(2)除锈:用钢丝刷、铲刀、敲锈锤、棉纱头将螺帽、丝扣、铁垫圈上的铁锈、污垢清除干净。

(3)涂油:在丝扣、螺帽、铁垫圈上抹机油或防锈油脂。

(4)安装检查:拧紧前整正垫圈位置,按规定拧紧螺帽,用扭矩扳手检查是否符合要求,如图 4-9-2 所示。

图 4-9-2 明桥面钩螺栓、护木螺栓

(四)质量标准

1. 螺帽、丝扣、铁垫圈上应无锈、无污垢。

2. 螺纹部分应涂油,无漏涂或浪费油脂(采用渗锌防锈处理可不涂油)。

3. 钩螺栓钩头位置正确,螺杆与钢梁翼缘间隙不大于 4 mm,如有超过,数量不超过 5%。

4. 钩螺栓、护木螺栓无松动,一般螺栓扭矩达到 30~50 N·m,超限者不超过 5%,螺杆顶部不高出基本轨 20 mm,且无不满帽现象。

5. 各种垫圈安装正确,规格形式符合标准,无缺少,歪斜、损坏或多层垫圈(人行道支架除外)数量不超过 5%,扭矩符合要求。

6. 自动闭塞区段,螺栓铁垫圈与钢轨铁垫板间隙大于 15 mm。

(五)安全注意事项

1. 严格执行工务五项禁令、双命令制度,按规定设置防护,上道前严格执行“眼看、手比、口呼”制度。

2. 现场防护员与驻站(所)联络员保持 3～5 min 至少联系一次,并按规定摄录进出通道门里程及下道避车情况。

3. 按规定穿戴好劳动保护用品,在 2 m 及以上高处作业应戴安全帽、系好安全带,上下梯子要做到手抓牢、脚踩稳。

4. 严格执行作业标准,按规定的数目限量松卸螺栓,在人行道梁上拧卸时不得向桥外用力。

5. 凡有扭矩要求的螺栓拧紧时,均需用检定过的扭矩扳手拧紧螺栓,防止超拧或欠拧。

三、圬工梁拱、墩台裂缝整治

(一)作业目的

对圬工梁拱、墩台裂缝进行修复,阻止环境中的水、有害气体渗入缝隙造成钢筋锈蚀,增加其稳定性、耐久性,确保设备质量受控。

(二)作业条件

利用天窗点内、外或非上道作业,且非雨雪天气,气温不低于 3 ℃。

(三)作业流程

1. 作业准备

工具材料:手锤、钢钎、水桶、除锈刀、油漆、拌和盆、称量工具一套、划线笔、抹子、钢丝刷、脚手架、水、聚合物砂浆等(上道工具必须粘贴黄色反光标识及编号)。

2. 设置作业防护

(1)严格执行工务五项禁令、双命令制度,按规定设置防护,上道前严格执行“眼看、手比、口呼”制度。

(2)现场防护员与驻站(所)联络员保持 3～5 min 至少联系一次,并按规定摄录进出通道门里程及下道避车情况。

(3)按规定穿戴好劳动保护用品,在 2 m 及以上高处作业应戴安全帽、系好安全带,上下梯子要做到手抓牢、脚踩稳。

3. 作业程序及要求

(1)根据圬工梁拱、墩台高度搭设施工作业平台。

(2)用钢丝刷打磨梁体表面,要求光滑平整,并消除污垢及劣化层,如图 4-9-3 所示。

(3)沿圬工梁拱、墩台裂缝 0.2 mm 以上缝隙划凿缝轮廓线(沿裂缝两侧各 10 mm)。

(4)用手锤、钢钎沿划线内侧凿沟槽深度不小于 8 mm、外口宽 20 mm、内口宽 6 mm 的槽口。

(5)用毛刷、钢丝刷将凿开部位松散混凝土清除干净,并清扫灰尘。

(6)用清水对槽口进行清洗,有露筋处,先对钢筋进行防锈处理。

(7)用聚合物砂浆回填(聚合物砂浆与水的配合比按说明书进行拌和,做到拌和均匀),材料填入槽口内并压实、收光,做到表面平整、无凹陷,如图 4-9-4 所示。

图 4-9-3　圬工梁拱破损

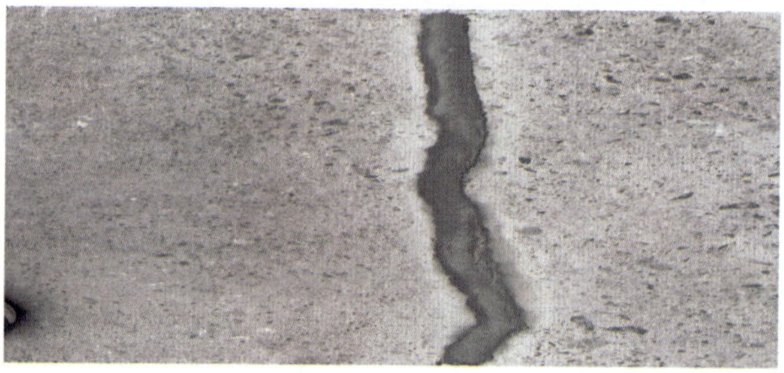

图 4-9-4　圬工裂缝修补

4. 回检

作业负责人组织进行回检，清点人员、工具和材料数量，责任到人并签认。

(四)质量标准

1. 槽口凿除偏差范围在允许范围内，槽口无不平顺。
2. 既有混凝土表面用钢丝刷清扫干净，无松散混凝土块。
3. 有露筋处除去外露钢筋铁锈。
4. 修补表面无凹凸不平，与既有混凝土表面衔接平顺。
5. 对修补裂缝聚合物用水进行养护不少于 7 d。

(五)安全风险提示

1. 严格执行工务五项禁令、双命令制度，按规定设置防护，上道前严格执行“眼看、手比、口呼”制度。

2. 现场防护员与驻站(所)联络员保持 3～5 min 至少联系一次，并按规定摄录进出通道门里程及下道避车情况。

3. 按规定穿戴好劳动保护用品，在 2 m 及以上高处作业应戴安全帽、系好安全带，上下梯子要做到手抓牢、脚踩稳。

4. 凿除圬工时周围禁止站人。

四、圬工梁拱小量压浆(化学药剂压浆)

(一)作业目的

通过对圬工梁拱内部空洞、裂纹进行压浆增加圬工梁拱整体性和耐久性。

(二)作业条件

利用天窗点内、外或非上道,非雨雪天气,气温不低于 3 ℃时作业。

(三)作业流程

1. 作业准备

工具材料:手锤、水桶、除锈刀、油漆、手压注浆泵、拌和盆、注浆桶、注浆嘴、注浆管及连接设施、称量工具一套、小手锤、刮锈刀、钢丝刷、供风设备环氧树脂、邻苯二甲苯二丁酯、乙二胺、石膏粉、丙酮水泥、脚手架等(上道工具必须粘贴黄色反光标识及编号)。

2. 设置作业防护

(1)到达作业地点附近的作业通道后,网外集体拍照上传;严格执行通道门开关作业负责人负责制。

(2)现场防护员与驻站联络员核对作业信息,确认是否可以进入通道门。

3. 作业程序及要求

(1)检查裂纹、布置压浆嘴:一般情况下,不论是竖直缝、水平缝,压浆嘴的间距按裂纹密度确定。裂纹两端应布置压浆嘴,如圬工体的两侧裂纹贯通,其两侧应错开布嘴。

(2)清理:用小锤、刮锈刀、钢丝刷将裂纹两侧 100 mm 范围内的混凝土表面的碎屑、浮砟、污垢等清理干净,打磨整平,然后用棉纱蘸无水乙醇或丙酮擦洗,同时注意不使压浆嘴部位的裂隙被堵塞。

(3)粘贴注浆嘴:用自粘性胶带将注浆嘴按规定位置设置,注浆嘴间距根据裂缝宽度确定(宽度 0.05~0.3 mm,间距为 100~150 mm;宽度 0.3~1 mm,间距为 150~250 mm;宽度 1 mm 以上时,间距 250~400 mm)。每条裂缝至少在两端各粘贴一个注浆嘴。

(4)封缝:裂缝两侧 100 mm 范围内均匀涂刷两道薄薄的底层涂料,待第一道底层涂料不粘手后,再涂刷第二道底层涂料,待第二道底层涂料不粘手后用油灰刀刮抹密封封闭涂料,每层厚度 0.8~1 mm,总厚度 2.5~3 mm。

(5)试压:用手压注浆泵或风动压浆罐将无水乙醇或丙酮压注入裂缝中,检查注浆嘴粘贴和裂缝封闭的质量,是否存在漏浆现象。同时估算注浆量,确定注浆压力。

(6)吹干:采用空气压缩机风力把每个注浆嘴通气 15 min 以上,把裂缝中的水分和溶剂吹干。

(7)压力注浆:同一裂缝各注浆嘴应同时注浆,每个注浆孔注浆时间不少于 40 min,以确保浆液渗入细微的裂缝深处。

(8)铲嘴整平:注浆后第二天(相隔 10 h 以上),将注浆嘴逐个铲除,不平处所用封闭材料刮抹平整。

(9)注浆记录:将工程地点、结构物名称、裂缝编号、长度、注浆材料、气候情况、注浆嘴编号、间距、注浆量、压力及时间记录在表格中。

(四)质量要求

1. 注浆嘴布置合理,粘结牢固,不堵塞。

2. 裂纹封闭要严密,不漏气。

3. 风压控制在 0.4 MPa,压注时间不小于 40 min。

4. 浆液有良好的可注性,缝隙注浆饱满,与圬工粘结牢固。

(五)安全注意事项

1. 脚手架搭设牢固,电气化区段距接触网 2 m 以内作业要断电。

2. 作业人员要戴防护目镜、防毒口罩、胶皮手套、安全帽,在脚手架上作业时系安全带。

3. 工作完成后,必须用肥皂洗手,并尽量用医用酒精消毒。

4. 使用和存放施工用的化学原料应注意防火。

5. 工作人员和料具由桥面上下墩台时应注意列车,防止意外事故。

五、圬工梁拱小量压浆(压力灌注水泥浆)

(一)作业目的

通过对圬工梁拱内部空洞、裂纹进行压浆增加圬工梁拱整体性和耐久性。

(二)作业条件

利用天窗点内、外或非上道,非雨雪天气,气温不低于 3 ℃时作业。

(三)作业流程

1. 作业准备

工机具材料:空气压缩机、油水分离器、压力灌浆机(包括管路、接头、灌浆嘴,压浆数量较大时用电动压浆泵)、小锤、刮锈刀、钢丝刷、砂纸、棉纱、水泥、砂等(上道工机具必须粘贴黄色反光标识及编号)。

2. 设置作业防护

(1)到达作业地点附近的作业通道后,网外集体拍照上传;严格执行通道门开关作业负责人负责制。

(2)现场防护员与驻站联络员核对作业信息,确认是否可以进入通道门。

3. 作业程序及要领

(1)选孔:孔眼可交错布置,距离圬工边缘不小于 0.4 m,各孔间距离一般为 0.9～1.5 m。具体可在蜂窝、裂纹等敲击声响不正常处设置。

(2)钻孔:孔眼直径 38～50 mm,要求能埋入灌浆嘴,在平面上灌浆孔应钻成垂直孔,在立面上钻灌浆孔应向下倾斜 10°左右。(当在圬工单面钻孔时,孔深一般为该圬工宽度的 2/3～3/4,双面钻孔时孔深度为该圬工宽度的 1/3～3/8)。钻孔完毕后应立即埋设注浆管。

(3)冲洗:压浆前要先冲洗孔眼,用 0.2～0.4 MPa 的压力向孔内压水清洗,直到邻孔流出清水为止。冲洗自上而下逐孔进行。冲洗后用 0.2 MPa 的压缩空气吹风 20～30 min,吹出缝隙内的清水,然后用木塞塞紧注浆孔,同时将圬工表面裂缝用封缝材料封闭。

(4)压浆:在平面上由中间的孔眼开始逐孔向四周进行,在立面上由最下层孔眼向上进行。灌浆开始时，水泥浆的水灰比用10：1，压力为0.05～0.1 MPa，以后水灰比逐渐增加到1：1，压力逐渐增加到0.5～0.6 MPa，严重破裂的圬工应先包箍后再压浆。

(5)拆除脚手架

(四)质量要求

1. 施工温度不低于3 ℃。
2. 灌浆嘴位置合理，间距一般为0.9～1.5 m，根据裂纹宽度和空洞多少确定。
3. 配浆后应一次用完。
4. 缝内灌浆饱满，与圬工结合牢固。

(五)安全注意事项

1. 脚手架搭设牢固，电气化区段距接触网2 m以内作业要断电。
2. 作业人员要戴胶皮手套，安全帽，在脚手架上作业时系安全带。
3. 工作完成后，必须用肥皂洗手。
4. 工作人员和料具由桥面上下墩台时应注意列车，防止意外事故。

六、圬工梁拱小量喷浆

(一)作业目的

通过对圬工梁拱破损、麻面、空洞进行喷浆增加圬工梁拱整体性和耐久性。

(二)作业条件

利用天窗点内、外或非上道，非雨雪天气，气温不低于3 ℃时作业。

(三)作业流程

1. 作业准备

工机具材料：空气压缩机、混凝土喷浆机、送粉泵。送水泵、输送管道、小锤、刮锈刀、钢丝刷、砂纸、棉纱、水泥、矿物掺和料、速凝剂、砂、石子、水等(上道工机具必须粘贴黄色反光标识及编号)。

2. 设置作业防护

(1)到达作业地点附近的作业通道后，网外集体拍照上传；严格执行通道门开关作业负责人负责制。

(2)现场防护员与驻站联络员核对作业信息，确认是否可以进入通道门。

3. 作业程序及要求

(1)平台搭设：搭设作业平台，检查确认圬工梁拱需要喷射混凝土的位置。

(2)清理：用小锤、刮锈刀、钢丝刷将圬工梁工拱破损、麻面、空洞混凝土表面的碎屑、浮砟、污垢等清理干净，打磨整平，然后用棉纱、水擦洗，如图4-9-5所示。

(3)调制混凝土：根据所需强度、密度、施工环境等条件，按照比例配合搅拌成均匀的混凝土。

(4)喷射混凝土：喷射前应对喷浆机、水、电管路进行全面检查和试运转，确保各部运转良好，喷射前应先通风后送混凝土，喷射时喷距控制在0.4～1.0 m，尽量减少风压和缩小喷距，以减少混凝土飞溅、回弹。喷射时喷嘴与基面保持垂直，夹角不小于70°，喷射时应自下而上按设计厚度一次性喷够，使喷层形成一个整体，遇凹处应先进行填平，然后进行正常喷射。喷射结束应先关混凝土后关风，对喷射嘴，管道进行清洗，如图 4-9-6 所示。

图 4-9-5 圬工梁拱表面清理

图 4-9-6 圬工梁拱表面喷射混凝土

(四)质量要求

1. 拌和质量要求

拌和混凝土要按规定的配合比进行拌和，一般比例为：水泥∶中砂∶石子＝1∶2∶1～2，速凝剂量一般为水泥重量的 2%～4%，应混合搅拌均匀。

2. 喷射质量要求

(1)喷层强度不低于设计强度的 85%。

(2)喷层厚度符合设计要求，局部不小于设计规定的 10%。

(3)相邻喷层接茬处，应做到斜交接头，搭接宽度为喷层厚度的 2 倍。

(4)喷射后无露筋、无干裂，喷射均匀、无裂缝。

(五)安全注意事项

1. 脚手架搭设牢固，电气化区段距接触网 2 m 以内作业要断电。

2. 作业人员要戴胶皮手套，安全帽，在脚手架上作业时系安全带。

3. 工作人员和料具由桥面上下墩台时应注意列车，防止意外事故。

4. 不得带电、带风修理、更换喷浆设备；喷射嘴前不得有人，防止意外伤人。

七、钢结构维护性涂装(包括钢梁上盖板)

(一)作业目的

防止钢结构锈蚀，保证钢结构状态良好，设备安全受控。

(二)作业条件

利用天窗点内、外作业。

(三)作业流程

1. 作业准备

(1)工机具材料：发电机、电动打磨机、除锈锤、除锈铲、钢丝刷、纱布、油漆桶、毛刷、封孔剂、各种油漆、稀释剂等(上道工机具必须粘贴黄色反光标识及编号)。

(2)施工负责人检查各种工机具材料的良好性。

2. 设置作业防护

(1)到达作业地点附近的作业通道后，网外集体拍照上传；严格执行通道门开关作业负责人负责制。

(2)现场防护员与驻站联络员核对作业信息，确认是否可以进入通道门。

(3)远端防护员在确保安全的情况下，沿路肩行走至指定地点，到达后向现场防护员通报所站位置；设置好防护后，作业人员进入作业地点。

3. 除锈作业

(1)先上后下，先难后易，先角落、后大面。

(2)个别凸凹不平处及附着牢固的铁锈可用除锈锤敲除。

(3)局部除锈的外形，应做成单个或相连的方形、矩形台阶形的整齐几何图形，新旧漆膜接基处应做成顺坡，如图 4-9-7 所示。

图 4-9-7 局部除锈、涂装

(4)除锈完毕应仔细检查有无遗漏，确认符合要求。

4. 清理作业

(1)用电动打磨机、钢丝刷、砂布对钢表面进行打磨均匀彻底。

(2)用毛刷和棉纱将钢料表面的锈末、粉尘擦拭干净。

5. 涂装作业

(1)用毛刷沾合适的油漆，用力平稳、均匀地涂散在钢料表面，横刷、竖刷，自左而右，先难后易，依次刷匀，局部修理处干膜总厚度不应小于原涂装干膜的厚度。

(2)涂装涂料涂层需在上一道涂层实干后，方可涂装下一道漆，底漆、中间漆最长暴露时间不超过 7 d，两道面漆间隔若超过 7 d 时需用细砂纸打磨涂层表面成细微毛面后方能涂下一道漆。

(3)枕木接触面加涂一层。

(4)新旧油漆过渡段应做成 50～80 mm 的坡口。

6. 回检

作业负责人组织回检，清点人员、工机具和材料数量，责任到人。

(四)质量标准

1. 钢表面清理，严禁在雨、雪、凝露和相对湿度大于 80%及风沙天气进行。

2. 环氧类漆不允许在 10 ℃以下施工，水性无机富锌防锈底漆、酚醛漆、醇酸漆、聚氨酯漆、氟碳面漆不允许在5 ℃以下施工。不允许在相对湿度85%以上、雨天、雾天或风沙场合进行涂装施工。

3. 除锈彻底，钢表面清理应达到St3级或P St3级。

4. 钢料面上无0.5 mm及以上的刮刀伤痕。

5. 漆膜均匀，层数、厚度符合规定。

6. 无漏涂、裂纹、斑点、脱皮、鼓泡、流淌、皱纹，表面光泽好。

(五)安全风险提示

1. 防护体系设置完毕以后方可上道作业。

2. 防护员在工作期间必须做到坚守岗位，集中精力，认真瞭望，不得做与工作无关的事，不得擅自离开岗位。

3. 高处作业按规定佩戴安全带，系好安全绳，穿防滑鞋。安全带、安全绳作业前进行检查。

4. 需要天窗点外上线、上道作业必须执行安全防护工作标准，设置现场防护员、远端防护员和驻站联络员。

5. 作业人员严防工料具坠落伤及桥下车、船、人。

八、支座钢部件维护性涂装

(一)作业目的

通过对支座的保护性涂装，使支座状态达到受控。

(二)作业条件

利用天窗点内、外作业。

(三)作业流程

1. 作业准备

(1)工具材料：防锈底漆、面漆、稀释剂、除锈刀、除锈锤、钢丝刷、砂布、棉纱等(上道工具必须粘贴黄色反光标识及编号)。

(2)施工负责人检查各种工具材料的良好性。

2. 设置作业防护

(1)到达作业地点附近的作业通道后，网外集体拍照上传；严格执行通道门开关作业负责人负责制。

(2)现场防护员与驻站联络员核对作业信息，确认是否可以进入通道门。

(3)远端防护员在确保安全的情况下，沿路肩行走至指定地点，到达后向现场防护员通报所站位置；设置好防护后，作业人员进入作业地点。

3. 除锈作业

用除锈刀、除锈锤等除锈工具对支座钢部件的旧漆皮及锈蚀部位进行除锈；局部除锈的外形，应做成单个或相连的方形、矩形、台阶形的整齐几何图形，新旧漆膜连接处应做成顺坡，如图4-9-8所示。

图 4-9-8 支座局部除锈

4. 清理作业

(1)用钢丝刷、砂布清除残留钢部件上的污垢、漆膜、铁锈,氧化漆打磨彻底光亮。

(2)用毛刷和棉纱将钢料表面的锈末、粉尘擦拭干净。

5. 涂装作业

(1)用毛刷沾合适的油漆,用力平稳、均匀地涂散在钢料表面,横刷、竖刷,自左而右,先难后易,依次刷匀,局部修理处干膜总厚度不应小于原涂装干膜的厚度。

(2)涂装涂料涂层需在上一道涂层实干后,方可涂装下一道漆,底漆、中间漆最长暴露时间不超过 7 d,两道面漆间隔若超过 7 d 时需用细砂纸打磨涂层表面成细微毛面后方能涂下一道漆。

6. 回检

作业负责人组织回检,清点人员、工具和材料数量,责任到人。

(四)质量标准

1. 钢表面清理,严禁在雨、雪、凝露和相对湿度大于 80%及风沙天气进行。

2. 环氧类漆不允许在 10 ℃以下施工,水性无机富锌防锈底漆、酚醛漆、醇酸漆、聚氨酯漆、氟碳面漆不允许在 5 ℃以下施工。不允许在相对湿度 85%以上、雨天、雾天或风沙场合进行涂装施工。

3. 除锈彻底,钢表面清理应达到 St3 级或 P St3 级。

4. 涂料涂层表面平整均匀,不允许有剥落、起泡、裂纹、气孔,允许有不影响防护性能的轻微桔皮、流挂、刷痕和少量杂质。厚度符合标准。

(五)安全风险提示

1. 防护体系设置完毕以后方可上道作业。

2. 防护员在工作期间必须做到坚守岗位,集中精力,认真瞭望,不得做与工作无关的事,不得擅自离开岗位。

3. 高处作业按规定佩戴安全带,系好安全绳,穿防滑鞋。安全带、安全绳作业前进行检查。

4. 需要天窗点外上线、上道作业必须执行安全防护工作标准,设置现场防护员、远端防护员和驻站联络员。

5. 作业人员严防工料具坠落伤及桥下车、船、人。

九、梁端横向位移限位装置修理

(一)作业目的

对状态不良的限位装置进行修理作业,确保状态受控。

(二)作业条件

利用天窗点内、外作业。

(三)作业流程

1. 作业准备

工机具材料:发电机、电锤、扳手、手锤、毛刷、平铲、橡胶垫板、水泥、砂、木板、棉纱、砂纸、油漆、铁锹、灰桶、限位装置钢支架等(上道工机具必须粘贴黄色反光标识及编号)。

2. 设置作业防护

(1)到达作业地点附近的作业通道后,网外集体拍照上传;严格执行通道门开关作业负责人负责制。

(2)现场防护员与驻站联络员核对作业信息,确认是否可以进入通道门。

(3)远端防护员在确保安全的情况下,沿路肩行走至指定地点,到达后向现场防护员通报所站位置;设置好防护后,作业人员进入作业地点。

3. 梁端横向位移修理

(1)对限位装置梁体与支架间缺少的木板、胶垫进行补充。

(2)对限位装置梁体与支架间歪斜的木板、胶垫进行整正,如图 4-9-9 所示。

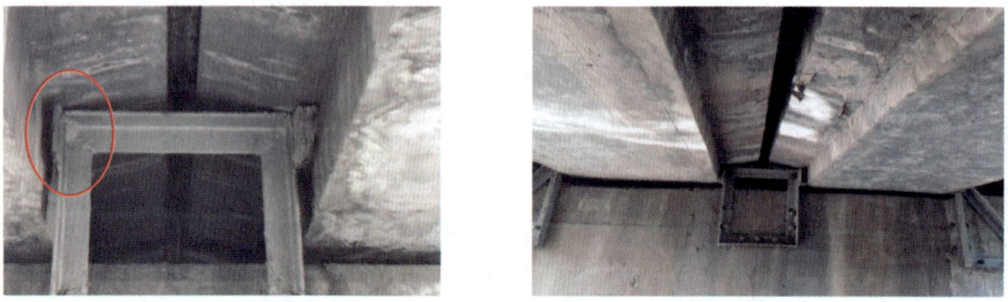

图 4-9-9 限位装置

(3)对限位装置支架钢结构锈蚀部分除锈涂装:

①用除锈工具对限位装置锈蚀部分进行手工除锈。

②除锈完成后涂红丹底漆,7 d 内涂面漆。

(4)对于锈蚀严重的限位装置应进行凿除更换,将新的限位装置钢支架重新用混凝土埋入。

4. 回检

作业结束后进行回检,做到工完料尽场地清。

(四)质量标准

1. 限位装置梁体与支架间的木板、胶垫无缺少、松动、歪斜。

2. 限位装置梁体与支架间木板、胶垫连接牢固,无缝隙。

3. 限位装置支架钢结构除锈彻底,涂装无漏涂、无流挂。

4. 限位装置钢支架重新埋入后无歪斜，限位有效。

(五)安全风险提示

1. 防护体系设置完毕以后方可上道作业。

2. 防护员在工作期间必须做到坚守岗位，集中精力，认真瞭望，不得做与工作无关的事，不得擅自离开岗位。

3. 高处作业按规定佩戴安全带，系好安全绳，穿防滑鞋。安全带、安全绳作业前进行检查。

4. 需要天窗点外上线、上道作业必须执行安全防护工作标准，设置现场防护员、远端防护员和驻站联络员。

十、隧道少量漏水整治

(一)作业目的

隧道漏水的综合整治包括衬砌的局部漏水和已腐蚀的混凝土整治，保证设备质量完好、状态受控。

(二)作业条件

利用天窗点内作业。

(三)作业流程

1. 作业准备

工机具材料：发电机组、照明设备、梯子、脚手架、瓦工工具、防水剂(速凝剂)、聚合物砂浆等(上道工机具必须粘贴黄色反光标识及编号)。

2. 设置作业防护

(1)到达作业地点附近的作业通道后，网外集体拍照上传；严格执行通道门开关作业负责人负责制。

(2)现场防护员与驻站联络员联系核对作业信息，确认是否可以入网或网内行走。

3. 细凿圬工

剔除衬砌漏水处所的旧圬工风化部分，凿出新茬。

4. 堵漏

将拌和好的聚合物砂浆，迅速堵塞事先修凿好的漏洞，内部捣实、表面磨平，如图 4-9-10 所示。

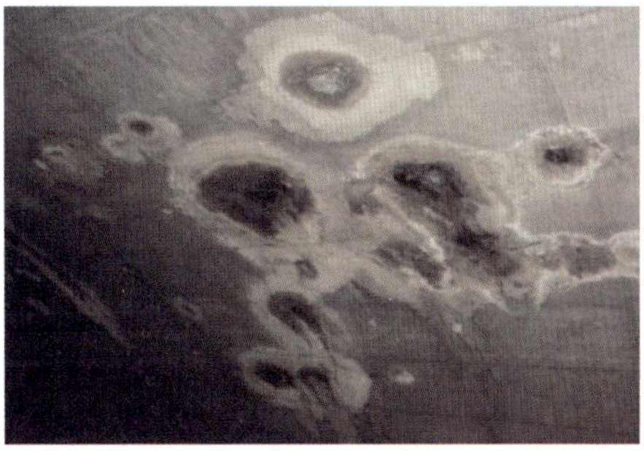

图 4-9-10　隧道堵漏

5. 回检

作业负责人组织回检，清点人员、工机具和材料数量，责任到人。

(四)质量标准

1. 堵漏后，原漏水处不漏水、不渗水。

2. 遵循“防、截、排、堵相结合，因地制宜，综合治理”的原则进行整治。

(五)安全风险提示

1. 防护体系设置完毕以后方可上道作业。

2. 防护员在工作期间必须做到坚守岗位,集中精力,认真瞭望,不得做与工作无关的事,不得擅自离开岗位。

3. 按规定穿戴好劳动保护用品。

4. 脚手架上作业时注意脚下,防止踩空、摔倒。

5. 隧道内施工方案需经集团公司批准后方可进行施工。

十一、隧道衬砌少量圬工修补

(一)作业目的

对隧道衬砌部分缺陷(蜂窝、露筋、脱皮等)进行修补,保证设备状态受控。

(二)作业条件

利用天窗点内作业。

(三)作业流程

1. 作业准备

工具材料:梯子、脚手架、钢钎、手锤、毛刷、棉纱、环氧树脂、乙二胺、水泥等(上道工具必须粘贴黄色反光标识及编号)。

2. 设置作业防护

(1)到达作业地点附近的作业通道后,网外集体拍照上传;严格执行通道门开关作业负责人负责制。

(2)现场防护员与驻站联络员联系核对作业信息,确认是否可以入网或网内行走。

3. 确定位置及工作量

确定衬砌缺陷位置及工作量。

4. 细凿圬工

剔除衬砌破损缺陷、露筋及圬工风化部分,凿出新茬。

5. 配置砂浆

用环氧树脂、乙二胺、丙酮、水泥调配砂浆。

6. 封堵

用调配好的干硬砂浆对缺陷位置进行修补作业。

7. 回检

作业负责人组织回检,清点人员、工机具和材料数量,责任到人。

(四)质量标准

1. 用环氧树脂浆液(或砂浆)修补衬砌,一般宜在春季和秋季进行。若在冬季施工,环氧树脂浆液(或砂浆)可能受冻而固结,应采取防冻措施:修补时将混凝土表面预热,修补后进行保温覆盖,防止固化时温差大而导致开裂。隧道破损如图 4-9-11 所示。

2. 在配制环氧树脂浆液(或砂浆)时,各种材料必须严格计量,严格按照配合比进行配制。

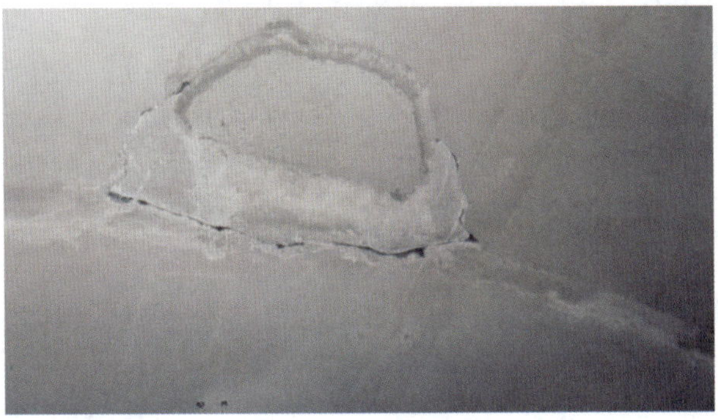

图 4-9-11 隧道破损

3. 在配制及使用现场，必须通风良好，操作人员应穿工作服，戴防护口罩、乳胶手套和眼镜；修补完后，所余的化学材料多属易燃（低毒）物品，应当密封储存，远离火源。

4. 修补后须用超声波或其他方法对裂缝进行检查，检查补强效果和质量是否满足要求，若发现缺陷应及时补救，以确保修补质量。

（五）安全风险提示

1. 防护体系设置完毕以后方可上道作业。

2. 防护员在工作期间必须做到坚守岗位，集中精力，认真瞭望，不得做与工作无关的事，不得擅自离开岗位。

3. 按规定穿戴好劳动保护用品。

4. 脚手架上作业时注意脚下，防止踩空、摔倒。

5. 隧道内施工方案需经集团公司批准后方可进行施工。

十二、桥涵上下游 30 m 范围内河床小量清理

（一）作业目的

清理桥涵上下游 30 m 范围的淤积，确保河道畅通。

（二）作业条件

利用非上道作业。

（三）作业流程

1. 作业准备

工机具：铁锹、土镐、抬筐、抬杠、砍刀、斧、绳索、运土车、挖掘机、跳板等（上道工机具必须粘贴黄色反光标识及编号）。

2. 确定工作量

调查河道淤积影响情况，确定需要清淤位置。

3. 清淤

（1）砍除桥涵上下游的杂草及灌木丛。

（2）在河道淤泥外边一侧挖一条纵向排水沟使水归槽。用土方堆在槽边形成土堰，使少量的河水通过水槽排水。在疏掏时分别自上而下或自下向上依次清理。

(3)疏掏河道时,由人工或挖掘机将河道淤泥挖运上岸。

(4)清挖的淤积土石方应运输至规定存放地点。

4. 回检

作业负责人组织回检,清点人员、工机具和材料数量,责任到人。

(四)质量标准

1. 桥涵上下游 30 m 范围内无高秆杂草和灌木丛。

2. 清挖河床纵横断面坡度适当,平面顺直无急弯,排水畅通。河床、涵口清理如图 4-9-12 所示。

图 4-9-12 河床、涵口清理

3. 桥下涵内无积土。

4. 清挖的土石方要运到两侧路基坡脚的适当地点,避免重新冲入桥下涵内。

(五)安全风险提示

1. 作业时要戴手套及护目镜。

2. 作业中防止落水。

3. 严禁无安全防护用品的情况下在水中作业。

4. 防止人员踏空、摔伤。

5. 机械作业时应呼喊应答,防止机械伤人。

第二节 高速铁路桥隧建筑物维修作业

一、各种桥隧涵标志的增设、修理和更换

(一)作业目的

对桥隧涵缺少、模糊不清、印刷错误的标志进行修理、增设、更换作业。

(二)作业条件

利用天窗点内作业或非上道作业(栅栏内天窗点内,栅栏外非上道作业)。

(三)作业流程

1. 作业准备

(1)工具材料:毛刷、字模、油漆、棉纱、除锈铲、钢丝刷、射钉枪、制作好的桥涵标牌等(上道工具必须粘贴黄色反光标识及编号)。

(2)照明灯具必须满足作业的需求，由专人负责，施工前必须检查照明设备的状态，严禁设备带病上道。夜间施工作业前将照明灯具布置完毕。

2. 设置作业防护

(1)上道作业人员参加班前点名、安全预想，掌握当日作业地点、时间、项目，作业区段环境自然状况，作业项目存在的安全风险，作业负责人、驻站联络员、现场防护员姓名、联系方式，行走路径，机具使用等。

(2)严格执行三确认制度。

(3)桥下作业做好桥下道路交通防护。

3. 基本作业

(1)对模糊不清及需要增设的标志应清理涂刷标识位置表面，刮除表面凹凸不平处和附着物，然后用细砂纸打磨平整。常见桥隧涵标志如图 4-9-13 所示。

(a)墩台标牌　(b)墩台标　(c)隧道名称　(d)涵号标

图 4-9-13　桥隧涵标志

(2)涂料使用前应搅拌均匀，如涂料过稠，按比例加入稀释剂(禁止使用柴油、煤油、汽油作稀释剂)。

(3)多层涂底面漆时，必须待下层干燥后，才能涂上面漆一层。

(4)增添的标志应根据技术资料规定设置，逐个喷涂，作业面由一端向另一端作业，先上后下，先难后易。

(5)少沾多刷，先内后外圈。做到圆顺，漆膜均匀光滑，厚度符合要求。

(6)对已做好的桥涵标牌用射钉枪进行安装或胶结，如图 4-9-13(a)和图 4-9-13(b)所示。

4. 回检

作业负责人认真组织回检，清点人员、工具和材料数量，责任到人并签认，组织人员撤出线路后，撤除防护。

(四)质量标准

1. 新增标志应符合高速铁路作业标准中的规定。
2. 标识喷涂位置表面清理平整、干净无污垢及无失效漆皮。
3. 涂层无漏喷、裂纹、斑点、漆皮、鼓泡现象。
4. 每道底漆膜厚度根据涂料不同为 30～40 μm。
5. 涂料搅拌、过滤、稀释符合要求。
6. 标识正确，字体清晰，不流挂。

(五)安全风险提示

1. 必须严格执行安全防护工作标准。
2. 人员、工具、材料做到三确认、三清点。

3. 在 2 m 及以上高处作业应戴安全帽、系好安全带，上下梯子要做到手抓牢、脚踩稳。

4. 严格执行作业回检制度，确保人员、工具、材料不要遗留在现场。

二、钢结构更换失效螺栓

(一)作业目的

及时更换失效螺栓，确保设备质量安全受控。

(二)作业条件

利用天窗点内作业或非上道作业(栅栏内天窗点内、栅栏外非上道作业)。

(三)作业流程

1. 作业准备

(1)工具材料：各种扳手、高强度螺栓、螺母、垫圈、棉纱、刷子、黄油、绳子、油漆、腻子、梯子(上道工具必须粘贴黄色反光标识及编号)。

(2)照明灯具必须满足作业的需求，由专人负责，施工前必须检查照明设备的状态，严禁设备带病上道。夜间施工作业前将照明灯具布置完毕。

2. 设置作业防护

(1)上道作业人员参加班前点名、安全预想，掌握当日作业地点、时间、项目，作业区段环境自然状况，作业项目存在的安全风险，作业负责人、驻站联络员、现场防护员姓名、联系方式，行走路径，机具使用等。

(2)严格执行三确认制度。

(3)桥下作业做好桥下道路交通防护。

3. 更换螺栓作业

(1)拆下旧螺栓，清理螺栓孔中的污物、铁锈，清除钢板表面连接处的积尘及污垢，但不得损坏表面的无机富锌漆或喷锌层及油漆。

(2)安装时，在螺栓头及螺母支承面下部各放一个垫圈，垫圈孔内边有 45°倒角一侧应与螺栓头下的过渡圆弧相符合，不得装反。

(3)在螺母的螺纹和断面上涂少许黄油，用扭矩扳手进行初拧，以下压姿势拧紧至螺母不能转动为止，同时更换多个螺栓时，拧紧一遍后，还要逐个进行复拧一遍，使预拉力达到相互一致，如图 4-9-14 所示。

图 4-9-14 钢结构联结螺栓

4. 回检

作业负责人组织进行回检，清点人员、工机具和材料数量，责任到人并签认。

（四）质量标准

1. 终拧的方法及预拉力要符合相关规定。超拧、欠拧不超过规定值的±10%。

2. 螺栓无松动、裂纹。在螺帽的螺纹和支承面上严禁涂机油，但可涂少许黄油。

3. 连接处的钢板表面清洁、无油垢。

4. 安装时漆层要保护好，不得碰伤。

（五）安全风险提示

1. 必须严格执行安全防护工作标准。

2. 人员、工具、材料做到三确认、三清点。

3. 在 2 m 及以上高处作业应戴安全帽、系好安全带，上下梯子要做到手抓牢、脚踩稳。

4. 严格执行作业回检制度，确保人员、工具、材料不要遗留在桥上。

5. 在桥下部作业认真做好防护，确保道路交通安全。

6. 距接触网 2 m 以内必须要断电施工，2～4 m 范围内必须要有专人监护。

三、桥面及作业通道栏杆局部更换

（一）作业目的

更换失效不良的栏杆，确保作业人员在人行道行走安全，避免意外发生。

（二）作业条件

利用天窗点内作业。

（三）作业流程

1. 作业准备

（1）工机具材料：发电机、电锤、撬棍、吊机、手锤、毛刷、油漆、水泥砂浆、泥抹子、灰斗、水桶、安全网、化学锚栓、卷尺、渗锌栏杆等（上道工机具必须粘贴黄色反光标识及编号）。

（2）照明灯具必须满足作业的需求，由专人负责，施工前必须检查照明设备的状态，严禁设备带病上道。夜间施工作业前将照明灯具布置完毕。

2. 设置作业防护

（1）上道作业人员参加班前点名、安全预想，掌握当日作业地点、时间、项目，作业区段环境自然状况，作业项目存在的安全风险，作业负责人、驻站联络员、现场防护员姓名、联系方式，行走路径，机具使用等。

（2）严格执行三确认制度。

3. 作业（操作）方法

（1）拆除旧的桥面、作业通道栏杆，并设置安全警示装置和安全网。

（2）用水泥砂浆对桥面、作业通道栏杆的基座进行找平处理。

（3）在基座上，按设计尺寸用电锤打栏杆底板孔眼。

（4）安装渗锌栏杆支架及栏杆，如图 4-9-15 所示。

图 4-9-15　栏杆更换

4. 回检

作业负责人组织进行回检，清点人员、工机具和材料数量，责任到人并签认。

(四)质量标准

1. 栏杆表面平整，各部尺寸和制作质量符合要求。
2. 栏杆安装顺直，连接牢固，无破损。
3. 表面补修平整，新旧结合密实。

(五)安全风险提示

1. 必须严格执行安全防护工作标准。
2. 人员、工机具、材料做到三确认、三清点。
3. 在 2 m 及以上高处作业应戴安全帽、系好安全带，上下梯子要做到手抓牢、脚踩稳。
4. 严格执行作业回检制度，确保人员、工机具、材料不要遗留在桥上。

四、整修墩顶排水坡

(一)作业目的

对墩顶积水部位进行清理，整修排水坡，确保排水畅通。

(二)作业条件

利用天窗点内作业或非上道作业。

(三)作业流程

1. 作业准备

(1)工机具材料：发电机、电锤、切割机、手锤、凿子、棉纱、扁铲、水泥、砂等(上道工机具必须粘贴黄色反光标识及编号)。

(2)照明灯具必须满足作业的需求，由专人负责，施工前必须检查照明设备的状态，严禁设备带病上道。夜间施工作业前将照明灯具布置完毕。

2. 设置作业防护

(1)上道作业人员参加班前点名、安全预想，掌握当日作业地点、时间、项目，作业区段环境自然状况，作业项目存在的安全风险，作业负责人、驻站联络员、现场防护员姓名、联系方式，行走路径，机具使用等。

(2)严格执行三确认制度。

3. 清理

对墩台排水不良进行清理。

4. 整修

(1)用切割机、电锤及手锤、凿子对墩台排水不良处所制作排水坡,坡度不小于3%。

(2)将混凝土墩台表面灰尘清除干净,用清水清洗干净,晾干后涂刷水泥浆。

(3)用1∶3水泥砂浆抹面,确保排水坡与排水管连接紧密,水流经排水管排出,如图4-9-16所示。

(4)10～12 h后洒水或铺盖湿草袋,养护时间不少于7 d。

图4-9-16　墩台排水

5. 回检

作业负责人组织进行回检,清点人员、工机具和材料数量,责任到人并签认。

(四)质量标准

1. 凡可能积水墩台表面均应设不小于3%的纵、横向排水坡。
2. 表面平整无空响、无麻面。

(五)安全风险提示

1. 必须严格执行安全防护工作标准。
2. 人员、工机具、材料做到三确认、三清点。
3. 在2 m及以上高处作业应戴安全帽、系好安全带,上下梯子要做到手抓牢、脚踩稳。
4. 严格执行作业回检制度,确保人员、工机具、材料不要遗留在现场。
5. 在桥下部作业认真做好防护,确保道路交通安全。

五、墩台基础防护整修

(一)作业目的

对墩台防护设备进行整修,以提高抗洪能力,延长使用寿命。

(二)作业条件

利用非上道作业。

(三)作业流程

1. 作业准备

工机具材料:发电机、电锤、撬棍、铁锹、手锤、大锤、抹子、钢筋、铁丝、木板、水泥、砂、石子、水桶等(上道工机具必须粘贴黄色反光标识及编号)。

2. 作业方法

(1)用铁锹对墩台周围进行清泥,对墩台基础防护砌体破损部位进行清理凿毛。

(2)根据实际尺寸立模,灌注混凝土,如图 4-9-17 所示。

(4)灌注混凝土后,应做好保湿养护。

(5)灌注混凝土凝固后应进行拆模,并及时回填土方。

图 4-9-17 立模浇注

3. 回检

作业结束后作业负责人组织回检,清点人员、工机具和材料数量,责任到人并签认。

(四)质量标准

1. 模板安装符合规范要求。

2. 混凝土等级符合要求并振捣密实。

3. 养护方法及时间符合要求。

(五)安全风险提示

1. 作业人员严格按规定使用劳动保护用品。

2. 严格执行作业回检制度,确保人员、机具、材料不要遗留在现场。

六、隧道排水沟清理

(一)作业目的

对隧道排水沟淤积、排水不畅等进行清理作业,使排水沟排水畅通。

(二)作业条件

利用天窗点内作业。

(三)作业流程

1. 作业准备

(1)工机具材料:发电机、疏通机、电锤、撬棍、钢筋钩、铁锹、编织袋、扫帚、钉耙等(上道工机具必须粘贴黄色反光标识及编号)。

(2)照明灯具必须满足作业的需求,由专人负责,施工前必须检查照明设备的状态,严禁设备带病上道。夜间施工作业前将照明灯具布置完毕。

2. 设置作业防护

(1)上道作业人员参加班前点名、安全预想,掌握当日作业地点、时间、项目,作业区段环境自然状况,作业项目存在的安全风险,作业负责人、驻站联络员、现场防护员姓名、联系方式,行走路径,机具使用等。

(2)严格执行三确认制度。

3. 排水沟清理

(1)用撬棍掀开暗沟盖板,用铁锹挖除沟内、井里的污泥和杂物,并运至洞外,如图 4-9-18 所示。

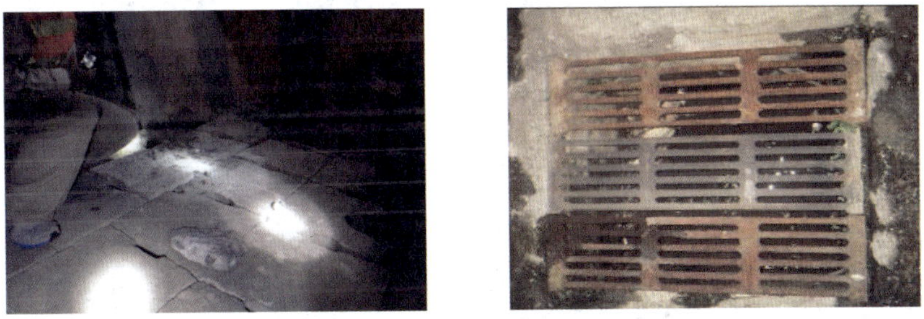

图 4-9-18　排水沟

(2)清理完毕要盖好暗沟盖板,安放平稳。

4. 回检

作业负责人认真组织回检,清点人员、工机具和材料数量,责任到人并签认。

(四)质量标准

1. 保持水沟排水畅通,水沟无坍塌、无断裂、无渗漏、无潜流。

2. 排水沟内无淤积,杂草清理干净,暗沟要掀开盖板清理,以保持水流畅通,把杂物、污泥运到栅栏网外。

(五)安全风险提示

1. 必须严格执行安全防护工作标准。

2. 人员、工机具、材料做到三确认、三清点。

3. 严格执行作业回检制度,确保人员、工机具、材料不要遗留在现场。

七、桥涵限高防护架、桥墩防撞设施整治修补

(一)作业目的

对桥涵限高防护架及桥墩防撞设施结构件脱落、缺焊等结构不良部位进行整治,确保其防护功能。

(二)作业条件

利用非上道作业。

(三)作业流程

1. 作业准备

工机具材料:发电机、电焊机、毛刷、除锈铲、手锤、梯子、脚手架、反光漆(黄、黑)、标志牌等(上道工机具必须粘贴黄色反光标识及编号)。

2. 整修作业

(1)换补失效构件或焊接脱落构件。

(2)重新连接或焊接限高架横梁,如图 4-9-19(a)所示。

(3)对桥墩防撞设施损坏部位进行修补,如图 4-9-19(b)所示。

(a)限高架　　(b)桥墩防撞设施

图 4-9-19　限高架、桥墩防撞设施

(4)更换或修理各种标志。

(5)对锈蚀部位进行除锈并重新涂刷反光漆。

3. 回检

作业负责人认真组织回检,清点人员、工机具和材料数量,责任到人并签认。

(四)质量标准

1. 整修后的防护架各部件连接牢固,限高高度符合要求,防撞设施结构良好,保证其防护功能。

2. 限高标志位于限高架横梁中间,反光膜字迹清晰。

3. 清除防护架锈蚀或污垢,用黄、黑两种油漆按 20 cm 间距刷新。

4. 刷新后油漆无流挂、无漏涂,间距准确。

(五)安全风险提示

1. 作业人员严格按规定使用劳动保护用品，登高作业提醒作业人员注意脚下安全，防止踏空。

2. 使用脚手架必须满足安全的要求，脚手架要搭设牢固，有专人负责，经常检查整修，不得浮起活动。

3. 严禁患有登高禁忌证人员登高作业，作业面下必须设置防护。

第十章　桥隧建筑物大修作业

桥隧大修按照设备状态劣化等级实行状态修，根据工程性质、复杂程度和工程量大小，可分为周期大修（高速铁路）、重点大修和一般大修。

整孔更换桥面、整孔钢梁（或钢塔架）重新涂装或罩涂面漆、中桥以上更换梁跨、扩孔、移梁、墩台大修、基础加固、复杂的钢梁加固、增设或更换隧道衬砌及需要便线施工的工程等为重点大修；其他病害整治的大修为一般大修。

第一节　桥隧建筑物大修作业（普速铁路）

一、更换明桥面护轨

（一）作业目的

对状态不良，不符合技术要求的护轨进行更换，确保护轨状态良好。

（二）作业条件

利用天窗点内作业。

（三）作业流程

1. 设置作业防护

（1）到达作业地点附近的作业通道后，网外集体拍照上传；严格执行通道门开关作业负责人负责制。

（2）现场防护员与驻站联络员联系核对作业信息，确认是否可以入网或网内行走。

2. 尺寸调查

检查护轨轨型，丈量尺寸，备好钢轨等料具，如图 4-10-1 所示。

图 4-10-1　尺寸调查

3. 更换护轨

拆下旧护轨的道钉、接头螺栓及垫板，移至适当位置，并将新护轨就位，接头连牢，整修新换护轨，使各部位置尺寸均符合技术标准和质量要求。

4. 回检

作业负责人组织回检，运回旧料堆码整齐。

(四)质量标准

1. 护轨顶面不高出基本轨顶面 5 mm，也不得低于基本轨顶面 25 mm。

2. 在钢梁明桥面上，其净距为 220 mm，允许误差为±10 mm；当桥上设有伸缩调节器时，其最大净距可为 320～350 mm，允许误差为±10 mm；在混合桥上，当明桥面长度小于或等于 50 m 时，其净距在明桥面与有砟桥面上均为 500 mm；当明桥面长度大于 50 m 时，在明桥面和有砟桥面上各自采用自身的净距和允许误差，并在明桥面上采用不大于 1.5%的斜率完成间距变化的过渡。

3. 护轨接头上齐 4 根螺栓(每端 2 根)，且螺栓头部在线路中心一侧。接头外侧(靠基本轨侧)左右错牙小于 5 mm。

4. 护轨底部悬空大于 5 mm 处所不超过 8%；梭头尖端悬空不得大于 5 mm。

5. 护轨道钉或扣件齐全完好，浮离 2 mm 及以上不超过 5%。

(五)安全风险提示

1. 防护体系设置完毕以后方可上道作业。

2. 防护员在工作期间必须做到坚守岗位，集中精力，认真瞭望，不得做与工作无关的事，不得擅自离开岗位。

3. 按规定穿戴好劳动保护用品。

4. 作业时注意脚下，防止踩空、摔倒。

二、整孔更换明桥面桥枕

(一)作业目的

通过整孔更换桥枕作业，对失效不良的桥枕换铺新桥枕，以此来达到设备质量均衡完好。

(二)作业条件

利用天窗点内作业。

(三)作业流程

1. 作业准备

工具材料：撬棍、大锤、手锤、扳手、电动工具、电线、电钻、铁钉、组钉板、千斤顶、麻绳、卷尺、记号笔等(上道工具必须粘贴黄色反光标识及编号)。

2. 设置作业防护

(1)到达作业地点附近的作业通道后，网外集体拍照上传；严格执行通道门开关作业负责人负责制。

(2)现场防护员与驻站联络员联系核对作业信息，确认是否可以入网或网内行走。

(3)按规定设置防护。

3. 更换桥枕

(1)“大揭盖”的方法:将桥上线路拆开,将旧桥枕全部拆除,换上新桥枕,再恢复线路,此法需要较长的封锁时间。一般采用一节钢轨长度为一单元,即取下一节钢轨,拆除铁垫板及旧桥枕,由中间向两端(或由一端向另一端)依次运走,然后依次从两端(或由一端)运入新桥枕,并指派专人接放枕木,把它放置于预先指定的地点。桥枕铺设好后应立即穿入钩螺栓,纵梁防爬角钢处的新枕应穿入水平联结螺栓,最后摆放轨下垫板,抬入钢轨,恢复线路,如图 4-10-2 所示。

图 4-10-2 更换桥枕

(2)逐段抽换的方法:在一定长度内松开桥上钢轨与桥枕的连接,用千斤顶顶起钢轨及护轨并用垫木楔住,旧枕及新枕都由两侧横向移出及穿入,最后落下钢轨,恢复线路。这个方法可视封锁时间长短掌握每次抽换数量,条件是两侧应有人行道。恢复线路要达到放行列车的规定要求,检查轨道几何状态。整孔更换桥枕一般和上盖板油漆结合进行。抽换桥枕如图 4-10-3 所示。

图 4-10-3 抽换桥枕

4. 回检

作业负责人组织回检，工机具材料移出限界外。

(四)质量标准

1. 桥枕铺设后，净距符合设计要求，无超限。

2. 桥枕上下吊板(2 mm 及以上悬空)不超过规定，轨距、水平、方向、高低符合要求。

3. 桥枕与铁垫间必须铺设 4～12 mm 厚防磨胶垫板一层，吊板不得大于 2 mm，垫板大小与铁垫板一致，无歪斜、串动。

4. 桥枕槽口与钢梁盖板宽窄相适应，最大间隙不大于 4 mm。

5. 桥枕与钢梁联结系间空隙大于 3 mm。

6. 槽口、钉孔、栓孔、裂缝须进行防腐处理。

7. 桥枕与桥梁中心垂直。

8. 护木与新换桥枕扣紧密贴，有缝隙处应小于 2 mm。

9. 旋入螺纹道钉前要先钻道钉孔，并在孔内注入氟化钠粉末 5～6 g，道钉端部蘸煤焦油，也可以在孔内注入少量防腐油后再旋入道钉。如采用渗锌处理的螺纹道钉可不做防腐处理。

(五)安全风险提示

1. 严格执行工务五项禁令、双命令制度，按规定设置防护，上道前严格执行“眼看、手比、口呼”制度。

2. 施工时，由施工负责人统一指挥，按分工负责制，严格遵守安全操作规程。

3. 进行联合操作时，必须动作一致，齐心合力，防止压伤、碰伤、摔伤和打伤人。

4. 移动钢轨时，不得将手脚伸入轨底，抬运钢轨动作要一致，脚步要踩稳，绳和钳子要牢固。

5. 千斤顶应由专人使用。

6. 使用撬棍应防止滑脱和伤人。

7. 更换桥枕应使用桥枕夹钳。

8. 桥面及人行道上不得有朝天的铁钉。

9. 材料工具应堆放在指定地点，要稳固而不侵入限界。

10. 恢复桥面后，在放行列车前，应由施工负责人和线路人员仔细检查轨道和桥枕的技术状态，确认符合标准后方可开通线路。

三、更换钢梁松动上盖板、烂头铆钉等

(一)作业目的

更换松动上盖板、烂头铆钉，确保上盖板联结牢固，设备状态受控。

(二)作业条件

利用天窗点内作业。

(三)作业流程

1. 作业准备

(1)工机具材料：铆钉枪、烧钉机、夹钉钳、新铆钉、电钻、扳手、毛刷、水桶、油漆、大锤、过

冲、木槌、卡尺、切割机、角磨机、钢丝刷、砂布等(上道工机具必须粘贴黄色反光标识及编号)。

(2)编制施工组织设计报批。

(3)提报封锁施工计划。

(4)根据施工组织设计要求做好劳力、施工机具、材料等各项准备工作。

2. 设置作业防护

(1)到达作业地点附近的作业通道后,网外集体拍照上传;严格执行通道门开关作业负责人负责制。

(2)现场防护员与驻站联络员联系核对作业信息,确认是否可以入网或网内行走。

(3)按规定设置防护。

3. 松开螺栓、枕木

松开各种联结扣件及螺栓,拆除护木,抽移桥枕,拆除铆钉。

4. 更换铆钉

(1)用电钻旋除铆钉,清理打磨孔眼和旧钢结构表面,如图 4-10-4 所示。

图 4-10-4 拆除旧铆钉

(2)计算铆钉长度。

(3)烧钉、穿新钉、表面清理、铆接,如图 4-10-5 所示。

图 4-10-5 烧钉、穿钉

(4)更换新铆钉并按标准铆接。

5. 恢复

恢复桥枕、护木，并上齐拧紧各种螺栓及扣件。

6. 回检

作业负责人组织回检，检查线路符合放行列车条件后开通线路。

(四)质量标准

1. 当铆接半圆头的铆钉时，铆钉头应完全平贴于被铆零件上，并应与铆窝形状一致，不允许有凹陷、缺口和明显的裂开。

2. 铆接后不应出现铆钉杆歪斜和松动的现象。

3. 多个铆钉连接时，应按对称交叉顺序进行。

4. 沉头铆钉铆接后应与被铆面保持平整，允许略有凹下，但不得超过 0.2 mm。

5. 铆钉铆紧后扩边应均匀、无裂纹，杆径不应歪扭。

6. 铆钉连接紧密。

7. 烧钉温度为 1 050～1 150 ℃。

8. 热铆时，为保证铆接质量，压缩空气的压力应为 0.5～0.75 MPa，铆接时，还应注意各铆钉的先后顺序，宜先进行关键、对称位置的铆接，以使板件受力均匀。

(五)安全风险提示

1. 严格执行工务五项禁令、双命令制度，按规定设置防护，上道前严格执行“眼看、手比、口呼”制度。

2. 现场防护员与驻站(所)联络员保持 3～5 min 至少联系一次，并按规定摄录进出通道门里程。

3. 桥上线路未恢复到放行列车条件时，严禁盲目开通、放行列车。

4. 开通前要清理桥上可能侵入限界的所有机具、材料。

5. 铆钉枪不准对人、车、船试枪。

6. 同时作业应做到呼唤应答、协调一致。

7. 恢复桥面后，在放行列车前，应由施工负责人和线路人员仔细检查轨道和桥枕的技术状态，确认符合标准后方可开通线路。

四、更换钢梁上盖板

(一)作业目的

对状态不良的上盖板进行更换作业，确保设备质量均衡受控。

(二)作业条件

利用天窗点内作业。

(三)作业流程

1. 作业准备

(1)工机具材料：铆钉枪、烧钉机、夹钉钳、新铆钉、电钻、扳手、水桶、手锤、切割机、磨光机、电焊机、发电机、毛刷、油漆、大锤、过冲、木槌、撬棍、卡尺、切割机、角磨机、钢丝刷、砂布、高强度螺栓等(上道工机具必须粘贴黄色反光标识及编号)。

(2)编制施工方案报批。

(3)提报封锁施工计划。

(4)根据施工方案要求做好劳力、施工机具、材料等各项准备工作。

2. 设置作业防护

(1)到达作业地点附近的作业通道后,网外集体拍照上传;严格执行通道门开关作业负责人负责制。

(2)现场防护员与驻站联络员联系核对作业信息,确认是否可以入网或网内行走。

3. 更换作业

(1)松开各种联结扣件及螺栓。

(2)拆除护木。

(3)抽移桥枕。

(4)拆除铆钉或高强度螺栓及上盖板。

(5)清理打磨旧钢结构表面并涂装。

(6)更换新上盖板。

(7)打紧铆钉或拧紧高强度螺栓,如图 4-10-6 所示。

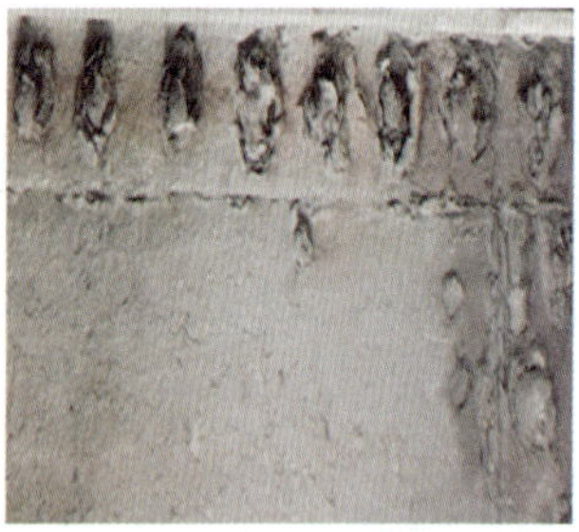

图 4-10-6 更换上盖板、铆接

(8)腻缝涂装。

4. 恢复

恢复桥枕、护木及钢轨,并上齐拧紧各种扣件及螺栓。

5. 回检

作业负责人组织回检,检查线路符合放行列车条件后开通线路。

(四)质量标准

1. 新旧板间要紧密无缝隙。

2. 铆钉或高强度螺栓拧紧符合要求,不得超拧或欠拧。

3. 桥枕间距符合要求,钩螺栓与桥枕、上盖板连接牢固,扭矩符合要求。

(五)安全风险提示

1. 严格执行工务五项禁令、双命令制度,按规定设置防护,上道前严格执行"眼看、手比、口呼"制度。

2. 现场防护员与驻站(所)联络员保持 3~5 min 至少联系一次,并按规定摄录进出通道门里程及下道避车情况。

3. 严禁盲目开通、放行列车。

4. 开通前要清理桥上可能侵入限界的所有机具材料。

5. 严格执行施工作业五项禁令和双命令制度，落实防护体系。

6. 恢复桥面后，在放行列车前，应由施工负责人和线路人员仔细检查轨道和桥枕的技术状态，确认符合标准后方可开通线路。

第二节 桥隧建筑物大修作业(高速铁路)

一、大面积修复无砟轨道桥面防水层

(一)作业目的

整修更换破损防水层，确保桥面防水达到标准。

(二)作业条件

利用天窗点内作业。

(三)作业流程

1. 作业准备

(1)工机具材料：发电机、角向磨光机、手锤、钢钎、撬棍、喷灯、防水涂料、刷子和带刃工具等(上道工机具必须粘贴黄色反光标识及编号)。

(2)照明灯具必须满足作业的需求，由专人负责，施工前必须检查照明设备的状态，严禁设备带病上道。夜间施工作业前将照明灯具布置完毕。

2. 设置作业防护

(1)上道作业人员参加班前点名、安全预想，掌握当日作业地点、时间、项目，作业区段环境自然状况，作业项目存在的安全风险，作业负责人、驻站联络员、现场防护员姓名、联系方式，行走路径，机具使用等。

(2)严格执行三确认制度。

(3)施工天窗防护办法应遵循《高速铁路工务安全规则(试行)》第3.4.6条规定设置移动停车信号防护。

3. 基面处理

基面应彻底清除油脂、灰尘、污物、脱模剂，浮浆和松散的表层应采用磨光机打磨处理，确保基面清洁、干燥和平整。基面必须具有良好的平整度，不得有明显的坑洞或凸起。如果有明显的坑洞，必须提前3～7 d，使用早强聚合物修补砂浆进行修补。施工前，表层应干燥。使用喷涂设备或者采用刷涂、滚涂方式进行基面底胶施工，底胶应均匀、不漏涂、不堆积，也不宜太厚。如果基面过于潮湿，需要进行烘干处理，如图4-10-7所示。

4. 防水层作业

底胶固化后，可进行防水层施工。施工采用专用喷涂设备。施工前，使用气动搅拌器对涂料的A、B组分别进行搅拌，低温施工时需采取对物料的预加热措施，严禁加入任何稀释剂。喷涂前先对设备进行调试，各系统运转正常后，按照喷涂设备的要求开始进行施工。为保证防水层质量，分两次喷涂，每次厚度约1 mm，每次一次成型到位，两次间隔时间越短越

好。涂膜施工完毕 24 h 内应避免重物碾压。风力超过三级时禁止施工，或采取必要的防护措施。防水层涂膜平均厚度不得小于 2.0 mm，如图 4-10-8 所示。

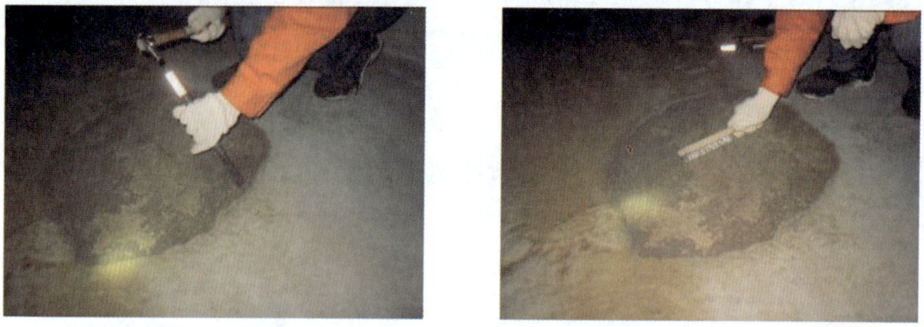

图 4-10-7　基层处理

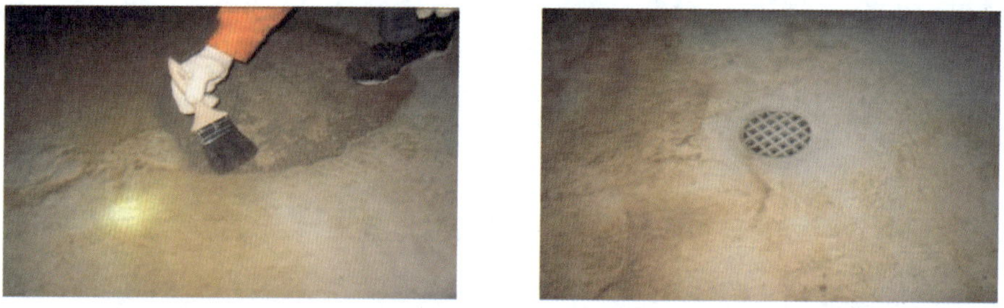

图 4-10-8　涂刷防水层

5. 连接与修补

在自然中断点，如伸缩缝、墙角、墙边等处涂刷可以自然中断。已涂装的区域如果未形成自然中断，需预先切出长度和宽度至少为 6 mm 的锯齿，然后再施工涂料，使涂膜在锯齿处中断。将锯齿周围的临近边缘用胶带清除掉喷涂过多的涂膜，使表面光滑清洁。在已施工的防水层交界处或需要修补处，先用带钢丝圆盘的角向磨光机或钢丝刷把需修补的表面打毛，从而除去所有灰尘或其他污染物，增强黏合力。

6. 回检

作业负责人组织进行回检，清点人员、工机具和材料数量，责任到人并签认。

(四)质量标准

1. 基面平整无坑洼，防水层涂膜平均厚度不小于 2 mm，无裂缝、无起泡、无脱皮现象。

2. 涂刷均匀、无针孔，表面平整光滑。新旧防水层连接牢固。

(五)安全风险提示

1. 必须严格执行安全防护工作标准。

2. 作业人员严格按规定使用劳动保护用品。

3. 人员、工机具、材料做到三确认、三清点。

4. 作业前机具、料具堆放稳固。夜间施工使用的照明设备，应由持有电工操作证人员试机、检查、检修。机械使用应专人专机。

5. 严格执行作业回检制度，确保人员、工机具、材料不要遗留在现场。

二、更换梁端伸缩装置、排水管、挡砟板

(一)作业目的

更换破损的排水管、挡砟板等，保证桥面排水系统畅通。

(二)作业条件

利用天窗点内作业或非上道作业（桥面作业天窗点内，桥面以下非上道作业）。

(三)作业流程

1. 作业准备

(1)工机具材料：发动机、电动扳手、撬棍、大锤、钢锯弓、锯条、PVC 管接头、PVC 胶、PVC 管、扳手、棉纱头等（上道工机具必须粘贴黄色反光标识及编号）。

(2)照明灯具必须满足作业的需求，由专人负责，施工前必须检查照明设备的状态，严禁设备带病上道。夜间施工作业前将照明灯具布置完毕。

2. 设置作业防护

(1)上道作业人员参加班前点名、安全预想，掌握当日作业地点、时间、项目，作业区段环境自然状况，作业项目存在的安全风险，作业负责人、驻站联络员、现场防护员姓名、联系方式，行走路径，机具使用等。

(2)严格执行三确认制度。

(3)施工天窗防护办法应遵循《高速铁路工务安全规则(试行)》第 3.4.6 条规定设置移动停车信号防护。

3. 更换排水管作业

(1)按需要搭设好脚手架。

(2)把损坏的排水管间端头锯齐，测量好所要更换的管路长度并进行下料，试安装至尺寸符合要求。

(3)把管路所需接口处外边缘及 PVC 管接头、PVC 管箍内缘用细砂纸打磨干净，均匀涂好 PVC 专用胶，等待胶初凝后安装，如图 4-10-9 所示。

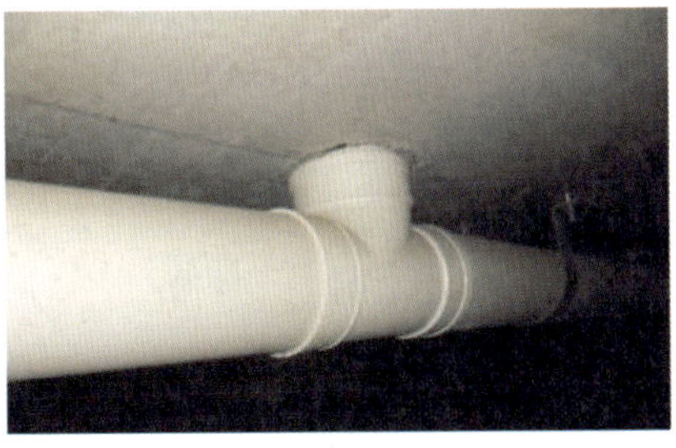

图 4-10-9　更换排水管

(4)安装时一头使用管接头，一头使用管箍胶接。

4. 更换挡砟板

扒开石砟将破损的挡砟板拆除，对拆除的挡砟板下面进行清理整平，把新的挡砟板铺设

好，做到垂直于桥面，无歪斜且形成一条直线。

5. 回检

作业负责人组织进行回检，清点人员、工机具和材料数量，责任到人并签认。

(四)质量标准

1. 更换后的梁端伸缩装置，各部尺寸符合设计要求。

2. 更换后的排水管做到新旧管对接良好，外观平顺。

3. 管接口处不漏水、渗水，管路与梁墩固定良好。

4. 更换后的挡砟板垂直于桥面，无歪斜且形成一条直线。

(五)安全风险提示

1. 必须严格执行安全防护工作标准。

2. 作业人员严格按规定使用劳动保护用品。

3. 人员、工机具、材料做到三确认、三清点。

4. 在 2 m 以上高处作业应戴安全帽、系好安全带，上下梯子要做到手抓牢、脚踩稳。

5. 在桥下部作业认真做好防护，确保道路交通安全。

6. 搬运重物要做到呼唤应答，协调一致。使用电动工具按规定使用漏电保护器。

7. 作业前机具、料具堆放稳固，严禁侵入限界。夜间施工，使用的照明设备，应由持有电工操作证人员试机、检查、检修。机械使用应专人专机。

8. 严格执行作业回检制度，确保人员、工机具、材料不要遗留在现场。

三、抬梁、更换支座

(一)作业目的

对不良支座进行更换，使设备质量受控，确保行车安全。

(二)作业条件

利用天窗点内作业。

(三)作业流程

1. 作业准备

(1)工具材料：千斤顶、垫板、手锤、毛刷、扳手、煤油、棉纱、枕木、支座等(上道工具必须粘贴黄色反光标识及编号)。

(2)照明灯具必须满足作业的需求，由专人负责，施工前必须检查照明设备的状态，严禁设备带病上道。夜间施工作业前将照明灯具布置完毕。

2. 设置作业防护

(1)上道作业人员参加班前点名、安全预想，掌握当日作业地点、时间、项目，作业区段环境自然状况，作业项目存在的安全风险，作业负责人、驻站联络员、现场防护员姓名、联系方式，行走路径，机具使用等。

(2)严格执行三确认制度。

(3)施工天窗防护办法应遵循《高速铁路工务安全规则(试行)》第 3.4.6 条规定设置移动停车信号防护。

3. 抬梁准备、试顶

(1)应事先松动锚栓螺帽,对锈死的应以煤油或喷灯加温后,用扳手卸除或用专用的拆帽器拆除。

(2)需重新锚固锚栓的应事先测量并计算好,根据计算结果在支承垫石上标示出支座纵横中心线和锚栓位置,并将锚栓孔凿好。

(3)根据当时钢梁的温度及该地区最高、最低温度计算出安装时活动支座的位移量,确定安装位置。

(4)检查新支座各部件是否齐全、固定,活动支座位置是否正确。

(5)搭设保险枕木垛,枕木垛基础坚实稳固。

(6)试顶梁身,如图 4-10-10 所示。

图 4-10-10　起梁、更换支座

(7)根据设计确定支座位置和顶起高度,做好标记(需同时整修的各项病害可参照支座部分各项进行作业)。

4. 更换支座作业

(1)旋松梁端附近基本轨轨卡螺栓。

(2)顶起梁跨,确保临时支垫稳妥。操作千斤顶速度要均匀稳定,做到随起随垫,起梁应留 1～2 mm 的沉落量。

(3)凿除支撑垫石,卸下并移出旧支座。凿除失效混凝土,将新面凿毛并清洗干净,铺砂浆并整平支承垫石。

(4)安装新支座,绑扎钢筋笼,预埋好螺栓。

(5)立模浇筑速凝混凝土。

(6)待速凝混凝土达到规定的强度后落梁,拧紧锚栓帽。

5. 回检

作业负责人组织进行回检,清点人员、工具和材料数量,责任到人并签认。

(四)质量标准

1. 支座类型、位置正确,偏差符合设计要求。

2. 锚栓齐全、安装牢固,各部分相互密贴。

(五)安全风险提示

1. 必须严格执行安全防护工作标准。

2. 人员、工具、材料做到三确认、三清点。

3. 在 2 m 以上高处作业应戴安全帽、系好安全带，上下脚手架要做到手抓牢、脚踩稳。

4. 在桥下部作业认真做好防护，确保道路交通安全。

5. 凿孔时要戴护目眼镜、安全帽、口罩，掌钎人要戴手套，打锤人不得戴手套。

6. 千斤顶负荷能力应满足顶起重量要求，使用前需经认真检查。底座要平正、坚实，顶面与钢板接触时，应加木垫或橡胶板，防止滑脱。

7. 严格执行作业回检制度，确保人员、工具、材料不要遗留在现场。

四、加固桥旁救援疏散通道

（一）作业目的

对状态不良的桥旁救援疏散通道进行加固、整修，确保设备质量强度达到要求。

（二）作业条件

利用天窗点内作业。

（三）作业流程

1. 作业准备

（1）工机具材料：搅拌机、电锤、振动棒、撬棍、铁锹、手锤、抹子、钢筋、铁丝、木板、水泥、砂、石子、水桶、安全带（帽）、脚手架等（上道工机具必须粘贴黄色反光标识及编号）。

（2）照明灯具必须满足作业的需求，由专人负责，施工前必须检查照明设备的状态，严禁设备带病上道。夜间施工作业前将照明灯具布置完毕。

2. 基本作业

根据设计要求采用混凝土加固。救援疏散通道如图 4-10-11 所示。

图 4-10-11　救援疏散通道

（1）搭设好满足作业要求的脚手架。

（2）钻孔，增设牵钉，绑扎钢筋。

（3）立模浇筑。根据基础加固尺寸立模，灌注混凝土。

（4）保湿养护。灌注混凝土后，应做好保湿养护。

（5）拆模。灌注混凝土凝固后应进行拆模。

3. 回检

作业结束后及时回检，清理场地。

(四)质量标准

1. 牵钉埋设牢固。

2. 钢筋绑扎牢固且符合设计要求。

3. 模板安装符合规范要求。

4. 混凝土振捣密实且强度等级符合要求。

5. 养护方法及时间符合要求。

(五)安全风险提示

1. 作业人员严格按规定使用劳动保护用品。

2. 使用电器设备要安装漏电保护器,电工、挖掘机司机要持证操作。

3. 严格执行作业回检制度,人员材料工具清点制度,确保人员、工机具、材料不要遗留在现场。

五、整治危及涵洞安全的河道

(一)作业目的

清理桥涵上下游淤积,确保河道畅通。

(二)作业条件

利用非上道作业。

(三)作业流程

1. 作业准备

工机具材料:挖掘机、铁锹、土镐、抬筐、抬杠、绳索、运土车,铲运机、片石、水泥、砂、石子、跳板等(上道工机具必须粘贴黄色反光标识及编号)。

2. 作业方法

(1)根据河道水流情况,在涵洞上游进行拦水筑坝,调节河流,用混凝土修建导流堤改变水道,避免因水流过大直接冲击涵洞,如图 4-10-12 所示。

图 4-10-12　拦水筑坝

(2)对降坡大、水流急、冲刷严重的河床用浆砌片石对其进行铺砌,防止冲刷。铺砌的起止点应设置垂裙。

3. 回检

作业负责人组织回检,清点人员、工机具和材料数量,责任到人并签认。

(四)质量标准

1. 立模尺寸符合要求。
2. 混凝土振捣密实且强度等级符合要求。
3. 养护方法及时间符合要求。
4. 片石对河床铺砌勾缝密实。

(五)安全风险提示

1. 作业人员按规定使用劳动保护用品。
2. 作业中防止落水。
3. 严禁无安全防护用品的情况下在水中作业。
4. 防止人员踏空、摔伤。
5. 机械作业时应呼喊应答,防止机械伤人。

六、整治隧道漏水,改善和增设排水设备

(一)作业目的

对漏水处所进行整修,确保隧道内排水畅通无积水。

(二)作业条件

利用天窗点内作业。

(三)作业流程

1. 作业准备

(1)工机具材料:脚手架、注浆料、注浆成套设备、切槽机等(上道工机具必须粘贴黄色反光标识及编号)。

(2)照明灯具必须满足作业的需求,由专人负责,施工前必须检查照明设备的状态,严禁设备带病上道。夜间施工作业前将照明灯具布置完毕。

2. 设置作业防护

(1)上道作业人员参加班前点名、安全预想,掌握当日作业地点、时间、项目,作业区段环境自然状况,作业项目存在的安全风险,作业负责人、驻站联络员、现场防护员姓名、联系方式,行走路径,机具使用等。

(2)严格执行三确认制度。

(3)施工天窗防护办法应遵循《高速铁路工务安全规则(试行)》第 3.4.6 条规定设置移动停车信号防护。

3. 作业方法

(1)施工缝渗漏水处理。

对于施工缝,如拱部预埋注浆系统完好,则使用预埋注浆系统注入超细水泥浆液,刷涂水泥基渗透型结晶材料两道,再抹压聚合物水泥砂浆;如预埋注浆系统损坏,则拱部采用贴嘴注浆或钻孔注浆对施工缝进行注浆加固,刷涂水泥基渗透型结晶材料两道,再单层抹压聚

合物水泥砂浆。边墙施工缝采用凿槽引排处理。

(2)裂缝渗漏水处理。

对于裂缝渗漏水，如裂缝处无明水(有水渍)，则采用贴嘴注环氧树脂的方法进行整治，如裂缝处有明水，则采用钻孔注环氧树脂方法进行整治。

裂缝注浆完毕后沿裂缝走向在两侧各 20 cm 范围内的基层表面涂水泥基渗透型结晶防水涂料两道，再沿裂缝走向在两侧单层抹压聚合物水泥防水砂浆，如图 4-10-13 所示。

图 4-10-13 裂缝渗漏水处理

(3)第三方检测孔和泄水孔等处所漏水处理。

对于位于拱部的第三方检测孔，注浆后用速凝型无机堵漏材料进行封堵，然后在槽及周围范围内的基层表面涂水泥基渗透型结晶防水涂料两道，最后在槽及周围范围单层抹压聚合物水泥防水砂浆，如图 4-10-14 所示。

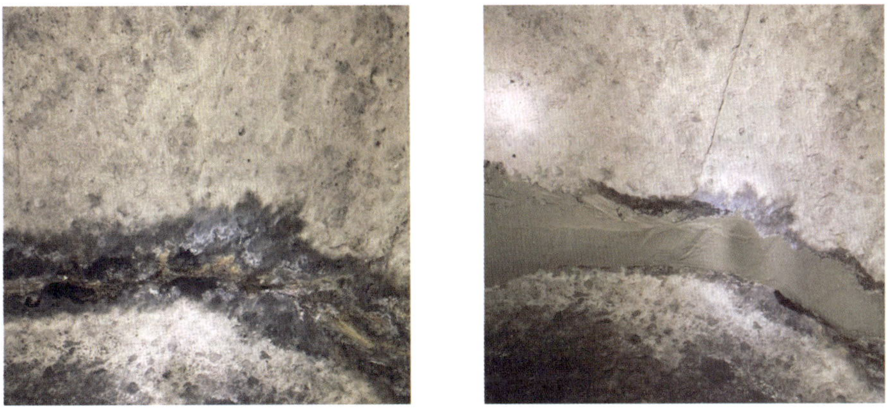

图 4-10-14 抹压砂浆

4. 回检

作业负责人认真组织回检，清点人员、工机具和材料数量，责任到人并签认。

(四)质量标准

1. 隧道渗漏水整治施工应尽量避开雨季。
2. 洞内注浆区段钻孔前应利用钢筋检测仪检测钢筋位置，防止钻孔破坏钢筋。

3. 漏水位置要找准,并堵住漏水处使其不漏。

4. 防水材料的配制要严格计量,称量误差不大于2%。

5. 初次注浆压力宜为0.3～0.5 MPa,现场进行注浆试验确定注浆压力和配比,防止压力过大导致衬砌结构开裂、掉块,危及行车安全。

6. 隧道整治效果需经受雨季检查。

(五)安全风险提示

1. 必须严格执行安全防护工作标准。

2. 人员、工机具、材料做到三确认、三清点。

3. 在2 m以上高处作业应戴安全帽、系好安全带,上下脚手架要做到手抓牢、脚踩稳。

4. 接触网2 m范围内作业,需要停电配合。

5. 严格执行作业回检制度,确保人员、工机具、材料不要遗留在现场。

七、铺底成段整治

(一)作业目的

对有砟隧道铺底凿除,重新浇筑混凝土,解决铺底成段破损,完成隧道铺底整段整治。

(二)作业条件

利用天窗点内作业。

(三)作业流程

1. 作业准备

工机具材料:凿除机、叉子、液压起拨道机、螺丝机、道尺、方尺、卷尺、捣固棒、捣固机、振动棒、搅拌机、泵车、便梁、起重轨道车、道砟、速凝罐料等(上道工机具必须粘贴黄色反光标识及编号)。

2. 设置作业防护

(1)上道作业人员参加班前点名、安全预想,掌握当日作业地点、时间、项目,作业区段环境自然状况,作业项目存在的安全风险,作业负责人、驻站联络员、现场防护员姓名、联系方式,行走路径,机具使用等。

(2)严格执行三确认制度。

(3)施工天窗防护办法应遵循《高速铁路工务安全规则(试行)》第3.4.6条规定设置移动停车信号防护。

3. 作业方法、步骤

(1)在整治地段横移轨下混凝土枕,穿入便梁钢轨,架空线路。

(2)清除便梁下道砟。

①清除道砟,在作业面两端设置挡砟板。

②拆除钢筋混凝土枕,以便于施工作业,如图4-10-15所示。

(3)凿除裂损排水沟,必要时加深排水沟,然后立模浇筑混凝土,注意设置直径10～15 cm横向泄水孔,高度略低于铺底面顶,间距满足要求。

(4)凿除裂损铺底混凝土,清理干净,浇筑铺底。

(5)混凝土强度满足要求后,拆除便梁,安装轨枕,回填道砟,捣固密实,精调线路。

图 4-10-15 扒除便梁下道床

(6)重复上述步骤,将整治地段向前延伸,施工中作业面可跳槽进行。

(四)作业质量

1. 隧底开挖后,要针对不同的病害现状采取相应的措施,务求根治。

2. 隧底病害整治使用的混凝土等级应符合要求,速凝时间和强度满足要求。

3. 水沟边墙上泄水孔的设置高度应略低于隧底 2 cm,以便排水。

4. 安装水沟盖板,可每隔 4 块固定 4 块(采用水泥砂浆砌筑紧密),以抵抗道床对水沟边墙的侧压力。

5. 较大的冒水点应设置排水管道。

6. 作业过程中严密监控轨道几何尺寸变化。

7. 便梁施工按照便梁作业指导书、技术标准执行。

(五)安全风险提示

1. 必须严格执行安全防护工作标准。

2. 人员、工机具、材料做到三确认、三清点。

3. 在 2 m 以上高处作业应戴安全帽、系好安全带,上下梯子要做到手抓牢、脚踩稳。

4. 起重作业一人一机防护,距离接触网 2 m 以内作业需要停电。

5. 严格执行作业回检制度,确保人员、工机具、材料不要遗留在现场。

八、衬砌裂损整治

(一)作业目的

对衬砌裂损进行修补作业,使其强度及整体性达到要求。

(二)作业条件

利用天窗点内作业。

(三)作业流程

1. 作业准备

(1)工机具材料:脚手架、发电机、电锤、风镐、模板、注浆机、注浆料等(上道工机具必须粘贴黄色反光标识及编号)。

(2)照明灯具必须满足作业的需求,由专人负责,施工前必须检查照明设备的状态,严禁设备带病上道。夜间施工作业前将照明灯具布置完毕。

2. 设置作业防护

(1)上道作业人员参加班前点名、安全预想,掌握当日作业地点、时间、项目,作业区段环境自然状况,作业项目存在的安全风险,作业负责人、驻站联络员、现场防护员姓名、联系方式,行走路径,机具使用等。

(2)严格执行三确认制度。

(3)施工天窗防护办法应遵循《高速铁路工务安全规则(试行)》第3.4.6条规定设置移动停车信号防护。

3. 修补作业程序

(1)搭设脚手架。封锁天窗并设置好防护,确定接触网停电后,搭设脚手架。

(2)混凝土凿除。对破损衬砌混凝土进行凿除。

(3)钻孔植筋。对凿除部位打锚杆,修复防水板,横向和纵向进行钻孔植筋,绑扎钢筋。

(4)立模浇筑。根据现场尺寸立模,灌注速凝混凝土。

(5)保湿养护。灌注混凝土后,应做好保湿养护。

(6)拆模。混凝土凝固,强度达到相应要求后,进行拆模。

4. 回检

作业结束,作业负责人认真组织回检,清点人员、工具和材料数量,责任到人并签认,组织人员撤出线路后,撤除防护。

(四)质量标准

1. 锚杆承载力满足要求。
2. 防水板修复后满足防水要求。
3. 注浆时严格控制注浆量和注浆压力;盯控好模板变形,发现异常时停止注浆。

(五)安全风险提示

1. 必须严格执行安全防护工作标准。
2. 人员、工机具、材料做到三确认、三清点。
3. 在2 m以上高处作业应戴安全帽、系好安全带,上下梯子要做到手抓牢、脚踩稳。
4. 在桥下部作业认真做好防护,确保道路交通安全。
5. 距接触网2 m以内必须要断电施工,2~4 m范围内必须要有专人监护。
6. 严格执行作业回检制度,确保人员、工机具、材料不要遗留在现场。

第三节 桥隧建筑物大修作业(通用)

一、更换钢梁大量高强度螺栓

(一)作业目的

通过对失效高强度螺栓的更换,确保钢梁杆件联结牢固。

(二)作业条件

利用天窗点内作业。

(三)作业流程

1. 作业准备

工具材料：扳手、电动扳手或扭矩扳手、同规格高强度螺栓、软铜钢丝刷、钢板尺、记号笔、毛刷、油漆、砂纸、腻子、棉纱等(上道工具必须粘贴黄色反光标识及编号)。

2. 设置作业防护

(1)到达作业地点附近的作业通道后，网外集体拍照上传、严格执行三确认制度、通道门开关作业负责人负责制。

(2)现场防护员与驻站联络员联系核对作业信息，确认是否可以入网。

3. 更换作业

(1)拆下旧螺栓，清理螺栓孔污物、铁锈，清除钢板表面连接处的积尘和泥污，但不得损坏表面无机富锌漆或其他涂料。

(2)安装新螺栓，螺栓头及螺母支承面下都应放一个垫圈，注意不得装反。

(3)在螺母的螺纹和端面上涂少许黄油，用扭矩扳手进行初拧。若同时更换多个螺栓时，拧紧一遍后还要进行复拧一遍，使预拉力达到一致。

(4)采用扭矩扳手将初拧后的螺母拧到规定扭矩，或按转角法在初拧后的螺杆和螺母相对位置画一细直线，用长扳手或电动扳手将螺母拧到规定扭矩或角度。

(5)用扭矩法进行抽查验收，不合格者及时处理。

(6)高强度螺栓拧紧后，节点板束的顶缝、侧缝和底缝均应腻缝封闭；螺栓、螺母和垫圈的外露部分应涂以与原涂装材料相同的底漆和面漆防锈；并在螺母、螺栓相应位置画一白线以便检查。

4. 回检

作业负责人组织回检，工机具材料移出限界。

(四)质量标准

1. 螺栓无松动，符合规定的扭矩预拉力要求，超拧或欠拧螺栓不大于节点螺栓总数的5%。

2. 在螺帽的螺纹和支承面上严禁涂机油，但可涂少许黄油。

3. 垫圈内径45°的斜坡与螺栓头下的过渡圆弧相配合，不能装反。

4. 连接处钢板表面清洁，无油污。

5. 螺栓无裂纹，超、欠拧不得超过规定值的±10%。

6. 螺栓种类无误差，其规格尺寸、材质必须与桥上其他螺栓相同。

7. 对于大型节点，同时更换数量不得超过该节点上螺栓总数的10%(高速铁路为8%)；对于螺栓数少的节点，则要逐个更换。

(五)安全风险提示

1. 严格执行工务五项禁令、双命令制度，按规定设置防护，上道前严格执行“眼看、手比、口呼”制度。

2. 现场防护员与驻站(所)联络员保持3～5 min至少联系一次，并按规定摄录进出通道门里程及下道避车情况。

3. 在 2 m 以上高处作业应系安全带(绳),戴好安全帽。

4. 所有工具应放置稳固,不得侵入限界。

5. 电气化区段距接触网 2 m 以内必须要停电施工,2～4 m 范围内必须要有专人监护。

二、整孔圬工梁裂缝注浆封闭涂装、钢筋锈蚀整治

(一)作业目的

对梁体病害处所进行修复,增加其稳定性,确保设备质量受控。

(二)作业条件

利用非上道作业。

(三)作业流程

1. 作业准备

工机具材料:脚手架、注浆泵、注浆嘴、混凝土凿毛机、角磨机、空气压缩机、量杯、灰刀、磅秤等(上道工机具必须粘贴黄色反光标识及编号)。

2. 注浆作业(操作)方法、步骤

(1)搭设好安全可靠的脚手架。

(2)检查裂纹、布置注浆嘴。一般情况下,不论纵横缝,注浆嘴的间距按裂纹密度确定。裂纹两端应布置注浆嘴,若圬工的两侧裂纹贯通,其两侧应错开布置。

(3)清理。用小锤、刮刀、钢丝刷将裂纹两侧 10 cm 范围内混凝土表面的碎屑、浮砟、污垢等清理干净,打磨平整,然后用棉纱蘸丙酮擦洗,同时注意不得使注浆部位的裂缝堵塞。

(4)粘贴注浆嘴。用自黏性胶将注浆嘴固定,每条裂缝两端至少各设一个注浆嘴,中间根据裂纹宽度按 10～20 cm 布置,如图 4-10-16 所示。

图 4-10-16 布置注浆嘴

(5)封缝。在裂缝两侧 10 cm 范围内均匀涂抹两道底层涂料,涂第二道时必须等第一道涂层不粘时进行。待第二道底涂层不粘手后用灰刀刮密封涂料,对裂缝进行封闭。

(6)吹干缝隙。用空气压缩机将缝隙吹干。

(7)试压。用压力泵将丙酮压注入缝,检查注浆嘴是否牢靠及可存在漏浆情况,同时估算压浆量。

(8)压力注浆。同一裂缝各嘴应同时注浆，每个注浆孔注浆时间不少于 40 min，以保证浆液渗入细小裂缝深处。

(9)铲嘴整平。注浆 10 h 后，将注浆嘴铲除，不平处所用封闭料刮平。

3. 碳素纤布加固圬工裂纹作业(操作)方法、步骤

(1)根据梁跨高度搭设施工作业平台。

(2)使用角磨机打磨梁体表面，要求光滑平整，并消除污垢及劣化层。

(3)露筋修补。有露筋处，先对钢筋防锈处理，再用水泥砂浆回填或采用环氧砂浆材料修补(主剂：硬化剂＝2：1，调和均匀成稠状)。

(4)表面修整。有漏水处应做止水、导水处理；凸处打磨，凹处和裂缝用腻子修补；坑面和鼓包修整成光滑弧面。

(5)底层处理。用滚刷将改性环氧底涂材料(主剂：硬化剂＝2：1，拌和均匀)均匀涂刷一道，约 30 min 后开始凝固，干燥后方能进行下道工序。一次没有补平的梁身破损、掉块和蜂窝，可再用环氧砂浆和环氧树脂砂浆材料修补平整。

(6)配制黏合剂，粘贴碳素纤维贴片。黏合剂为改性环氧树脂胶(主剂：硬化剂＝2：1)，搅拌均匀后用滚刷涂在梁表面，待其干后粘碳素纤维贴片。每 2～3 m 为一段，搭接长度不小于 10 cm。贴片粘好后，撕掉保护层，用 ϕ22 mm 的聚酯塑料滚子强力滚 2～3 次，压平挤出空气，黏合剂从其表面均匀渗出。注意贴片上的白线不要刷断。

(7)在粘贴好的碳素纤维贴片表面再刷一层改性环氧树脂胶。

4. 钢筋锈蚀整治

(1)对混凝土破损及施工作业面进行表面清理。

(2)打磨表面炭化层，凿除松动、裂损混凝土。

(3)用钢丝刷除去表面附着物，用丙酮将油污擦拭干净。

(4)除去外露钢筋铁锈，涂刷两道底漆。

(5)将表面高低不平处所用腻子嵌平，剥落掉块和露筋处修补平整。

(6)按要求调配涂装材料，将涂装材料滚刷或喷涂三道以上。

5. 梁体表面清理、涂装

(1)凿除梁体表面碳化疏松的混凝土后，清洗干净梁体表面。

(2)应对外露锈蚀钢筋进行除锈并涂刷阻锈剂。

(3)混凝土表面涂刷新旧混凝土结合剂 BY(S)底涂，再涂抹 BY(S)-X40 聚合物修补砂浆。涂刷底涂前，用清水湿润修补部位，确保无明水。砂浆平均厚度 20 mm，分层涂抹，每次涂膜厚度不超过 10 mm，首层修补厚度宜控制在 3 mm 左右，如图 4-10-17 所示。

图 4-10-17　涂装梁体

(4)待聚合物修补砂浆硬化后，整面涂刷 k-720，喷涂 k-773 封闭剂。

6. 回检

作业负责人组织回检，清理场地。

(四)质量标准

1. 材料配合比、工艺符合要求。

2. 注浆时注浆嘴应合理布置,粘结牢固,不堵塞。

3. 裂缝封闭要严密,不得漏气。

4. 涂层厚度不小于 0.6 mm。

5. 涂层表面无起皮、流淌、疙瘩等缺陷。

6. 面层涂刷应均匀、光滑、无明显色差。

7. 抹面压实,裂纹、空响面积不超过 2%,砂浆符合规定。

8. 梁体表面清洗干净后依次局部涂刷新旧混凝土结合剂(底涂),涂抹聚合物修补砂浆。砂浆平均厚度 20 mm,分层涂抹,每次涂抹厚度不超过 10 mm。

9. 使用玻璃钢板搭设滴水檐。

10. 梁体的外露表面使用柔性混凝土底涂砂浆防护。

11. 梁体最外层涂装两遍混凝土保护材料。

(五)安全风险提示

1. 脚手架应搭设牢靠,高处作业应戴好安全帽,系好安全带。

2. 作业人员按规定使用劳动保护用品。

3. 使用高分子等化学胶料应戴好胶皮手套,必要时戴护目镜和口罩。

4. 作业人员上下脚手架,要做到脚踩稳、手抓牢。

三、整孔更换栏杆、人行道钢支架、步行板及安全检查设备

(一)作业目的

更换失效不良检查作业通道设施,提升安全检查通道设施的安全系数,保障作业人员人身安全。

(二)作业条件

利用天窗点内作业。

(三)作业流程

1. 作业准备

工机具材料:发电机、电焊机、卷扬机、电锤、磁力钻、弦线、水平尺、卷尺、手锤、撬棍、麻绳、人行道支架、步行板、角钢、圆钢、油漆、安全带(帽)、吊篮等(上道工机具必须粘贴黄色反光标识及编号)。

2. 设置作业防护

(1)到达作业地点附近的作业通道后,网外集体拍照上传;严格执行通道门开关作业负责人负责制。

(2)现场防护员与驻站联络员联系核对作业信息,确认是否可以入网。

3. 钢支架、栏杆制作安装

(1)按照设计文件及技术交底要求焊接钢支架等钢结构,并在制作完成成品后统一集中进行热浸锌,如图 4-10-18 所示。

图 4-10-18　钢支架

(2)拆除既有钢支架、步行板和人行道栏杆。既有钢支架隔一拆一,未拆除既有钢支架预留作挂吊篮使用,梁体双侧同步施工,逐孔循环推进,如图 4-10-19 所示。

图 4-10-19　拆除钢支架及步行板

(3)对既有钢支架锚栓进行除锈喷锌。

(4)步行板强度达到要求后和钢支架一起运至现场,用吊机逐批吊到桥上,按照“拆多少安装多少”进行及时安装,并在拆除部分两头设置警示标志。

(5)角钢支架安装完成之后,进行角钢支架矫正,要求与梁体横向、竖向均垂直,无喇叭口现象存在。

(6)栏杆扶手水平成一线,栏杆平直,无弯曲现象,焊接处要平顺,10 m 弦矢度小于 20 mm。

(7)撤离机具,清理桥面散落垃圾。

4. 步行板加工安装

(1)施工时严格按设计和现场要求实施,并认真测量复核步行板尺寸,防止偏差超限损坏,预制时统一使用带有标志的定制模具。

(2)以规范、标准、设计文件为依据,对施工过程中的每道程序,特别是预制步行板工作随时进行质量检查,发现问题及时处理,以确保整修的效果。

(3)步行板四角整平,连接牢固,钢筋混凝土板平整,无裂纹及伤损,边缝填塞饱满。

(4)模板平直,无弯曲、破损。

(5)步行板铺设平直,边缘成一直线。

(6)梁端断开,活动端处能与梁体共同移动。

5. 回检

作业结束作业负责人严格组织回检,工机具材料撤出限界。

(四)质量标准

1. 原材料进场要进行检验,其规格、尺寸和物理力学指标等均应符合设计要求,保证原材料质量,材料必须有相应的合格证。

2. 制作尺寸标准,螺栓孔位置准确。

3. 下料平整光洁。

4. 焊缝饱满平整,最低点不低于基本金属表面,无气孔。

5. 对焊缝、打孔处、不平整处所进行机械打磨,清理焊缝表面焊渣等杂物,直至露出金属光泽。

6. 焊接过程中配合浸锌工艺要求,避免热浸锌浸不到的死角。

(五)安全风险提示

1. 严格执行工务五项禁令、双命令制度,按规定设置防护,上道前严格执行"眼看、手比、口呼"制度。

2. 现场防护员与驻站(所)联络员保持 3～5 min 至少联系一次,并按规定摄录进出通道门里程及下道避车情况。

3. 高处作业必须戴好安全帽,按规定使用安全带(绳、网)。

四、整孔钢梁或整个钢塔架的重新涂装或罩涂面漆

(一)作业目的

通过对钢结构保护涂装,延长其使用寿命。

(二)作业条件

利用天窗点内作业。

(三)作业流程

1. 作业准备

工机具材料:脚手架、喷砂设备(砂罐、风管、喷砂枪)、喷漆设备(喷漆枪、储油罐、油管、风管)、动力设备(空压机、油水分离器)、角磨机、漆膜测厚仪、黏度杯、铁线、通针、维修工具、漆料、稀释剂、滤筛、漆刷、砂纸、面罩用备用玻璃、喷嘴、铁线、电工刀、活口扳手等(上道工机具必须粘贴黄色反光标识及编号)。

2. 设置作业防护

(1)到达作业地点附近的作业通道后,网外集体拍照上传;严格执行通道门开关作业负责人负责制。

(2)现场防护员与驻站联络员联系核对作业信息,确认是否可以入网或网内行走。

(3)高铁线路施工天窗防护办法应遵循《高速铁路工务安全规则(试行)》第 3.4.6 条规

定设置移动停车信号防护。

3. 喷砂作业

(1)搭设脚手架并检查确认安全性满足人身安全要求。

(2)风压达 0.4～0.6 MPa 时，喷砂操作按照开喷砂器风阀→开砂阀→喷砂→关砂阀→关风阀顺序进行。

(3)喷嘴与钢表面距离随风压大小和喷嘴孔径大小而调整，一般为 150～250 mm，喷射角以 45°～80°为宜，移动速度均匀，以能恰当清除漆皮、铁锈、氧化皮，并有一定的粗糙度为宜。

(4)喷砂顺序应自上而下，由一端到另一端逐步推进。先喷角落缝隙处，后喷大面宽敞处；先喷边缘处，后喷中间；先喷铆栓头，后喷平面；组合截面杆件先喷内侧，后喷外侧。总之，按照先难后易的顺序进行，防止漏喷。

(5)喷完后还应认真找细，清除残留物，并检查钢材有无裂纹、损伤，才能喷涂防锈涂料。必要时要补喷。

(6)塞砂故障处理：用 ϕ3～5 mm 铁线弯成的钩插入砂嘴疏通。

4. 涂装作业

(1)先打开喷枪风阀，把钢梁上的风沙吹干净，喷漆时，喷枪与钢表面应保持垂直角度，距离以 250～300 mm 为宜，喷漆可采用横喷和纵喷，每次压叠一半，喷漆速度必须前后均匀一致。

(2)钢梁喷漆第一度底漆后进行腻缝，底层喷漆充分干燥后才允许喷涂次层涂料。

(3)在进行一度涂料前，应用铲刀将黏附在底漆表面上的灰砂铲除干净，然后用砂纸打磨并揩拭干净后喷漆，使每层涂料间粘结牢固。

(4)每次喷漆工作完毕后，必须用溶剂将喷漆枪、压力喷漆桶和输油管洗涤干净，并妥善保管。

(5)钢梁涂料完毕后，拆除脚手架时对涂料损伤部分应进行防锈补油修理。

(6)涂料完毕后，应将涂料日期、涂料品种、漆膜厚度、施工单位等信息标志在钢梁的明显部位。钢桁梁涂装如图 4-10-20 所示。

图 4-10-20 钢桁梁涂装

5. 回检

作业结束后，作业负责人认真组织回检，工机具材料移出限界。

(四)质量标准

1. 涂装施工条件

(1)钢表面清理严禁在雨、雪、凝露和相对湿度大于85%及风沙天气进行。

(2)环氧类漆不允许在10 ℃以下施工，无机富锌防锈防滑涂料、酚醛漆、醇酸漆、聚氨漆、氟碳面漆不允许在5 ℃以下施工。不允许在相对湿度80%及以上、雨天、雾天或风沙场合进行涂装施工。

(3)钢结构表面清理后应在4 h内涂装第一道底漆或电弧喷铝涂层，电弧喷铝完成后应立即覆盖封孔剂。

(4)涂装涂料涂层需在上一道涂层实干后再涂装下一道漆，底漆、中间漆最长暴露时间为7 d，两道面漆间隔若超过7 d，需用细砂纸打磨涂层表面，直至成细微毛面后方能涂下一道漆。

2. 钢表面清理质量标准

(1)电弧喷铝或涂装环氧富锌底漆达到Sa3级。

(2)涂装红丹或聚氨酯底漆达到Sa2.5级。

(3)箱形梁内涂装环氧沥青底漆达到Sa2级。

(4)维护涂装环氧富锌底漆或电弧喷铝达到Sa2.5级。

(5)附属钢结构涂装红丹底漆或维护涂装红丹底漆达到St3级。

(6)涂膜粉化清理，涂层表面打磨污垢清除彻底，不损伤底漆。

3. 涂装涂层质量标准

(1)涂料的涂装体系、层数、厚度符合规定。

(2)涂层表面平整均匀，新旧涂层衔接平顺，色泽不匀不超过5%。

(3)无剥落、裂纹，附着力不小于3 MPa。

(4)无气泡、气孔。

4. 电弧喷铝质量标准

(1)涂装体系:涂层厚度符合规定。

(2)涂层表面平整、均匀，附着力符合要求。

(3)无起皮、鼓泡、大熔滴、散粒、裂纹、掉块。

(五)安全风险提示

1. 严格执行工务五项禁令、双命令制度，按规定设置防护，上道前严格执行“眼看、手比、口呼”制度。

2. 现场防护员与驻站(所)联络员保持3～5 min联系一次，并按规定摄录进出通道门里程及下道避车情况。

3. 脚手架搭设要牢固可靠。

4. 高处作业戴好安全带(绳)、安全帽。

5. 穿戴好相关劳动保护用品。

五、圬工梁横隔板加固、断裂修补、梁体加固

(一)作业目的

对圬工梁体进行加固，确保其整体性、耐久性达到要求。

(二)作业条件

利用天窗点内、外作业。

(三)作业流程

1. 作业准备

工机具材料：张拉设备、钢筋探测仪、发电机、电焊机、振捣器、电锤、电钻、水钻、钢筋、波纹管、钢绞线、铁丝、手锤、木板、商品混凝土、铁锹、水桶、模板、方木、焊条、安全带(帽)、脚手架等(上道工机具必须粘贴黄色反光标识及编号)。

2. 设置作业防护

(1)到达作业地点附近的作业通道后，网外集体拍照上传；严格执行通道门开关作业负责人负责制。

(2)现场防护员与驻站联络员核对作业信息，确认是否可以进入通道门。

(3)远端防护员在确保安全的情况下，沿路肩行走至指定地点，到达后向现场防护员通报所站位置；设置好防护后，作业人员进入作业地点。

3. 加固作业(操作)方法、步骤

(1)搭设作业平台。

(2)凿除横隔板。凿除既有梁体内侧横隔板，并在新旧混凝土结合部位将梁体表面凿毛至露出石子，加固作业平台用水清洗干净，以使新旧混凝土连接牢固。凿除横隔板时应注意保留隔板内钢筋。横向预应力筋两端锚固部位的梁体外表面要进行打磨，以便锚具垫板与既有梁体密贴。横隔板病害如图 4-10-21 所示。

图 4-10-21　横隔板病害

(3)测量钻孔位置。根据设计图纸及施工规范要求，测量出钻预应力钢筋孔的位置，再使用钢筋探测仪器探测钻孔处钢筋的情况，如果钻孔的位置有钢筋，则适当调整钻孔的位置，但移动距离不宜大于 50 mm。调整孔位时两片梁对应部位的预应力钢筋孔同时移动，以

保证两片梁的孔位在同一轴线上，且轴线垂直于腹板。

(4)钻孔。预应力筋孔位经过钢筋探测仪探测并调整后，用钻机钻预应力钢筋孔道，钻孔机用固定支架固定，钻孔中避免损伤预应力筋与主筋，并保证钻孔的水平度和垂直度，同时注意使两片梁的钻孔中心在同一直线上。钻孔完成后，孔内用水清洗干净。

(5)钢筋绑扎、安装预应力钢筋及波纹管。在预应力钢筋孔以及新旧混凝土结合部位表面凿毛完成后，在梁片之间撑上方木，安装好模板底板。将保留的横隔板主筋与新梁主筋用电焊焊接，然后按照钢筋设计布置图绑扎钢筋，同时安置波纹管，将预应力钢绞线安装在波纹管内，使钢绞线垂直于梁片，最后将其固定。

(6)安装模板。按横隔板的设计尺寸制作定型组合模板。模板应具有足够的强度、刚度和稳定性，能安全可靠地承受混凝土的重力、侧压力；模板表面平整、接合严密并便于拆卸；立模时留注入孔，便于混凝土入模。

(7)浇筑混凝土。为保证混凝土强度，采用等级为 C50 的商品混凝土或泵送自密实混凝土。混凝土宜分 3 次灌入，从两片梁之间的间隙(线路中心处)灌入，若间隙过小可适当凿大。第一次约装入总量的 1/2，用插入式振捣器振捣密实；第二次装入混凝土拌和物直至与进料口平齐，再振捣密实；最后填实整个缝隙口。每个连接板的混凝土从加入搅拌器，至浇筑完毕不宜超过 1 h。在浇筑连接板混凝土同时，应制作混凝土强度试块并测量 28 d 龄期的强度，为终张拉提供依据。

(8)张拉。张拉前首先进行张拉传力柱设计和制作，并对预应力钢筋进行冷拉后的时效处理。张拉工艺采用一端张拉，另一端锚具垫板外旋紧螺母。当混凝土强度达到设计值的 80%时方可张拉，张拉前应对千斤顶、油表、油泵进行配套标定(更换千斤顶、油表、油泵的配件后必须重新标定，配套标定使用期为一个月)。张拉时，先张拉跨中段，再张拉梁端段，每段两根预应力筋同时张拉。预应力筋张拉前，张拉缸需先顶出 50 mm，张拉过程中，油泵进油要缓慢平稳，当张拉力达到预定的吨位后，锁紧螺母，即可顶压回油。

(9)孔道压浆、封锚。从拌水泥浆到开始向孔道压浆，间隔时间不大于 40 min。压浆前水泥浆须不断搅动，以防和易性降低。为保证孔道全部充浆，在水泥浆凝固前，塞子、盖子或气门不得移动或打开。水泥浆压注工作在一次作业中连续进行，并让出口处冒出废浆，直至不含水沫气体的浆液排出，其稠度与压浆的浆液稠度相同时停止(流出浆液的喷射时间不少于 11 s)。然后将所有出浆口和孔眼封闭，压浆端的水泥浆最小压力升至 0.7 MPa，维持 10 s。最后采用细石混凝土封锚，封锚混凝土顶面做成流水坡，与既有混凝土结合部位涂刷 2～3 道防水涂料。

4. 回检

作业结束作业负责人认真组织回检，做好场地清理。

(四)质量标准

1. 横向预应力筋布置符合设计要求。
2. 梁体凿毛后应清洗干净。
3. 钢筋绑扎符合要求。
4. 立模时两片梁间的硬木块支撑要牢固。
5. 初、终张拉时的预应力值应符合设计要求。
6. 灌注联结板用的混凝土强度符合设计要求。

7. 新浇筑混凝土不得有麻面、空洞、裂纹。

8. 拆模时混凝土强度应符合有关规范要求。

9. 按规定做好混凝土养护。

(五)安全风险提示

1. 防护体系设置完毕以后方可上道作业。

2. 防护员在工作期间必须做到坚守岗位,集中精力,认真瞭望,不得做与工作无关的事,不得擅自离开岗位。

3. 作业人员要穿戴好劳动保护用品。

4. 使用风动工具作业前要加强检查,保证机械性能良好。

5. 手工凿除时,钢钎、锤把要勤检查,锤把安装牢固。

6. 高处作业按规定佩戴安全带,系好安全绳,穿防滑鞋。安全带、安全绳作业前进行检查。

7. 需要天窗点外上线、上道作业必须执行安全防护工作标准,设置现场防护员、远端防护员和驻站联络员。

8. 作业人员严防工料具坠落伤及桥下车、船、人。

六、加固圬工墩台及基础

(一)作业目的

对破损不良墩台及基础进行加固,确保其强度达到要求。

(二)作业条件

利用天窗点内作业或非上道作业。

(三)作业流程

1. 作业准备

工机具材料:发电机、挖掘机、搅拌机、电锤、撬棍、铁锹、手锤、抹子、钢筋、铁丝、木板、水泥、砂、石子、水桶等(上道工机具必须粘贴黄色反光标识及编号)。

2. 作业方法

(1)用挖掘机或铁锹对墩台周围的淤泥进行开挖,并做好围堰,对墩台基础混凝土进行凿毛。

(2)钻孔,增设牵钉,绑扎钢筋。

(3)立模浇筑。根据基础加固尺寸立模,灌注混凝土,如图 4-10-22 所示。

(4)保湿养护。灌注混凝土后,应做好保湿养护。

(5)拆模回填。灌注混凝土凝固后应进行拆模,并及时回填土方。

3. 回检

作业结束后作业负责人组织回检,清点人员、工机具和材料数量,责任到人并签认。

(四)质量标准

1. 牵钉埋设牢固。

2. 钢筋绑扎牢固且符合设计要求。

3. 模板安装符合规范要求。

图 4-10-22　立模浇筑

4. 混凝土振捣密实，强度等级符合要求。

5. 养护方法及时间符合要求。

(五)安全风险提示

1. 作业人员严格按规定使用劳动保护用品。

2. 使用挖掘机应做好专人监护，防止挖掘机碰撞桥墩和作业人员，使用电器设备要安装漏电保护器，电工、挖掘机司机要持证操作。

3. 严格执行作业回检制度、人员材料工具清点制度，确保人员、工机具、材料不要遗留在现场。

七、更换折断的支座锚螺栓或销钉

(一)作业目的

更换失效折断的支座锚螺栓及销钉，及时消灭病害处所，确保设备质量均衡受控。

(二)作业条件

利用天窗点内作业。

(三)作业流程

1. 作业准备

(1)工机具材料：发电机、电锤、千斤顶、扳手、手锤、大锤、扭力扳手、刷子、棉纱、砂浆、锚栓等(上道工机具必须粘贴黄色反光标识及编号)。

(2)照明灯具必须满足作业的需求，由专人负责，施工前必须检查照明设备的状态，严禁设备带病上道。夜间施工作业前将照明灯具布置完毕。

2. 设置作业防护

(1)上道作业人员参加班前点名、安全预想，掌握当日作业地点、时间、项目，作业区段环境自然状况，作业项目存在的安全风险，作业负责人、驻站联络员、现场防护员姓名、联系方式，行走路径，机具使用等。

(2)严格执行三确认制度。

(3)施工天窗防护办法应遵循《高速铁路工务安全规则(试行)》第 3.4.6 条规定设置移

动停车信号防护。

3. 更换锚栓

(1)清凿支座下混凝土及锚栓，可先凿除支座外沿的一部分，边凿边用硬木垫紧，锚栓凿除前必须把梁加撑牢固。

(2)开凿锚栓孔，在支座旁斜向凿孔，其深度要大于锚栓全长，从侧面取出旧锚栓。清除碎混凝土，使用小铁勺彻底挖除并冲洗干净，如图 4-10-23 所示。

图 4-10-23　凿出锚栓

(3)从侧面将锚栓插入底板锚栓孔内，垫入部分砂浆，然后按设计位置及高度将锚栓打紧捣实。

(4)捣垫砂浆前在左、右、后侧三面垫以坚实硬木板作为模板，基面清洁，捣垫砂浆厚一般以 50 mm 为宜，不能超过 80 mm，如需超过时，可分两层两次捣垫。捣固器方头大小直接影响捣固质量，捣固方头的面积最好在 45 cm^2 左右(即 9 cm×5 cm)，最大不超过 65 cm^2。捣固器方头厚度要较砂浆厚度小 10 mm(有条件的要采用风动捣固器)，每捣固一次装入的砂浆量以捣实后的厚度(指顺捣方向的厚度)不超过 80 mm 为适合，打锤方法要先轻后重，每层打到感觉振手和表面开始呈现潮湿(即冒汁)，并用手指甲不能压刻成深痕时即为捣固良好，并在四周抹好排水坡。

(5)使用湿草覆盖，保证润湿养护不少于 7 d。

4. 回检

作业负责人组织进行回检，清点人员、工机具和材料数量，责任到人并签认。

(四)质量标准

1. 位置正确、不缺螺帽、不松动、不弯曲、不锈蚀、不积水。

2. 锚栓直径符合要求。

3. 埋入深度满足要求，埋入部分下端要有倒刺或钩头。

4. 螺栓杆高出螺帽顶不少于 3 mm。

5. 使用化学制剂需符合要求。

6. 从底板底面向外做成向下的排水坡，排水坡顶部要伸入底板边缘内 10～20 mm，通过支座周围的排水坡或排水沟槽将水引出。

(五)安全风险提示

1. 必须严格执行安全防护工作标准。

2. 人员、工机具、材料做到三确认、三清点。

3. 在 2 m 以上高处作业应戴安全帽、系好安全带,上下脚手架要做到手抓牢、脚踩稳。

4. 在桥下部作业认真做好防护,确保道路交通安全。

5. 凿孔时要戴护目眼镜、安全帽、口罩,掌钎人要戴手套,打锤人不得戴手套。

6. 锤把要牢,锤头、钎顶不得有飞边,二人不得对面打锤。

7. 严格执行作业回检制度,确保人员、工机具、材料不要遗留在现场。

八、修复或加固防护及河调建筑物

(一)作业目的

修复加固桥隧防护及河调建筑物,确保桥隧结构不受影响。

(二)作业条件

利用非上道作业。

(三)作业流程

1. 作业准备

(1)工具材料:砍刀、草刀、小土镐、铁锹、锄头、抬筐、抬杠、竹刷、扫把、手锤、凿钎、拌灰盘、灰桶、灰抹、托灰板、砂、片石或碎石、水泥等(上道工具必须粘贴黄色反光标识及编号)。

(2)作业人员对工具性能及安全性进行检查确认,防止将损伤的工具带入作业现场,影响作业进度和质量。

2. 作业(操作)方法、步骤

(1)将防护设备四周 1 m 范围内杂草、小树、大茅草(小树)根清理干净,填平坑洼。

(2)清除防护设备坡面杂草、小树、大茅草(小树)根、藤蔓、杂物等,清理堆积土石,铲除青苔,清理疏通泄水孔,如图 4-10-24 所示。

图 4-10-24 清理防护坡面

(3)凿除破损部位松散圬工或失效灰缝,并清洗干净。
(4)根据工作量,拌制砂浆。
(5)将拌制好的砂浆运至施工现场。
(6)抹砂浆时,灰浆一定要压实,以减少新缝空音的产生。
(7)勾缝结束后,清洁作业面,清除灰边和堆积砂浆。
(8)砂浆勾缝完毕后要及时覆盖,并经常洒水保持湿润。
(9)作业经回检合格后,拆除作业所用安全设备。

3. 回检

作业结束后作业负责人组织回检,清点人员、工机具和材料数量,责任到人并签认。

(四)质量标准

1. 松散圬工或失效灰缝凿除彻底(浆砌片石灰缝凿除深度不少于 3 cm),灰缝周边(灰石交接面)刷洗干净。

2. 砂浆标号符合设计要求并不得小于圬工体所用标号。

3. 拌和均匀,颜色一致,稠度适当,随拌随用。

4. 安全警示绳立柱要埋设在道床坡脚且牢固;不得侵限,且不得高于轨面;长度不得小于施工影响长度。

5. 高处作业安全设施搭设要安全牢固。

6. 防护设备四周 1 m 范围内无杂草,周围坑洼填平整齐,拦石墙后部无堆积杂物。

7. 防护设备坡面、平台无杂物,无土石堆积,泄水孔畅通。

8. 圬工破损处无漏修、灰缝脱落,断裂处无漏勾。砂浆压实,无肥边、无砂浆堆积。新旧圬工结合良好,接茬平顺、光滑。

9. 养护良好。使用普通水泥时,在较潮湿的环境中(相对湿度大于 60%)养护不少于 7 d,较干燥的环境中(相对湿度小于 60%)养护不少于 14 d。每天浇水次数及浇水量要以保持圬工始终处于湿润状态为原则。

(五)安全风险提示

1. 多人共同作业时,要统一指挥,相互间保持一定的安全距离,防止工具伤人。

2. 在地面 2 m 以上高处及陡坡作业时,要戴好安全帽,系好安全带、安全绳,不得穿带钉或易滑溜的鞋。

3. 使用脚手架必须满足安全的要求,脚手架要搭设牢固,有专人负责,经常检查整修,不得浮起活动。

九、加固或恢复桥涵限高防护架

(一)作业目的

对桥涵限高防护架结构件脱落、缺焊等结构不良部位进行整治,确保其防护功能。

(二)作业条件

利用非上道作业。

(三)作业流程

1. 作业准备

工机具材料:吊机、发电机、电焊机、毛刷、除锈铲、手锤、梯子、脚手架、反光漆(黄、黑)、安全带、安全帽、各种标志牌、路锥等(上道工机具必须粘贴黄色反光标识及编号)。

2. 整修作业

(1)按规定对被撞的限高架进行恢复。

(2)换补失效构件或焊接脱落构件,如图 4-10-25 所示。

图 4-10-25　构件脱落的限高防护架

(3)重新连接或焊接限高架横梁,对防撞护栏断开部位进行焊接。

(4)更换或修理各种标志。

(5)对锈蚀部位进行除锈并重新涂刷反光漆。

3. 回检

作业负责人认真组织回检,组织清点人员、工机具和材料数量,责任到人。

(四)质量标准

1. 整修后的防护架各部件连接牢固,限高、限宽符合要求。

2. 限高、限宽标志位于限高架横梁中间,反光膜字迹清晰。

3. 清除防护架锈蚀或污垢,用黄、黑两种油漆按 20 cm 间距刷新。

4. 刷新后油漆无流挂、无漏涂、间距准确。

(五)安全风险提示

1. 高处作业按规定佩戴安全带,不准穿带钉和易溜滑的鞋,系好安全绳。安全带、安全绳作业前进行检查。

2. 搭拆脚手架符合相关规定,施工地段铺挂安全网,工机具不得乱丢乱放。

3. 吊机作业时起重臂下严禁站人,作业人员严禁直接用手触碰钢丝绳。

4. 作业地点若有车辆通行应设有路面看车防护。

十、修理或更新隧道照明及机械通风

(一)作业目的

更换损坏或老化的隧道照明设备和机械通风设备,提升隧道照明和通风效果。

(二)作业条件

利用天窗点内作业。

(三)作业流程

1. 作业准备

(1)工具材料:脚手架、缆绳、梯子、扳手、电工工具等(上道工具必须粘贴黄色反光标识及编号)。

(2)照明灯具必须满足作业的需求,由专人负责,施工前必须检查照明设备的状态,严禁设备带病上道。施工作业前将照明灯具布置完毕。

2. 设置作业防护

(1)到达作业地点附近的作业通道后,网外集体拍照上传;严格执行通道门开关作业负责人负责制。

(2)现场防护员与驻站联络员联系核对作业信息,确认是否可以入网或网内行走。

3. 作业步骤

(1)搭设脚手架。天窗开始后,设置好防护,确定接触网停电后,搭设脚手架。

(2)更换通风设备。作业人员对通风装置进行维修或更换。隧道通风设备如图 4-10-26 所示。

图 4-10-26　隧道通风设备

(3)更换照明设备。作业人员对照明灯装置进行维修或更换。隧道照明设备如图 4-10-27 所示。

图 4-10-27　隧道照明设备

(4)调试工作。作业人员对更换或维修的通风装置、照明灯装置分别进行通电调试。

4. 回检

作业结束后作业负责人认真组织回检,组织清点人员、工机具和材料数量并进行回收,责任到人。

(四)质量标准

1. 隧道通风

(1)列车通过隧道后 15 min 以内,空气中 CO 浓度在 30 mg/m^3 以下,氮氧化物(换算成

NO_2)浓度在 10 mg/m³以下。

(2)电化运营隧道内的湿度应小于 80%,温度应低于 28 ℃,臭氧浓度应小于 0.3 mg/m³,含有 10%以下游离 SiO_2的粉尘浓度应小于 10 mg/m³。

(3)瓦斯隧道在运营期间,必须进行瓦斯检测,隧道内在任何时间、任何地点瓦斯浓度不得大于 0.5%。

2. 隧道照明

(1)洞内所有照明设备,都应安装在基本建筑限界以外。

(2)固定指示照明最小照度在任何情况下不得小于 1 lx,作业照明最小照度不小于 15 lx。

(3)设有固定照明装置且有救援通道的隧道,应设置应急照明设施。

(五)安全风险提示

1. 防护体系设置完毕以后方可上道作业。

2. 防护员在工作期间必须做到坚守岗位,集中精力,认真瞭望,不得做与工作无关的事,不得擅自离开岗位。

3. 高处作业按规定佩戴安全带(绳)和安全帽。安全带(绳)作业前应进行检查。

4. 按规定穿戴好绝缘鞋及劳动保护用品;需停电作业。

5. 快速搭设脚手架,脚手架的刚度、强度、稳定性满足设计要求,四周增设脚手架缆绳,防止脚手架倾覆。

6. 当通风装置较大、较重时,可与厂家联系,设置成拼装式结构,方便安装。

7. 灯具和通风装置的安装严格按照产品说明要求。

8. 作业后确保隧道衬砌上的紧固装置安全可靠,螺栓拧紧扭矩满足要求,并有防松设置。

十一、整治隧道洞口边坡、仰坡

(一)作业目的

整治状态不良的洞口边坡,确保行车安全设备状态受控。

(二)作业条件

利用天窗点内作业。

(三)作业流程

1. 作业准备

(1)工机具材料:小型混凝土拌和机、铁桶、抬筐、铁锹、手锤、灰盘、灰桶、撬棍、水泥、砂、石子、木板、圬工工具等(上道工机具必须粘贴黄色反光标识及编号)。

(2)照明灯具必须满足作业的需求,由专人负责,施工前必须检查照明设备的状态,严禁设备带病上道。夜间施工作业前将照明灯具布置完毕。

2. 设置作业防护

(1)到达作业地点附近的作业通道后,网外集体拍照上传;严格执行通道门开关作业负责人负责制。

(2)现场防护员与驻站联络员联系核对作业信息,确认是否可以入网或网内行走。

3. 整治流程

(1)按照审批的施工方案改移封闭栅栏。

(2)清除浮土、松石、冲沟,使基底大致平整,如图 4-10-28 所示。

图 4-10-28　隧道洞口、边坡

(3)按要求打定位桩、放样挂线、立伸缩缝板。

(4)清洗、刷片石上的泥和污垢。

(5)搭架砌筑。

(6)勾缝。勾缝有平缝、凸缝、凹缝。浆砌片石以平缝为宜,凹缝多用于石料方正、墙面平整之处,凸缝多用于不甚平整的石料。勾缝砂浆等级应比砌筑等级略高,主体工程采用砂浆强度不低于 M10 的水泥砂浆,附属工程采用砂浆强度 M7.5 的水泥砂浆。沉降缝、伸缩缝处应平整垂直,留设的泄水孔应做到位置、尺寸、排水坡度正确。

(7)按规定时间进行养护。

4. 回检

作业结束后,作业负责人认真组织回检,并及时清理现场,及时通知驻站联络员作业已完毕。

(四)质量标准

1. 砌体尺寸、砂浆强度等级符合要求。

2. 砌石表面平顺,用 2 m 弦线量,凸凹不超过±5 cm;片石清洁,污垢清洗干净;石质无风化、无裂缝,耐久性、抗冻性符合要求;

3. 分层填筑,丁顺相间,砂浆饱满、密实、无松动及空隙;垂直灰缝无贯通,错缝间距离不小于 80 mm,三块石料相砌,内切圆不大于 70 mm;砂浆灰缝宽度不大于 4 cm,不小于 2 cm。

(五)安全风险提示

1. 防护体系设置完毕以后方可上道作业。

2. 防护员在工作期间必须做到坚守岗位,集中精力,认真瞭望,不得做与工作无关的事,不得擅自离开岗位。

3. 作业时注意脚下,防止踩空、摔倒。

4. 高处作业按规定佩戴安全带(绳)和安全帽;安全带(绳)作业前应进行检查。

5. 脚手架搭设要牢固可靠。

十二、隧道加固洞门

(一)作业目的

对隧道破损的洞门进行加固,提高隧道洞门使用性能。

(二)作业条件

利用天窗点内作业。

(三)作业流程

1. 作业准备

(1)工机具材料:脚手架、混凝土凿除机、振动棒、钢筋、模板、搅拌车、泵车、混凝土料、铁锹、手锤、抹子等(上道工机具必须粘贴黄色反光标识及编号)。

(2)班前预想到位,针对风险项采取有效的卡控措施。

2. 设置作业防护

(1)到达作业地点附近的作业通道后,网外集体拍照上传;严格执行通道门开关作业负责人负责制。

(2)现场防护员与驻站联络员联系核对作业信息,确认是否可以入网或网内行走。

3. 作业方法

(1)搭设脚手架。天窗开始,设置好防护并确定接触网停电后,搭设脚手架。

(2)混凝土凿除。对破损混凝土进行凿除。

(3)钻孔植筋。对需要加固的部位进行钻孔植筋,绑扎钢筋。

(4)立模浇筑。根据实际尺寸立模,灌注混凝土。

(5)保湿养护。灌注混凝土后,应做好保湿养护。

(6)拆模。混凝土凝固强度达到要求后,进行拆模。隧道洞门如图 4-10-29 所示。

图 4-10-29 隧道洞门

4. 回检

天窗结束前,拆除侵限的脚手架,作业负责人认真组织回检,工机具材料撤出限界。

(四)质量标准

1. 脚手架强度、刚度、稳定性满足要求。

2. 混凝土料要求速凝。

3. 混凝土浇筑时注意振捣到位。

4. 模板受力性能良好,连接牢固。

5. 监控装置 24 h 不间断监控,发现位移量和应力变化超过设计时及时采取应急措施。

(五)安全风险提示

1. 防护体系设置完毕以后方可上道作业。

2. 防护员在工作期间必须做到坚守岗位,集中精力,认真瞭望,不得做与工作无关的事,不得擅自离开岗位。

3. 按规定穿戴好劳动保护用品,高处作业按规定佩戴安全带(绳)和安全帽;安全带(绳)作业前应进行检查。

4. 作业时注意脚下,防止踩空、摔倒。

5. 工机具材料防止掉落侵入限界。

6. 供电部门配合停电施工。

十三、加固涵洞

(一)作业目的

加固涵洞主体结构,提高涵洞受力性能。

(二)作业条件

利用非上道作业。

(三)作业流程

1. 作业准备

工具材料:钢筋、铁丝、撬棍、手锤、扁铲、木板、水泥砂浆、毛刷、水桶等(上道工具必须粘贴黄色反光标识及编号)。

2. 作业(操作)方法、步骤

(1)钢筋加工及绑扎。

①根据现场实际进行钢筋布置施工,在钢筋除锈后,进行布筋、绑扎、弯曲、焊接,扎丝头向里或向下绑扎。

②钢筋骨架必须具有足够的刚度和稳定性,在钢筋布筋、绑扎时,要求主筋、箍筋间距均匀。

(2)模板安装。

①按结构尺寸进行测量放线。

②模板安装前应将模板内的杂物、积水,钢筋上的污垢清理干净。模板若有缝隙应填塞严密。模板内涂刷脱模剂。

③用木楔进行支撑加固,如图 4-10-30 所示。

图 4-10-30　模板安装

(3)混凝土浇筑

①混凝土应按一定厚度、顺序和方向分层浇筑，应在下层混凝土初凝前浇筑完成上层混凝土。

②使用插入式振动器时移动间距不应超过振动器作用半径的 1.5 倍，与侧模保持 50～100 mm 的距离，插入下层混凝土 50～100 mm，每一次振动完毕后应边振动边徐徐提出振动棒，避免振动棒碰撞模板、钢筋及其他构件。对每一振动部位必须振动到该部位混凝土密实为止，即混凝土停止下沉，不再冒出气泡，表面呈现平坦泛浆。

③混凝土浇筑完成应在收浆后养护 7 d。脱模时混凝土强度应达到规定强度，脱模后表面有缺陷时应及时予以修理。

3. 回检

作业负责人认真组织回检，工机具材料清点带回，作业现场清理干净。

(四)质量标准

1. 牵钉埋设牢固。
2. 钢筋绑扎符合设计要求并牢固。
3. 立模尺寸符合要求。
4. 混凝土振捣密实，且强度等级符合要求。
5. 养护方法及时间符合要求。

(五)安全风险提示

1. 高处作业按规定佩戴安全带(绳)和安全帽；安全带(绳)作业前应进行检查。
2. 按规定穿戴好绝缘鞋及劳动保护用品。

十四、加固明洞

(一)作业目的

对明洞破损的衬砌进行加固，提高隧道明洞使用性能。

(二)作业条件

利用天窗点内作业。

(三)作业流程

1. 作业准备

(1)工机具材料:脚手架、混凝土凿除机、振动棒、钢筋、模板、搅拌车、泵车、混凝土料、铁锹、手锤、抹子等(上道工机具必须粘贴黄色反光标识及编号)。

(2)班前预想到位,针对风险项采取有效的卡控措施。

2. 设置作业防护

(1)到达作业地点附近的作业通道后,网外集体拍照上传。

(2)现场防护员与驻站联络员联系,核对作业信息,确认是否可以入网或网内行走。

(3)作业负责人接到封锁命令(命令号、作业起讫时间)后,按要求设置并确认防护已到位,通知作业人员开始作业。

(4)施工天窗防护办法按照《普速铁路工务安全规则》第 2.5.11 条规定设置移动停车信号防护。

3. 作业方法

(1)搭设脚手架。天窗开始,设置好防护并确定接触网停电后,搭设脚手架。

(2)混凝土凿除。对破损衬砌混凝土进行凿除。

(3)钻孔植筋。对凿除部位进行钻孔植筋(必要时打锚杆,修复防水板),绑扎钢筋。

(4)立模浇注。根据现场尺寸立模,灌注速凝混凝土。

(5)保湿养护。灌注混凝土后,应做好保湿养护。

(6)拆模。混凝土凝固强度达到要求后,进行拆模。加固明洞如图 4-10-31 所示。

图 4-10-31　加固明洞

4. 回检

天窗结束前,拆除侵限的脚手架,作业负责人认真组织回检,工机具材料撤出限界。

(四)质量标准

1. 脚手架强度、刚度、稳定性满足要求。

2. 混凝土料要求速凝。

3. 混凝土浇筑时注意振捣到位。

4. 模板受力性能良好,连接牢固。

5. 监控装置 24 h 不间断监控，发现位移量和应力变化超过设计时及时采取应急措施。

（五）安全风险提示

1. 上道作业必须执行安全防护工作标准，设置现场防护员和驻站联络。

2. 现场防护员与驻站（所）联络员保持 3～5 min 至少联系一次，并按规定摄录进出通道门里程。

3. 登高作业必须悬挂安全带，人员登高时抓稳扶牢。

4. 脚手架需要专门验算其强度、刚度、稳定性。

第十一章　桥隧建筑物施工作业

本章介绍桥隧建筑物施工作业中的钢筋作业、模板作业、混凝土作业、搭拆脚手架作业、砌石作业、砂浆抹面作业等项目的作业流程及质量标准。

第一节　钢筋作业

一、作业流程

1. 作业准备

(1)工机具材料：工作台、钢筋扳手、手锤、钢筋调直机、钢丝刷、砂布、棉纱、断线钳、扎丝、钢筋钩、石笔、钢直尺、小撬棍、钢筋料、卷尺等(上道工机具必须粘贴黄色反光标识及编号)。

(2)准备工作：整平场地，检查安装机具，搭设工作台；熟悉图纸，核对材质、合格证、规格、型号等。

2. 钢筋顺直、除锈

(1)钢筋矫直有机械拉直和人工调直两种方法。

①机械拉直：适用于盘条，它可以同时完成拉伸、除锈、调直三个工序。常用的机械有钢筋调直机等。

②人工调直：当数量小时，可在木墩或木台上用锤击打弯曲部分即可，但应防止击伤；也可以把钢筋放在工作台上板柱间，用平头横口扳子调直。

(2)钢筋除锈有人工除锈和机械除锈两种。

3. 钢筋配料

(1)钢筋配料计算：构件中的钢筋弯曲成型时会引起钢筋长度的变化，因此，应根据施工图纸中标注的不同编号钢筋尺寸，分别计算出其切断时的直线长度(称为下料长度)，编制配料单，作为加工的依据。

(2)钢筋截断：截断前应根据配料单进行统筹安排，本着长料长用、短料短用、长短搭配、合理用料的原则，按下料长度准确下料。截断钢筋的一般方法有截断机截断和人工截断两种。在人工截断中，直径 20 mm 以下的钢筋可用手动切断机或断线钳切断，直径 20 mm 以上的钢筋可用踏口配合铁砧和大锤或切割机截断。

(3)钢筋接长：当钢筋的长度不足以满足设计图中要求的某些型号钢筋全长时，需配筋接长。常用的接长方法有绑扎法和焊接法两种。

①绑扎法：一般是将两根钢筋搭头用铁丝绑扎起来。在接头处，受拉区域内的圆钢筋末端应做彼此相对的弯钩，在钢筋搭接部分的中心及两端使用铁丝绑扎牢固，对螺纹钢筋可不做弯钩，直接相搭绑扎即可。

②焊接法：钢筋焊接接长是钢筋加工中的一项重要工作，也是保证钢筋强度、节约钢材、

加速施工进度和保证工程质量的重要措施。常用的有接触对焊和电弧焊两种。对焊一般采用闪光对焊机，电弧焊一般采用交流电焊机。

4. 钢筋弯制

钢筋的弯制分人工和机械两种方式。

(1)人工弯制：直径在 12 mm 以下的细钢筋，通常在工作台上使用钢筋扳手进行弯制。对弯曲形状比较复杂的钢筋，需在弯制前将钢筋的各段尺寸划在钢筋上。其划线方法是：在划弯曲钢筋分段尺寸时，须将各弯曲角度的伸长值在弯曲操作方向相反的一侧长度内扣除，在钢筋上分段划尺寸线，然后进行弯制。

(2)机械弯制：使用钢筋弯曲机弯制钢筋，既能保证质量，又能提高工效、减轻劳动强度。

5. 钢筋绑扎和安装

钢筋绑扎前应先按设计图核对钢筋配料和成型钢筋料牌，绑扎常用工具为钢筋钩和小撬棍。安装钢筋时，钢筋的位置及混凝土保护层厚度应符合设计要求。

6. 回检

复核尺寸，填写单项工程检查证。

二、质量标准

1. 钢筋的材质、型号、尺寸、弯制及布置符合设计要求。

2. 钢筋矫直无击伤、无局部硬弯，中心线对直线的偏差不超过钢筋全长的 1%。机械矫直的拉力要控制，Ⅰ级钢筋任何段的伸长率不超过 2%，Ⅱ、Ⅲ级钢筋任何段的伸长率不超过 1%。

3. 除锈彻底，表面无锈蚀、无油垢。

4. 钢筋下料长度计算正确。

5. 钢筋焊接、搭接、绑扎符合规定，骨架成型稳定、牢固。

6. 搭接长度承受拉力时不小于 $30d$(d 为钢筋直径)，承受压力时不小于 $20d$。直径大于 25 mm 的钢筋应用电弧焊接，搭接长度不小于 $4d$。

7. 无特殊规定时，箍筋应与主筋相垂直，箍筋转角与主筋的交点均应绑扎。箍筋弯钩的叠合处，在构件中应交错布置。

8. 同一截面受力钢筋的搭接钢筋截面积，受拉区不得超过钢筋总面积的 25%，受压区不得超过 50%；非同一截面的搭接钢筋接头间距不得小于搭接长度，搭接钢筋接头与弯曲处间距不得小于 $10d$，也不宜位于最大弯矩处。

第二节 模板作业

一、作业流程

1. 放样

应先放出小样，画出模板的构造及安装结点的构造图，形体复杂的应放出大样。

2. 制作

(1)模板制作应按设计图办理，在保证质量的前提下，最大限度地节约木材。

(2)与混凝土接触的板面应刨光,拼缝可为平缝、上下搭口缝、企口缝及夹条缝等。缝隙处用油灰、木条等嵌塞紧密。定型模板宜用企口缝或夹条缝。

(3)组拼模板应在工作台或平整的场地上进行,以挤紧板缝,控制楞木间距,使模板平直、整齐,尺寸符合要求。

(4)组拼模板的铁线钉钉头应钉平板面,如有凹入板面者,钉坑宜用油灰抹平。铁线钉和螺栓规格及排列应符合设计要求。

二、质量标准

1. 模板制作

(1)应保证混凝土结构各部分的设计形状、尺寸、相互间位置的正确性。

(2)模板应具有足够的强度、刚度和稳定性,能安全地承受新灌混凝土的重力、侧压力及在施工中可能产生的各项荷载。

(3)模板应制作简单,安装方便,便于拆卸和多次使用,接合严密,不漏浆。

2. 模板的挠度

(1)结构外露面和直接支承混凝土重力的模板,不得超过其跨度的 1/400。

(2)结构隐蔽表面的模板,不得超过其跨度的 1/250。

(3)模板的弹性压缩或下沉度,不得超过其跨度的 1/1 000。跨度大于 4 m 的整体钢筋混凝土梁式构件,其模板应计算起拱高度。

3. 模板的允许偏差

普通木模板的允许偏差应符合设计要求。无设计要求的则不应超过表 4-11-1 的规定。

表 4-11-1　木制普通模板制作允许偏差

偏差名称	允许偏差值(mm)
拼合板的长度和宽度与设计尺寸的偏差	5
不刨光模板的拼合板,相邻两板表面的高低差	3
刨光模板的拼合板,相邻两板表面的高低差	1
拼合板中木板间的缝隙宽度	2

注:考虑木板干燥后在拼合板中会产生缝隙,2 mm 以下的缝隙可在灌注前浇湿木板,使其密合。

4. 模板拆除

(1)拆除模板工作应自上而下进行,先拆除非承重模板,后拆除承重模板。拆模时,用力不宜过猛过急,不应使混凝土受振损伤,并应减少模板破损。

(2)拆除拱架、拱圈及跨度大于 8 m 梁式结构的模板时,应根据设计要求的程序及技术措施进行。先缓慢地松动支架(如将木楔放松,由砂筒中放砂,降落千斤顶等),使支架平稳地分段逐渐降落,并对整个结构状态进行仔细检查,当确认一切正常后,方可拆除。

(3)利用吊车拆卸模板时,必须使模板和混凝土完全脱离后,方可吊运。

(4)拆除临时埋设于混凝土中的木塞和其他部件时,应采取措施防止混凝土受到伤损。

(5)拆模后的结构,应在混凝土获得 100%设计强度后,方可承受全部设计荷载。

(6)拆模时,不应影响混凝土的继续养护工作。

第三节　混凝土作业

一、作业流程

1. 作业准备

工机具材料:混凝土搅拌机、混凝土材料、铁锹、瓦工工具、木工工具、灰盘等(上道工机具必须粘贴黄色反光标识及编号)。

2. 施工前检查

(1)灌注混凝土前应清除模板内和钢筋上的泥污、木屑等杂物,积水、缝隙处应嵌塞严密,模板用水润湿。

(2)模板位置、高程及截面尺寸,施工的预留拱度。

(3)模板接合及支架、支撑、支柱等结构的可靠程度。

(4)拆卸支架、器具(如木楔、砂筒等)的装备。

(5)桥梁支座、锚定螺栓、压浆管、塞子等预埋件的安装位置和高程。

(6)钢筋骨架安装位置正确,焊缝符合设计要求。

3. 混凝土拌制

(1)人工拌和要点。

人工拌和混凝土的质量主要决定于施工人员操作的技术熟练程度和精心操作的工作态度。

①灰盘应保证平整、光滑、不渗水。灰盘一般采用大块薄钢板;也可在平坦的地面上,用水泥砂浆拌一层,养护达到一定强度后作为灰盘。拌和前应将灰盘上的泥污及旧灰浆等清除干净。拌和时应将灰盘放平,防止水泥浆外流。严禁在地面上拌和混凝土。

②拌和时,先将砂倒在灰盘上,大致摊平后将水泥倒在砂上,反复搅拌直到颜色均匀为止(至少拌 3 遍),再将石子倒入,干拌 1 遍,然后将拌和用水慢慢地喷洒在灰料上,一边洒水,一边拌和,水加完后湿拌 3～5 遍,拌至全部颜色一致,避免石子与水泥砂浆出现分离或不均匀现象。此即常说的人工拌和“三三制”。

③人工拌和时,通常以一袋水泥为一盘。砂、石应分别称重。

(2)机械拌制要点。

混凝土搅拌机有自落式和强制式两种。拌制塑性混凝土可采用自落式,拌制干硬性混凝土宜采用强制式。桥隧大维修工程常用自落式滚筒搅拌机。

①搅拌机的搅拌筒应保持清洁,工作中断 1 h 及以上均应清洗干净。清洗时,可加一些石子和清水搅拌 15 min,再将石子卸出。冬季应用热水清洗搅拌筒。

②搅拌机的供水设备应按照拌和用水量的标准调整好计量度盘。

③向搅拌机中投料有一次投料及二次投料两种方法。

一次投料是将各种材料几乎同时投放到搅拌筒内。通常先装砂,再装水泥,最后装石子、水及外加剂。

二次投料是先将砂、水泥、水、外加剂投入到搅拌筒内搅拌成砂浆,再加入石子搅拌成混凝土拌和物。

④每次投料应符合搅拌机的容量，不宜超装。在拌第一盘混凝土时，搅拌筒上会黏附一些水泥浆，可适当多装一些水泥和水，或少装一些石子。

⑤搅拌机的搅拌时间应根据混凝土和易性按要求确定。

⑥每次搅拌好的混凝土应卸尽，不要留存。在未卸完之前，不准进料。

⑦如中途因故不能搅拌时，应将搅拌筒内的拌和物全部卸出，并将搅拌筒清洗干净。

⑧工作完毕，应将搅拌机内外清洗干净；冬季施工还应将冷却水箱的水完全放出，以免冻坏。

4. 混凝土运输

混凝土搅拌好后，应尽快运送到灌注地点。

(1)混凝土在运输过程中不应发生离析、漏浆、严重泌水及坍落度损失过多等现象。如有离析现象，必须在灌注前进行二次搅拌，但不得再次加水。

(2)运送混凝土工具的内壁黏附的混凝土结块应经常清除，必要时应对运送工具加盖和保温。

(3)混凝土的运输能力应与拌制和灌注能力相适应，混凝土的运输延续时间不宜过长，当运输时间过长时，应采取措施，使混凝土灌注时的坍落度仍能适应灌注和振捣的需要。

5. 混凝土灌注

(1)灌注时，应尽量减低混凝土自由倾落的高度，一般不应超过 2 m。当受条件限制，有可能造成离析时，应利用滑槽、串筒、漏斗等器具或通过模板上预留的孔口灌注。

(2)灌注混凝土应水平分层进行，层厚应根据拌制能力、运输条件、灌注速度、振捣能力等决定。

(3)灌注混凝土宜连续进行，如必须间断，其时间应根据环境温度、水泥性能、水灰比、外加剂类型等条件通过试验确定。当无试验资料时，对不掺外加剂的混凝土，间歇时间不宜超过 2 h。当温度高达 30 ℃左右时，宜减为 1.5 h；当温度低至 10 ℃左右时，可延至 2.5 h，否则应按施工接缝(中断)处理。

(4)施工缝处理。

①灌注工作中断时，应在前层接缝面上，根据需要埋入接茬的片石、钢筋或型钢，并使其体积露出混凝土外一半左右。

②当灌注中断时，需待前层混凝土获得不少于 1.2 MPa 的抗压强度后，方可继续接灌。

③在旧混凝土接缝面上或中断接缝面上接灌新混凝土时，应先凿除施工接缝面上的水泥砂浆薄膜和表面上松动的石子或松散混凝土层，并以压力水冲洗干净，使之充分湿润，不存积水。

④灌注前，宜在施工缝表面先铺一层厚约 15 mm、与混凝土灰砂比相同而水灰比略小的水泥砂浆(竖向结合面上可刷水灰比 0.3 左右的薄水泥浆一层)，或铺一层厚约 30 cm 的混凝土(按新灌混凝土配合比减少 10%粗集料计)后，再接灌新层混凝土。

⑤施工接缝处的混凝土应加强振捣，使新旧层混凝土紧密结合。

6. 混凝土的振捣

混凝土的捣实方法分人工振捣和机械振捣两种。

(1)人工捣固。

人工捣实常用的工具有捣固锤、捣钎、捣固铲等。人工捣固要有足够的人员和齐全的工具，以确保每次灌注的混凝土能及时捣实。

（2）人工捣固质量要求。

①每次灌注的混凝土应及时捣实，无乱插、乱捣及漏捣现象。

②保证混凝土充分密实，并充满模板各个角落。

③混凝土表面美观，无蜂窝、麻面，无外露钢筋、石子。

（3）机械振捣。

混凝土的捣实应尽量采用机械，常用的振捣机械有内部振捣器、外部振捣器、表面振捣器、混凝土振动台四种。

（4）技术质量要求。

①操作方法应符合规定，无漏振。

②振捣时间符合要求，混凝土的密实度达到要求。

③混凝土不得出现蜂窝、麻面、钢筋外露、石子外露等质量不良缺陷，表面平整、美观。

7. 混凝土的养护

（1）混凝土灌注后，应根据气候条件，在 12 h 内尽快用清洁的草帘、麻袋、湿砂等材料覆盖其外露面，使混凝土经常保持潮湿，直至规定时间。操作时间不得使混凝土受到污染和损伤。

（2）混凝土养护的时间与水泥品种、气候条件及养护方法有关。一般养护时间见表 4-11-2。

表 4-11-2 混凝土养护时间（d）

水泥种类	相对湿度		
	＜60％	60％～90％	＞90％
普通水泥 硅酸盐水泥	14	7	可不再另洒水养护
矿渣水泥 火山灰水泥 粉煤灰水泥	21	14	

（3）浇水次数以能保持混凝土湿润为宜。一般条件下，当气温高于 15 ℃时，最初三天，白天每隔 2 h 浇水一次，夜间至少浇水两次；以后每昼夜至少浇水四次。如遇气候干燥，应适当增加浇水次数。

（4）当新灌注的混凝土结构与流动的地表水或地下水相接触时，应采取措施防止新灌注的混凝土受到水流冲刷等影响。通常临时防护措施应延续到混凝土获得 50％以上的设计强度，且时间不应少于 7 d；当环境水具有侵蚀作用时，应延续到混凝土获得 70％以上的设计强度，且时间不少于 10 d。

二、质量标准

1. 外观质量标准是评价混凝土结构质量的重要指标之一，要求表面平整光滑色泽一致无蜂窝麻面等缺陷。

2. 尺寸偏差标准 是反映结构实体的主要指标之一，要求偏差值在规定范围内以确保后续工序的正常施工和整体工程质量。

3. 抗压强度标准是反映混凝土实体强度的重要指标之一，要求符合设计要求以保证结构安全和使用寿命达到预期效果。

第四节 搭拆脚手架作业

一、作业流程

1. 作业准备

工具材料：克丝钳、锯、木工斧、老虎钳、扳手、手锤、铁钎、克丝钳、木杆（立杆，大、小横杆，十字杆、斜支杆）、脚手板（松木或杉木板）、铁线或小棕绳等（上道工具必须粘贴黄色反光标识及编号）。

2. 搭设前准备

(1)根据桥隧建筑物的外形及结构特点，确定脚手架的搭设形式及所需材料，标定横杆、立杆绑扎位置。

(2)对运到现场的脚手架材料进行选择分类，便于搭设取用。

3. 搭设脚手架

(1)搭设时，底座应放在实土或夯实的填土上。如果土质不良，底座下应加 4～5 cm 的垫板，也可沿纵向在立杆底下设通长的扫地杆，立杆应插入底座并到底。双排架应先立里排立杆，后立外排立杆。

(2)立杆接长时，宜先接外排，后接里排。立杆要保持垂直，其容许偏差应不大于高度的 1/200。为了保持脚手架的整体性，相邻两根立杆的接头上下应错开 50 cm 以上，并力求不在同一步距内，为此第一节立杆应选用长短不一的钢管。

(3)大横杆安装时要求同一步距内纵向水平高低差不超过 6 cm。同一步距里、外两根大横杆接头应互相错开跨间。同一跨间内上下两根大横杆的接头应错开 50 cm 以上。

(4)小横杆与大横杆互相垂直，其两头应伸出大横杆外 10 cm 以上，以防止小横杆受力后发生弯曲而从扣件中滑脱。

(5)随着脚手架的搭高，每搭七步要及时安装十字杆，十字杆应将一根钢管扣紧在立杆上，另一根钢管扣紧在小横杆上，这样可避免钢管扭弯。十字杆两端扣件距邻近连接点不宜大于 20 cm，最下一对十字杆与立杆连接点距地面不宜大于 50 cm。

(6)拧紧螺栓时，要求各种螺栓扭矩达到 40～50 N·m，最大不超过 60 N·m，使之有一定安全储备。

(7)竹木脚手架采用平插或斜插法绑扎，将铁线相交拧扭二圈半为宜，扭的圈数过多则铁丝容易拧断，过少则不易绑紧。

(8)吊杆应大头向上，小头向下，绑扎有坡度的脚手板需钉防滑木条，铺设脚手板必须搭接绑扎牢固，板头不准外伸悬空。

(9)竹木脚手架立杆接长，其搭接长度不小于 1.5 m，横杆接头的搭接长度不小于 2 m，每一搭接处至少捆扎 3 道。

4. 拆除脚手架

(1)拆除过程中，工作人员必须清楚先搭后拆、后搭先拆的原则，按由上而下的层次进行。思想集中，上下呼应，不得从高处往下乱扔杆件和扣件。

(2)先拆栏杆，每档内留一块脚手板翻到下层，其余脚手板下运，然后依次拆小横杆、大横杆、十字杆、立杆等。

(3)拆下来的杆件、扣件、脚手板要集中分类堆放，堆垛下面应垫高，通风排水良好，还应除锈、涂漆，防止锈蚀。

(4)拆架子的动作要协调，如一人解开与另一人有关的绳扣时要先告诉对方，以防发生危险。

(5)拆下的材料须用绳索滑车绑住杆的两头往下传递，最好大头先放，使杆成垂直或稍有坡度往下送，由下面的人接应。

(6)拆大横杆、十字杆要三人配合操作，同时拆除扣件，拆除后由中间人负责往下顺杆子，要握住杆的小头，大头向下往下送，由下面的人接应。

(7)拆卸支杆时先绑临时支杆，再拆除。拆到不需要临时支杆时，再把它拆去。

(8)拔出立杆，填平坑口。

二、质量标准

1. 扣件式钢管脚手架由许多钢管用扣件联结而成，主要部件有底座，立杆，大、小横杆，十字杆及各种扣件。各种杆件均用外径 48 mm、壁厚 3.5 mm 的焊接钢管，也可使用外径 50 mm、壁厚 3～4 mm 的无缝钢管，每根钢管质量应控制在 25 kg 以内。

2. 用于立杆、大横杆、十字杆的钢管长度以 4～6.5 m 为宜，用于小横杆的钢管长度以 2.1～2.3 m 为宜，脚手杆的间距按规定办理，且不大于 1.5 m。

3. 脚手架材料坚韧耐用，立杆有效部分小头直径不得小于 70 mm，大、小横杆有效部分的小头直径不得小于 80 mm，十字杆和斜支杆的有效部分的小头直径不应小于 70 mm。

4. 脚手板应为厚度不小于 50 mm 的松木或杉木板，宽度不小于 200 mm，长度为 3～6 m；脚手架的荷载不超过 2.7 kN/m^2。斜坡架子及斜梯的坡度不得陡于 1∶3，并钉防滑条。

5. 脚手架要有足够的坚固性，在施工荷载和特殊气候条件作用下不变形、不倾斜、不摇晃。

6. 适合作业要求，搭拆简单，搬运方便，并能多次周转使用。

7. 脚手架不得侵入限界，若不得已侵入限界时，必须向上级有关部门申请，经批准后方可搭设。

第五节　砌石作业

一、作业流程

1. 作业准备

(1)工机具材料：手锤、大锤、錾子、抹子、灰刀、撬棍、铁铲、灰桶、搅拌机、片石、中砂、水泥、碎石 PVC 塑料管等(上道工机具必须粘贴黄色反光标识及编号)。

(2)根据施工方案要求做好劳力、施工机具、材料等各项准备工作。

2. 基础开挖

(1)清理施工场地树木、杂草。

(2)基础开挖，搬运弃土。

(3)根据设计施工图纸进行放样、挂线。

3. 砌石作业

(1)基础底部铺垫碎石层，如图 4-11-1 所示。

图 4-11-1　铺垫碎石层

(2)采用栽砌或平砌方法,先砌筑第一排片石,再砌筑第二排片石,依此类推(如采用浆砌,应用 M7.5 号水泥砂浆进行灌缝),如图 4-11-2 所示。

图 4-11-2　砌筑片石

(3)一般将厚度一致的石料分层平砌,丁顺相间或两顺一丁,上下错缝,如图 4-11-3 所示。

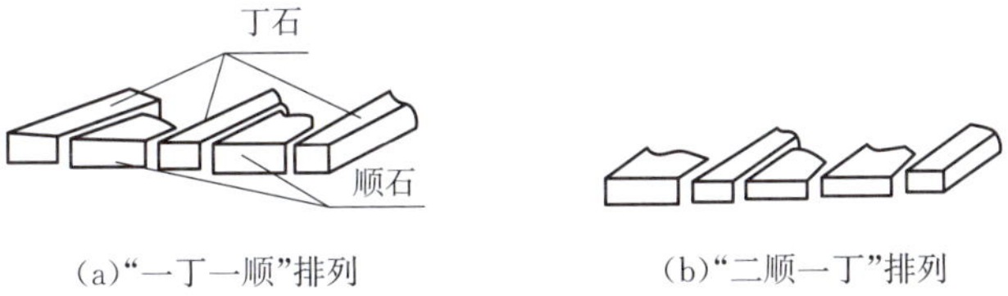

图 4-11-3　丁顺石排列

(4)如石料厚度不一致时,也可搭配平砌,但应每高 70～120 cm 找平一次,每段内和两段相接处的垂直错缝均不得小于 8 cm。砌成行列,同一行列内外不能有贯通的垂直缝。

(5)镶面石的砌筑最好采用"一丁一顺"或"两丁一顺"排列。丁石长度不得小于相邻顺石宽的 1.5 倍,如图 4-11-4 所示。

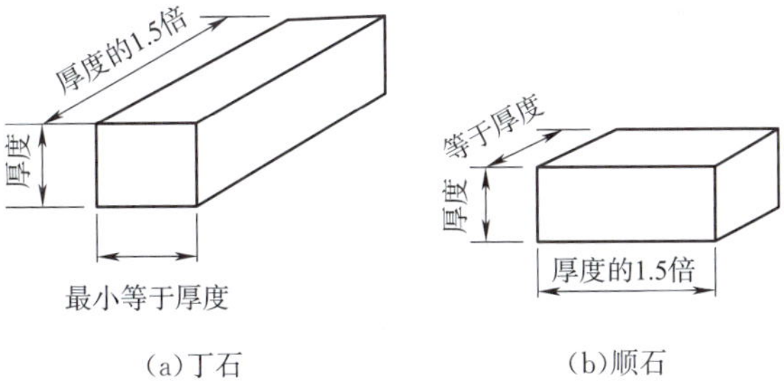

图 4-11-4　丁石和顺石尺寸

(6)砌石顺序应先角石,再镶面,后填腹。

(7)填腹石的行列或分层高度应与镶面高度相差不大。

4. 勾缝作业

采用M7.5号水泥砂浆勾缝,如图4-11-5所示。

图4-11-5 砂浆勾缝

5. 抹面作业

采用M7.5号水泥砂浆抹面。

6. 养护作业

采用草袋或布料覆盖砌筑体后,进行浇水保湿养护。

7. 质量检查

根据图纸要求和作业标准要求进行自检。

二、质量标准

1. 砌体尺寸、石料及砂浆标号应符合设计要求,石质无风化、裂纹,水锈、泥土应清洗干净。

2. 基底应符合设计要求,岩石基底表面无风化及松软土石。非岩基底夯实整平,表面无浮土杂物,土质基底铺有砂石垫层。

3. 分层填筑(每层约1 m找平),底层大面朝下,咬接密实,石块间砂浆饱满,砌体灰缝宽度不大于40 mm,不小于20 mm,垂直无空缝;错缝距离不小于80 mm,如图4-11-6所示,三块石料相砌,内切圆直径不大于70 mm,灰缝下限处所每10 m^2不超过5处。

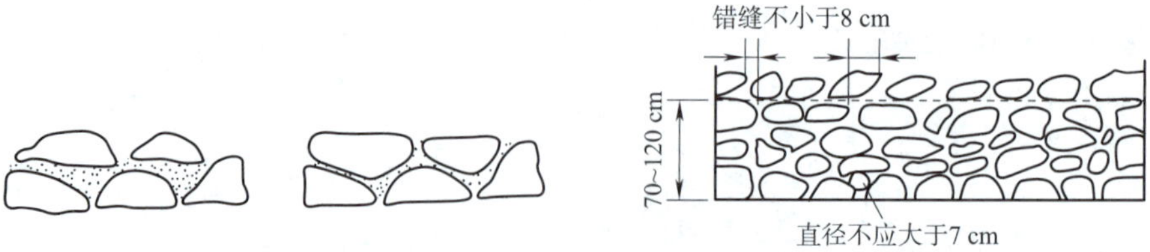

(a)错误的砌法　(b)正确的砌法　(c)装砌片石缝隙

图4-11-6 浆砌片石砌法及缝隙示意

第六节　砂浆抹面作业

一、作业流程

1. 作业准备

工具材料：手锤、钢钎（或凿毛锤）、扁铲、钢丝刷、毛刷（或皮老虎）、秤、小铁盆（桶）、划针、抹子、托板、搅棒、量杯、钢卷尺、直靠尺、水泥、中砂、水等（上道工具必须粘贴黄色反光标识及编号）。

2. 凿毛作业

使用尖钎、型钎、凿毛锤等非电动工具，手工对砖砌、石砌或混凝土表面凿毛。

3. 清理表面

使用钢丝刷、毛刷或皮老虎清理砖砌、石砌或混凝土表面，再用清水冲洗，要求砖砌、石砌或混凝土表面清理干净，无污物。

4. 配料称重

根据需抹面的面积及配合比，计算水泥、中砂、水的用量。

5. 拌和砂浆

按已确定的材料数量拌和砂浆，拌料顺序正确、无颠倒，搅拌均匀。

6. 涂刷水泥浆

拌和水泥浆，将水泥浆涂刷于需抹面的位置上，涂底浆均匀，无漏涂、无流挂。

7. 砂浆抹面

使用靠尺、托板、抹子等用具进行砂浆抹面。

二、质量标准

1. 砂浆抹面颜色一致，平整光滑。

2. 砂浆与混凝土表面结合牢固，无裂缝、脱落、坍塌、掉块。

3. 抹面边长、厚度不超限。

4. 浇水保湿养护，养护时间不少于 7 d。

第十二章　桥隧建筑物故障应急处置方案

本章介绍特长隧道突发事件、地震的预警与预防、应急响应行动、应急处置流程和培训演练等。

第一节　铁路特长隧道突发事件应急处置

一、概　　述

1. 目的

有效预防和减少特长隧道(以下简称隧道)内的突发事件,及时、科学、高效地处置隧道突发事件,最大限度减少隧道内突发事件造成的人员伤亡、财产损失和社会影响。

2. 依据

《中华人民共和国突发事件应对法》《中华人民共和国铁路法》《铁路交通事故应急救援和调查处理条例》《铁路安全管理条例》《铁路交通事故调查处理规则》《国家突发公共事件总体应急预案》《国家处置铁路交通事故应急预案》《中华人民共和国消防法》等有关法律法规和文件规定。

3. 适用范围

集团公司管内铁路隧道发生的突发事件,以及集团公司担当的列车在其他区段隧道内发生的突发事件。

4. 工作原则

(1)以人为本。以保证旅客人身安全为最高原则,集中一切资源,用最快的速度抢救人员,最大限度地减少人员伤亡和财产损失。

(2)预防为主。坚决贯彻“安全第一、预防为主”的指导思想,加强铁路隧道内安全风险点的排查和控制,努力实现由被动抢险向主动防范转变。

(3)统一指挥。在集团公司应急指挥中心的指导下,根据突发事件的影响程度和影响范围,由集团公司、业务部门和相关站段组织协调铁路隧道内的应急工作。

(4)快速救援。坚持“先通后固”的原则,尽可能做到人员施救与抢修通车同步进行,用最快的速度恢复行车,降低社会影响和运输影响。

二、预警与预防

1. 自然灾害预警信息发布

工务部和相关工务段要加强与地方气象、防汛及水利部门的联系协调,及时准确地向集团公司应急领导小组及成员单位、隧道设备管理相关单位提供天气、水情等预报警报。

2. 隧道内设施设备检查

(1)设备管理单位应设置隧道维修管理机构,建立设备检查、检修制度。隧道设备的维护、保养纳入图定天窗,如遇无天窗点,但还需进入隧道处理故障时,必须向列车调度员申请要点,采取必要的安全措施后方可进行。采用添乘机车、轨道车的方式对隧道内的设备、设施进行巡视检查,原则上隧道内不安排步行巡视。

(2)隧道设备检查重点包括线路、通信信号、电力、接触网设备状态,整体道床,衬砌结构,排水系统,通风设备,横通道及防护门,消防器材,照明及应急疏散指示灯系统,标志标识,洞门及仰坡、道路、辅助坑道,隧道内外的消防设施等。

(3)消防设施、器材管理单位按规定周期对消防设施、器材进行检查检测,并做好记录备查,铁路公安消防机构对检查检测结果进行监督抽查。

3. 列车状态确认

(1)隧道两端车站助理值班员接发列车时,按规定及时出务,站在安全地点并监视列车运行状况,发现异常情况时,及时采取措施并报告车站值班员。

(2)隧道两端车站值班员要利用 TDCS 终端监视列车运行,发现超过图定运行时间等非正常情况时,应立即核实列车运行情况,并及时报告列车调度员。

(3)旅客列车进入隧道前,要进行一次广播宣传,介绍在隧道内运行的安全注意事项和安全提示,按规定锁闭厕所(集便装置厕所除外)、关闭(落下)车窗、开灯;其他通过或在隧道内作业的机车、车辆、轨道车及作业人员,严禁在隧道内抛物。

(4)列车在隧道内运行期间,车辆乘务人员应在列车尾部监控列车运行情况(随车机械师在监控室监控列车运行情况),确保发现问题时及时通知,迅速到位,果断处理。

(5)列车调度员发现超过图定运行时间等非正常情况时,利用列车无线调度等通信设备或指派专人,核实列车运行情况,必要时采取应急措施。

(6)隧道两端车站值班员接到列车车厢测温报警防灾系统的报警后,立即开放遮断信号,将列车拦停在隧道外方。同时使用列车无线调度通信设备向机车乘务员、车辆乘务员(或随车机械师)通报情况。机车乘务员按遮断信号机或通过信号机的显示立即停车,停车后车辆乘务员(或随车机械师)组织有关人员按车站值班员的通报情况对有关车辆进行检查。

三、应急响应行动

1. 信息报告

(1)列车在隧道内发现或发生突发事件时,机车乘务员或车辆乘务员立即用列车无线调度通信设备或区间通话柱向两端站车站值班员或列车调度员报告,并及时通知追踪列车。动车组在隧道内发现或发生突发车辆设备故障时,随车机械师要立即向事发地所在集团公司动车调度并向司机汇报。当列车无法运行时,及时请求救援。

(2)设备维修单位人员遇突发事件时应立即用手持电台或区间通话柱向两端车站值班员、列车调度员报告,并及时拦停列车。

(3)车站接发车人员遇突发事件时,及时向列车调度员报告,并将列车拦在站内。车站值班员接到区间发生突发事件的报告后,及时向列车调度员汇报。

(4)列车调度员接到发生突发事件的报告后,及时向调度所值班主任、调度所(副)主任、集团公司应急办(总值班室)及安全监察室值班人员报告。遇有人员伤亡或者发生火灾、爆炸、危险货物泄漏等事故时,接到报告的单位、部门根据需要采取防护措施,集团公司应急办(总值班室)立即通知当地急救、医疗卫生部门或者公安消防、环境保护等部门。

(5)集团公司应急办(总值班室)接到隧道突发事件的报告后,立即向集团公司有关领导汇报,并根据集团公司领导的指示,协调、督办组织救援工作。

(6)报告的主要内容:

①突发事件发生的时间(月、日、时、分)、地点、区间(站名、线名、公里、米)、线路条件、事故相关单位和人员。

②突发事件关系列车种类、车次、机车型号、动车组车组号、部位、牵引辆数、吨数、计长及运行速度;关系人姓名,动客车车辆配属单位、产权单位、前次定检,值乘人员所属单位。

③旅客人数,伤亡人数、性别、年龄以及救助情况,是否涉及境外人员伤亡。

④货物品名、装载情况,易燃、易爆等危险货物情况。

⑤机车车辆脱轨辆数、隧道设备损坏程度等情况。

⑥对铁路行车的影响情况。

⑦突发事件发生原因的初步确认,事件发生后采取的措施及控制情况。

⑧需要报告的其他情况。

2. 紧急处置

(1)机车乘务员。列车在隧道内发生突发事件时,机车乘务员须尽量将列车牵引运行至隧道外,立即向车站值班员、车辆乘务员报告情况。机车乘务员要使用无线列车调度通信设备或通话柱直接向车站值班员、列车调度员报告情况,并及时通知跟踪列车。列车在隧道内被迫停车后,不能继续运行时,列车前方的防护工作由机车乘务员负责。

(2)乘警长。旅客列车在隧道内发生突发性事件时,乘警长要严密部署疏导和列车治安防范工作方案,配合列车长、检车长做好旅客疏散、疏导工作。发动军人、武警、干部、学生身份的旅客,以志愿者身份参与维护旅客列车治安秩序。指导各车厢工作人员,宣传发动旅客自觉维护车厢秩序,看管好随身携带的行李物品,预防发生恐慌、混乱现象。加强列车车厢巡视,密切注意预防、控制、打击违法犯罪的行为发生,依法、果断处置旅客列车车厢内发生的治安事件。

(3)车辆乘务员(随车机械师)。旅客列车在隧道内发生突发性事件造成机车无法供电或动车组无法升弓取电时,车辆乘务员(随车机械师)要根据旅客列车在隧道内停留时间,结合旅客列车供电制式及蓄电池电压,通知列车长对全列车用电设施进行减载,必要时仅保留车厢应急照明,严防动车组蓄电池电压过低造成受电弓无法升起等问题发生。遇有列车发生火灾、爆炸、分离、脱线等突发性事件时,要立即切断旅客列车供电系统,防止次生灾害发生(动车组列车由司机立即断电降弓)。

3. 人员救治

社保部要确定集团公司管内隧道突发事件救援定点医疗机构,明确职责,并在集团公司内公布实施。突发事件发生后,立即组织定点医疗机构迅速进行救护,在事发现场设置医疗点,负责现场的伤病治疗。相关车务段要立即请求就近医疗机构或拨打120医疗急救电话。相关工务段负责协助引导地方救援人员到达现场。在医疗机构尚未到达现场前,相关车务段、工务段负责先将旅客和列车乘务人员疏散到隧道外的安全区域后再开展紧急救护和现场卫生处置,防止发生次生灾害。列车在其他集团公司隧道内发生突发事件时,按照事发地集团公司应急救援指挥机构的要求进行处置。

4. 旅客疏散

(1)统一疏散行动。旅客列车在隧道内发生突发事件,在判明突发事件确实无法控制情况紧急、严重危及旅客生命安全的情况下,由列车长最终决定组织旅客下车疏散,同时将疏散的命令、疏散方向等通过对讲机传达至每节车厢乘务员。加强广播宣传(如广播线路已中断,停车位置离一侧洞口较近时,由各车厢乘务员使用电子扩音喇叭进行口头宣传指挥),稳定旅客情绪,要求旅客服从列车统一指挥,有组织地下车疏散,至安全地点后,组织疏散人数初步清点。在组织旅客疏散和等候救援过程中,列车乘务人员要告知旅客严禁在隧道内线路上奔跑和停留。

(2)明确疏散方向。在接到机车乘务员确认相邻隧道或邻线已封闭的报告后,立即通过对讲机发布将旅客疏散到安全区域等候救援命令。在未明确已封闭的情况时,能够判明列车停车位置离一侧洞口较近时,尽量向这一侧疏散;能够判明列车停车位置离两侧洞口较远时,向远离危险的一侧疏散。

(3)做好防护。当发生火灾、爆炸事故时,列车乘务人员要指导旅客用湿毛巾、手帕、衣物捂住口鼻,同时迅速开启靠近隧道横通道、应急疏散通道一侧的车门(上下行列车均为列车运行方向的右侧车门)。车门无法开启时,使用安全锤等工具,砸碎靠近隧道横通道一侧的车窗,迅速组织旅客疏散。疏散时,起火车厢及相邻两端车厢的列车乘务员,要在车门口或能够保证自身安全的地带做好防护,阻止旅客靠近并指挥旅客向远离火源处疏散;列车头部和尾部乘务员(或乘警)要始终处于疏散旅客的最前端和后端,随时指挥,防止旅客自行疏散。列车乘务人员根据隧道内的疏散指示标志等具体情况,打开隧道内的应急疏散照明灯,带领旅客疏散。处在两端的乘务员(或乘警)要做好安全防护,防止旅客发生其他意外伤害。

四、后期处置

1. 善后处理

因铁路隧道发生交通事故等突发事件,造成旅客伤亡和自带行李物品损失,按照《铁路交通事故应急救援和调查处理条例》《铁路交通事故调查处理规则》规定进行赔偿;其他人员伤亡按国家、国铁集团和集团公司有关规定进行处理;未造成人员伤亡或财产损失的,由相关车务段(或相关的货运中心)和列车长共同负责做好解释安抚工作,最大限度地降低社会影响。

2. 运输秩序恢复

按先抢通、后恢复的原则,尽快恢复正常的运输秩序。首先要保障抢险运输的调度指挥和站场抢险组织工作,在运输上要先保证抢险救援人员、物资的运输和突发事件现场旅客和群众的疏散。调度所应根据运输设备受灾和恢复情况、救援运输的要求,及时向上级事故抢险指挥部报告,保证运输信息畅通。

3. 经验教训总结及改进建议

集团公司应急办(总值班室)根据现场救援指挥部提交的事故调查报告和应急救援总结报告,组织总结分析应急救援的经验教训,提出改进应急救援工作的意见和建议,报送集团公司应急领导小组。

五、宣传、培训和演练

1. 宣传

各单位对外宣传的新闻素材需报集团公司党委宣传部审核，确定统一报道口径后，由各单位定期联系地方各级人民政府，积极利用电视、广播、报刊等新闻媒体，广泛宣传应急法律法规和公众避险、自救、互救知识，提高公众自我保护能力和守法意识。

2. 培训

按照分级管理的原则，各运输站段要组织全体作业人员和专业救援队伍进行上岗前的培训，定期进行隧道救援知识的专业培训，提高救援技能。

3. 演练

集团公司、各运输站段有计划地按应急救援要求，组织进行隧道应急处置演习和演练。根据需要开展工作交流，提高应急处置实战能力。

第二节 地震应急处置

一、概　　述

1. 目的

提高地震后铁路部门应急反应能力，高效、有序地开展铁路抗震救灾工作，最大程度减轻地震灾害损失。

2. 依据

依据《中华人民共和国突发事件应对法》《中华人民共和国防震减灾法》《中华人民共和国铁路法》《铁路安全管理条例》《铁路交通事故应急救援和调查处理条例》《破坏性地震应急条例》《国家突发事件总体应急预案》《国家地震应急预案》《铁路技术管理规程（普速铁路部分）》《中国铁路关于印发〈普速铁路基础设施地震应急处置规定〉的通知》等有关法律法规和有关规定。

3. 工作原则

（1）统一领导。铁路地震应急工作坚持政府领导、统一管理。集团公司的地震应急工作在所在地省（自治区）人民政府和国铁集团的领导下进行，根据地震事件的影响程度和影响范围，由集团公司、业务部门和相关站段组织协调抗震救灾应急工作。

（2）分级负责。铁路地震应急工作实行国铁集团、集团公司、站段逐级负责制。根据地震破坏程度和波及范围，由相应责任单位组织协调辖区各铁路单位的地震应急工作。

（3）紧急处置。集团公司各单位在地震应急期间应采取紧急处置措施，以保障抢险和运输，减少地震灾害损失。坚持“先通后固”的原则，尽可能做到人员施救与抢修通车同步进行，用最快的速度恢复行车，降低社会影响和运输影响。

（4）搞好结合。铁路抗震救灾工作应结合自身特点，与行车事故抢险、防洪抢险及战备方案等相结合。同时，铁路抗震救灾自救工作要与社会救灾工作相结合，形成抗震救灾的整体合力。

4. 适用范围

适用于集团公司管辖范围内国家铁路、国家铁路控股的合资铁路（含高速铁路）遭受地震时的应急处置。

二、应急机构及其主要职责

集团公司设立抗震救灾指挥部。集团公司所属有关单位比照集团公司抗震救灾指挥部的组成，成立抗震救灾领导小组，负责组织和领导本辖区的抗震救灾工作。下设抗震救灾领导小组办公室（简称抗震办）。

三、预防预警和信息报送

1. 预防预警

（1）集团公司所属各单位要做好制定和完善地震应急预案工作，做到组织落实、责任明确、工作到位、应急有序、有备无患。

（2）新建、改建、扩建工程必须按国家有关规定和抗震设计规范要求进行抗震设防，不符合抗震设防标准的工程不得建设。

（3）凡在国家规定抗震设防区内未经抗震设防的铁路工程设施和设备，应按抗震鉴定标准和加固技术规定进行加固，以达到应有的抗震能力。

（4）集团公司、集团公司所属各单位宣传教育部门应根据不同对象，采取专业培训与群众教育相结合、集中宣传与日常宣传相结合的方式，进行抗震减灾有关知识的宣传，增强职工和家属的抗震应急能力。

2. 信息报送

集团公司辖区内铁路遭受地震灾害后，有关单位应迅速对灾情进行调查，把发生地震的时间、地点、震情、灾情、抢险情况、援助情况和预计抢通的时间逐级上报至集团公司。

（1）信息报送内容。

信息报送内容包括地震发生的时间、地点、震级、灾情、处置情况、抢险方案和预计抢通时间。灾情包括线路、桥梁、隧道、涵渠、信号、通信、电力、接触网、机车车辆、房屋建筑物等设备损害的程度，影响列车的车次，人员伤亡情况等。

（2）信息报送程序。

地震信息按照站段、集团公司、国铁集团（省、自治区）三级逐级上报。遇特殊情况时，基层站段可以直接向国铁集团抗震救灾指挥部及其办公室越级报告，并应按照地方人民政府和《国家处置突发事件应急预案》规定程序，立即向事发地人民政府抗震救灾指挥部通报震情、灾情。

四、临震应急响应

集团公司在接到省（自治区）人民政府发布的地震临震预报后，即进入临震应急期，预报集团公司所属各单位的临震反映。

（1）迅速启动集团公司抗震救灾指挥部，各级领导及工作人员迅速到岗。

（2）根据震情发展和铁路运输设备抗震能力，发出避震通知，组织避震疏散工作，关闭公共娱乐及公共场所，疏散非必须坚守岗位的运输生产人员。

（3）对运输要害部位、重要设备、不停岗场所采取相应的临时性避震、抗震和保卫措施。

（4）对工程抢险、消防、医疗救护、汽车运输、应急通信等关键部门的人员进行紧急集结，对相应的物资、机械设备、车辆、器具、药品等进行紧急集中和检查，并实行紧急值班制度。

(5)对严重影响铁路运输安全的生命线工程和次生灾害源采取紧急防护措施。

五、应急响应

1. 应急响应标准

地震灾害应急响应按地震震级及其对铁路运输设备造成的破坏程度和救灾规模，分为Ⅰ级(特别重大地震灾害)应急响应、Ⅱ级(重大地震灾害)应急响应、Ⅲ级(较大地震灾害)应急响应、Ⅳ级(一般地震灾害)应急响应。

(1)Ⅰ级应急响应标准。

地震灾害符合以下情况之一，启动Ⅰ级应急响应。

①在铁路辖区或临近地区(约 50 km)发生大于或等于 7.0 级地震。

②造成 30 人以上死亡，或者 100 人以上重伤。

③铁路直接损失 1 亿元以上的地震。

④中断繁忙干线铁路(含高速铁路及城际铁路)行车 48 h 以上。

⑤铁路运输枢纽和重要机构所在地发生国家规定的特别重大地震灾害，也视为造成铁路特别重大地震灾害。

(2)Ⅱ级应急响应标准。

地震灾害符合以下情况之一，启动Ⅱ级应急响应。

①在铁路辖区或临近地区(约 50 km)发生大于或等于 6.0 级、小于 7.0 级的地震。

②造成 10 人以上 30 人以下死亡，或者 50 人以上 100 人以下重伤。

③铁路直接损失 5 000 万元以上、1 亿元以下的地震。

④中断繁忙干线铁路(含高速铁路及城际铁路)行车 24 h 以上，或者中断其他铁路行车 48 h 以上。

⑤铁路运输枢纽和重要机构所在地发生国家规定的重大地震灾害，也视为造成铁路重大地震灾害。

(3)Ⅲ级应急响应标准。

在铁路辖区或临近地区(约 50 km)发生小于 6.0 级以下的地震，且地震灾害符合以下情况之一，启动Ⅲ级应急响应。

①造成 3 人以上 10 人以下死亡，或者 10 人以上 50 人以下重伤。

②铁路直接损失 1 000 万元以上、5 000 万元以下的地震。

③中断繁忙干线铁路(含高速铁路及城际铁路)行车 6 h 以上，或者中断其他铁路行车 10 h 以上。

④铁路运输枢纽和重要机构所在地发生国家规定的较大地震灾害，也视为造成铁路较大地震灾害。

(4)Ⅳ级应急响应标准。

在铁路辖区或临近地区(约 50 km)发生小于 6.0 级以下的地震，且地震灾害符合以下情况之一、启动Ⅳ级应急响应。

①造成 3 人以下死亡，或者 10 人以下重伤。

②铁路直接损失 1 000 万元以下的地震。

③中断铁路行车，或繁忙干线(含高速铁路及城际铁路)限速 8 h 以上。

④铁路运输枢纽和重要机构所在地发生的一般地震灾害，也视为造成铁路一般地震灾害。

2. 应急响应的启动方式

应急响应的启动，应按照应急响应启动标准，由相应的铁路抗震救灾指挥部办公室，以《铁路突发事件应急响应启动命令》形式发布，命令内容包括地震灾害基本情况、响应级别、响应单位及各自职责等。

3. 应急响应行动

Ⅰ级应急响应由国铁集团报请国务院，由国务院或国务院授权国铁集团启动。实施Ⅰ级响应，在国务院抗震救灾指挥部和其现场指挥部统一领导指挥下，按各自职责组织实施抗震救灾工作。必要时，由国务院领导指导应急救援，协调相关部门的行动。

Ⅱ级应急响应由国铁集团负责启动。发生地震事件后，各单位要在 20 min 内组织人员，采取徒步巡查、测试和添乘检查相结合的方式，对线路、房屋、桥隧、通信信号、供电等设备、设施进行逐段、逐台检查，运输部门要全力保证添乘机车的供应。各业务处室要在 4 h 内将本系统设备、设施损坏情况审核后报集团公司抗震办。

六、地震应急处置流程

1. 地震信息分级

地震信息分为Ⅰ级、Ⅱ级、Ⅲ级安全信息三级。

Ⅰ级安全信息是指需安排计划限时处理的信息。Ⅱ级安全信息是指影响行车安全，必须限制运行条件、及时组织处理的信息。Ⅲ级安全信息是指危及行车安全，必须立即停车、封锁线路、迅速组织处理的信息。

(1)地震Ⅰ级安全信息：重丘和山区铁路发生 3.0 级以下地震。平原和微丘铁路发生 4.0 级以下地震灾害信息。

(2)地震Ⅱ级安全信息：重丘和山区铁路发生 3.0 级至 4.0 级以下地震(约 50 km 以内)灾害信息。在铁路辖区或临近地区(50～200 km 范围内)发生 4.0 级以上、6.0 级以下的地震，震感明显。在铁路辖区或临近地区(约 200 km 以外)发生 6.0 级以上的地震，震感明显。

(3)地震Ⅲ级安全信息：发生 4.0 级以上、6.0 级以下地震(约 50 km 以内)灾害信息。在铁路辖区或临近地区(50～200 km)发生 6.0 级以上的地震，震感强烈。

2. 地震信息处理

(1)地震安全信息的处理原则。

①必须确保安全。在确保安全的前提下，尽可能减小影响，严禁违章处置。

②必须按相应级别处置，需提级处置的立即提级，严禁降级处理。

③现场情况不明时，必须按最不利状况，以取高级别为原则，严禁盲目臆测行车。

(2)Ⅱ、Ⅲ级安全信息发生后，为保证作业人员迅速赶到现场检查、处理，集团公司各单位应紧密协作，积极配合。如遇特殊情况时，各工务段向列车调度员申请开行单机，接触网作业车、轨道车赶赴现场，组织处理。

3. 行车限制条件及检查要求

(1)地震发生后，车务部门第一时间喊停在途列车(区间、站内运行的列车、机车、自轮运转特种设备等)，组织设备管理单位按规定登销记检查震区设备，待震级及铁路距离确定后，运输调度部门再按级别组织行车。同时震区所在车站的站区各单位须第一时间确认站区设施有无明显变化，检查确认无异常后，方可按相关规定组织行车。在途列车司机应采取减速或停车措施，并报告车站值班员（列车调度员）。

（2）集团公司工务调度接到报告后，按前述信息传递流程进行通报，及时从地震局、中国地震台网了解地震信息（地震级别、地点位置经纬度）来源，及时通知工务段，不间断地保持信息畅通。集团公司应急指挥中心值班人员要及时了解地震对铁路沿线的影响。

（3）各工务段应第一时间采取安全措施确保行车安全，核实并上报地震信息，根据地震震源中心位置及时确认地震距离管辖铁路的距离，及时上报就近车站值班员、集团公司工务调度，由车站值班员上报集团公司调度所列车调度员。

①对距震中约 50 km 或高速铁路地震监测系统报警点 50 km 范围内的铁路发生 6.0 级以下地震时，按照以下方式进行应急处置。

a. 发生 3.0 级以下地震时，列车不限速。对重丘和山区铁路，工务、电务和供电部门派人添乘检查地震影响区段相关设备。

b. 发生 3.0 级以上、4.0 级以下地震时，平原和微丘铁路，列车不限速；重丘和山区铁路限速 45 km/h。工务、电务和供电部门派人添乘检查地震影响区段相关设备，经设备管理单位检查确认后，具备提速条件的，普速铁路逐级提速，高速铁路按第一列 80 km/h、第二列 120 km/h、第三列 160 km/h、第四列 200 km/h、其后恢复常速的速度等级提速。

c. 发生 4.0 级以上、6.0 级以下地震时，扣停地震影响区段的列车，不得向有关区间放行后续列车（检查列车除外）。工务、电务、供电部门派人采取添乘与地面巡查相结合的方式对行车设备进行全面检查，房建部门对站房、天桥等所属设备进行全面检查，对有列车的区间优先巡查，根据检查情况提出行车条件。地震灾害封锁区段设备经检查确认后：

普速铁路重丘和山区铁路限速不大于 60 km/h 开通，微丘和平原铁路限速不大于 80 km/h 开通，线路开通后的第一趟列车不得放行旅客列车，扣停在区间的列车，待设备管理单位检查确认无异常后，以不大于 45 km/h 的速度继续运行至前方车站。

高速铁路按第一列 80 km/h、第二列 120 km/h、第三列 160 km/h、第四列 200 km/h、其后恢复常速的速度等级提速。扣停在区间的列车，待设备管理单位检查确认无异常后，以不大于 45 km/h 的速度继续运行至前方车站。

工务段安排人员登乘开通后的第一趟列车（不含区间在途列车）进行动态检查，并反馈登乘情况。

d. 高速铁路如遇当日地震后无列车运行，高铁调度台组织工务、电务和供电天窗内开行轨道车结合地面检查对行车设备进行全面检查，第二天确认车以 160 km/h 运行，工务添乘人员确认无异常后，常速开通线路。如遇当日地震后线路未恢复常速，第二天确认车以 160 km/h 运行，工务添乘人员确认无异常后，常速开通线路。

②对距震中约 200 km 范围内的铁路发生 6.0 级及以上地震时，按照以下方式进行应急处置。

发生 6.0 级及以上地震时，扣停地震影响区段的列车，不得向有关区间放行后续列车（检查列车除外）。工务、电务、供电部门派人采取添乘与地面巡查相结合的方式对行车设备进行全面检查，房建部门对站房、天桥等所属设备进行全面检查，对有列车的区间优先巡查，根据检查情况提出行车条件。

③距震中约 50 km 或高铁地震监测系统报警点 50 km 范围内，按照以下方式进行应急处置。

普速铁路重丘和山区铁路限速不大于 25 km/h 开通，微丘和平原铁路限速不大于 45 km/h 开通，线路开通后的第一趟列车不得放行旅客列车，扣停在区间的列车，待设备管理单位检查确认无异常后，以不大于 25 km/h 的速度继续运行至前方车站。遇接触网分相无法通过时，允许提高列车运行速度，保证顺利通过分相。

高速铁路限速 60 km/h 开通，其后按第一列 80 km/h、第二列 120 km/h、第三列 160 km/h、第四列 200 km/h、其后恢复常速的速度等级逐级提速。扣停在区间的列车，待设备管理单位检查确认无异常后，以不大于 45 km/h 的速度继续运行至前方车站。遇接触网分相无法通过时，允许提高列车运行速度，保证顺利通过分相。

工务段安排人员登乘开通后的第一趟列车（不含区间在途列车）进行动态检查，并反馈登乘情况。

④距震中 50～200 km 范围内，按照以下方式进行应急处置。

普速铁路重丘和山区铁路限速不大于 60 km/h 开通，微丘和平原铁路限速不大于 80 km/h 开通，线路开通后的第一趟列车不得放行旅客列车，扣停在区间的列车，待设备管理单位检查确认无异常后，以不大于 45 km/h 的速度继续运行至前方车站。

高速铁路限速 80 km/h 开通，其后按第一列 120 km/h、第二列 160 km/h、第三列 200 km/h、其后恢复常速的速度等级逐级提速。扣停在区间的列车，待设备管理单位检查确认无异常后，以不大于 45 km/h 的速度继续运行至前方车站。遇接触网分相无法通过时，允许提高列车运行速度，保证顺利通过分相。

工务段安排人员登乘开通后的第一趟列车（不含区间在途列车）进行动态检查，并反馈登乘情况。

⑤高速铁路如遇当日地震后无列车运行，高铁调度台组织工务、电务和供电天窗内开行轨道车结合地面检查对行车设备进行全面检查，第二天确认车以 160 km/h 运行，工务添乘人员确认无异常后，常速开通线路。如遇当日地震后线路未恢复常速，第二天确认车以 160 km/h 运行，工务添乘人员确认无异常后，常速开通线路。

4. 各设备管理单位检查内容

各设备管理单位检查按照地面巡查和添乘检查相结合的方式进行，采取分区段、分重点的方式进行地面检查，利用各种交通工具将分组检查人员快速运送到指定的检查区段进行检查，检查要合理、分重点，并及时迅速地反馈信息。

(1)地面检查。

①工务部门检查内容。

路堑地段：线路上是否有落石、坍体等障碍物，钢轨、枕木是否完好，线路几何尺寸是否有变化；堑坡、山坡是否有落石、坍塌、溜坍的可能；护坡是否有开裂、错台、变形等变化；山坡是否有发生泥石流的可能；既有支挡设备有无开裂、错台或倾斜变形等变化。

路堤地段：线路几何尺寸是否有变化，线路是否有下沉，道床是否饱满，是否有路基下沉、枕木悬空；路堤坡面是否有下沉、溜坍、开裂、鼓凸变形等；既有支挡设备有无开裂、错台或倾斜变形等变化。

涵渠：涵洞是否有震落物堵塞；涵附属设施是否震损；涵洞上游是否有震松的泥石流源；

涵洞附近路堤是否有变化;涵洞是否震损并影响线路稳定。

桥梁:桥梁支座螺栓是否剪断、梁体是否位移;与桥台台尾连接的路基是否变形、下沉(即桥高、桥台尾路基下沉);桥台护锥是否变形、损坏;桥梁墩台是否震裂影响桥墩台稳定;是否有危岩落石或崩塌体威胁墩台或梁体安全;桥梁墩台所处山体是否有地震造成滑坡现象并引起墩台滑移、变形;梁体线形是否发生变化。

隧道:侧沟是否受损、隧道内线路高低方向是否发生变化;是否发生接触网脱落;衬砌是否有变形、开裂、掉块、剥落、错台等现象;基底是否有涌水、涌砂现象。

线路:主要检查线路高低、方向、水平是否发生变化等。

②供电部门检查内容。

检查支柱(电杆)基础、护坡和护墩有无开裂、塌陷,支柱(电杆)是否有倾斜、裂纹,下锚拉线是否松动,锚板拉杆是否有被拉出基础面的痕迹;隧道内埋入件是否有脱落,吊柱是否有异常;供电线电缆路径是否有开裂、塌陷等异常。

检查沿线接触网、电力设备是否有损坏或异常,是否有异物、树木、建筑等影响供电设备运行安全。

检查跨越线、跨越桥及相关附挂物是否有倾斜、下垂、开裂、脱落等影响行车和供电设备安全的隐患。

检查变配电所、给水所、水池等建筑物是否有开裂、松动、塌陷、倾斜、下沉等现象。

③电务部门检查内容。

检查区间通过信号机、无线通信杆塔、通话柱及其他设施的梯子、支柱、基础、护墩等有无裂痕、塌陷,是否倾斜超限,电缆径路、箱盒、轨道电路等是否异常。

检查站内信号机械室、通信机房设备、无线杆塔、信号机、道岔、轨道电路、箱盒、电缆径路等是否损伤或异常。

加强对信号、通信各系统网管的监测,及时调阅和分析信号、通信各系统设备工作状态。

④房建部门检查内容。

站房:是否有承重构件变形、墙体开裂、玻璃门窗松动、玻璃破损、饰面砖空鼓脱落、吊顶松动变形等现象。

站台:站台墙是否有下沉、开裂,站台帽是否有松动,站台面是否下沉、松动。对站台限界进行复核确认。

雨棚:雨棚是否下沉、倾斜,檐口板是否变形松脱,变形缝盖板是否松脱。

天桥:结构是否变形开裂,玻璃是否破损开裂。

厂房、仓库和人流密集的活动场所,职工住宅、单身宿舍等房屋是否存在下沉、倾斜、开裂。

对各使用单位检查发现的房屋问题进行鉴定。

(2)添乘检查。

添乘轨道车或单机检查,采取分区段添乘轨道车或单机检查,当各级添乘、地面检查完管内设备无损或设备受损较小不影响行车安全时,通知相关行车单位,上报集团公司抗震应急办公室及行调,及时开通线路。

5. 地震应急处置相关要求

(1)集团公司调度所接到有关地震信息后,应及时向分管运输副总经理、总调度长汇报,并通知有关业务处室。遇紧急情况时，分管运输副总经理、总调度长、有关业务处人员应立即到集团公司相关调度台，加强业务指导。有关设备管理单位主管领导接到震情通知后，要根据震情信息立即带领或安排技术人员加强值守、添乘检查，部署做好相关应急处置工作。

（2）车站值班员接到现场地震报告后，应立即联系相邻车站，共同扣停本站及相邻区间的列车，不得向相邻区间放行后续列车，并报告列车调度员。同时，喊停站内调车机、出入段机车、轨道车等正在移动的机车车辆。未确定地震级别时，车站值班员根据工务、电务、供电部门在“行车设备检查登记簿”销记要求，及时报告列车调度员，按照列车调度员指示放行列车。段管线行车设备由使用单位与维管单位商定检查确认方式。

（3）列车调度员接到现场地震报告后，应立即扣停地震影响区段的列车，不得向有关区间放行后续列车，并通知集团公司应急指挥中心值守人员进行确认。列车调度员接到应急指挥中心值守人员关于地震影响区段及行车限制条件的确切信息时，应根据信息内容组织行车。

（4）司机在运行中接到地震停车通知后，应立即采取果断停车措施，旅客列车停车后，及时通知列车长、车辆乘务员（随车机械师）。遇列车在隧道内、桥梁上或其他危险地段运行时，机车乘务员接到通知，以在瞭望距离内能随时停车的速度继续运行，最高不超过 20 km/h，运行至前方站或安全地段停车避险。列车运行过程中遇前方接触网有分相时，可适当提高列车运行速度，防止掉分相。

（5）地震区段内设备管理单位要根据集团公司应急指挥中心值守人员的通知，及时组织震后检查，特别要加强对山区铁路崩塌落石、滑坡、桥梁双片式 T 梁横隔板断裂、梁体纵横向位移、支座损坏、桥台护锥坍塌及路基、轨道变形等的检查，并将检查情况及时报相关部门。发现影响行车安全时，须及时提出限速或封锁线路请求。

（6）地震灾害损失符合《铁路地震应急预案》及集团公司相关应急响应标准的，应及时启动应急响应，按规定组织抢险救灾工作。

（7）地震区段内相关单位应在震后对管辖设备进行全面检查，并将情况报主管业务处。发现影响行车的安全隐患时，应立即采取整治措施，消除安全隐患。

6. 抢险方案

当地面检查发现设备受损较大，影响行车安全时，及时汇报就近车站值班员及工务段调度，工务段调度收集受损情况后，立即汇报段领导并上报集团公司抗震办，通知有关各方组织抢险人力、机具投入抢险。线桥车间、班组及时赶往现场投入抢险。尽快抢修并开通线路。

（1）当地面检查发现桥梁支座螺栓剪断、梁体位移影响正常使用时，立即登记慢行或封锁，及时组织桥梁车间、工区采用短枕木头支撑临时加固。利用组合顶镐等工具，请点封锁复位，及时开通线路。

（2）当地面检查发现桥台缺口填土下沉造成线路悬空，立即组织所在的线桥车间、工区赶往现场，采用就地人力匀砟、整修线路，及时开通线路。

（3）当地面检查发现隧道、涵洞衬砌有变形、开裂、掉块、剥落、错台等现象时，立即登记慢行或封锁，及时组织桥梁车间、工区，采用 W 钢带、钢拱架、锚杆等进行加固后，及时开通线路。

（4）当发现路堑落石打断钢轨、轨枕时，立即组织所在的线桥车间、工区赶往现场。当上线的落石较小时，先组织人力清除，再使用切割机具、维修工具等及时更换、整修后开通线路；当上线的落石较大时，立即组织爆破、解小，再组织人力清除，使用切割机具、维修工具等及时更换、整修后开通线路。

(5)当发现路堑地段山崩掩埋线路中断上下行线行车，且上线山崩体在 200 m^3 以下时，立即组织所在的线桥车间、工区赶往现场进行人力清理，在清理过程中应先清顺山崩方向外侧线路上的坍体，便于先抢通一条线，开通线路，双改单通行，然后再抢修另一条线。

(6)当发现路堑地段山崩掩埋线路中断一条线行车且上线山崩体在 200 m^3 及以上时，首先采用大型机械进行清理，再组织人力清理、整修，及时开通线路。

(7)当发现路堤震裂溜坍中断行车时，立即组织所在的线桥车间、工区赶往现场，采用堆码编织袋护坡加固，在坡面打木桩、钢轨桩等加固措施，上砟整修后，及时开通线路。

7. 演习

集团公司应有计划地按应急救援要求进行演习和演练，提高整体应急处置能力。

参考文献

[1] 铁路职工岗位培训教材编审委员会．桥隧工[M]．北京:中国铁道出版社,2010.

[2] 李瑞俊,刘华伟．铁路桥隧工[M]．成都:西南交通大学出版社,2016.

[3] 徐淳．建筑施工技术[M]．北京:北京大学出版社,2018.

[4] 李绍红,战淑红．起重司索指挥作业[M]．北京:机械工业出版社,2017.

[5] 中国国家铁路集团有限公司工电部．铁路桥梁隧道[M]．北京:中国铁道出版社有限公司,2022.